일본 발전국가의
기원과 진화

이 도서의 국립중앙도서관 출판시도서목록(CIP)은 e-CIP홈페이지(http://www.nl.go.kr/ecip)와 국가자료공동목록시스템(http://www.nl.go.kr/kolisnet)에서 이용하실 수 있습니다. (CIP제어번호: 2014016750)

The Evolution of the Japanese Developmental State

일본 발전국가의 기원과 진화

아이디어와 제도

사사다 히로노리 지음
박성진 옮김

한울
아카데미

The Evolution of the Japanese Developmental State
by Hironori Sasada

차례

제6장 일본 발전국가의 진화 293

일러두기

1. 이 책은 2013년 루트리지(Routledge)에서 영어판으로 출간한 *The Evolution of the Japanese Developmental State: Institutions locked in by ideas*를 한국어로 옮긴 것이다. 번역 과정에서 2011년 보쿠다쿠샤(木鐸社)에서 출간한 일본어판 『制度發展と政策アイディア: 滿洲國・戰時期日本・戰後日本にみる開發型國家システムの展開』도 상당부분 참고했다.
2. 이 책에서 외래어는 국립국어원의 외래어표기법 규정을 따랐다. 고유명사의 경우 가능한 한 원어음을 표기했지만, 독자의 이해를 높이기 위해 원어음과 한자음을 혼용하거나, 때에 따라서는 한자음만 사용하기도 했다.
3. 본문에서 처음으로 나온 고유명사는 괄호 안에 원어를 병기했다. 일본식 한자는 한국식 한자로 표기했다.
4. 각주 중 옮긴이 주석은 '옮긴이 주'라고 표기하여 구분했다. 독자의 이해를 돕기 위해 원서의 각주 중 일부를 본문으로 옮긴 곳도 있으며, 극히 일부이기는 하지만 원서의 오류를 바로 잡은 부분도 있다.

한국어판 서문

필자는 이 책이 한국에서 출판된 것을 매우 기쁘게 생각합니다. 이 책을 출판하기 위해 노력을 아끼지 않은 박성진 박사와 도서출판 한울 관계자분들께 진심으로 감사드립니다.

이 책은 필자가 2008년 워싱턴대학(University of Washington)에서 받은 박사 학위 논문을 수정·보완한 것으로, 이 책의 일본어판은 2011년 보쿠다쿠샤(木鐸社)에서, 영문판은 2013년 루트리지(Routledge)에서 출판되었습니다. 이 책을 출판한 후, 국내외 많은 학자들로부터 여러 의견과 논평을 받기는 했지만, 필자는 특히나 동아시아의 학자들을 비롯해 이 지역의 많은 독자들에게 이 책을 소개할 수 있는 기회가 주어지기를 진심으로 바랐습니다. 그래서 이 책의 한국어판 출판은 필자에게 무엇보다 큰 기쁨을 주었습니다.

동아시아의 이른바 '발전국가체제(developmental state system)'에 대해서는 그간 이를 분석하기 위한 수많은 연구가 이루어져 왔습니다. 그럼에도 이 주제와 관련되어 연구할 분야는 여전히 많이 남아 있습니다. 이 책의 주제인 발전국가체제의 역사적 기원과 진화 경로도 그러한 주제로, 기존 연구들에서는 이 주제에 대해 크게 주목하지 않았습니다. 이 책의 주된 목적이 일본 발전국가체제의 역사적 기원과 진화 경로를 분석하는 것이기는 하지만, 이 책이 다른 동아시아 국가들에서 등장한 발전국가체제의 기원과 진화를 탐구하는 여러 학자들에게도 영감을 줄 수 있기를 희망합니다.

필자는 이 책의 분석이 여러 동아시아 국가들 간 경제적 차이를 가져온 역사적 맥락을 이해하는 데 도움을 줄 수 있을 것으로 확신합니다. 물론 여러 동아시아 국가들의 경제 간에는 상당한 공통점을 갖고 있는 것도 사실이지만, 분명한 것은 그들 간에는 여러 중요한 차이점이 존재한다는 것입니다. 그러나 기존의 연구들은 주로 동아시아 국가들 간의 유사성이나 동아시아 국가들과 서구 국가들 간의 차별성에 초점을 맞추어왔습니다. 한편으로 이러한 동아시아 국가들 간의 차이점을 이해하기 위해서는, 그러한 체제가 어떻게 그리고 왜 구축되었는지, 시간이 흐름에 따라서 그 체제가 어떻게 진화했는지를 밝히는 것이 중요하다고 생각합니다. 이것이 바로 필자가 동아시아 경제 연구에서 발전국가체제의 역사적 배경에 대한 연구가 중요하다고 생각하는 이유입니다.

다시 한 번 이 책을 통해 한국의 학자들과 독자들에게 다가설 수 있는 기회를 갖게 된 것에 대해 깊이 감사드립니다. 필자는 이 책이 독자들에게 유용하게 활용될 수 있기를 희망하며, 더 나아가 동아시아 정치경제를 공부하는 미래의 연구자들에게도 영감을 줄 수 있기를 기원합니다. 한국의 독자들로부터 다양한 의견을 받을 수 있다면, 그것은 필자에게 큰 영광이 될 것입니다.

2014년 4월

사사다 히로노리

머리말

제2차 세계대전 시기에 일본 경제는 자유주의 경제체제에서 발전국가체제로 근본적으로 전환되었다. 1945년 이후 미점령당국이 이 체제를 해체시키려 노력했지만, 여전히 전시경제체제를 구성했던 많은 요소들은 그대로 유지되었다. 이 책의 목적은 역사적 제도주의(historical institutionalist)라는 렌즈를 통해, 선도기구(pilot agencies)와 업계단체(業界團體, industrial associations)[1]로 대표되는 일본 발전국가의 핵심 요인들이 전후 일본 경제체제에서도 중요한 역할을 계속해서 수행할 수 있었던 원인을 찾아보려는 데 있다. 더불어 만주국을 발전국가체제의 근원적 뿌리(fundamental roots)로 자리매김하고, 전시에 이루어진 결정들이 이후 수십 년간 지속적으로 일본 경제에 어떤 영향을 미쳤는지에 대해 집중적으로 조명하고자 한다.

이 책은 발전국가체제의 제도적 기원과 진화 경로에 대한 분석을 통해,

1 이 책에서는 'industrial association'을 '업계단체'로 번역했다. 이 책에서 이 용어는 전시의 '통제회(統制會)'와 전후의 '업계단체' 모두를 지칭하기도 하지만, 때에 따라서는 전후의 업계단체를 지칭하는 단일 용어로도 사용되었다. _ 옮긴이 주

제도들이 왜 중요한지의 문제뿐만 아니라 제도들이 어떻게 그리고 왜 만들어졌는지의 문제들에 초점을 맞춤으로써 발전국가체제의 핵심적 제도들에 관한 현재 학계의 논의를 확대하는 데 기여할 수 있을 것이다. 이 책은 서구에는 잘 알려져 있지 않은 일본 측 자료를 비롯해 일본과 미국 양국의 광범위한 연구 성과를 기반으로 수행되었기 때문에, 정치학이나 경제사, 경제학 및 동아시아학을 공부하는 많은 연구자들에게 유익한 도움을 줄 수 있을 것이다.

제1장

서 론

1. 들어가며

20세기 후반에 동아시아 국가들은 기존 다른 산업국가들의 경제체제와는 많은 측면에서 차별된 '동아시아 발전국가체제(East Asian developmental state system)'를 성공적으로 발전시켰다. 많은 연구들이 그러한 국가들의 '경제 기적' 이면에 깔린 비밀들을 분석했고, 오늘날에는 '동아시아 발전국가체제'라고 일컬어지는 동아시아 국가들만의 독특한 정치경제의 제도적 환경들이 급속한 경제 발전의 핵심 요인이었음을 광범위하게 받아들이게 되었다(Johnson, 1982; Anchordoguy, 1988; Okimoto, 1989; Wade, 1990; Gereffi and Wyman, 1990; Woo, 1991; Evans, 1995; Gao, 1997; Waldner, 1999; Woo-Cumings, 1999 등 참조). 기존 연구들에서는 경제 성장과 경제체제 간의 인과관계를 설득력 있게 제시했다.

그러나 이들의 이론적 범위는 제한적인 것이었다. 그 이유는 정치경제 및 경제 발전 분야의 연구들이 제도들을 외부적 요인으로 간주하고, 제도적 환경들과 경제 활동 간의 인과관계에 주로 초점을 맞추면서, 종종 제도들의 기원과 진화의 문제를 간과했기 때문이었다.[1] 와드너(David Waldner)는 이러한 종류의 연구들이 제도적 기원에 주목하지 않은 이유로 "제도주의 연구자들은 제도의 역할을 무시한 신자유주의 경제학자들을 이론적 비판대상으로서 삼았기 때문에, 그 결과 그들의 주요한 목표는 제도 형성의 인과효과(causal effects) 이전의 단계를 연구하기보다는 제도 자체의 중요성을 논증하게 되었다"고 주장했다(Waldner, 1999: 5). 신자유주의 경제학자들이 제도의 역할을 무시했던 것처럼, 기존에 동아시아 경제를 다룬 연구들도 제도의 기원과 진화의 문제를 등한시했던 것이다.

한 국가의 정치경제와 경제 발전을 이해하기 위해서는 그 국가의 경제 제도들이 어떻게 만들어졌고, 이후 특정한 형태로 어떻게 진화했는지를 고려해야만 완벽하게 이해했다고 할 수 있다. 더불어 그러한 지식이 없다면, 누가 그 제도들을 만들었고, 무슨 목적으로 만들었으며, 어떤 요인들이 제도적 진화에 영향을 미쳤는지, 그리고 제도의 인과효과가 의도적이었는지의 여부도 알지 못하게 된다. 일본 경제는 전시에 자유주의 경제체제에서 발전국가체제로 근본적인 전환을 겪었고, 제2차 세계대전 이후 미점령당국이 전시 경제체제의 구성 요소들을 해체시키려 노력했음에도 불구하고, 전후에도 여전히 일본 경제의 핵심적 특징으로 남게 되었다.

일본의 정치경제를 이해하기 위한 학계의 많은 노력에도 불구하고, 최근의 연구들조차도 왜 일본의 발전국가체제가 전시에 등장했는지 그리고 왜 그토록 장기간 지속되었는지에 대해 충분히 설명을 하고 있지 못하다. 이

---

1 예를 들어 에반스(Peter Evans)는 자신의 연구에 대해 "이 연구의 목적은 약탈국가(predatory state), 발전국가(developmental state), 중간국가(intermediate stat)의 기원을 설명하는 데 있지 않다. 역사학계에서 담당해야 할 이 과제는 이 연구의 범위를 뛰어넘는 것이다. 대신 기존 제도를 분석의 출발점으로서 삼고자 한다"라고 언급한 바 있다(Evans, 1995: 45).

책에서 필자는 일본 발전국가체제의 제도적 기원 및 진화와 관련된 아직 풀리지 않는 퍼즐을 풀려고 한다. 이 퍼즐을 풀기 위해서 필자는 역사적 제도주의의 관점(Collier and Collier, 1991; Steinmo et al., 1992; Thelen, 1999, 2004; Pierson, 2004)에서 경제 제도들이 등장하고 진화했던 과정을 검토할 것이며, 동시에 역사상의 특정 시기에 이루어진 정책 결정들이 이후 시기의 제도적 진화에 미친 장기적 영향에 대해서도 분석하고자 한다.

이 책에서 분석하려는 퍼즐들은 다음과 같다. 첫째, 전후 일본 발전국가체제의 기원은 무엇인가? 둘째, 왜 전시와 전후 일본의 정책결정자들은 계획경제(planned economy)와 시장중심경제(market-based economy)의 특징들이 융합된 발전국가체제를 선택했는가? 기존 연구들에서도 전후 일본 경제를 지배한 핵심 제도들 대부분이 1930년대 중반 이전에는 존재하지 않았다고 주장한다(岡崎哲二·奧野正寬, 1993; 米倉誠一郎, 1993; 野口悠紀雄, 1995).

1930년대에 일본 정부는 새로운 정치경제체제를 선택했고, 이는 이전 시기[메이지(明治) 시대와 1920년대]의 경제체제와는 근본적으로 다른 것이었다. 전후에 새로운 경제체제에 대한 절박한 요구에 직면했던 일본의 정책결정자들은 몇 가지 활용가능한 선택지를 가지고 있었다. 여기에는 마르크스주의(Marxist)를 비롯해 국가사회주의(national-socialist)와 자유시장경제체제(liberal market-based economic system)가 있었다. 그러나 미점령당국으로부터 전전(戰前)의 제도들을 해체하라는 강력한 압박에도 불구하고, 일본의 정책결정자들은 이를 재건하는 발전국가체제를 다시 선택했다. 1930년대에 새로운 정치경제체제를 도입했고, 전후 시기에 그 체제를 다시 재건했던 일본 정책결정자들의 결정은 무엇으로 설명할 수 있을 것인가?

2. 전후[2] 일본 경제의 핵심 제도들

일본 발전국가체제를 분석하면서, 필자는 선도기구와 업계단체라는 두 가지 제도들의 진화 과정에 주목한다. 이 두 가지 제도들은 일본 경제에서 특히나 중요한데, 그 이유는 이 제도들이 국가통제체제의 핵심적 구성 요소인 동시에 전후 일본의 급속한 경제 성장에도 중요한 역할을 담당했기 때문이다. 선도기구들은 국가 경제 성장을 위한 청사진을 마련하는 임무를 맡아 그들의 계획에 따라 국내 산업을 지휘했다(Johnson, 1982, 1995; Anchordoguy, 1988; Wade, 1990; Gereffi and Wyman, 1990; Woo, 1991; Samuels, 1994; Pekkanen, 2003). 업계단체들은 선도기구들의 경제계획 수립과 실행을 지원하면서 국가와 산업 간의 협력관계를 증진시켰다(Samuels, 1983; Lynn and McKeown, 1988; 米倉誠一郎, 1993; Tilton, 1996; Schaede, 2000). 이들 두 제도들의 큰 활약에 힘입어 일본의 발전국가체제는 효과적으로 움직였고, 전후에 괄목할만한 성공을 거두었다. 그러나 아직까지 이 핵심 제도들의 탄생과 진화에 대해서는 폭넓게 연구되지 못했다. 따라서 이들 핵심 제도들의 제도적 기원과 진화를 탐구하려는 필자의 시도는 일본의 정치경제를 이해하는 데 도움을 줄 수 있을 것이다.[3]

---

2 '개념상 혼동'을 피하기 위해서 필자는 '전후'를 제2차 세계대전 종전부터 1960년대 중반까지의 기간으로 한정하고자 한다.

3 일본의 발전국가체제에 기여한 또 다른 제도들로는 은행 중심 금융체제와 계열체제를 들 수 있다. 선도기구들이나 업계단체들과 마찬가지로 이들 제도들 역시 전시경제체제의 일환으로 제2차 세계대전 동안에 도입되었으며, 산업 전반에 걸쳐 국가 통제의 도구로서 활용되었다. 필자 또한 일본 경제의 발전에 미친 이들 제도들의 중요성은 인정하지만, 이들은 이 책의 범위를 벗어나는 것이다. 필자는 금융통제체제와 기업 간 연결망(corporate networking)으로 분석 범위를 확대하기보다는 제조업에 한정해 국가와 산업 간의 관계에 좀 더 주목하고자 한다.

1) 선도기구

동아시아 발전국가체제에서 가장 특징적인 모습은 경제 발전 과정에서 나타난 관료적 리더십의 역할이었다. 이 때문에 동아시아 발전국가체제에서 관료들이 주도했던 산업정책의 놀랄만한 성공들은 동아시아 정치경제를 연구한 많은 학자들의 주목 대상이었다(Johnson, 1982, 1995; Anchordoguy, 1988; Okimoto, 1989; Wade, 1990; Gereffi and Wyman, 1990; Woo, 1991; Samuels, 1994; Evans, 1995; Waldner, 1999; Pekkanen, 2003). 일반적으로 이 체제에서는 시장의 주요 기능들이 제약받지 않았고 사유재산권도 보장하고 있었지만, 관료들은 다양한 방법으로 경제활동에 개입했다. 다시 말해 발전국가체제 내에서 시장체제는 국가 통제와 미묘한 균형을 이루며 융합(fused)되었던 것이다. 바로 시장과 국가 통제의 이러한 융합이 핵심적 측면에서 발전국가체제를 서구의 자유시장경제 및 사회주의경제와 구별 짓는 것이라고 할 수 있었다.

전후 일본 경제는 사유재산권을 정부가 보장하는 시장체제에 기반을 두고 있었다. 그러나 이 체제는 생산성 향상 및 경제 성장을 도모하기 위해 국가 엘리트들이 경제 목표를 구체적으로 제시한다는 점에서 자유시장경제와는 차이가 있었다. 또한 정부가 민간기업을 국유화하거나 직접 경영하지 않는다는 점에서 사회주의경제와도 차이가 있었다. 다만 정부는 규제와 산업정책이라는 틀 속에서 기업들이 경영되고 경쟁하도록 만들었다. 결과적으로 일본의 체제는 자유시장경제와 사회주의경제의 특징들이 혼합되어 있었다.

이러한 체제하에서 경제 관료조직들은 전략적 관점에서 산업 발전을 총괄하는 '선도기구'로서 핵심적 역할을 수행했다. 다른 관료조직들과 달리 선도기구들은 산업화와 경제 성장을 지휘하는 기능을 담당했던 것이다. 선도기구들이 수행한 기능들에는 특정 산업 혹은 국가 경제 전반에 걸친 장기 발전 계획의 수립, 희소 자원의 산업별 분배에 대한 엄정한 평가, 유치산업(幼稚產業)의 보호와 육성, 국내 산업에 우호적인 거시 경제적 환경의 창출, 해외 선진 기술의 획득 지원 등이 포함되었다.[4] 많은 학자들이 '선도기구'라는 동일한 용어를 사용한 것은 아니지만, 대체적으로 동아시아 경제에서 경제 관료들이 추진한 정책들이 경제 발전에 상당히 기여했다는 점을 인정하고 있는 것은 분명하다(Johnson, 1982, 1995; Anchordoguy, 1988; Okimoto, 1989; Wade, 1990; Gereffi and Wyman, 1990; Woo, 1991; Samuels, 1994; Hatch and Yamamura, 1996; Pekkanen, 2003).

일본이 지배하던 만주국 정부에서도 1935년 기획처라는 기구를 신설했다. 기획처는 「만주산업개발5개년계획」을 입안하여 신생국가의 산업화를 주도했다. 전시 일본 정부도 1937년에 기획원이라 불리는 선도기구를 설립했다.[5] 전후 일본 정부에서는 경제안정본부와 통상산업성이 선도기구로 기능했다.[6] 이 연구는 만주국과 전시 일본 그리고 전후 일본에서의 선도기구

4 선도기구들이 동아시아 국가들만의 전유물은 아니었다. 유럽과 라틴아메리카에서도 이와 유사한 기능을 맡은 관료조직들이 존재했다. 그러나 성공적인 선도기구들의 사례들은 다른 지역들보다는 동아시아 지역에서 많이 찾아볼 수 있는 것이 사실이다(선도기구들의 국제비교분석에 대해서는 Gereffi and Wyman, 1990; Waldner, 1999 참조). 이 연구는 일본만이 독특한 제도들을 수립했다는 그 자체를 주장하는 데 있는 것이 아니라 그러한 제도들이 등장한 이유와 진화한 과정을 설명하는 데 있다.

5 기획원의 전신은 1935년 5월 내각총리대신 직속의 국책조사기관인 내각조사국이었다. 내각조사국은 1937년 5월 기획청으로 변경되었다가, 1937년 10월 또 다른 내각기구인 자원국(1927년 설치)과 통합하여 기획원으로 발족했다. _ 옮긴이 주

6 경제안정본부는 제2차 세계대전으로 인한 심각한 경제 혼란을 수습하기 위해 1946년에 설치되었다. 미점령당국의 지시로 일본 정부는 경제안정본부에 일본 경제의 부흥을 총괄하는 막강한 권한을 부여했다. 경제안정본부는 1952년까지 핵심 선도기구로 활약했으며, 이후 폐지되어 소규모 부서로 약화·분할되었다. 1952년 이후에는 통상산업성이 선도기구의 역할을 맡아 일본의 급속한 성장을 이끌었다.

들의 역할에 주목하고 있다.

선도기구들은 1960년대와 1970년대에 다른 동아시아 국가들에서도 등장했다. 예를 들어, 한국의 경제기획원과 상공부, 타이완(臺灣)의 경제건설위원회와 경제부 공업국을 들 수 있다. 일본의 선도기구들과 마찬가지로 이들 한국과 타이완의 선도기구들도 신흥공업국의 산업화에 주도적인 역할을 수행했다.[7]

2) 업계단체

업계단체[별칭은 '동업조합(trade associations)']는 동종 산업에서 사업을 추진하는 민간기업들의 조직으로 카르텔(cartel)과 유사하다고 할 수 있다. 현대 일본에서는 실질적으로 모든 산업별로 단일의 업계단체가 존재하고 있지만, 일부 산업의 경우에는 좀 더 세분화되어 여러 개의 단체가 존재하기도 한다. 만주국과 전시 일본에서도 철강, 석탄, 자동차, 철도, 무역 산업 등 다수의 핵심 산업들에서 이와 유사한 통제회(統制會)라고 불린 단체가 있었다. 당시 이들 단체들이 소속 기업들의 정치적 수단으로 활용되기도 했었다는 점은 분명하다. 미국의 압력단체들과 마찬가지로 이들도 정부에 대한 로비나 정당에 대한 청원을 통해 소속 기업들의 요구사항을 정책 결정 과정에 반영시키고자 했다.

그러나 미국의 압력단체들과는 달리 일본의 업계단체는 또 다른 기능을 수행했다. 업계단체는 소속 회원사들에 의해 운영되는 민간조직이었음에도 불구하고, 정부에서는 이들을 간접 통제의 수단으로 활용했다. 업계단체는

---

7 한국과 타이완의 선도기구들에 대해서는 Wade(1990); Gereffi and Wyman(1990); Woo(1991); Evans(1995); Waldner(1999) 참조.

소속 기업들 간의 이해관계를 조정하고, 소속 기업들이 법률 및 정부 지침을 준수하는지 여부를 자체적으로 점검하기도 했다. 일부 경우에, 필요에 따라서 업계단체들은 자발적으로 소속 기업들에 제재를 가하기도 했다. 다시 말하면 민간 영역에서 업계단체들은 준법률기관처럼 기능하며, 일정 부분 정부 기관의 연장선상에 있었다. 정부는 민간 행위자들과의 갈등 없이 산업정책을 성공적으로 실행·집행하기 위해서 이들 업계단체들을 적극적으로 허용·활용했다.

업계단체들도 정부의 경제계획과 산업정책을 지원했다. 효과적인 경제계획들과 산업정책을 입안하기 위해 정부는 산업들에 관한 매우 상세하고 정확한 정보의 수집이 필요했다. 업계단체는 정부에 소속 기업들의 정보를 제공하고 정책 권고안들을 제안함으로써 정부의 정책 입안을 지원했다. 이런 의미에서 "동업조합과 카르텔은 국가(주로 통상산업성)와 시장(혹은 개별 기업) 간의 핵심적 중계자였다"고 할 수 있다(Tilton, 1996: 2).

이들 업계단체들을 미국식 압력단체들과 분명하게 구별하기 위해서 필자는 발전국가체제의 업계단체들이 다음의 기능을 수행한다면, 특정 산업의 기업조직(organization of firms)이라고 정의하고자 한다. 첫째, 해당 단체들이 소속 기업들의 이익을 정부 정책에 반영할 목적으로 정부에 로비를 하는 것, 둘째, 해당 단체들이 준정부기관으로 활동하며 단체의 자체 규정을 통해 정부의 집행력을 지원하는 것, 셋째, 업계의 중요 정보를 제공하여 정부의 정책 결정을 지원하는 것 등이다. 다시 말해 미국식 압력단체들이 (정부와의 일방적 관계로 이루어지는) 첫 번째 범주에만 해당한다면, 업계단체들은 세 가지 범주 모두에 해당하며, 특히 쌍방향적 관계의 핵심적 구성 인자라고 할 수 있다(米倉誠一郎, 1993).

일본의 급속한 산업화에서 업계단체는 상당히 중요한 기여를 했다. 린(Leonard H. Lynn)과 매코운(Timothy J. McKeown)은 업계단체(린과 매코운은

'동업조합'이라는 용어를 사용)들이 업계의 이익을 결집하는 데 역량을 발휘하면서 일본 경제체제를 유연하게 만들었고, 그 결과 사회 전체의 공익을 실현하는 것이 가능했다고 지적했다. "특히 1950~1960년대 일본인들은 급속한 경제 성장에 따른 수많은 문제들을 효과적으로 해결해왔다. 동업조합 네트워크(network)나 대표 조직들(peak associations)이 이 기간 동안 정책 결정에 주도적 역할을 수행"했다(Lynn and McKeown, 1988: 174).

요네쿠라 세이이치로(米倉誠一郎) 또한 업계단체들이 "정부와 산업 간 정보 불균형을 해소시킴으로써 정부에서 추진하는 산업정책의 효과를 증대시켰다"고 주장했다(米倉誠一郎, 1993: 183). 더불어 사무엘스(Richard Samuels)도 산업 전반에 걸친 국가 통제는 업계단체들의 지원이 없었다면 불가능했을 것이라고 주장했다. 그는 "제한적인 전문지식과 인력들을 보유한 일본 의회 내 위원회들과 여당인 자유민주당이 자료 분석을 위해 관료들에게 의존하는 것은 불가피한 것이었지만, 그토록 유명한 일본의 관료들이 업계단체들 및 기업들과 긴밀히 협조하는 이러한 방식에 의존한다는 것은 용납될 수 없는 것이었다"(Samuels, 1983: 499)라고 언급하기도 했다. 바꾸어 말하면 통상산업성 같은 선도기구들이 일본의 급속한 경제 성장을 총괄하는 데 핵심적 역할을 한 것은 사실이지만, 그러한 선도기구들도 업계단체들의 지원이 없었다면 그러한 역할을 수행하지 못했을 것이라는 주장이다.

그러나 일본의 경제 성장에서 업계단체들의 이러한 중요성에도 불구하고 업계단체들에 대해서는 폭넓게 연구되지 못했다. 린과 매코운은 미국에서 "동업조합은 많은 학자들의 연구 대상이 되지 못했다"(Lynn and McKeown, 1988: xiii)고 주장했다. 또한 "일본에는 업계단체들과 그들의 활동에 대한 정보를 제공해줄 수 있는 방대한 분량의 정부 문서가 존재한다(이들 대부분은 번역을 할 수도 없으며, 비일본인 학자들은 현재까지 분석조차도 할 수 없다). 그러나 심지어 일본에서도 업계단체들에 대한 분석 작업은 극히 부진한 상태이다". 틸톤(Mark Tilton)도 "일본 경제를 지도하는 것이 국가냐 시장이냐 하는 논쟁은 동업조합의 중요성을 간과하게 만든다"라고 지적하기도 했다(Tilton, 1996: 190; Schaede, 2000: 2~3 참조).

일본에서 업계단체의 기원은 전시에 있었다.[8] 1941년에 전시 일본 정부는 전략적으로 중요하다고 판단한 철강, 석탄, 자동차 등 6개 산업에 통제회를 설립했다. 다음해에 정부는 15개 다른 산업들에도 통제회를 설립했다. 이때부터 전시에 통제회가 조직된 산업들의 수는 지속적으로 증가했다. 통제회의 중요한 임무는 산업별 상황에 대한 생산 잠재량과 원료 공급 등에 대한 정보와 자료의 제공, 정부 계획에 따른 소속 회원사 간 생산 할당과 원료의 배분, 필요할 경우에는 비제조업 기업들의 재조직 등이었다. 전시 선도 기구들은 통제회가 제공한 정보에 근거해 생산 할당량을 추정했고, 이후 소속 기업들에게 행정 지침을 내렸다.

전시 통제회와 전후 업계단체들 간에는 분명한 연결고리가 존재한다. 전후 미점령당국이 이들 단체들을 해체시킬 것을 일본 정부에 강하게 요구했음에도, 정부는 산업계에서 이와 유사한 단체들이 재조직되는 것을 계속해서 허용했다. 약간의 차이가 있지만, 전후 업계단체들은 정부의 산업정책들을 지원하는 데 전시의 업계단체들과 놀라울 정도로 유사한 역할을 수행했다.

---

8 만주국 정부는 이른바 특수회사제도(特殊會社制度)라고 불리는 특이한 제도를 통해 산업을 통제하면서, 개별 회사의 경영 전반에 정부가 엄격한 통제를 가했다. 예를 들어 정부가 전략적으로 중요하다고 판단한 산업들에서 활동하는 기업들은 그들의 사업 활동에 관한 여러 정보들을 제출하여, 그 사업에 대한 정부의 승인을 얻어야 했고, 정부 관료들을 기업 이사회의 구성원으로 참여시켜야만 했다.

3. 대안적 논증

제도들은 어떻게 만들어졌는가? 어떤 요인들이 제도적 환경을 변화시켰는가? 무엇이 제도의 진화 경로를 결정했는가? 일부 학자들은 주요 행위자들의 이익에 초점을 맞추어 이 퍼즐들을 풀려고 하는데, 이러한 접근법은 합리적 선택 이론(rational choice theories)을 적용한 것이다. 이 이론은 개인들이 합리적이라는 전제 위에서 전개되는데, 즉 행위자들이 합리적 존재로서 자신들의 효용을 극대화하는 방식으로 행동한다고 가정한다. 이에 따르면 행위자들은 결정을 내릴 때, 모든 가능한 대안들을 검토하여 가장 최선의 이익을 가져오는 대안을 선택한다는 것이다. 합리주의 이론가들은 제도가 행위자들의 이익을 증진시키기 위해서 만들어진다고 보았다. 다시 말해 제도는 그것이 없을 때보다는 그것을 만들어서 이익이 될 때 만들어진다는 것이다. 합리주의자들은 대체적으로 두 가지 측면에서 제도에 접근할 것을 제안한다. 하나는 행위자들이 공동의 이익을 얻기 위해 제도를 만들었다는 입장이고, 다른 하나는 강력한 행위자들이 자신들의 개인적 이익을 극대화하기 위해 제도를 만들었다는 입장이다.

1) 집합행위이론(The collective action theory)

집합행위이론은 행위자들이 상호 이익의 결과를 얻기 위해 제도를 만들었다고 가정한다. 대다수의 합리주의자들은 정치를 집합행위의 일환으로 본다(Olson, 1965; Bates, 1981; Weingast, 2002). 합리주의자들은 집합행위가 행위자들 간의 신뢰 부족, 무임승차, 높은 거래 비용, 감독 및 집행 메커니즘(mechanism)의 부재(不在) 등과 같은 문제들 때문에 조직화되기 어렵다고 주장한다. 더불어 행위자들의 개인적 효용 극대화 행동들이 집합행위의 문제들을 해결하는 것을 어렵게 만들기 때문에, 각 행위자들은 결국 차선책을 선택하거나 때에 따라서 비효율적 결과로 귀결될 수밖에 없다는 것이다. 합리주의자들은 제도가 집합행위의 문제들에 대한 해결책이 될 수 있다고 본다. 즉 제도 안에 포함된 규칙들과 동의 과정들이 불확실성을 감소시키고, 집행 메커니즘을 제공하며, 거래 비용을 줄이고, 교환을 촉진한다는 것이다. 합리주의자들의 견해에 따르면, 이것이 바로 행위자들이 제도를 만드는 이유라는 것이다.

와인게스트(Barry R. Weingast)는 "적절하게 설계된 제도들은 각 개인들로 하여금 협력할 동기를 갖도록 행위자를 유인한다"라고 주장했다. 이에 따라 그는 "제도의 본질은 상호 이익을 위해 교환과 협력을 강제하는 것"(Weingast, 2002: 670)이라고 언급했다. 코헤인(Robert Keohane)은 국제정치에서 집합행위의 문제들이 종종 상호 간 바람직하지 않은 결과(예를 들면 시장 실패)를 가져온다고 주장했다(Keohane, 1984). 국가들은 때로는 타국과 협력하지 않을 수도 있는데, 이는 그들 간의 높은 거래 비용이나 국제법이 부재하기 때문이다. 이 때문에 일부 국가들이 국제기구를 만들어 거래 비용을 낮추고, 회원국들 간의 호혜적 관계를 증진시키며, 믿을 수 있는 감독 및 집행 메커니즘의 설치를 통해 협력을 촉진하려 한다는 것이다.[9]

합리주의자들은 제도에 대한 이러한 관점을 제도의 연속성을 설명하는

9 예를 들어 노스(Douglass North)와 와인게스트는 17세기 영국이 재산권의 발전을 통해 집합행위의 문제를 해결했을 뿐만 아니라 경제 성장도 이룰 수 있었다고 주장한다(North and Weingast, 1989). 비안코(William T. Bianco)와 베이츠(Robert H. Bates)는 명망 있고 효과적 제재수단을 가진 정치지도자들이 적절한 보상과 처벌을 통해 집합행위를 가능하게 하며, 더불어 정책결정자들은 집합행위의 문제들을 해결할 수 있는 제도들을 구축하는 데 주도적인 역할을 수행한다고 주장했다(Bianco and Bates, 1990).

데도 적용한다. 그들은 집합행위를 가능하게 만든 특정 제도로부터 모든 행위자가 이익을 얻었을 때, 그 제도는 자체적으로도 강화된다고 주장한다. 제도적 합의로부터의 이탈은 제도, 그 자체의 붕괴를 초래할 수 있기 때문이라는 것이다. 따라서 제도는 일종의 재생산 메커니즘을 통해 발전하게 된다. 예를 들어 와인게스트는 행위자의 동기에 미친 헌법적 합의에 주목하여 민주주의 공고화를 분석하면서, 왜 일부 국가에서는 민주주의 제도들이 유지되고, 왜 일부 국가들에서는 실패하는지 그 원인을 분석했다. 그는 시민의 기본적 권리를 보장하는 헌법을 가진 민주주의 제도들은 시민들이 "자기 스스로를 보호하기 위해 초헌법적 수단에 의존할 가능성을 낮춘다"고 보았다(Weingast, 2002: 682). 이러한 헌법은 행위자들에게 헌법 조항을 준수할 동기를 제공함으로써 자체적으로 강화된다는 것이다. 그는 "계약은 모든 당사자가 그 계약에 만족할 때, 그리고 계약에서 일방적으로 이탈하는 것이 다른 이들의 계약 이탈로 이어져, 결국 계약을 파기시킬 것이라는 점을 모든 사람들이 알고 있을 때, 자체적으로 강화된다"고 보았다(Weingast, 2002: 682).

요약하면, 제도는 행위자들이 현재의 제도들을 유지함으로써 얻은 이익이 그 제도가 없을 때보다 훨씬 커서 그 합의를 준수할 동기를 갖고 있기 때문에 지속된다는 것이다. 합리주의자들의 관점에서 제도 변화는 행위자들이 현재의 제도를 재생산해야 할 이해관계가 더 이상 존재하지 않을 때 발생한다. 이러한 관점에서 행위자들은 집합행위의 문제들에 대한 해결책의 일환으로 제도를 설계하고 만들게 되는데, 이는 제도들이 행위자들을 협력하게 만들고 상호 이익의 결과를 도출하기 때문이다. 일단 행위자들이 특정 형태의 제도를 만들게 되면, 앞서 언급한 재생산 메커니즘과 같은 형태로 제도를 유지하기 위한 행위들이 계속해서 촉진되는 것이다. 그러나 제도가 행위자들의 이익에 기여할 수 없을 때, 제도의 재생산주기(reproduction cycle)는 종결된다. 결국 제도 변화는 행위자들이 구제도를 신제도로 교체하려 하기 때문에 나타난다는 것을 의미한다. 집합행위이론에 근거한 가설은 다음과 같이 제시할 수 있다.

가설 1 : 행위자들은 집합행위 문제들을 해결하고 공동의 이익을 달성하기 위해 제도를 만든다. 제도들은 그 제도들의 기능이 유지되고 행위자들의 이익을 증진시키는 한 계속해서 유지된다.

2) 권력중심합리주의이론(A power-based rationalist theory)

일부 합리적 선택 이론가들이 집합행위의 문제들에 관심을 가진 반면, 또 다른 합리주의자 그룹은 제도의 기원과 진화를 설명할 때, 행위자들 간의 권력 추구에 주목한다. 예를 들어 나이트(Jack Knight)는 효율 중심적 합리주의 이론을 부정하면서, "제도는 차선의 결과를 피하려는 노력의 일환으로 단체나 사회를 제약하기 위해 만든 것이 아니라, 고유한 사회적 결과의 분배에 대한 본질적 갈등의 부산물이었다"고 주장한다(Knight, 1992: 40).[10] 이러한 관점에서 정치지도자들은 전략적 이익을 얻기 위해 제도를 만들려고 시도하는 반면, 다른 행위자들은 이러한 시도에 저항한다는 점을 고려할 필요가 있다. 다른 행위자들과의 관계에서 정치지도자들의 협상력이 강할수록, 정치지도자들은 애초에 의도한 제도적 결과에 더욱 다가서게 된다. 이러한 점에서 제도적 결과는 정치 행위자들 간의 불평등한 협상력을 반영하게 되는 것이다.[11]

---

10 나이트는 또한 "실현 가능한 제도적 대안들 가운데 하나를 선택하는 메커니즘은 다양한 대안들에 대한 행위자들 간의 협상 경쟁(bargaining competition)에 있다. 제도적 발전은 행위자들에게 가장 유리한 균형을 가져오는 결과를 구조화하는 규칙들을 제정하기 위한 행위자들 간의 경쟁"이라고 주장한다(Knight, 1995: 108).

이러한 형태의 논의가 가진 장점은 효율 중심적 논의에서는 설명할 수 없는 제도들이 초래한 비효율성을 설명할 수 있다는 점이다. 나이트는 행위자들이 집합적 목표에 주목하기보다는 자신들의 자기이익(self-interests)을 증진시키기 위해 제도를 만들었다고 주장한다. 그 결과 "사회 제도는 파레토 최적(Pareto-optimal)의 결과를 얻지 못할 수도 있는데, 그 이유는 파레토 최적의 결과가 제도를 만든 이들에게 이익이 되지 못할 수도 있기 때문"이라는 것이다(Knight, 1992: 37~38).[12]

램자이어(Mark Ramseyer)와 로젠블루스(Frances McCall Rosenbluth)는 일본 정치의 제도적 진화를 설명하기 위해 권력 중심적 합리주의 접근법을 취했는데, 그들은 강력한 행위자들이 자신들의 개인적 이익을 얻기 위해 제도를 만들었다고 주장한다(Ramseyer and Rosenbluth, 1993, 1995). 그들은 전후 일본의 정치 제도들이 자신들의 이익을 위해서 제도적 환경을 조작할 수 있는 권력을 가진 자유민주당 소속 정치가들의 이익을 반영했다고 주장한다.

---

11 나이트도 일부 제도들이 공공재를 제공한다는 점을 인정하면서도, 그러나 "그러한 이익들조차도 단순한 분배적 갈등의 부산물에 불과한 것으로, 따라서 그러한 이익들이 합리적 행동을 설명하는 주요 요인은 아니"라고 주장한다(Knight, 1992: 20). 나이트는 "자기이익을 위해 행위자들은 사회적으로 비효율적인 제도와 규칙들일지라도 개인적 이익을 증대시켜준다면, 그러한 규칙들을 선호할 수 있다"고 주장하며, "사회효율성(social efficiency)이 제도 규칙들의 본질적 내용을 제공해줄 수는 없다. 합리적이며 이기적인 행위자들은 규칙들이 자신의 이익을 훼손하게 된다면, 그러한 규칙의 창시자가 결코 되지 않을 것"이라고 주장한다(Knight, 1992: 34).

12 이와 유사한 주장은 국제관계학에서도 제기된다. 신현실주의자(Neo-realists)들은 강력한 국가가 자신의 이익을 개진하거나 현재의 세력 균형을 유지하기 위해서 제도를 만든다고 주장한다(Kindleberger, 1973; Gilpin, 1971; Krasner, 1991). 패권안정이론(hegemonic stability theory)에 따르면, 패권국은 자신의 권력을 확대하거나 타국이 강해지는 것을 막기 위해 제도를 만든다는 것이다.

그러한 제도들을 통해 자유민주당 정치가들은 관료나 판사 등의 다른 사회적 행위자들을 종속시킬 수 있었다는 것이다.[13] 1995년의 연구에서 램자이어와 로젠블루스는 자신들의 이전 주장을 거듭 제기하면서, 전전(戰前)의 일본 관료들은 자신들의 이익에 따라 제도적 환경을 조작할 수 있는 권력을 가졌던 강력한 행위자들[메이지 시대의 과두정, 다이쇼(大正) 시대의 정당정치가, 전시의 군부]의 단순 대리인에 불과했다고 주장했다.

실버만(Bernard S. Silberman, 1993)도 메이지 시대 일본의 정치지도자들이 정부를 고등교육을 받은 관료들로 구성된 자율적 관료 국가(bureaucratic state)로 전환함으로써 권력을 장악하려 했다고 주장한다. 당시 관료가 되기 위해서는 극심한 경쟁의 임용시험을 통과해야만 했는데, 이 시험은 모든 이들이 응시할 수는 있었지만, 오직 소수의 능력을 갖춘 이들만이 통과할 수 있는 시험이었다. 이 체제는 정치지도자들에게 국가 통치의 정당성을 부여해준 반면, 그들의 권력에 도전하는 여타 사회 집단들을 효과적으로 억제할 수 있는 수단이 되기도 했다는 것이다. 요약하면, 이들 합리주의 이론가들은 강력한 정치 집단이 자신들의 이익을 위해 제도들의 진화를 추구했으며, 그 결과 나타난 제도들은 다른 행위자들을 통제하고, 현재의 권력 구조를 유지하기 위한 수단으로서 활용되었다고 주장한다. 권력중심합리주의이론에서 얻을 수 있는 가설은 다음과 같이 요약할 수 있다.

가설 2 : 제도는 행위자들 간의 권력 균형을 반영한다. 강력한 행위자들은 자신들의 권력을 유지하거나 더욱 확대하기 위해 제도들을 만든다. 제도들은 기존

---

13 램자이어와 로젠블루스는 자유민주당 정치가들이 "그들의 관료 대리인들을 감독·감시하기 위해서" 제도적 제약들을 만들었으며, 이는 "본인-대리인 이론(principal-agency theory)에서 주장하듯이, 당시 관료들은 자유민주당이 선호하는 것을 단순히 실행하는 수준이었다"고 주장했다(Ramseyer and Rosenbluth, 1993: 99).

권력 구조가 그대로 유지되는 한 계속해서 지속된다.

4. 역사적 제도주의

합리적 선택 이론가들이 행위자들의 이익에 초점을 맞춰 제도의 변화와 지속을 설명하려고 하는 데 반해, 다른 학자들은 과거에 이루어진 결정들 내지 정책들에 장기 지속적으로 영향을 미친 요인들에 주목하여 제도의 변화와 지속 문제에 접근했다. 이러한 접근법을 역사적 제도주의라고 부른다(Steinmo et al., 1992; Mahoney and Rueschemeyer, 2003; Streeck and Thelen, 2005). 역사적 제도주의 연구자들은 역사적 중대국면(critical juncture)과 경로의존(path dependency), 그리고 아이디어(idea)라는 세 가지 중요한 관점에서 제도적 환경의 변화와 지속을 설명하는 모델을 제시했다.

1) 역사적 중대국면

역사적 중대국면은 그 이전부터 존재했던 환경들이 근본적으로 전환된 역사상의 중요한 분기점이라고 정의할 수 있다. 역사적 중대국면에는 체제 전환, 혁명, 민주화(democratization)를 비롯해 새로운 경제체제의 수립 등이 포함된다. 역사적 중대국면은 전쟁, 경제위기, 정치적 혼란 등과 같이 사회적 전환을 초래하는 외부적 충격에 따라 일어나기도 한다. 이러한 외부적 충격 자체가 제도적 변화를 초래하는 핵심적 촉매제로서 작동하기도 하는데, 그 이유는 현재의 제도가 충격에 따른 환경에 충분하게 적응하지 못할 경우, 제도의 신뢰성이 크게 훼손되기 때문이다. 결국 이것이 원인이 되어 정책결정자들은 일련의 새로운 제도들을 만들게 되는 것이다.

다만 새로운 제도적 환경의 형태에는 다양한 요인들이 영향을 미치게 되는데, 그러한 요인들에는 국내적 권력 균형과 국제적 정치경제 상황, 지식인들의 담론 그리고 정책결정자들의 이전 경험 등이 포함된다. "일단 특정의 선택이 이루어지면, 다수의 유용한 대안들이 존재했던 초기 선택의 시점으로 되돌아가는 것이 무척이나 어렵기 때문에", 특정 시점은 '중대'할 수밖에 없는 것이다(Mahoney, 2000a: 513). 콜리어 부부(Ruth and David Collier)는 모든 역사적 중대국면이 세 가지 구성요소로 이루어진다고 주장했는데, 첫째, 선행 상황(antecedent conditions), 둘째, 단절(cleavage), 셋째, 과거의 유산(legacy)이 그것이다(Collier and Collier, 1991). '선행 상황'은 근본적인 사회적 전환이 이루어지기 이전의 상황을 가리킨다. 구체제 내에서 촉발된 변화는 '단절' 혹은 위기에 의해 중단된다. '과거의 유산' 요인은 역사적 중대국면 동안 이루어진 변화가 이후 장기적으로 영향을 미친다는 것이다.

역사적 제도주의 연구자들은 역사적 중대국면에서 결정된 정책들이 이후 이루어진 제도적 진화 경로에 어떤 영향을 미쳤는지를 연구하는 것이 중요하다고 확신한다(Lipset and Rokkan, 1967; Collier and Collier, 1991; Pempel, 1998; Pierson, 2004 참조).

2) 경로의존

제도의 연속성을 분석할 때, 역사적 제도주의자들은 '경로의존'이라고 불리는 상황을 초래한 제도 재생산의 메커니즘을 연구한다. 마호니(James Mahoney)는 경로의존을 "제도적 형태를 규정하는 우발적 사건의 역사적 연속 혹은 결정적 성격을 가진 사건의 연쇄"라고 정의한다(Mahoney, 2000b: 507). 피어슨(Paul Pierson)은 경로의존을 "정치체제 내의 역동적 자기강화(the dynamics of self-reinforcing) 혹은 긍정적 환류 과정(positive feedback processes)"

이라고 설명한다(Pierson, 2004: 10). 다만 자기강화/재생산 메커니즘을 통해 일단 특정 경로가 '고정(lock in)'되면, 그것을 바꾸는 것은 점점 더 어려워지게 된다. 학자들은 경로의존의 메커니즘이 제도의 강도(rigidity)[혹은 '밀착성(stickiness)']를 높인다고 지적하기도 한다.

기존의 제도 연구들은 수확체증(increasing returns)(North, 1990; Arthur, 1994; Thelen, 1999)과 매몰비용(sunk costs)(Keohane, 1984; Collier and Collier, 1991; Pierson, 1994)과 같은 다양한 경로의존의 메커니즘에 주목했다. 제도 연구에서 수확체증은 기존 제도가 주는 이익들이 좀 더 많은 행위자들로 하여금 제도에의 참여를 증대시키는 상황을 말한다. 제도가 많은 이익을 창출할수록 제도는 자기강화되고 재생산되며, 진화 과정에서 그것을 바꾸는 것은 더욱 어려워지게 된다. 제도적 측면에서 매몰비용은 제도의 수립에 소요된 되돌릴 수 없는 시간과 노력을 말한다. 기존 제도에 대한 매몰비용이 크면 클수록 그것을 바꾸는 것은 점점 더 어려워지는데, 이는 "기존에 축적된 투입 요인들의 정도와 상호연관성이 이전의 현실적 대안들을 다시 채택하는 데 엄청나게 많은 비용을 필요로 하기 때문이다"(Pierson, 2004: 152).

오늘날 제도적 진화에 미친 경로의존의 다양한 인과효과를 분석하는 연구들이 점차 증가하고 있다(Thelen and Kume, 1999; Mahoney, 2002; Kato, 2003; Thelen, 2004; Krauss and Pekkanen, 2011). 그러나 홀(Peter A. Hall)이 지적한 것처럼, 정치제도에 대한 기존 연구들도 경로의존의 메커니즘을 완벽하게 연구한 것은 아니었다. 홀은 경로의존 연구들이 풀리지 않는 다음과 같은 문제를 다루어야 한다고 주장한다. 즉 "오래전에 일어난 사회·재계·정계의 어떤 요인들이 이후 행동들에 영향을 미쳤는가?" 더불어 홀은 "우리는 경로의존이 어떻게 작동하는지를 좀 더 개념화할 필요가 있을 뿐만 아니라 경로의존이 작동할 수 있는 가능성에 대해서도 방법론적으로 주목할 필요가 있다"고 주장한다(Hall, 2009: 247). 이 분야의 이러한 요구에 부응해서, 필자는 아이디어 요인들(ideational factors)이 긍정적 환류의 순환(positive feedback cycle)을 만들고, 제도의 진화 경로에도 중요한 영향을 미친다는 점에 주목하여 경로의존에서 긍정적 환류 효과에 대한 논의를 진전시키고자 한다.

3) 정책 아이디어(ideas in politics)

정책결정자들은 정치가 안고 있는 높은 불확실성 때문에, 합리적 결정을 내리는 데 필요한 충분한 정보를 항상 얻는 것은 아니다. 또한 정책결정자들은 전문지식의 도움을 얻지 못한다면, 합리적 결정을 내리는 데 어려움을 겪게 되기 때문에 일종의 아이디어적 지침(ideational guidance)에 크게 의존할 수밖에 없다. 이러한 아이디어는 정책결정자들이 최종 결정을 내리기 전, 정보를 평가하는 데 핵심적 역할을 수행하게 되는데,[14] 이는 아이디어가 정책결정자들에게 현재 상황이 국가에 의미하는 바를 이해하도록 도움을 줄 뿐만 아니라, 문제의 해결책을 찾는 데도 도움을 주기 때문이다.[15]

---

14 노스(Douglass North)는 아이디어적 지침을 '심상 지도(mental map)'라고도 부른다. 노스는 경제 시장(economic market)과 비교해서 "정치 시장(political market)은 비효율적일 가능성이 훨씬 크기" 때문에 정책 지침이 정책 입안에 중대한 영향을 미친다고 본다. 이는 "정치 시장에서 교환되어야 할 것을 측정하는 것이 굉장히 어렵고, 그 결과 합의를 강제하는 것도 어렵기" 때문이다(North, 1990: 362). 따라서 노스는 결정을 내릴 때, 정책결정자들이 자신들의 심상 지도에 의지할 것이라고 보았다.

15 아이디어의 역할에 대해서는 Hall(1989, 1992); Weir(1989, 1992); North(1990); Sikkink(1991, 1993); Haas(1992); Goldstein and Keohane(1993); Goldstein(1993); Halpern(1993); Kier(1995); Kieck and Sikkink(1998); McNamara(1998); Beland and Cox(2011) 참조. 일부 학자들은 제도 분석에서 아이디어 요인들(ideational factors)을 설명 요인으로 취급하는 접근법들과 역사적 제도주의를 구분하여 사용한다. 슈미트(Vivian A. Schmidt)는 그러한 접근법들에 대해 '담론 제도주의(discursive

아이디어적 지침은 행위자들이 정책을 입안하는 데 도움을 주기도 하지만, 활용 가능한 대안들의 선택을 제한함으로써 정책 결정을 제약하기도 한다. 행위자들이 일단 특정 아이디어를 아이디어적 지침의 근간으로 삼게 되면, 행위자들은 그러한 지침에 부합하는 정책들을 입안하게 될 것이고, 그 지침에 모순되는 정책들은 거부하게 될 것이다. 아이디어적 지침이 행위자들의 정책 입안에 도움을 주면 줄수록, 아이디어적 지침은 행위자들의 정책 선택을 제약하게 된다. 따라서 아이디어적 지침은 특정 패턴으로 행위자의 정책들을 고정시킴으로써 제도의 연속성을 가져오게 된다(North, 1990; Arthur, 1994; Hall, 1989; Weir, 1989; Goldstein, 1993; Kier, 1995; Pierson, 2004; Beland and Cox, 2011). 예를 들어 위어(Margaret Weir)는 1930년대에 영국의 경제 관료들이 케인스주의적(Keynesian) 아이디어를 채택하여 이를 유지했고, 이것이 1970년대까지 영국의 경제정책에 지속적으로 영향을 미쳤다고 주장했다(Weir, 1989). 키에르(Elizabeth Kier) 또한 영국과 프랑스의 군부 문화가 어떻게 양차대전 동안 양국의 군사 교리 형성에 지속적인 영향을 미쳤는가를 보여주었다(Kier, 1995).

이 책에서는 아이디어적 지침이 긍정적 환류의 순환을 만들고, 이것이 고정 효과(lock-in effect)로 강화되는 메커니즘을 제시하여 아이디어와 제도 연속성에 관한 논의를 심화시키고자 한다. 긍정적 환류의 순환은 다음과 같이 이루어진다. 첫째, 긍정적 환류는 정책결정자들이 아이디어적 지침을 그들의 후임자들에게 물려주었을 때 일어난다. 새로운 정책결정자 세대들은 전임자의 아이디어적 지침을 수용할 가능성이 큰데, 이는 새로운 정책결정자들도 전임자들과 마찬가지로 동일한 교육 체제하에서, 동일한 전문 교육을

---

institutionalism)'라는 용어를 제안하고, 이것은 '신제도주의'의 또 다른 형태로 간주되어야 한다고 주장한다(Schmidt, 2011).

그림 1-1 **아이디어의 긍정적 환류 효과**

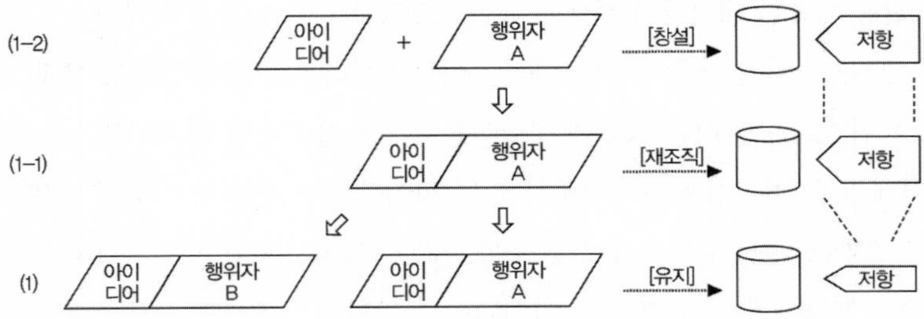

받았고, 동일한 경력을 쌓았기 때문이다. 이처럼 세대에 걸친 아이디어적 지침에 정책결정자들이 의존하게 되면, 정책결정자들은 애초 지침에 근거해서 만들어진 기존 제도들의 재생산을 지속하게 되는 것이다.

둘째, 긍정적 환류 효과는 정책결정자들의 아이디어적 지침이 여타 사회 집단들에 확산될 때도 일어날 수 있다. 일부 아이디어는 다른 사회 집단들이 정책결정자들과 상호작용할 때 빠르게 확산될 수 있다.[16] 정책결정자들의 아이디어적 지침을 수용한 사회적 행위자들이 증가하면 할수록, 그들 행위자들은 그 지침에 근거해 만든 현재의 제도들을 지지하게 된다. 아이디어적 지침이 정책결정자들뿐만 아니라 여타 사회 집단으로 확산되었을 때, 현재 제도에 대한 정치적 지지는 더욱 강화되는 것이다. 이는 정책결정자들이 현재 제도를 재생산하는 것을 더욱 용이하게 만든다. 따라서 아이디어적 지

16 피어슨은 아이디어들이 한 사회집단에서 다른 사회집단으로 확산될 수 있는 방법에 대해 다음과 같이 언급한다. "아이디어들은 다른 사회적 행위자들에게 네트워크 효과(network effects)와 적응적 기대(adaptive expectations)를 불러일으킴으로써 공유되곤 한다. 사회학자들은 적절성(appropriateness)을 가진 규범 혹은 표준으로 발전하는 것은 집합적이고 자기강화적인 과정이라고 강조해왔다. 악수와 같은 사회적으로 무해한 상호작용들은 '그것 자체로 무한히 재생산'되는 것이다"(Pierson, 2004: 39).

침은 긍정적 환류 효과를 만들고, 장기간에 걸쳐 제도의 재생산을 용이하게 만든다. 이러한 재생산 메커니즘이 만든 제도적 진화 경로는 그것을 바꾸는 것을 더욱 어렵게 만든다(〈그림 1-1〉 참조)(이하에서 필자는 역사적 제도주의 접근법을 통해 일본 경제의 제도적 변화와 지속에 대한 입장을 제시할 것이다).

5. 일본 발전국가체제의 진화와 전시 아이디어의 유산: '통제경제론'

일본의 근대화는 1868년 메이지유신(明治維新) 이후 시작되었다. 메이지 정부는 선진 서구 국가들로부터의 현대적 기술 도입과 국영기업의 설립, 산업 기간기설의 건설에서 핵심적 역할을 수행했다. 그러나 20세기에 들어서면서 정부의 역할이 줄어들자 민간기업들이 일본 경제의 추진 동력이 되었고, 1920년대 자유시장경제로의 변화를 주도하게 되었다. 선도기구와 업계단체와 같은 발전국가체제의 제도적 특징들은 1930년대 중반 이전에는 존재하지 않았다.[17] 그 이전만 해도 사실 민간기업들에 대한 정부의 개입은 최소한도로 이루어졌고, 시장이 자유롭게 유지되기를 원하는 재계 지도자들과 정당정치가들이 엄격한 국가 통제를 지향하는 군 장교들이나 관료들보다는 정책 결정 과정에 훨씬 많은 영향력을 행사했다.

그러나 1920년대 후반기에 벌어진 세 가지 사건들이 1920년대 체제의 와해를 초래했다. 첫 번째 사건은 일본 경제에 엄청난 피해를 준 대공황이었다. 당시 대공황은 많은 일본인들에게 민간기업들의 이기적 사익추구 활동에 대

17 발전국가체제의 또 다른 특징들인 은행 중심 금융체제와 계열체제들 또한 이전 시기에는 존재하지 않았다. 선도기구나 업계단체들과 마찬가지로 전시 정부가 그러한 제도들을 만들어 산업 전반에 국가 통제를 강화했다(岡崎哲二·奥野正寛, 1993; 野口悠紀雄, 1995; Hoshi and Kashyap, 2001).

해 제한이 필요하다는 인식을 심어주었다. 두 번째 사건은 소련의 5개년계획(1928~1933)의 성공이었다. 소련의 성공은 일본의 정책결정자들에게 충격을 주었고, 일본에도 국가 경제 기획(state economic planning)이 필요하다는 확신을 심어주었다. 세 번째는 1920년대 후반에 일부 일본의 정책결정자들이 미래에 일본이 소련 혹은 미국과 필연적으로 충돌하여 두 국가들 중 하나와 총력전(total war)을 치르게 될 것이라고 확신하기 시작했다는 점이다. 이러한 일련의 사건들은 일본의 정책결정자들로 하여금 강화된 국가 통제를 핵심으로 하는 새로운 경제체제의 도입을 강력히 고무(鼓舞)하게 되었다.

발전국가체제의 원형(prototype)은 1932년부터 일본이 실질적으로 통치하고 있던 만주국에서 시작되었다. 만주국 건설을 주도했던 일본의 군 장교들은 만주국을 산업기지(industrial base)로 건설하려는 기회로 삼았고, 미국과의 미래전쟁은 피할 수 없다고 확신했다. 만주국에 새로운 경제체제를 수립하면서, 정책결정자들은 자유시장경제와 소련식 명령경제(command economy)의 장점들을 결합한 체제를 만들려고 노력했다. 관련된 많은 증거들은 대공황과 앞서 언급한 소련의 5개년계획 성공이 일본의 정책결정자들로 하여금 국가 통제하에 산업을 발전시킬 필요성을 확신시켰음을 보여준다. 다만 정책결정자들은 사유재산권을 폐지하는 데까지는 나아가지 않았는데, 이는 그들도 민간의 기업가정신이 가진 활력이 산업화의 중요한 요소임을 인정했기 때문이다. 따라서 만주국의 새로운 경제체제는 사실상 두 체제가 융합된 것이었다.

만주국은 발전국가체제의 발원지(breeding ground)로 기능했는데, 이는 당시 일본 본토에서는 자유시장경제를 지지하는 재벌(財閥, 자이바쓰) 지도자들의 강력한 반발 때문에 그러한 정책들을 실험할 엄두조차 낼 수 없었기 때문이다. 더군다나 일본의 재벌들은 이미 조선과 타이완을 비롯한 다른 식민지들에서 강력한 영향력을 행사하고 있었기 때문에, 조선과 타이완에서도 발전국가체제는 등장할 수 없었다.[18] 다시 말해 엄격한 국가 통제를 반대할 강력한 민간기업들이 만주국에는 아직 존재하지 않았기 때문에 군 장교들과 관료들은 자유롭게 새로운 경제체제를 설계할 수 있었던 것이다. 만주국에서의 이러한 정책 혁신가들(policy entrepreneurs)에는 만주에 배치된 일본 육군 관동군[19] 소속 장교들과 만주국 정부에 배치된 일본인 관료들이 포함되어 있었다. 가장 영향력 있는 인물로는 이시하라 간지(石原莞爾)와 미야자키 마사요시(宮崎正義)를 들 수 있다. 관동군 참모장교로서 이시하라는 만주에서 일본의 괴뢰국가를 건설하는 임무를 맡고 있었고, 이시하라의 국가건설 노력을 보좌했던 미야자키는 소련 경제 전문가로서 당시 일본의 국책기관인 남만주철도주식회사(南滿洲鐵道株式會社, 이하 만철)에서 근무하고 있었다.

만주국의 국가건설 과정을 분석해보면, 이시하라와 미야자키가 가진 세계관과 교육/경력 배경이 그들의 정책에 중요한 영향을 미쳤음을 알 수 있다. 이시하라의 초기 군 경력을 살펴보면, 이시하라는 독일에서 세계전쟁사를 연구하면서, 세계가 총력전의 시대로 접어들고 있다고 확신했다. 특히

---

18 어떤 의미에서 만주국에 대한 일본의 정책들은 조선과 타이완에 대한 그것과는 근본적으로 달랐다. 이것이 제2차 세계대전이 종전될 때까지 조선과 타이완에서 발전국가체제가 등장하지 않은 이유를 설명해준다. 더불어 이 책이 만주국에 대한 일본의 정책에 초점을 맞춘 이유도 바로 여기에 있다. 그러나 만주국의 정책들은 다른 동아시아 국가들에서 발전국가체제가 등장하는 데 일정한 영향을 미쳤다. 예를 들어 한국은 1960년대에 관동군(후에 만주제국 육군으로 개편) 장교였던 박정희 대통령의 리더십하에서 발전국가체제를 채택했다. 우정은(Jung-en Woo)은 만주에서의 박정희의 경험이 전후 시기 발전 정책에 영향을 미쳤다고 주장한다(Woo, 1991: 40).

19 관동군은 일본이 러시아로부터 획득한 새로운 영토를 방어하기 위해 1904년부터 만주에 주둔하기 시작했다. 관동군은 일본의 괴뢰국가(puppet government)인 만주국 수립과 이후 국가건설 과정에서 중요한 역할을 수행했다.

그는 빠르면 1920년대 후반쯤에, 일본이 미국과의 총력전에 직면할 수밖에 없기 때문에 일본의 군사경제력을 신속히 증강시킬 필요가 있다고 인식했다. 그는 일본의 군사경제력 증강은 만주에서 자유시장과 계획경제의 장점을 결합시킴으로써 이루어질 수 있다고 확신했고, 이에 따라 이 새로운 식민지를 일본의 산업기지로 변모시키고자 했다. 후에 '통제경제론(統制經濟論, theory of managed economy)'[20]으로 불린 이 아이디어는 만주국과 전시 일본의 발전국가체제를 위한 아이디어적 토대(ideational foundation)가 되었다.

이시하라와 미야자키는 만주국의 선도기구로 기획처라고 불리는 관료기구를 창설했다. 기획처는 만주 경제의 거대전략을 입안하고, 군의 참모본부와 마찬가지로 만주의 산업화를 지도하는 일종의 '경제참모본부(經濟參謀本部, economic general staff)'의 기능을 담당하도록 설계되었다. 이 만주국의 기구가 일본의 전시와 전후 선도기구들의 원형이 되었다. 산업을 통제하기 위해서 만주국의 선도기구는 '특수회사제도'를 만들었고, 이를 통해 정부는 개별 기업의 운영 전반에 걸쳐 엄격한 통제를 가할 수 있었다.

당시 군 장교들은 주로 소장 관료들로 구성된 정부 내 '혁신관료(革新官僚)'라고 불리는 세력과 정치적으로 제휴했다. 관동군은 만주에서 발전국가체제를 운영하기 위해 일본으로부터 상당수의 혁신관료들을 불러들였다. 만주에서 정책 입안 및 행정 경험을 쌓은 많은 일본인 장교들과 관료들이 이후 전시 일본으로 복귀해서 또 다른 발전국가체제를 건설했다. 1935년 관동

---

20 'the theory of managed economy'를 일본식 용어인 통제경제론으로 직역하기는 했지만, 통제경제론은 전시 일본에서 주창된 관리경제의 특정 형태가 가졌던 아이디어적 토대를 지칭하는 것이다. 따라서 통제경제론은 사회주의의 관리경제(managed economy) 혹은 명령경제의 아이디어와는 다르다고 할 수 있다. 이 책에서 언급한 통제경제론이란 용어는 자유시장체제와 사회주의경제체제의 특징들을 융합하려 했던 일본 전시경제체제의 아이디어를 언급할 때 사용할 것이다.

군에서 일본 육군 참모본부로 발령받은 이시하라는 일본 정치권에 상당한 영향력을 행사하기 시작했다. 총력전 필연론과 통제경제론이라는 이시하라의 아이디어가 군 장교들과 소장 관료들 사이에 광범위하게 확산되면서, 그들은 일본 경제가 다가오는 전쟁에 대비할 필요성을 진지하게 검토하기에 이르렀다.

통제경제론은 당시의 지적 담론이었던 마르크스주의, 국가사회주의,[21] 자유시장 자본주의라는 세 가지 경제 모델과 경합을 벌였다. 각 모델들 모두 열광적 지지자들을 갖고 있었는데, 좌익 활동가들과 노동조직, 마르크스주의 학자들이 마르크스주의를 지지한 반면, 우익 활동가들과 군부 내 일부 파벌은 국가사회주의를 지지했다. 재벌 지도자들과 정당정치가들은 자유시장 경제를 옹호하기 위해 필사적으로 노력했다. 일본 경제의 향후 지도 원칙을 결정하기 위해 이들 집단 간에 격렬한 경쟁이 일어났다. 그러나 1930년대 말에 이르러 통제경제론이 경쟁자들을 물리치고, 그들의 아이디어를 기반으로 한 경제체제를 수립하게 되었다.

1937년에 이시하라와 그의 지지자들은 일본에 기획원이라는 선도기구를 수립했다. 만주에서 성공한 경험이 만주 모델(Manchurian model)을 전시 일본에 이식(移植)하는 데 크게 기여했던 것이다. 그러나 선도기구들과 특수회사제도를 핵심으로 하는 만주 모델을 일본에 적용하기 위해서는 일부 수정이 불가피했다. 산업이 미발전된 단계에 있던 만주와는 달리, 일본의 산업

---

21 국가주의적 전체주의 정권(nationalistic totalitarian regime)의 수립을 요구하는 'national socialism'은 국가사회주의로 번역할 수 있다. 국가사회주의는 독일의 나치즘(Nazism)과는 구분되는데, 이는 국가사회주의가 마르크스주의와 유사한 평등주의적 정책을 옹호했기 때문이었다. 그러나 국가사회주의가 제국주의적 군주제를 강력히 옹호한다는 점에서 마르크스주의와도 구분된다. 이 책에서 필자는 'national socialism'을 국가사회주의라고 번역했다.

은 이미 고도로 발전된 수많은 민간기업들로 이루어져 있었기 때문이다. 더욱이 당시에 대기업들은 정치적 영향력이 상당히 축소되어 있었음에도 불구하고, 만주식 특수회사제도의 도입은 불가능할 것으로 전망되었는데, 이는 특수회사제도가 민간기업들로 하여금 경영상의 자유를 상당부분 포기할 것을 요구하고 있었기 때문이다.

일본에서 기획원이 설립된 직후, 이시하라의 정치적 영향력은 몰락했지만, 그의 아이디어와 개혁안들은 혁신관료들에 의해 계속해서 수행되었다. 이들 혁신관료 중의 한 사람이 기시 노부스케(岸信介)였다. 기시는 만주국 산업부(실업부)를 주도하며 만주국의 발전국가체제를 운영한 경험을 갖고 있었다. 일본으로 돌아온 기시는 1939년에 상공차관이 되었다. 선도기구에 소속된 관료들은 1941년에 '통제회'라고 불린 일종의 업계단체를 만들었다. 이 통제회 제도는 당시 관료들이 독일에서 연구한 간접 통제 제도를 응용한 것이었다. 물론 통제회 제도도 국가 통제 체제의 일환이었지만, 이 제도는 업계단체 소속 회원사들 스스로가 정부를 대신해 통제하는 것을 허용하고 있었기 때문에, 기업들에게는 덜 위협적인 것으로 인식되었다. 관료들도 이러한 방식의 간접 통제가 특수회사제도에 비해 실현가능한 대안이라고 판단했다. 요약하면, 일본의 전시경제체제는 만주 모델을 당시 일본 산업의 상황에 적합하도록 수정을 거쳐 진화한 것이라고 할 수 있다.

전후 자유주의 반독점 이념(liberal antitrust ideology)에 큰 영향을 받은 미점령당국은 일본의 전시경제체제를 해체함으로써 일본 경제를 '민주화'시키고자 했다. 경제민주화 정책들을 통해, 미군은 성공적으로 여러 재벌들을 해체했고, 농업 분야에서 농지개혁 프로그램도 이행할 수 있었다. 그러나 미군이 경제민주화 목표들을 일부 성취했음에도 불구하고, 전시발전국가체제의 근간이 된 많은 제도들을 모두 해체하는 데는 성공하지 못했던 것도 사실이었다. 초기에 연합국 최고사령관 총사령부(the Supreme Commander for the Allied Powers, 이하 SCAP)는 종전 후 약 1년 동안 전쟁으로 피폐해진 경제를 안정시키기 위한 잠정적 수단으로 일본 정부가 간접적 국가 통제를 위한 제도들을 재건하도록 허용한 바 있었다. 1년간의 유예조치 후, SCAP이 업계 단체를 해산하도록 일본 정부에 명령했을 때, 대다수가 전시 경제 관료로 복무했던 당시 일본의 정책결정자들은 점령이 끝날 때까지 이 명령을 따르지 않음으로써 SCAP의 노력들을 소극적으로 방해했다. 그 결과 전시 제도들은 SCAP의 개혁하에서도 살아남을 수 있었고, 전후에도 계속해서 유지될 수 있었다.

전후 일본의 정책결정자들이 전시 체제를 유지한 이유는 무엇이었을까? 이러한 의문은 전시 일본의 발전국가체제가 일본 산업의 생산능력을 확대하지 못했고, 관료들과 군 장교들의 정치적 이익을 보장하지 못했다는 점을 고려할 때, 특히나 흥미로운 점이다. 전시 통제 제도의 부활을 설명할 수 있는 열쇠는 바로 만주국과 전시 일본 정부 그리고 전후 일본 정부 간에 연결된 인적·아이디어적 연계에 있었다. 첫째, 만주국과 전시 일본 및 전후 일본 정부의 관료들은 중요한 인적 연계를 가지고 있었다. 만주에서 혹은 전시 일본에서 발전국가체제를 건설했던 관료들은 전후에 군 장교들과 정치가들 및 재계 인사들의 상당수가 미점령당국에 의해 공직에서 추방되었음에도 불구하고, 전후 일본 정부에서도 중요한 직위에 계속해서 기용될 수 있었다. 더불어 상당수 전시 관료들은 전후에 정당과 재계의 지도자가 되었다. 일본 정치 권력 구조의 핵심에 위치한 인물들 간의 연속성이 전후 일본에서 전시 제도의 부활을 일정 부분 설명할 수 있는 것이다.

둘째, 이 시기 동안 권력 구조의 연속과 더불어 전시의 아이디어적 지침이었던 통제경제론의 타당성에 대한 정책결정자들의 지속적인 확신이 제도적 연속성(institutional continuity)을 설명하는 중요한 요인이라고 할 수 있다. 이는 동일한 인물들이 모인 집단일지라도 제도적 연속성이 반드시 이루어지는 것은 아니라는 점에서 주목할만한 것이다. 정책 변화는 권력 구조에 어떠한 변화가 없을지라도 발생할 수 있기 때문이다. 그러나 전시의 제도들은 전후에도 재생산되면서 기능이 유지되었는데, 이는 일본의 정책결정자들이 동일한 아이디어적 지침을 갖고 있었기 때문이다.

전시 일본의 정책결정자들은 선도기구와 통제회 같은 통제경제론의 핵심 개념을 담고 있는 제도들을 창설했다. 전후 일본의 정책결정자들도 자유시장경제에 대한 불신과 국가 통제에 대한 확신을 통해 전시의 아이디어적 지침과 사고방식을 유지했고, 이러한 아이디어들은 전후 관료 세대들에게 계승되었다. 이러한 아이디어적 지침들이 관료들로 하여금 전후 시기에 그러한 제도들을 다시 재건하는 동기가 되었다. 국민경제의 장기적 계획을 통해 자유시장경제의 단점들을 보완하기 위한 선도기구들도 다시 만들어졌다. 선도기구의 계획 실행을 지원하고, 산업별 이해관계를 조정하며, 국가 통제를 벗어난 시장 경쟁을 방지하기 위해서 업계단체들에게도 임무가 다시 부여되었다.

그뿐만 아니라 관료들의 아이디어적 지침들은 과거에 국가 통제에 반대하던 상당수 정당정치가들과 재계 지도자들을 비롯한 다른 행위자들 사이에서도 공감을 얻기 시작했다. 비록 모든 재계 지도자들이 그러한 견해에 공감한 것은 아니었지만 전후 많은 재계 지도자들이 정부의 개입을 받아들이면서 정부의 정책 실행 프로그램들을 지원하기에 이르렀다. 자유민주당과 같은 보수 정당들도 발전국가체제의 아이디어들을 받아들이기 시작했다. 이러한 아이디어적 지침들이 새로운 관료 세대에 뿌리를 내리고, 정당정치가들과 재계 지도자들 같은 다른 행위자들에게도 확산되면서 강력한 긍정적 환류 효과가 만들어지게 되었다. 이러한 아이디어를 옹호하는 행위자들의 수가 증가함에 따라 발전국가체제에 대한 반대가 약화되었고, 정책결정자들은 기존 제도를 유지하는 것이 용이하게 되었다. 아이디어적 지침들에 의해 만들어진 이러한 긍정적 환류 효과는 발전국가체제의 재생산을 더욱 용이하게 만들었다. 앞서 언급한 바와 같이 만주국과 전시 일본 정부, 전후 일본 정부 간의 인적·아이디어적 연계가 이후 시기에 이러한 제도들이 유지될 수 있었던 이유를 설명해준다고 할 수 있다. 이러한 이해를 바탕으로 다음과 같은 가설을 세울 수 있다.

가설 3 : 정책결정자들은 제도를 만들 때 아이디어적 지침에 의존하고, 제도적 합의(institutional arrangements)는 정책결정자들의 아이디어를 반영한다. 그러한 아이디어가 다음 세대의 정책결정자들로 이어지고 다른 행위자들에게도 확산될 때, 제도는 지속되고 제도 변화가 일어날 가능성은 작아지게 된다.

6. 논쟁점

합리주의자들의 주장과 필자의 주장 사이에는 두 가지의 근본적인 차이점이 존재한다. 첫째, 합리주의자들은 제도를 유지하려는 행위자들의 결정이 행위자들의 자기이익에 대한 인식을 통해 이루어진다고 주장하는 반면, 필자는 그러한 결정들이 행위자들이 가진 아이디어에 의해 제약된다고 주장한다. 합리주의자들은 행위자들 간의 자기이익에 대한 유인이 상호 이익이 되는 결과를 추구하는 결정을 내리게 되고, 제도를 만든 행위자들이 그 제도를 유지할 동기를 갖고 있기 때문에 제도가 장기간에 걸쳐 유지된다고 본다. 반면 필자는 행위자들이 가진 아이디어가 그들의 결정을 제약하는 동시에 그 아이디어들이 대안적 선택을 채택하지 못하도록 제약하기 때문에 제도가 유지된다고 본다.[22]

다만 이것이 행위자들이 어떠한 이해관계도 갖고 있지 않다는 것을 의미하는 것은 아니다. 행위자들의 아이디어와 이익은 일부 경우에 일치할 수 있고, 따라서 행위자들의 결정은 행위자들의 개별적 자기이익에 좌우될 수도 있다. 반면 행위자들의 아이디어와 이익은 갈등을 벌일 수도 있다. 바로 이 점이 합리주의자들의 주장과 필자가 다른 두 번째 점이다. 일부 합리주의자들은 아이디어들이 행위자들의 이익에 부합할 때만 유용하다고 보기 때문에, 아이디어들과 이익들이 갈등을 벌이는 상황에서는 행위자들의 자기이익이 우세하게 작용할 것이라고 주장한다.[23] 더불어 합리주의자들은 행위자들의 아이디어가 제도에 의해서 형성되고, 형성된 제도들이 행위자들의 자기이익을 반영한다고 주장한다.[24] 따라서 합리주의자들은 아이디어가 제도에 중요한 영향을 미치지 않는다고 생각한다. 이와는 달리 필자는 제도에 대한 행위자들의 결정은 그들의 아이디어를 반영한 것이기 때문에 행위자들의 아이디어와 자기이익이 갈등을 빚을 때, 행위자들은 자신들의 아이디어에 따라 결정을 내릴 가능성이 높으며, 심지어 그 결정들이 개인적 이익에 부정적 영향을 미치더라도 마찬가지라고 주장한다. 이는 불확실한 조건

22 바꾸어 말하면, 합리주의자들은 행위자들이 결정을 내릴 때, 자신들의 비용 편익 계산을 통해 자신들에게 가장 이익이 되는 결정을 내린다고 주장한다. 반면 필자는 행위자들이 결정을 내릴 때, 자신들의 아이디어적 지침의 원칙들에 가장 부합하는 선택을 고려한다고 주장한다.

23 예를 들어 피오리나(Morris Fiorina)는 "아이디어는 근본적 역할보다는 보충적 역할을 수행한다. 다시 말해 아이디어는 이익 증진을 추구하는 데에서 이를 정당화하고 합리화하는 설득의 도구로서 활용된다"고 주장한다(Fiorina, 1995: 114).

24 나이트는 "이념이 세상이 어떻게 움직이는지에 관한 행위자들의 신념의 일부를 구성한다면, 행위자들이 가진 신념은 사람들이 어떻게 행동하고 그리고 어떻게 행동해야만 하는지에 관한 아이디어의 중요한 측면이 된다. 따라서 이러한 아이디어는 제도적 통치로부터 얻을 수 있는 기대치의 부산물이다"라고 주장한다(Knight, 1992: 81).

하에서 행위자들이 합리적 결정을 내리도록 도울 수 있는 정보가 항상 완벽한 것은 아니기 때문에 행위자들은 자신들이 가진 아이디어가 가르쳐주는 정보에 크게 의존할 수밖에 없기 때문이다. 따라서 행위자들은 자신들의 아이디어에 의해 제약될 수밖에 없고, 행위자들의 개별적 이익을 크게 좌우할 수 있는 선택들을 채택하지 않을 수도 있는 것이다.

필자가 일본의 발전국가체제에 대한 연구를 통해 필자의 주장에 대한 타당성을 검증하기는 했지만, 모든 사례를 설명하고 나머지는 기각시킬 수 있는 단 하나의 주장만을 제시할 수 있을 것으로 생각하지는 않는다. 필자는 제도적 진화에 모든 요인들이 어느 정도 영향을 미친다고 생각한다. 따라서 제도의 발전 경로에 대해 필자가 제시하려는 설명은 단일인과관계(mono-causal)에 의한 것이 아닌 다중복합인과관계(multi-causal)에 따른 것이며, 각 관점들이 일본 경제 제도들의 발전 경로를 어느 정도 설명하는 데 도움이 되기를 기대할 따름이다. 더불어 필자가 다중복합인과관계 설명을 제시하더라도, 각 관점이 가진 이론적 영역의 경계를 분명히 하기 위해서 각 관점이 가진 취약점 또한 논의할 것이다. 다중복합인과관계 설명은 단일인과관계 설명과는 달리 이론적 포용성을 가지고 있기 때문에, 다중복합인과관계 설명이 단일 이론의 과장된 설명을 피할 수 있도록 해줄 것이며, 따라서 제도 변화에 대한 정확하고 포괄적인 설명을 제시해줄 것이라고 기대한다.

7. 일본 경제에 대한 기존 연구

이제까지의 많은 연구들에서 일본의 전시경제체제와 전후 경제 간의 핵심적 연결 고리들에 대해 분석해왔다(Johnson, 1982; 岡崎哲二·奧野正寬, 1993; 米倉誠一郎, 1993; 小林英夫 外, 1995; 野口悠紀雄, 1995; Gao, 1997). 이들 연구들의 결과를 바탕으로, 필자는 1930년대의 제도적 변화와 더불어 만주국에서 전시 일본을 거쳐 전후 일본에 이르기까지의 제도적 진화 과정에 대한 분석을 통해 일본 경제에 대한 연구를 심화시키고자 한다. 기존의 연구들에서도 일본의 전시와 전후 산업정책들 간의 유사성을 지적하는 증거들을 제시하기는 했지만, 한편으로 이들 연구들은 그러한 제도들이 변화하게 된 원인은 무엇인지, 왜 그러한 유사성이 나타났는지, 그리고 일본의 정책결정자들이 전시의 경제 제도들을 왜 재건했는지에 대해서는 설득력 있는 설명을 제시하지 못했다.

예를 들어, 존슨(Johnson, 1982)과 요네쿠라(米倉誠一郎, 1993), 고바야시 히데오 등(小林英夫 外, 1995)의 연구들 모두 전후 일본에서 전시 제도들이 재건되었던 이유들 중 하나로 전시와 전후 정부 관료들 간의 인적 연계를 주장한다. 이들 연구자들은 통제경제를 담당했던 상당수 전시 관료들이 전후 일본에서도 중요한 직위에 기용되었고, 이러한 인적 연계가 전시 경제 제도의 재생산을 촉진했다고 주장한다. 그러나 제5장에서 다룰 필자의 분석에 따르면, 인적 연계만으로는 일본 발전국가체제의 재생산 과정을 충분히 설명하지 못한다.

이와 더불어 필자는 민간기업들이 업계단체에의 참여를 통해 정부의 정책입안 과정과 실행 과정에서 중요한 역할을 수행했음을 보여줄 것이다. 존슨의 연구는 산업을 통제하고 경제 발전을 선도한 관료들의 역할에 주로 초점을 맞추면서 민간기업들의 역할은 과소평가했다(Samuels, 1983; Schaede, 2000). 그러나 필자는 국가와 민간 부분의 행위자가 수행한 역할뿐만 아니라 그들 간에 벌어진 상당한 갈등에도 주목하면서, 일본의 경제 발전을 설명하고자 한다.

필자와 유사한 문제를 다룬 가오(Bai Gao)의 일본 산업정책에 대한 연구 또한 경제 이념(economic ideology)이 미친 중요 영향을 다루었다(Gao, 1997).

가오는 일본에서 그가 '발전주의(developmentalism)'라고 부른, 정부의 산업 정책에 영감을 불어넣은 경제 이념이 존재했다고 주장한다. 그러나 필자의 연구와 가오의 연구 간에는 중요한 차이점이 존재한다. 가오가 일본의 경제 아이디어들이 변화한 일련의 과정에 주로 관심을 가진 반면, 필자는 전시 일본에서부터 1960년대까지 경제 이념의 연속성에 주목한다. 다만 이러한 언급이 그 기간 동안 경제 아이디어들이 변화하지 않았다고 말하는 것은 아니다. 가오가 일본이 제2차 세계대전 종전 이후 새로운 시장 환경을 채택했다고 지적한 것은 정확한 것이었다. 가오는 일본에는 세 시기에 걸쳐 뚜렷이 구분되는 정책 패러다임이 존재했다고 주장한다. 즉 1930년대에서부터 1945년까지의 통제경제, 1950년대의 수출 촉진, 그리고 1960년대의 시장자유화가 그것이다. 더불어 가오는 산업정책상의 그러한 변화들이 아이디어의 변화에 따른 것이라고 주장한다.

그럼에도 필자는 그러한 변화들을 변화하지 않는 것과 비교하는 것은 부차적인 중요성을 갖는다고 확신한다. 일본 발전국가체제의 핵심 제도들을 볼 때, 정책들은 제도의 전반적 기능에 비해 변화에 민감하기 때문에 이 점은 분명하다고 할 수 있다. 다시 말해서 필자는 산업정책의 부차적 변화보다는 일본 발전국가체제의 핵심 제도들의 연속성에 좀 더 주목하고 있다. 일본 경제 제도들에 대한 필자의 분석에 따르면, 일본에서 선도기구들과 업계단체들의 기능은 전시부터 1960년대에 걸쳐 주목할만한 변화를 이루지 못했다.

그뿐만 아니라 앞서 언급한 시기 동안에 선도기구들의 산업정책에 일부 변화가 있었다고 할지라도, 한편으로 산업정책들에서 중요한 연속성 또한 존재했다는 것이다. 예를 들어 전후 등장한 경제안정본부와 통상산업성과 같은 선도기구들은 만주국과 전시 일본의 선도기구들과 마찬가지로 경제계획과 산업합리화정책 등의 동일한 형태의 산업정책을 유지했던 것이다. 이러한 점에서 가오의 연구는 일본 산업정책의 중요한 연속성을 과소평가하고 있으며, 또한 국가 엘리트들 간의 지적 담론에 충분한 주의를 기울이지 않았다고 할 수 있다.[25]

이 책의 또 다른 중요한 기여는 만주에서 일본 정책결정자들의 실험뿐만 아니라 그것이 전시 및 전후 일본의 정책 입안에 끼친 중대한 영향에 대해서도 분석했다는 점이다. 많은 학자들이 일본 경제의 발전 경로에 대해서 연구했지만, 만주와 전후 일본 간의 연결고리를 연구한 것은 극히 드물었다. 만주에서 일부 일본인 관료들의 경험에 대해서는 존슨이 매우 간략하게 언급한 바 있지만(Johnson, 1982: 제4장), 그가 제시한 일본인 관료들의 만주 경험에 대한 분석도 소략한 수준에 머물렀다.[26] 가오 또한 만주에서의 일본인 정책결정자들의 경험에 대해 간략하게 언급하기는 했지만, 만주에 대한 그의 설명은 존슨의 연구보다도 제한적인 것이었다. 가오가 이시하라와 미야자키를 언급한 것은 핵심을 지적한 것이긴 하지만, 그의 주장을 입증하기 위한 여타의 정책 계획들과 저술 혹은 관련 문건을 살펴본 것은 아니었다(Gao, 1997: 104~105). 물론 가오도 만주국의 중요성을 인정하기는 했지만, 존슨과 마찬가지로 만주와 일본 간의 핵심 연결고리에 대해서는 분석하지 않았던 것이다.

이 책에서 필자는 만주와 일본의 산업정책들에 대해 좀 더 상세히 검토할

25 예를 들어, 가오는 전시 동안 군부 내의 논쟁, 즉 통제경제론을 옹호한 통제파(統制派)와 국가사회주의를 지지한 황도파(皇道派) 간의 논쟁에 주목하지 않았다.

26 예를 들어, 존슨은 계획을 입안하는 데 참여한 일본인 관료들을 거의 언급하지 않았을 뿐만 아니라, 왜 그들이 그러한 방법으로 개발 계획을 설계했는지 혹은 그것이 전시와 전후 일본의 산업정책과 어떤 관련이 있는지에 대해서는 설명하지 않았다. 특히 존슨은 전시 일본 선도기구의 모델이 된 만주의 선도기구인 기획처 창설이 가진 중요성에 주목하지 않았다.

것이다. 필자는 만주국과 전시 일본 그리고 전후 일본에서 이루어진 선도기구들의 산업정책을 경제계획, 산업합리화, 그리고 시장자유화라는 세 가지 유형으로 구분하여 분석할 것이다. 그들 간에 존재했던 핵심적 연결고리를 보여주기 위해서 필자는 만주에서 전후 일본에 이르기까지 산업정책들이 어떻게 진화했는지를 검토할 것이다. 또한 전시와 전후 일본에서의 제도 형성 과정을 검토하여 그 과정에 만주국에서 정책결정자들이 얻었던 경험들이 어떻게 반영되었는지도 살펴볼 것이다. 더불어 전서 일본에서 만주 모델이 변경된 이면의 맥락 또한 살펴볼 것이다. 이 주제들은 현재까지 연구된 적이 없었던 것들이다.

요약하면, 기존의 몇몇 연구들에서도 이 연구에서 분석한 일부 주제들을 다루기는 했지만, 이 연구가 기여할 수 있는 중요한 점이 여전히 존재한다고 할 수 있다. 역사적 제도주의라는 이론적 틀을 통해 제도 변화와 진화에 대한 필자의 분석은 장기적인 관점에서 일본 정치경제의 발전 경로를 이해하기 위한 새로운 길을 제시하게 될 것이다. 이 연구는 역사적 제도주의 이론으로 일본의 발전국가체제를 분석한 최초의 시도가 될 것이다. 이 연구의 목표는 만주와 전시 일본 그리고 전후 일본 간의 중요한 연결고리와 국가와 민간 부분 행위자들 간의 상호작용, 그리고 일본 발전국가체제의 핵심 제도들의 연속성에 끼친 아이디어적 지침의 핵심적 영향을 파악하는 데 있다.

8. 개요

이 책은 다음과 같이 구성된다. 제2장에서는 1920년대 일본 메이지 시대의 경제체제에 대한 간략한 비교 분석을 실시한다. 이 분석을 통해 1920년대 체제와 1930년대 이전에는 존재한 적이 없었던 발전국가체제 간의 근본적 차이를 보여주게 될 것이다. 이 부분은 이 연구의 핵심적 결론 중의 하나인데, 그 이유는 발전국가체제의 기원을 1930년대로 볼 수 있다는 점과 이와 관련된 일련의 실증적 질문들을 가능하도록 만들기 때문이다.

제3·4·5장은 일본 통제하의 만주(1932~1945)와 전시 일본(1937~1945) 그리고 전후 일본(1946~1965)에 대한 사례 연구들로서 이 연구의 실증 부분에 해당한다. 개별 장들에서 필자는 경제 성장을 촉진하려는 선도기구와 업계단체들의 역할과 더불어 같은 시기에 정책결정자들이 그러한 제도들을 설립한 과정에 대해 분석할 것이다. 특히 필자는 세 사례 간의 인적·아이디어적 연계에 주목하며, 이전 사례들에서의 결정이 이후의 제도적 진화에 어떤 영향을 미쳤는가를 검토할 것이다. 필자는 설병변수와 독립변수 간의 매 단계별 인과관계를 조사하는 '과정추적(process tracing)'[27] 분석법을 적용하여, 전자가 후자의 가치에 어떻게 변화를 미쳤는지를 분석할 것이다.

결론부에서는 세 사례에 나타난 선도기구들의 산업정책과 업계단체들의 기능들을 비교·대조하여 전(全) 시기에 걸쳐 제도들이 어떻게 진화했는가를 설명할 것이다. 그다음에 중대국면에서 이루어진 결정의 장기간의 인과적 영향력(prolonged causal influence)에 대한 필자의 주장을 재검토하여 필자의 주장과 비교되는 대안적 설명들의 타당성도 검토할 것이다. 마지막으로 일본의 정치경제와 제도 연구에서 필자의 연구가 가진 함의를 논의할 것이다.

---

27 마호니는 과정추적법을 "인과적 메커니즘의 증명을 통해 인과성을 추론하려는 노력"이라고 정의했다(Mahoney, 2000a: 412).

제2장

일본 산업화의 초기 단계

이 장에서는 메이지 시대(1868~1912)의 산업정책과 1920년대의 정치경제 상황들에 초점을 맞춰, 1930년대 이전 일본의 정치경제를 살펴보고자 한다. 이 장의 핵심적 주장은 1930년대 이전 일본의 정치경제적 구조는 1930년대 이후의 그것과 근본적으로 차이가 난다는 것이다. 1930년대 이후 일본의 경제체제는 발전국가체제의 전형적 사례였을 뿐만 아니라 강력한 국가 엘리트, 밀착된 국가-재계 관계, 다양한 고유 사업 관행 등의 독특한 특징들과 결합되어 있었다.

첫째, 급속한 산업화를 목표로 한, 성과 지향적 국가 엘리트들(경제 관료)은 민간기업들의 경영에 강력한 영향력을 행사했고, 자본의 흐름과 기타 희소 자원들을 통제했다. 둘째, 발전국가체제는 민간기업에 재고용된 은퇴 관료들의 네트워크와 업계단체들을 통해 밀착된 국가-재계 관계를 만들었고, 이는 국가와 민간기업들의 협력을 용이하게 만들었다. 마지막으로 발전국가체제는 은행 중심 금융체제, 종신고용제, 연공서열제 그리고 협조적 노사관계 등 다양한 형태의 고유한 사업 관행으로 특징지을 수 있다(Johnson, 1982; Wade, 1990; Hatch and Yamamura, 1996).

그러나 1930년대 이전 일본의 경제체제는 이러한 특징들을 갖고 있지 않았다. 산업발전을 위한 메이지 정부의 정책은 주로 국영기업의 설립과 산업 기반시설의 투자에 집중되었다. 발전국가체제에서 이러한 국영기업의 설립은 경제 관료들이 사용하지 않는 방식이었는데, 이는 경제 관료들이 이미 민간기업의 경영과 자본의 흐름을 통제할 수단을 가지고 있어서 국가가 직접적으로 사업을 벌일 필요가 없었기 때문이다. 그러나 메이지 시대의 관료들은 민간기업에 대한 그러한 통제 수단이 없었기 때문에, 정부가 막대한 비용을 들여서 국가가 직접 소유하는 것만이 당시 관료들이 선택할 수 있는 유일한 대안이었다.

더불어 당시 메이지 관료들은 경쟁이 치열한 임용시험보다는 유력 정치가들과의 개인적 인연을 통해 주로 충원되었기 때문에 전시나 전후에 정책 전문지식을 바탕으로 정책 입안 과정을 주도했던 관료들에 비해 그리 뛰어난 능력을 보여주지 못했다. 더구나 1920년대 경제는 자유시장경제로서, 정부의 개입은 최소한도로 유지되고 있었다. 이러한 점에서 1920년대의 경제체제는 발전국가체제라기보다는 당시 영국과 미국의 경제체제와 훨씬 더 유사했고, 특히나 1920년대는 재계 지도자들과 정치가들이 정치권력을 장악하고 있었기 때문에 1930년대 이전 경제 관료들의 영향력은 그 이후에 비해 훨씬 약했다.

이 연구에서는 일본의 발전국가체제가 1930년대 이후에 등장했다고 보기 때문에, 1930년대 이전 발전국가체제의 부재(不在)는 상당히 중요하다. 아래에서 필자는 경제 엘리트들과 기타 사회단체들 간의 영향력, 그들의 산업정책 그리고 민간기업들의 사업 관행에 주목하여, 메이지 시대와 1920년대의 경제체제를 간략하게 검토하고자 한다. 시기별 일본의 정치경제 구조에 대한 비교를 통해 다음 장에서 검토될 일련의 실증적 퍼즐(empirical puzzles)들을 이끌어내고자 한다.

1. 메이지 시대의 산업화(1868~1912)

1868년 메이지유신 이후 메이지 정부는 일본의 근대 국가건설 과정에 착수했다. 산업화의 초기 단계에서 메이지 정부는 국영기업에 대한 투자와 산업 기반기설의 확충, 유럽 각국으로부터의 기술 이전을 위한 외국 기술자의 고용과 같은 다양한 산업 육성 정책들을 수행했다. 그러나 이러한 메이지 정부의 산업화 촉진을 위한 적극적 노력에도 불구하고, 메이지 정부의 산업 정책들은 1930년대 이후 정부의 산업정책과는 근본적으로 달랐다.

'식산흥업(殖産興業)' 정책이라 불린 메이지 정부의 산업정책은 세 가지 점을 강조하고 있었다. 첫째, 산업 기반시설의 확충, 둘째, 국영기업의 설립, 셋째, 해외 기술 도입의 촉진이 바로 그것이었다. 메이지 정부는 우선적으로 금융, 교통망, 항만 시설 등의 분야에서 산업 기반시설의 확충을 통해 국가적 근대화 사업을 추진하기 시작했다. 메이지 정부는 일본 경제의 근대화를 위해서 이 세 가지 분야가 반드시 필요하다고 판단했다. 메이지 정부는 1882년 중앙은행인 일본은행(日本銀行)의 설립을 통해 에도 시대(江戶時代, 1603~1867)에 난립하고 무질서했던 통화제도를 단일통화제도로 통일했다. 정부는 또한 153개에 이르는 민간 은행들의 설립을 인가하여, 전국적으로 근대적 금융 네트워크를 구축했다. 이후 정부는 전국적 교통망을 구축하기 위한 대규모 사업도 추진했다. 정부는 철도와 해상운송 산업에 막대한 투자를 했을 뿐만 아니라, 이들 분야에 근대적 민간 회사 제도를 도입함으로써 민간 투자를 유치하고자 했다. 나카무라 다카후사(中村隆英)에 따르면, 1884년에 민간투자의 78.1%가 금융 부분에 집중되었고, 1894년에는 민간 투자의 77.1%가 금융·철도·해운 등 세 분야에 집중되었다. 이러한 수치들은 이후 산업정책의 핵심 분야인 제조업 분야에 대한 극히 저조한 민간 투자(1884년 민간투자의 2%, 1894년에 11.4%)와는 극명하게 대비되는 것이었다(中村隆

英, 1978: 74).

둘째, 메이지 정부는 철도, 철강, 광업, 조선, 우편, 통신을 비롯한 광범위한 산업 분야에서 다수의 국영기업을 설립했다. 이들 산업 분야의 육성을 위해서는 막대한 자본이 요구되었을 뿐만 아니라 높은 위험도 감수해야만 했다. 그러나 19세기 후반기의 민간기업들은 그러한 위험을 떠안는 것을 원치 않았을 뿐만 아니라 그러한 막대한 재정적 부담을 감당할 능력도 갖고 있지 않았다. 그 결과 정부는 국영기업을 설립할 수밖에 없었다. 도미오카제사공장(富岡製絲工場), 일본국유철도(日本國有鐵道), 나가사키조선소(長崎造船所), 효고조선소(兵庫造船所), 야와타제철소(八幡製鐵所), 다카시마탄광(高島炭鑛), 미이케탄광(三池炭鑛), 가마이시광산(釜石鑛山)을 비롯한 다수의 국영기업들이 설립되었다. 정부는 막대한 국가예산을 이들 국영기업들에 투자했고, 내무성(內務省)과 공부성(工部省)이 이들 기업의 경영에 직접 관여했다. 그 결과 국영기업의 기업 구조와 생산 체제는 이후 이들 산업 분야에 새로 진입한 후발 민간기업들의 모델이 되었다.

정부의 직접적인 기업경영은 1880년대까지 산업정책의 주된 수단이었다. 그러나 정부에 의해 상당수 국영기업이 설립되자, 정부는 민간기업에 국영기업의 소유 지분을 불하하기 시작했다. 정부는 국영기업들의 지분을 민간기업에 상대적으로 낮은 가격에 불하했을 뿐만 아니라 민간기업들에게 저금리를 활용한 장기 상환 계획을 제안하기도 했다. 이러한 매력적인 거래는 정부 관료들 및 정치가들과 긴밀한 관계를 맺고 있던 기업가인 '정상(政商, political merchants)'들에게 일종의 기회가 되었다. 당시 가장 유력했던 정상은 정부가 육성한 국영기업을 최초로 인수했고, 이후 이들 기업들은 재벌이라고 불린 기업군(conglomerates)을 형성하게 되었다. 한 예로 정부는 미쓰이(三井) 재벌에게 미이케탄광과 도미오카제사공장을, 미쓰비시(三菱) 재벌에게 나가사키조선소와 다카시마탄광을, 그리고 가와사키(川崎) 재벌에게

효고조선소를 불하했다. 이들 기업들은 이후 일본의 거대 기업으로 성장했고, 일본의 초기 산업화에 중요한 역할을 담당했다. 이러한 민영화 과정은 대기업의 지대추구(rent-seeking) 활동의 원인이 되었을 뿐만 아니라 다음에서 다룰 기업과 정치가들 사이의 유착된 정실 관계(crony relationships)의 근원이 되었다.

셋째, 정부는 해외 기술과 기계의 도입도 장려했다. 일본 정부는 유럽 각국과 미국으로부터 다수의 기술자들을 초빙해 각종 공장과 철도 및 통신 시설의 구축을 맡겼다. 1874년에는 213명에 달하는 외국 기술자들이 국영기업에 근무하고 있었다(中村隆英, 1978: 77). 이는 소수 중국인들과 네덜란드인을 제외하고는 일본 땅에 어떠한 외국인도 발붙이지 못하도록 한 에도 정부의 쇄국정책과는 확연히 대조되는 것이었다. 게다가 정부는 외국 기계와 기술을 수입한 후 이를 민간기업들에 다시 대여해주기도 했다. 한 예로 정부는 10여 개 방적공장에서 사용할 수 있는 방적기계를 수입해서, 2곳의 국영기업들에 일부 기계를 설치한 후, 직물산업을 발전시키기 위해 나머지는 민간 직물공장에 대여했다(中村隆英, 1978).

그러나 정부의 산업정책과 산업별 관계 측면에서 메이지 정부와 이후 전시 및 전후 시기의 정부 간에는 근본적 차이점이 존재했다. 첫째, 산업정책의 주요 목적이 달랐다. 메이지 정부가 가졌던 산업정책의 주요 목적이 산업 기반시설의 확충에 있었던 데 반해 전시 및 전후 시기 산업정책의 주요 목적은 특히 제조업 분야의 생산 능력 확충에 있었다. 이 부분에 대해서는 다음 장에서 다룰 것이다. 둘째, 민간사업들에 대한 국가의 통제 수준이 메이지 시대에는 대단히 낮았다. 이는 메이지 정부가 민간기업들을 통제하는 제한된 정책 수단만을 가지고 있었던 데 기인한다. 메이지 정부는 선도기구는 물론 산업화 계획을 입안하고 지휘할 수 있는 권한을 갖고 있지 못했을 뿐만 아니라 정부 정책의 실행을 지원하도록 산업계에 압박을 가할 수 있는 업계단체들도 존재하지 않았다. 이러한 제도들은 전시에 가서야 비로소 등장했기 때문에, 당시 메이지 정부로서는 민간기업의 경영에 직접적인 영향력을 행사할 수 없었다. 따라서 정부가 특정 산업의 육성을 유도하고자 할 때, 정부는 국영기업을 설립할 수밖에 없었다. 그러나 메이지 말에 이르러 국영기업 운영에 막대한 비용이 소요되자, 결국 정부는 대다수 국영기업들을 민영화할 수밖에 없었다. 메이지 정부 이후 국영기업은 거의 설립되지 않았다.[1]

2. 1920년대 자유시장경제

메이지 정부의 산업정책은 산업 기반시설 건설, 국영기업의 설립 그리고 해외 기술과 기계 도입에 주안점을 두었다. 그러나 메이지 정부가 다수의 국영기업들을 민영화하면서 1910년대 일본 경제의 핵심 선수는 민간기업이 되었다. 그 결과 일본의 경제 구조는 정부가 시장 활동에 관여하지 않는 자유자본주의체제로 변화했고, 경제 관료도 더 이상 중요한 역할을 수행하지 못하면서 민간기업의 활동은 정부 규제로부터 대폭적인 자유를 얻었다. 이러한 점에서 1920년대 일본의 경제 구조는 전후 시기와 근본적으로 달랐다고 할 수 있다(岡崎哲二·奧野正寬, 1993; Werner, 2001; Miwa and Ramseyer, 2002; Hoshi and Kashyap, 2001). 오카자키 데쓰지(岡崎哲二)와 오쿠노 마사히로(奧野正寬)는 "1930년대 이전의 일본 경제는 기본적으로 앵글로-색슨형

1 그럼에도 이후 상당히 오랫동안 국영으로 유지된 예외적 기업들이 존재한다. 예를 들어 일본국유철도, 일본우정공사(日本郵政公社), 일본전매공사(日本專賣公社), 일본전신전화공사(日本電信電話公社) 등이 그것이다.

그림 2-1 **노동쟁의 건수**(1910~1945)

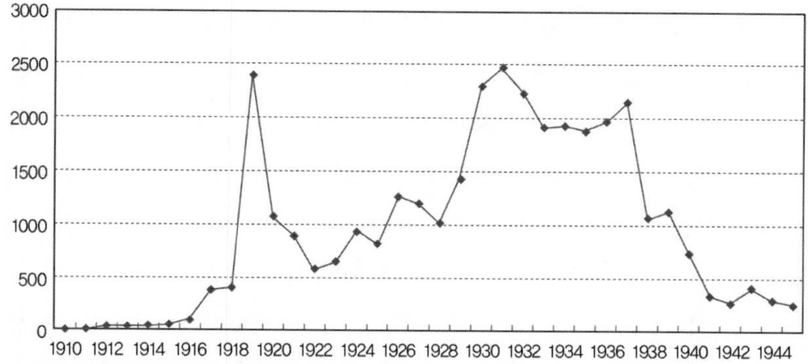

자료: 日本統計硏究所(1958: 296~297).

(Anglo-Saxon type) 고전 시장 경제였다"고 주장하기도 했다(岡崎哲二·奧野正寬, 1993: ii~iii).

첫째, 노사관계가 상당히 달랐는데, 전후의 노사관계는 종신고용제, 연공서열제, 기업별 노동조합, 평등한 소득분배, 협력적 노사관계 등과 같은 일본 고유의 관행들로 특징지을 수 있다. 그러나 전후와 달리 1919년부터 1938년까지의 노사관계는 상당히 적대적이었다. 기업별로 조직된 노동조합이 적극적 활동을 벌이면서 기업과 적대적 관계를 형성했고, 그 결과 상당한 노동쟁의가 발생했다. 일본통계연구소(日本統計硏究所)의 자료에 따르면, 1919년에 2,388건에 달하는 대규모 노동쟁의가 발생했는데, 이는 전년도 417건에 비해 급격히 증가한 것이었고, 1938년까지 노동쟁의 건수는 상당히 높게 유지되었다(〈그림 2-1〉 참조). 아울러 일부 학자들은 종신고용제와 연공서열제의 기원이 전시 정부의 노동정책에 있다고 주장하기도 했다(岡崎哲二·奧野正寬, 1993; 小林英夫 外, 1995; 野口悠紀雄, 1995).

둘째, 1930년대 후반기의 기업들이 은행 융자를 통한 간접 금융에 크게 의존한 반면 1920년대 대다수의 기업들은 주식시장을 통해 자체적으로 재원을 조달하면서[2] 개인 주식투자자들이 기업 경영 전반에 강력한 영향력을 행사했다. 은행 중심 금융체제가 중요한 이유는 전후 정부가 민간기업들을 통제하는 수단으로 이를 활용했기 때문이다. 은행에 대한 강력한 통제를 통해 전후 정부는 사업 수행의 재원을 은행 융자에 크게 의존한 민간기업들의 경영에 간접적으로 영향을 미칠 수 있었던 것이다(Allen and Gale, 2000; Hoshi and Kashyap, 2001; Miwa and Ramseyer, 2002; Hayes, 2004). 헤이스(Louis Hayes)는 전후 일본 기업들의 정부에 대한 과도한 의존을 지적하며, "일본 기업들은 은행 융자를 통해 주로 자금을 조달했는데, 이러한 관행은 대다수 선진 국가들의 경우와는 상당히 다른 것이었다. 서구 기업들이 주식시장을 통해 60%, 융자로 40%를 조달한 반면에 일본 기업들은 단지 20%만을 주식시장을 통해, 나머지 80%는 융자로 조달했다"고 언급했다(Hayes, 2004: 163).

오카자키와 오쿠노의 자료에 따르면, 1966년에서 1970년 사이에 기업들은 평균적으로 자금의 81.2%를 은행 융자로부터, 6.8%를 주식시장으로부터 조달한 반면, 1931년부터 1935년 사이에 기업들이 주식시장으로부터 조달한 비율은 119.0%였고, 은행 융자는 -25.8%[3] 였다(岡崎哲二·奥野正寛, 1993: 10). 이러한 수치는 1935년까지 일본 기업의 주요 자금조달원이 주식시장이었으며, 은행 융자에 대한 과도한 의존은 이후 시기에야 시작되었음을 보여준다. 주식시장을 통한 직접 금융이 당시 확산된 주요 원인은 느슨한 규제

---

2 일본의 주식거래는 1878년 일본 최초의 주식시장인 도쿄주식취인소(東京株式取引所)가 설립되면서 시작되었다. 출범 당시에는 4개 기업만이 등록되었지만, 1918년에는 402개 기업이 등록되었고, 1920년대에 1,000여 개 이상의 기업이 등록되어 주식을 거래했다(岡崎哲二·奥野正寛, 1993).

3 이는 기업들이 필요 자금 이상을 보유하고 있어서 주식을 통해 조달한 자금의 일부를 은행계좌에 예치했기 때문이다.

표 2-1 경영자금 출처

(단위: %)

연도	주식	채권	융자
1931~1935	119.0	3.1	-25.8
1936~1940	43.1	6.7	49.7
1941~1945	16.7	6.4	74.9
1946~1950	13.0	3.5	72.4
1951~1955	14.1	3.8	71.9
1956~1960	14.2	4.7	73.0
1961~1965	16.2	4.4	73.0
1966~1970	6.8	3.1	81.2

자료: 岡崎哲二·奥野正寬(1993: 10).

환경 때문이었다. 1930년대 후반과 비교했을 때, 그 이전에는 중소기업들도 주식시장에 상장하는 것이 훨씬 용이했다(岡崎哲二·奥野正寬, 1993; Allen and Gale, 2000). 금융부문의 대다수 규제 조치들은 1937년 중일전쟁 발발 후에야 도입되었고,[4] 그때까지 기업들은 규제가 최소한도로 이루어지는 주식시장을 통해 자금을 확보할 수 있었다. 호시(Hoshi Takeo)와 카쉬얍(Anil Kashyap)은 "1930년대 후반과 1940년대 초반은 전시산업에 참여한 대다수 기업들의 주요 자금원이 은행 융자였던 시기였다"고 언급했다(Hoshi and Kashyap, 2001: 4). 결국 은행 중심 금융체제가 1930년대 중반 이전까지 크게 확산되지 못했던 이유는 일본의 낮은 저축률과 상대적으로 자유로운 주식시장, 그리고 이른바 '주거래은행제도(main-bank system)'가 확립되지 못했기

4 실례로 1937년에 제정된 「임시자금조정법(臨時資金調整法)」에서는 일정 규모 이상의 기업들 전부가 자본금을 증액하거나 합병하기 이전에 정부의 허가를 받도록 규정하고 있었다(Allen and Gale, 2000: 40). 이러한 규제 조치들은 민간 금융활동 전반에 대한 정부의 통제를 확대시켰고, 이를 통해 전시에 정부는 군수산업에 대한 자본흐름을 통제할 수 있었다.

그림 2-2 **가구별 소비율과 저축률 추이**(1930~1964)

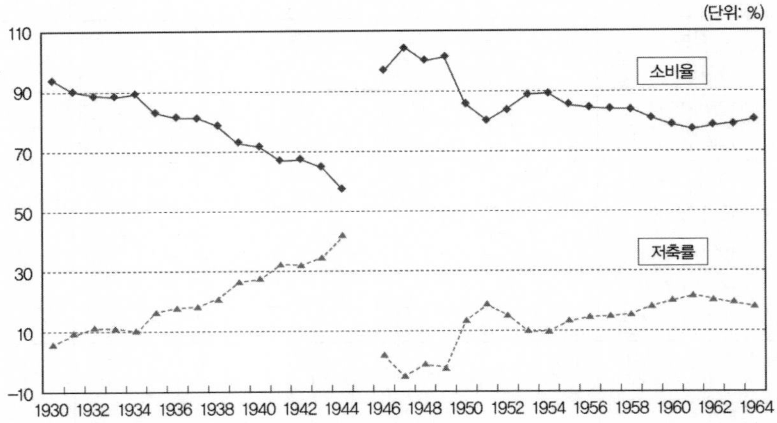

자료: 日本銀行統計局(1966: 50~51).

때문이다(〈표 2-1〉 참조). 따라서 1930년대 후반의 기업들과 달리 1920년대 기업들은 주주들의 강력한 압박과 기업 인수에 따른 위험 때문에 장기적 수익보다는 단기적 수익에 치중할 수밖에 없었다.

1910년대 일본의 주식시장은 선진 국가들의 주식시장과 비교해도 그 규모와 활동이 상당했다. 미와(Miwa Yoshiro)와 램자이어에 따르면, 도쿄와 오사카 거래소에서 거래된 주식 가치는 1900년에 국내총생산(GDP)의 21.2%, 1910년에는 53.5%, 1920년에는 51.1%에 달했다. "이는 현대 선진국 경제의 범주에 해당하는 수치였다. 1990년에 국내총생산에서 주식이 차지하는 비율은 미국이 31.5%, 영국이 28.6%, 독일이 22.1%, 캐나다가 12.4%였다" (Miwa and Ramseyer, 2002: 140).

마지막으로 필자의 연구에서 가장 중요하게 주장하는 것은 1930년대 이전에는 전후 업계단체의 기능을 수행하는 어떠한 조직도 존재하지 않았다는 점이다. 다만 이 언급이 동기간에 일본의 업계가 어떠한 카르텔도 만들지 않았다는 것을 의미하는 것은 아니다. 사실상 일본에서 동업조합(guilds)과 카르텔은 봉건시대 이전으로 거슬러 올라갈 만큼 오랜 역사를 가지고 있었다. 다만 동업조합과 카르텔들은 서구의 길드(guilds)와 마찬가지로 정부로부터 독립되어 있었고, 자체적으로 생산량 규제, 가격담합, 표준 제정, 진입 제한, 정부 로비 등의 기능을 수행했다. 다만 당시 정부는 이들 조직들에 준정부기구의 지위를 부여하지 않았고, 이들 조직들도 정부 정책의 실행 혹은 산업정책의 입안을 위해 정부와 협력하지 않았다. 1930년대 이전에 전후 일본 경제체제의 핵심 제도들이 존재하지 않았다는 것은, 다시 말해 그 핵심 제도들의 기원이 1930년대에 있었다는 것을 의미한다. 아래에서 필자는 일본 카르텔의 역사를 간략하게 다루면서, 1930년대 이전의 카르텔과 업계단체 간의 차이점을 제시하고자 한다.

에도 시대(1603~1867)에 상품의 생산과 거래를 맡은 개별 업체들은 자체적으로 동업조합과 카르텔, 상업회의소 등을 결성했다. 한 예로 당시 상인들은 자(座)와 가부나카마(株仲間)로 불린 카르텔 조직을 결성해서, 특정 상품의 판매를 독점했다. 당시 도쿠가와 막부(德川幕府)는 연간 면허세를 받는 대가로 금, 은, 구리, 석회, 비단, 식물성 기름 등의 상품 판매에 대한 배타적 권리를 카르텔 회원사들에게 보장했다(Hall, 1991: 207; Schaede, 2000: 230~231). 메이지 정부에서는 '사업상의 자유'를 실현하기 위한 조치의 일환으로 1872년에 가부나카마를 해산시키기도 했다(藤田貞一郎, 1981: 3~4). 그러나 정부는 면방직업, 은행업, 철강업, 시멘트업 등에서 동업조합의 결성을 허용하기도 했다. 이들 조합들은 수입품 차단, 가격담합, 공동구매조직의 결성, 보조금과 보호정책을 위한 정부 로비 등에서 활발하게 활동했다(Schaede, 2000; Lynn and McKeown, 1988). 실례로 선철생산자들은 1926년에 공동판매와 가격설정 조직으로 선철협동조합(銑鐵協同組合)을 결성하여, 정부에 대해 인도산 수입품으로부터 보호해줄 것을 강력하게 요구하기도 했다. "당시 정부는 선철생산자들을 보호하기 위해 관세를 부과하지는 못했지만, 톤당 철 생산에 따른 보조금을 지급했는데, 이를 통해 정부의 보조금이 없었다면 상당한 손실이 발생했을 1920년대 후반기의 수년 동안 업체들은 상당한 수익을 거둘 수 있었다"(Lynn and McKeown, 1988: 17). 다른 조합들도 자신들에게 불리한 정책 계획을 무산시키기 위해 정부에 로비를 벌이기도 했다. 실례로 1882년 결성된 방적연합회(紡績聯合會)[5]는 "1910년 일본 의회에 최초로 제출된 노동법안"과 같이 "노동자들을 보호하기 위해 법률을 제정하려는 개혁주의자들의 노력"을 철회하도록 정부에 압력을 가하기도 했다(Lynn and McKeown, 1988: 11).

위에서 언급한 사례들은 1920년대 동업조합들이 정부로부터 독립되어, 다른 국가들의 단체들이나 카르텔과 마찬가지로 사업 로비를 벌이는 민간 조직과 같은 기능을 수행했음을 보여준다. 따라서 이들은 전후 업계단체와 같은 역할을 수행하지도 못했고, 그럴 권한도 갖고 있지 못했다. 샤에데(Ulrike Schaede)는 전쟁 이전 동업조합들에 대해 "대다수 이들 조직들은 정부의 지도와는 별개로 발전했을 뿐만 아니라 그들의 주요 목적은 품질관리와 안정적 수입을 확보하기 위한 '지나친' 경쟁의 제한에 있었다. 특히 대기업들은 소속 회원사에 대한 규칙은 물론 조합 결성에 따른 정부의 통제 어느 것에도 제약받지 않았다. 대기업들은 자발적으로 신규 조합들을 만들고 가입했다"고 평했다(Schaede, 2000: 239). 바로 이 점이 1930년대 이전 동업조합들과 전후 업계단체들이 근본적으로 다른 점인 동시에 전후 업계단체들의 제도적 기원을 1930년대에서 찾을 수밖에 없다는 주장에 대한 타당한 근거라고 할 수 있다.

---

5 방적연합회는 1948년 일본방적협회(日本紡績協會)로 재결성되어 2011년 현재 16개 회원사가 소속되어 있다. _ 옮긴이 주

요약하면, 1920년대 일본의 경제체제는 앵글로-색슨형 시장중심경제와 상당히 유사했다고 할 수 있다. 메이지 정부는 국영기업의 민영화와 같은 자유주의 경제정책들을 도입함으로써 산업화 과정에서 자신의 역할을 축소시켰다. 이는 정부가 시장의 주변부에 있도록 만들었으며, 대신 민간기업을 핵심 행위자로 부상(浮上)시켰다. 더군다나 1930년대 이전 은행융자중심 금융제도의 미비와 전후와 같은 업계단체의 부재는 정부가 이 시기에 민간기업들의 경영 전반에 통제를 행사할 수 없었음을 보여주었다.

3. 재벌의 지배와 정당정치가

이 절에서는 독자들에게 일본이 정치적으로 발전하게 된 초기 단계에 대한 일반적 이해를 돕고자 메이지유신 시기의 정치 상황에 대해 간략하게 언급하고자 한다. 그다음에 다루게 될 1920년대 정치의 중요한 특징들은 자유시장경제로의 발전을 이해하는 핵심 열쇠라고 할 수 있다. 좀 더 구체적으로 언급하면, 대기업 지도자들과 정당정치가들 간의 정치연합(political coalition)이 당시 정치를 지배할 수 있었던 이유를 면밀히 살펴볼 것이며, 더불어 관료와 군 등 다른 정치 행위자들과의 관계에 대해서도 검토할 것이다. 그다음에 1920년대 체제와 1930년대 이후 체제를 비교할 것이다. 1930년대 이후 체제는 군부-관료 연합이 지배했던 전시 시기와 관료-자유민주당 정치인 연합이 지배했던 전후 시기로 구분할 수 있다.

메이지 시대의 주요 정치 행위자들은 메이지유신에서 핵심적 역할을 수행했던 조슈 번(長州藩, 현 야마구치)이나 사쓰마 번(薩摩藩, 현 가고시마) 출신의 번벌정치가(藩閥政治家)들이었다. 번벌정치가들은 국무대신, 지사, 고위 관료 등 정부의 중요 직위를 독점했다. 소수의 강력한 권력을 가진 번벌정치가들은 원로(元老)로 불렸고, 내각총리대신은 이들 원로 가운데서 임명되었다. "이 정치적 유력자들은 추밀원(樞密院)을 통해 활동하면서, 헌법 해석, 긴급 조치, 계엄령, 조약, 국제법 등의 문제에 대해 천황에게 조언했다" (Hayes, 2004: 22). 「메이지헌법」이 천황을 유일 주권자로서 규정했음에도 불구하고 천황은 정치적으로 활동을 거의 하지 않았고, 실질적 정책 결정권도 가지고 있지 않았다. 중요한 결정들은 원로들 간의 회합에서 이루어졌고, 천황의 역할은 원로들의 결정에 합법성을 부여하는 것에 불과했다.

일본의 입법기관인 제국의회는 1890년에 성립되었다. 제국의회는 선거로 선출된 중의원(衆議院)과 귀족 출신 인사들로 이루어진 귀족원(貴族院) 양원제로 구성되었다. 최초의 전국선거도 같은 해에 이루어졌다.[6] 곧이어 정당들이 등장했지만, 1910년대 후반까지 이들은 정치적으로 큰 두각을 나타내지 못했다. 그 이유는 첫째, 의회 의원들의 역할이 상당한 제약을 받았기 때문인데, 이는 법안의 제출이 원로들이 맡고 있는 정부 각료의 승인을 얻어야 했기 때문이다. 대부분의 의회 의원들은 입법자로서의 역할을 수행하지 못한 채, 원로들이 제출한 법안들을 심의하는 기능에 머물렀다. 둘째, 이 시기에는 출신지가 정당 소속보다 훨씬 더 중요했다. 사쓰마 번이나 조슈 번 출신의 번벌정치가들은 동향 인사들만의 배타적 네트워크를 형성했고 다른 지방 출신자들은 정치적으로 성공할 기회조차 갖지 못했다. 메이지 시대에 원로들과 번벌정치가들은 정당들을 방치했고, 그 결과 1910년대까지 경쟁적 정당 체제는 정착되지 못했다.

1910년대와 1920년대의 정치를 '다이쇼 데모크라시(大正民主主義)'라고 부르는 이유는 다이쇼 시대(1912~1926)에 민주주의 제도들의 중요한 발전이

---

6 일본에서 참정권은 1925년까지 전체 남성의 1% 정도에게만 허용되었고 그것도 상당한 재산을 소유한 이들에게만 한정되었다.

이루어졌기 때문이다. 당시 일본 사회 전반에 정치적 인식이 발전하면서 자신들의 정치적 권리 확대를 요구하는 노동자와 학생, 농민들이 참여한 일련의 대중 운동이 전국적으로 확산되었다. 이러한 대중 정치 운동의 이면에는 인플레이션과 노동불안(labor unrest)에 대한 정부의 무능력한 대응에 있었다. 게다가 마르크스주의의 유입과 러시아혁명의 성공은 대중 운동은 물론 이 시기에 만들어진 공산당을 비롯한 여러 사회주의 및 좌익 정당들을 더욱 확산시켰다. 물론 정부는 마르크스주의자들에 강한 적대감을 보이며, 「치안유지법(治安維持法)」을 통해 이들 운동가들을 처벌·탄압했지만, 민주주의에 대한 대중들의 요구를 무시할 수만은 없었고, 그 결과 1925년에 남성을 대상으로 한 보통선거(普通選擧)의 실현,[7] 경쟁적 정당체제의 발전, 원로 지배의 종식 등을 비롯한 중요한 정치적 발전이 이루어졌다.

1920년대와 이후 시기의 정치체제 간에는 중요한 차이점들이 존재했다. 첫 번째 차이점으로, 전시와 전후 시기의 정책 결정 과정에 강력한 영향력을 행사했던 관료들은 이 시기까지만 해도 강력한 행위자가 아니었다. 산업화 과정에서 정부의 역할이 민영화를 통해 점차 축소되면서, 메이지 시대 후반에는 관료들의 영향력도 줄어들었다. 그러나 여전히 다수의 연구자들은 일본에서 관료들이 근대국가의 탄생 이후 계속해서 권력을 장악했다고 확신하고 있다. 예를 들어 펨펠(T. J. Pempel)은 "19세기 후반부터 20세기 초반에 걸쳐 일본이 성취한 산업적·사회적 변화의 많은 부분들이 강력한 관료적 리더십에 기인한 것이라는 광범위한 합의가 존재한다"고 주장한다(Pempel, 1992: 20). 이와 유사하게 헤이스도 일본은 메이지 시대에 시작된 자율적 관료의 오랜 전통을 가졌다고 확신하며, "관료들의 영향력은 일본 정치가 새

7 1925년 「보통선거법(普通選擧法)」은 25세 이상의 모든 성인남성들에게 참정권을 허용했고, 그 결과 유권자의 수는 300만 명가량에서 1,400만 명으로 증가했다.

롭게 발전한 데 따른 것이 아니라, 장기간 지속되어온 일본의 정치 방식과 전통의 부산물이라고 할 수 있다. 19세기 후반 이후 관료제는 정치 근대화의 중요한 요소였다"고 주장한다(Hayes, 2004: 58). 풀처(James Fulcher) 또한 에도 시대(1603~1867)에 일본 사회가 고도로 관료화되면서, 이러한 강력한 관료제의 전통은 일본의 근대화 시기 전반에 걸쳐 지속되었다고 주장한다(Fulcher, 1988).[8]

이들 연구자들은 일반적으로 메이지 시대부터 자율적 관료 구조가 일본의 정책 결정을 지배해왔다고 가정한다. 그러나 이러한 가정은 관료들의 정치적 영향력에 대한 과대평가로 이어질 수 있다. 연구자들은 관료들의 영향력이 시기별로 다르다는 사실은 물론, 관료들의 영향력이 제한적이었던 시기도 있었음을 간과하고 있다. 메이지 초기의 관료들이 강력한 정치적 행위자가 아니었다고 확신하는 필자의 근거로는 다음의 네 가지를 들 수 있다. 첫째, 전시 및 전후 관료들은 우수한 인재들로서, 치열한 임용시험을 통해 선발되었던 데 반해 메이지 초기의 관료들은 연줄(favoritism)을 통해 임명되었기 때문에 상대적으로 능력 면에서 떨어졌다. 관료제의 엘리트적 성격은 1930년대 이후 체제에서 관료들이 정책 결정을 주도하는 원인이 되었다. 전시 관료들을 분석한 마키(John M. Maki)는 당시 관료들이 "신중하게 선발되고 교육받으면서 통치 엘리트의 일원으로 성장했다. 교육과 선발은 관료들을 단순히 국가 공무원의 집합체가 아닌 일종의 계급으로 창출하기 위해 계획되었다. 국가 임용시험을 통과한 이들만이 진정한 관료가 될 수 있었다"고 주장한다(Maki, 1947: 395). 헤이스도 전후 관료들이 가진 능력주의(meritocratic nature)에 대해 "고위 공무원들은 일본의 최고 교육기관인 도쿄대(東京大)와 교토대(京都大)의 우수 졸업생들로 이루어진 고도의 전문가 엘

8 일본의 엘리트 중심 관료제에 대해서는 Maki(1947)와 Silberman(1965) 참조.

리트 집단이었다"고 언급했다(Hayes, 2004: 59; Johnson, 1982: 2장 참조).

이와는 달리 메이지 관료들의 자질은 연줄에 의한 임용을 뜻하는 '정실임용(情實任用)' 문제로 심각하게 훼손되었다. 번벌정치가들은 관료의 임용 과정에 상당한 영향력을 발휘하면서, 자신들의 인척들이나 사쓰마 번이나 조슈 번 출신 인사들을 정부 직위에 등용했다(渡邊恆雄, 1959; 淸水唯一朗, 2007). 와타나베 쓰네오(渡邊恆雄)는 메이지 관료가 유능한 관료[能吏]라기보다는 '귀족적 명예직(貴族的 名譽職)'에 불과했다고 지적했다(渡邊恆雄, 1959: 139). 국민들로부터 상당한 존경을 받은 전후 관료들과 달리, 메이지 관료들에 대해 국민들은 그들이 '전선(電線)'이라 불리는 연줄을 통해 관직을 얻었고 '무능력'하다고 경멸했는데, 이는 번벌정치가들이 관련 인사들에게 정부 직위에 임명되었음을 알릴 때 전보를 통해 연락했기 때문이다(淸水唯一朗, 2007: 51). 임명 과정에서의 연줄은 '무능력한 관료들의 확산'을 가져왔다(淸水唯一朗, 2007: 24). 일본 정부가 1887년에 문관시험시보제(文官試驗試補制)를 도입했음에도 불구하고, 무능력한 관료들은 이후로도 수십 년 동안 정부 부처에 그대로 남아 있었다. 시미즈 유이치로(淸水唯一朗)는 이에 대해 "문관시험시보제를 도입한 10년 후, 학사 관료들이 부처 내에서 과장급 직위를 맡아 두각을 드러내기도 했다. 그러나 고위직들은 여전히 번벌정치가들이 장악하고 있었고, 그 결과 정부 기구들에서 번벌 관료들의 영향력은 여전히 상당했다"고 주장했다(淸水唯一朗, 2007: 73~74). 전후 관료들이 자신들의 정책 전문지식을 통해 정책 입안 과정에 상당한 영향력을 행사한 데 반해, 메이지 시대 관료들은 그러한 자질을 갖추고 있지 못했기 때문에 그러한 영향력도 행사할 수 없었던 것이다.

둘째, 재벌 지도자들은 1920년대에 강력한 정치적 영향력을 발휘하며 자신들의 사업과 시장에 대한 정부의 개입에 반대했다. 자유시장경제 이론을 신봉하고 있었던 재벌 지도자들은 전시에도 시장에 대해 국가 통제를 확대하려는 관료들의 시도에 강력히 반발했다(재벌들의 입장과 국가 통제에 대한 저항은 제4장을 참조). 일부 경우에 정부 부처 내에서 국가 통제의 확대를 시도했던 주요 관료들은 재벌의 압력에 따라 물러나기도 했다.[9]

셋째, 재벌 지도자들과 긴밀한 관계를 맺은 정당정치가들은 관료들의 영향력을 제한하기 위한 일련의 시도들을 지원했다. 다이쇼 데모크라시 시대에 민주화 운동을 통해 영향력을 확대했던 정당정치가들은 관료들을 자신들의 통제하에 두려고 시도했다. 1913년에 입헌정우회(立憲政友會)의 야마모토 곤노효에(山本權兵衛) 내각은 「문관임용령(文官任用令)」을 개정해 고위 관료 임용에 요구되는 조건들을 완화했다. 이 법안의 개정 전 법령에서는 모든 고위 공무원들이 고등문관시험을 통과할 것을 규정하고 있었지만, 입헌정우회가 이 규정을 폐지하면서 정부 여당에 의한 정치적 임명이 가능해졌다.[10] 이로 인해 관료들은 정당에 가입하거나 정당과의 관계를 확대할 수

---

9 한 예로 상공성(商工省)의 소장 고위 관료로서 산업 전반에 국가 통제 확대 계획을 실행하고자 했던 요시노 신지(吉野信次)와 기시 노부스케는 전직 실업가로서 당시 상무대신을 맡고 있던 오가와 고타로(小川鄉太郎)에 의해 상공성에서 쫓겨났다. 이는 대기업 지도자들과 정당정치가들이 관료들의 영향력을 무력화시키기 위한 의도적 계획의 일환이었다(이에 대한 상세한 사항은 제4장 참조).

10 일본의 정당들이 관료들 내에 정무직을 확대시킬 수 있었던 과정은 두 차례에 걸쳐 이루어졌다. 위에서 언급한 것은 두 번째 시기에 해당한다. 첫 번째 시기는 오쿠마 시게노부(大隈重信)가 이끄는 헌정당(憲政黨)에 의해 1898년 6월 최초의 정당내각이 성립하면서부터였다. 와타나베는 이를 번벌정치가들과 관료들에 대한 오쿠마 내각총리대신의 승리라고 평가하며 "정당의 권력 장악에 따라 오랫동안 권력을 장악했던 관료들은 패닉 상태에 빠졌다. 정당 측은 차관, 심의관, 국장, 지사 등의 고위 정부 직위를 장악했다"고 설명했다(渡邊恆雄, 1959: 141). 정당들이 이들 직위에 소속 정치가들을 임명함으로써 관료와 번벌정치가들의 영향력은 약화되었다. 그러나 오쿠마 내각의 결정은 후임 내각총리대신인 야마가타 아리토모(山縣有朋)에 의해 몇 달 후 번복되었는데, 야마가타는 번벌정치가와 관료들의 수뇌로 알려져 왔다. 정당

밖에 없었고, 이는 다시 정당이 관료들 전반에 상당한 영향력을 행사할 수 있는 기반이 되었다(清水唯一朗, 2007: 5장). 당시 내각총리대신이었던 하라 다카시(原敬)(입헌정우회, 1918~1921)와 정당정치가들은 지역개발문제를 정치에 활용하기 위해 지역별로 군역소(郡役所)를 설치했고, 그 결과 지방 정치에서도 관료들에 대한 정당정치가들의 영향력 확대가 이루어졌다. 하라는 또한 지방 정치를 내무성이 주도하도록 만든 군제(郡制)를 폐지했는데, 이에 따라 관료들의 또 다른 핵심 권력도 상당 부분 약화되었다(安藤良雄, 1975: 204).

마지막으로 전후 시기에 관료들이 민간기업에 영향력을 행사할 수 있었던 정책 수단이었던 '하늘에서 내려온', 이른바 아마쿠다리(天降り)를 메이지 관료들은 갖고 있지 못했다. 아마쿠다리는 기본적으로 퇴직 관료들이 민간기업에 재취업하는 것을 일컫는다. 이들 재취업한 전직 관료들은 대개 민간기업의 임원직을 맡아, 전(前) 소속 부처의 이익을 옹호하기도 하고, 해당 부처가 기업들에 대한 감독과 통제를 가능하게 만들기도 했다. 이러한 관행이 전후 시기에 관료들이 기업들을 강력하게 통제할 수 있었던 주요 원인들 가운데 하나였던 것이다. 그러나 이러한 관행들은 제2차 세계대전 종전 이전까지는 그리 흔한 일이 아니었다(Johnson, 1995 참조).

1920년대 체제와 전시 체제 간의 두 번째 차이점은 1920년대에는 군부의 정치적 영향력이 상대적으로 약했던 점을 들 수 있다. 1871년 창군되어 주로 농촌 출신 평민들로 이루어진 일본 군부는 새로운 정치 세력이기는 했지만, 무사 계급에 그 뿌리를 두고 있는 관료들이나 메이지 정치가들에 비해 제한적 영향력만을 갖고 있었다. 군부의 이익과 재벌 지도자 및 정당정치가들의 이익이 충돌할 때, 약한 군부로서는 재계-정당 연합과의 싸움에서 정치

들이 관료들을 통제하게 된 것은 이후 수십 년이 지나서였다.

적 패배가 명백했다. 군부가 군의 근대화를 위해 정부 예산의 확대를 요청했을 때도 재벌과 정당은 서구 강대국과의 우호적인 관계를 옹호하여 균형 예산을 지지했다.

재계-정당 연합과 비교해 약한 군부의 모습은 1922년 워싱턴 해군군축회의에서 이루어진 다카하시 고레키요(高橋是淸) 내각총리대신의 결정에서 극명하게 드러났다. 당시 회의는 일본과 주요 서구 강대국들이 극동에서의 세력 균형을 논의하기 위해 만들어진 자리였다. 다카하시 내각은 「워싱턴조약(Washington Treaty)」을 비준했는데, 이 조약은 그간 국방비 확대를 요구해 온 일본 군부의 심각한 반발에도 불구하고, 일본의 해군력을 상당 수준 감축할 것을 규정했을 뿐만 아니라 이 조약을 강하게 요구하던 영국과 미국에 상당부분을 양보한 조약이었다. 군부의 강력한 반발에도 불구하고, 내각의 정책은 유럽과 미국의 수출 시장에 크게 의존하며, 유럽 및 미국과 우호적인 관계를 원했던 재벌 지도자들의 이익을 반영한 것이었다.[11] 정당정치가들과 재벌 지도자들 간의 긴밀한 정치적 연계는 1920년대 전반에 걸쳐 일본을 군축과 국제협력으로 이끌었고, 군부는 1930년대 중반까지 이들과 경쟁할 수 있는 수단은 물론 정치적 능력도 부족했다. 이번에도, 일부 연구자들은 이 시기에 군부가 상대적으로 약했음을 보여주는 신호들을 간과했다. 예를 들어 펨펠은 "미국, 영국, 심지어 프랑스의 사례와 달리 일본의 관료와 군부는 지역구 혹은 의회의 주요 견제로부터 상대적으로 자유로웠다"고 주장했다(Pempel, 1992: 20). 그러나 현실에서 군부는 결코 자율적이지 못했으며, 이

11 이 조약에 대한 군부의 반감과 다카하시가 1930년대 중반 대장대신으로 일하면서 국방비 삭감을 시도한 것이 1936년 2·26사건 당시 청년장교들이 그를 비롯한 고위 관료들을 암살한 이유였다. 2·26사건은 일본 정치권에서 군부의 부상이 시작된 사건으로 평가되며, 1930년대의 권력 이동에 대해서는 제4장에서 좀 더 심도 깊게 다룰 것이다.

시기의 다른 정치 행위자에 비해 상대적으로 약했다.

세 번째 차이점은, 정책 입안 과정의 주도권이 일본을 자유방임경제로 이끌려고 하는 재벌 지도자들과 이들의 정치 연합세력인 정당정치가들의 손에 달려 있었다는 점이다. 다이쇼 시대에 들어 정당정치가들의 영향력이 상당히 확대되면서, 이전의 정책 결정을 주도했던 메이지 번벌을 대체했다. 엄밀히 말해 일본에서 최초의 정당 내각은 1918년에 출범했다. 당시 의회에서 다수당을 차지한 입헌정우회의 총재였던 하라 다카시가 내각총리대신을 맡아 정당 내각을 이끌었다. 이 시기 정치권은 양당제의 등장으로 특징지을 수 있으며, 입헌정우회와 헌정회[憲政會, 1927년에 입헌민정당(立憲民政黨)으로 개칭]라는 양대 정당들이 대안 세력으로 내각을 구성했다. 홀이 언급한 것처럼 "양대 정당들은 보수 정당으로, 엘리트의 이익을 대변했다. 다만 양당은 군부의 이익보다는 시민의 이익(civil interests)을 더욱 중요시했고, 관료보다는 재계와 더 긴밀하게 협력했다. 당시 입헌정우회가 미쓰이 재벌의 이익을 대변했고, 입헌민정당이 미쓰비시 재벌의 이익을 대변했다는 것은 일종의 상식이었다"(Hall, 1991: 316). 이들 정당정치가들과 재벌 지도자 간의 정치연합은 1918년부터 1932년까지 일본 정계를 주도했다. 아래에서는 재계-정당 연합의 영향력에 대해 좀 더 면밀히 살펴볼 것이다.

제1차 세계대전 시기에 유럽의 전쟁 당사국들에 대한 수출 폭증은 일본 경제에 호황을 가져오는 한편 일본 산업이 급속하게 발전하는 계기가 되었다. 그러나 이렇게 창출된 부(富)는 미쓰이, 미쓰비시, 스미토모(住友), 야스다(安田) 그룹 등의 주요 대기업군 혹은 재벌에게만 집중되었다. 나카무라에 따르면, 1928년에 미쓰이, 미쓰비시, 스미토모 3개 그룹이 일본 전체 기업의 납입 자본 총액에서 차지하는 비중은 30.1%에 달했고, 이들 3개 그룹은 풍부한 자금을 바탕으로 새로운 투자처와 공격적 기업 인수에 나서면서, 이들의 사업 영역은 전기기계, 합성섬유, 화학비료, 장기대출, 신탁자금 등의 다양한 신생 산업 분야로 확대되었다. 이러한 고도의 독과점 경제 속에서 "양적·질적 의미 모두에서 일본 경제의 통제권은 재벌의 영향력 아래 완벽하게 장악되었다"(中村隆英, 1978: 116).

재벌 지도자들의 경제적 영향력 확대는 이들의 정치적 영향력 확대로도 이어졌다. 메이지 시대에 정치적 영향력은 메이지 번벌에게 집중되어 있었지만, 이어진 다이쇼 시대에는 정당정치가들이 부상했다. 주요 정치가 및 정부 관료들과의 긴밀한 관계를 통해 상당한 정치적 영향력을 확보한 대기업 소유주들은 '정상(政商, political merchants)'이라고 불렸다.

이 기간 동안 재벌의 정치적 영향력이 확대될 수 있었던 주요 원인은 네 가지로 볼 수 있다. 첫 번째 요인은 규벌(閨閥)이라 불리는 친족 중심 네트워크의 확대였다. 이 네트워크 속에서 기업 창업자 가문의 자녀들과 유력 정당 정치가의 자녀들 간에 중매결혼이 이루어졌고, 기업과 정계의 가문들이 친족으로 이어졌다. 일부 재벌 가문들은 정치가의 아들을 양자로 삼기도 했다. 미쓰비시 재벌의 창업자인 이와사키 야타로(岩崎弥太郎)가 가토 다카아키(加藤高明, 헌정회 총재와 1924~1926 내각총리대신 역임)와 시데하라 기주로(幣原喜重郎, 1945~1946 내각총리대신 역임), 기우치 주시로(木内重四郎, 귀족원 의원 역임)를 사위로 삼았던 것도 이러한 관행의 대표적 사례라고 할 수 있다.

안도 요시오(安藤良雄)는 오쿠마 내각이 아시아 대륙으로의 팽창주의 정책을 추진하고 1915년에 외상을 맡고 있던 가토 다카아키가 청국(淸國)에 '21개조 요구'를 수용토록 압박한 배경에는 이러한 친족 관계가 도사리고 있었다고 주장했다. 당시 가토가 대륙으로 사업을 확장하려는 미쓰비시 재벌의 이익을 반영해 내각에서 팽창주의 정책을 주도했다는 것이다(安藤良雄, 1990: 259). 더불어 스미토모 재벌의 총수는 사이온지 긴모치(西園寺公望, 입헌정우회 총재, 내각총리대신 1906~1908, 1911~1912 역임)의 동생을 양자로 삼았고, 이 동생은 후에 스미토모 가문의 수장이 되었다. 후루카와(古河) 재벌의 창업자는 무쓰 무네미쓰(陸奧宗光, 외무대신 1892~1896 역임)의 차남을 양자로 삼았다. 이러한 재벌 지도자들과 정치인들 간의 친족 관계는 서로 간의 의사소통과 이익을 조율하는 데 상당히 용이하게 활용되었다.

두 번째 요인은 정치헌금이었다. 재벌 지도자들은 정당정치가들을 재정적으로 후원하고 그 대가로 정치인들은 재벌에 유리한 정책을 추진하도록 정부를 압박했다. 이러한 재벌 지도자들과 정당정치가들의 상호의존 관계는 이들 연합의 근간을 이루는 것이었다. 한 예로, 미쓰이 재벌의 경영자들은 입헌정우회 원로인 이노우에 가오루(井上馨)와의 개인적 인연을 바탕으로 입헌정우회 소속 의원들에게 후원금을 제공했고, 미쓰비시 재벌의 수뇌부들도 가토 다카아키를 통해 헌정회의 재정을 지원했다. 더불어 스미토모는 사이온지를, 후루카와 재벌은 하라 다카시(1918~1921 내각총리대신 역임)를 후원했던 것으로 알려졌다(森川英正, 1978: 116). 당시 가장 저명한 경제학자였던 다카하시 가메키치(高橋龜吉)는 1930년에 발간한 기업 구조에 대한 저서에서 정치헌금이 재계와 정당정치가들 간의 유착관계를 어떻게 만들었는지에 대해 다음과 같이 설명했다.

> 우선 한 회사가 정치적 수단을 통해 이익을 얻기 위해서는 입헌정우회나 입헌민정당 두 정당의 어느 쪽과 긴밀한 관계를 맺는 것이 필요했다. 노골적으로 말해서 회사는 정당에 선거자금을 비롯해 각종 자금을 후원할 필요가 있다. 또한 회사의 중역들은 정당 당원이 되어, 회사 비용으로 거액의 당비를 납부해야 한다. 이는 당원 신분이 정치적 이익을 제공하는 것을 보장하기 때문이다(高橋龜吉, 1930: 72).

재벌 지도자들과 정당정치가들 간 부패 관계의 대표적 사례로는 에치고철도의옥사건(越後鐵道疑獄事件)을 들 수 있다. 이 사건은 1927년에 정부가 정부 소유의 일본 국철 체제를 확대하기로 결정하고, 이에 따라 지역의 민간 철도를 매입하는 과정에서 발생했다. 정치인 매수 혐의로 체포된 에치고철도 사장은 귀족원 의원인 사타케 산고(佐竹三吾)에게 20만 엔을 건넸음을 인정했고, 당시 사타케는 정부가 고가(高價)에 지역 민간 철도를 구매하도록 압력을 가했던 것으로 밝혀졌다.

언론들도 '에치고철도의옥사건'을 다루면서 정당정치가와 재벌 경영진의 유착관계를 비판했다. 한 예로, 당시 주요 일간지 중 하나였던 ≪국민신문(國民新聞)≫은 이 사건을 대대적으로 다루면서, 이러한 사건들의 원인에 대한 논평자들의 비판을 게재했다. 당시 중의원 의원인 아베 이소오(安部磯雄)는 "정치가들과 재계 인사들은 떼려야 뗄 수 없는 관계로, 오늘날 이것이 정치 부패의 가장 큰 원인"이라고 비판했다(≪國民新聞≫, 1929.11.12). 또한 사회주의운동가로 활동하던 사카이 도시히코(堺利彦)는 "(에치고철도의옥사건의) 근본 문제는 재벌 그룹 간의 암투로서 …… 오늘날 주요 정당들이 재벌 그룹의 완벽한 통제하에 있기 때문에 정당들은 재벌 그룹의 이익에 봉사하는 행동을 취할 수밖에 없다. 따라서 정당들은 항상 정치 스캔들에 결부될 수밖에 없다"고 주장했다(≪國民新聞≫, 1929.11.12).

재벌 영향력의 세 번째 핵심 요인은 자문기구(advisory committee)였다. 1896년 농상무성에 설치된 일본 최초의 자문기구인 농상공고등회의(農商工高等會議)[12]는 무역, 통화, 환율, 금본위제, 재정제도, 이민 및 노동 문제 등

---

12 농상공고등회의는 1910년에 생산조사회(生産調査會)로 확대·개편되었고, 다이쇼 시대에 들어와서는 내각총리대신이 주관하는 경제조사회(經濟調査會, 1916), 임시국민경제조사회(臨時國民經濟調査會, 1918), 임시재정경제조사회(臨時財政經濟調査會, 1919), 제국경제회의(帝國經濟會議, 1924) 등으로 확대·개편되었다. 1925년 농상무성은 농림성과 상공성으로 분리되었고, 1927년에 상공성 산하에 상공심의회가 설치되었다. _옮긴이 주

주요 경제 현안들에 대해 재계 인사들과 주주들의 의견을 구하도록 고안되었다. 물론 이 회의의 정책 권고가 항상 재계에 유리한 정책으로 만들어진 것은 아니었지만, 이 모임은 정부에 재계의 입장을 전달하는 수단으로서 활용되었다.

한 예로, 생산조사회(1927년 이후 상공심의회)에서는 1913년에 소다 산업(sodium industry)에 대한 정책 권고를 정부에 제출했는데, 이 권고에서는 영국의 소다 생산자들이 일본 시장에 제품을 덤핑으로 판매하는 데 항의하며, 일본 정부가 덤핑방지책 제정 및 국내 소다 생산자 보호 조치 등을 비롯한 적절한 대책을 내놓도록 촉구했다(≪中外商業新報≫, 1913.8.20). 정부는 산업계의 요구에 즉각 반응하지는 않았지만, 1927년 상공성에 정책 권고안이 제출된 후, 소다 생산을 지원하기 위해 국내 생산자들에게 보조금(약 21만 엔)을 지급하기로 최종 결정했다. 심의회 위원에는 미쓰이 재벌의 총수인 단다쿠마(團琢磨)가 참여하고 있었다. 당시 신문에서는 "이번 정책이 화학 산업 발전에 중요한 기여를 할 것으로 기대된다. (정부의 결정은) 오쿠마 내각(1914) 이후 이어진 산업계의 요구가 실질적으로 현실화된 것임을 보여주었다"라고 논평했다(≪中外商業新報≫, 1927.11.22~26). 심의회는 또한 철강, 조선, 농업 분야에 대한 각종 정부 지원책들에 대해서도 유사한 권고안을 제출했다.

네 번째 요인은 재계 인사들이 정치인으로 변신한 것을 들 수 있다. 다이쇼 시대에 상당수 재벌 중역들과 경영진들이 지방선거와 전국선거에 출마해 일부 인사들이 국회의원과 지방의원으로 당선되었다. 또한 귀족원에 그러한 정치인들이 상당히 많았는데, 일본 최초의 '평민 출신' 내각총리로 알려진 하라 다카시도 재계에 뿌리를 둔 정치인의 대표적 사례라고 할 수 있었다. 하라는 귀족 작위를 갖고 있지 않았기 때문에 평민으로 간주되기는 했지만, 평범한 인물은 아니었다. 하라는 후루카와 재벌의 핵심 기업인 후루카와광업(古河鑛業)의 부사장으로 근무한 적이 있었고, 그가 정치인으로 변신한 후에도 후루카와 재벌 가문과 긴밀한 관계를 유지했다. 20세기 초에 후루카와 재벌이 운영하는 아시오(足尾) 광산이 심각하게 오염되어, 광산개발권이 정지될 위기에 처하자, 하라는 그의 전직 고용주를 보호하기 위해 노력했다.[13]

하라에 이어 내각총리에 오른 다카하시 고레키요[14]도 하라와 마찬가지로 재계의 이해관계에 민감하게 반응했다. 다카하시 내각은 1922년 워싱턴 해군군축회의의 군비 감축 요구를 수용하기로 결정했는데, 이는 유럽과 미국 시장에 상당히 의존하면서 이들 국가들과 우호적인 관계를 원했던 재벌 지도자들의 이익을 반영한 것이었다. 특히 미쓰비시 재벌과 밀접한 관계에 있던 시데하라 기주로가 워싱턴 회의에서 전권대사를 맡았고, 후에 시데하라는 외무대신(1924~1931)으로 일하면서 일본 재계가 원하던 유럽 및 미국과의 평화 유지를 우선하는 '시데하라 외교(幣原外交)'라고 불리는 평화적 외교 정책을 주도했다.

요약하면 1920년대에는 민주주의에 대한 대중들의 요구의 따라 중요한 정치 발전이 이루어졌다. 메이지 번벌들의 점진적인 영향력 상실, 성인 남성에 대한 보통선거의 도입, 경쟁적 정당 체제의 확립 등이 그것이다. 1920

---

13 일본 혼슈(本州) 남동부 도치기 현(栃木縣)에 위치한 아시오 광산은 전국시대 말기부터 개발된 일본의 대표적 동광(銅鑛)이었다. 1884년 후루카와가 이를 매입하여, 새로운 광맥을 찾아내 대규모 생산과 개발이 이루어졌다. 그러나 1890년대에 들어 광산 주변의 환경은 물론 주민들에게도 심각한 피해가 이어졌고, 전국적인 사회문제로 떠올랐다. 아시오광독사건(足尾鑛毒事件)은 일본에서 토양 오염 문제가 본격적인 사회문제로 부상하게 된 계기가 되었다. 이 문제는 현재까지도 완전히 해결되지 않았으며, 정치적·사회적·문화적으로 일본 사회에 상당한 영향을 미쳤다. _옮긴이 주

14 다카하시는 관료로 근무한 적이 있었고, 정치에 입문하기 전에는 일본은행 총재를 역임한 바 있었다.

년대의 정치는 이후 시기와 다음과 같은 점에서 근본적인 차이를 보여주었다. 관료들의 제한적 영향력 행사, 아직까지 본격적 정치 행위자로서 성장하지 못한 군부, 재벌과 정당정치가의 정책 입안 과정 장악 등이 그것이다.

4. 결론

이 장에서는 1930년대 이전 일본의 정치경제를 검토하면서, 메이지 시대의 산업정책과 1920년대의 경제체제, 재계와 정당 간의 정치연합에 주목했다. 필자는 1930년대 이전과 이후의 일본의 정치경제에 대한 비교를 통해 다음과 같은 결론에 도달했다. 첫째, 메이지 정부와 전시 및 전후 시기의 정부 간에는 산업정책과 재계와의 관계에서 근본적 차이가 있었다. 우선 산업정책의 주요 목적이 달랐는데, 메이지 정부의 산업정책 목표는 산업 기반시설의 건설에 있었고, 전시 및 전후 시기 산업정책의 주요 목적은 특히 제조업 분야에서의 생산력 확대에 있었다(이에 대해서는 다음 장에서 상세히 다룰 것이다). 특히 민간기업에 대한 국가 통제의 수준은 메이지 시대가 훨씬 낮았는데, 이는 당시 정부가 재계를 통제할 수 있는 능력이 제한적이었기 때문이다. 더불어 메이지 정부는 기업 활동에 영향력을 행사하는 데 국영기업에 전적으로 의존한 반면, 전시와 전후 정부는 선도기구와 업계단체를 활용했다.

둘째, 1920년대의 경제체제는 앵글로-색슨형의 시장중심경제모델과 상당히 유사했다. 메이지 정부는 산업화 과정에서 국가의 역할을 축소하는 한편 국영기업의 민영화를 통해 자유주의적 경제정책을 도입했다. 이것이 시장에서 정부 역할의 한계를 만들었고, 민간기업을 핵심 행위자로 부상시키게 만들었다. 더불어 전후 일본 경제의 중요 특징들인 선도기구, 업계단체, 종신고용제, 연공서열제, 높은 저축률, 협조적 노사관계는 이 시기까지 아직 등장하지 않았다. 특히 1930년대 이전 업계단체와 은행 중심 금융체제의 부재는 정부가 이 시기에 민간기업의 경영을 통제할 수 없었음을 보여준다.

셋째, 대기업 총수들과 정당정치가들의 연합이 1920년대 일본 정치를 지배했다. 두 집단은 친족관계, 정치헌금, 정치가로 변신한 전직 기업인들로 인해 더욱 밀접한 관계를 맺을 수 있었다. 이 연합은 재벌 지도자들에게 정부의 개입으로부터 자유로운 시장을 유지해주었을 뿐만 아니라, 국가 엘리트(관료와 군부)의 영향력도 상당부분 제한했다. 이러한 결론은 1930년대 이전과 이후 시기 사이에 일본의 발전 경로(developmental path)를 둘러싼 상당한 단절(discontinuities)이 있었음을 보여준다.

마지막으로 1930년대 이전 일본의 정치경제에 대한 분석은 또 다른 중요한 실증적 퍼즐을 이끌어냈다. 첫째, 일본 경제가 1920년대 이후에야 고전적 자유시장경제에서 발전국가로 이행한 이유는 무엇인가? 둘째 (자유시장경제를 옹호하던) 재계-정당 연합이 영향력을 상실하면서 다른 행위자들이 권력을 잡았던 과정과 원인은 무엇인가? 셋째, 일본에 발전국가체제가 등장한 맥락(circumstances)은 무엇이었으며, 누가 제도 창설을 책임졌는가? 마지막으로 정책결정자들이 1930년대에 새로운 체제를 만들고자 했을 당시 그들에게는 어떤 선택지가 있었는가? 다음 장에서는 이들 질문에 대해 만주와 전시 일본 그리고 전후 일본에서의 제도적 진화에 대한 과정추적 분석을 통해 그 답을 구하고자 한다.

제3장

만주국의 제도 건설(1932~1945)

제2장에서 필자는 일본의 정치경제가 1930년대 전후로 중요한 단절이 있었음을 지적하며, 1930년대 동안에 근본적인 제도 변화가 이루어졌다고 주장했다. 이번 장에서는 제도 변화 과정에 중대한 영향을 미친 역사적 사건들에 초점을 맞춰 제도 변화 과정을 좀 더 명확히 제시하고자 한다. 그러한 사건들 중 하나가 1930년대 초반 일본군 장교들과 관료들이 주도한 만주에서의 신생 국가 건설이었다. 이 장에서는 1932년에서 1945년 동안 이루어진 만주국 발전국가체제에 대한 사례 연구를 제시할 것이다.

화북과 만주로 세력권을 팽창시킨 일본은 1930년대 초반에 그곳에 자신들이 지배하는 괴뢰국가를 건설했다. 그 국가의 실질적인 지배자였던 일본군 장교들은 만주를 자신들의 모국인 일본의 산업기지로 급격히 전환시키고자 했다. 이를 위해 일본군 장교들은 새로운 산업정책들을 도입하려 했는데, 이러한 정책들은 일본은 물론 이전에 획득한 식민지인 조선과 타이완에서조차도 너무나 급진적인 것으로, 당시 재벌 지도자들과 정당정치가들은 시장에 대한 이러한 정부 개입에 강력히 반대했다. 일본이나 조선, 타이완과 달리 만주에서 군 장교들은 자유롭게 정책 입안을 할 수 있었기 때문에,

그 결과 만주국에서는 국가가 경제 전반에 걸쳐 광범위한 통제권을 갖는 새로운 경제체제가 수립될 수 있었다. 이러한 목적을 달성하기 위해 군부는 상당수의 관료들을 일본으로부터 불러들여 만주국의 발전국가체제를 운영했다. 만주국에서 정책 입안과 행정 경험을 쌓은 상당수 일본군 장교들과 관료들은 전시에 일본으로 돌아왔고, 일본에서 또 다른 발전국가체제를 건설하기에 이르렀다.

따라서 일본 지배하의 만주는 동아시아 발전국가체제에서 가장 오랜 역사를 가진 사례라고 할 수 있다. 만주국의 사례는 굉장히 중요한데, 그 이유는 (다른 동아시아 국가들의 사례도 마찬가지로) 전시 일본과 전후 일본에서의 정책 선택이 만주국의 산업화 과정에 관여한 정책결정자들의 경험과 매우 밀접한 연관성을 맺고 있기 때문이다. 다시 말해 일본 발전국가체제의 진화경로(evolutionary path)는 만주국의 사례에서 상당한 영향을 받았을 뿐만 아니라 만주국 발전국가체제에 대한 분석은 일본 발전국가체제의 기원에 관한 중요한 통찰력을 제공해줄 수 있다고 할 수 있다. 필자는 일본 지배하의 만주에서 이루어진 정책 입안에 대한 면밀한 분석을 통해 다음과 같은 질문들에 대한 답을 찾고자 한다. 만주국에서 발전국가체제는 누가 만들었는가? 만주국에서 발전국가체제를 만들도록 이끈 요인은 무엇인가? 그러한 제도들의 진화에 영향을 준 것은 무엇인가 등이다.

이 장에서는 우선 20세기 초반에 만주에서 일본의 이익이 확대되어 1932년 괴뢰국가인 만주국 수립으로 귀결되는 과정을 설명하는 간략한 역사적 서술로 시작할 것이다. 그다음에는 만주국 발전국가체제의 두 가지 핵심 제도인 기획처와 특수회사제도를 다룰 것이다. 기획처는 만주 경제의 급속한 산업화를 계획하고 조율한 선도기구였고, 특수회사제도는 정부의 간접적 국가 통제 수단으로 기능했다. 이 두 제도를 주목하는 이유는 이들 제도가 만주국 발전국가체제의 핵심 제도로서 기능했을 뿐만 아니라 이후 일본 발전국가체제의 모델이 되었기 때문이다.

1. 역사적 배경

일본의 만주 진출

러일전쟁(1904~1905)이 「포츠머스 조약(Treaty of Portsmouth)」 체결로 종결되면서, 일본은 러시아가 건설해 보유하고 있던 동청철도(東淸鐵道)의 창춘(長春) 이남 철로인 남만지선(南滿支線)을 조차 받았다. 1906년에 일본은 국책회사로 남만주철도주식회사를 설립해 러시아로부터 받은 철도와 탄광 운영을 맡겼다.[1] "(만철은) 공식적으로는 민간기업(commercial organization)의 형태로 인가받았지만 그러한 의도 및 목적과는 무관하게 만주에서 일본 정부의 부속 기관으로 활동했다"(Matsusaka, 2001: 4). 일본 정부는 1906년에 관동주(關東州)의 조차지를 통치하기 위해 관동도독부(關東都督部)[2]를 설치했고, 만철의 시설과 철도 부속지를 보호한다는 명분으로 관동군을 주둔시켰다.

제1차 세계대전 동안 만주에서 일본의 권익은 확대되었다. 유럽에서의 전쟁으로 인해 만주에서 유럽 강대국들이 철수하면서 아시아의 권력 진공 상태가 만들어졌고, 그 결과 일본이 이 지역에서 권익을 확대시킬 절호의 기회가 찾아왔던 것이다. 그 결과 1914년에 일본은 당시 중국의 지도자인 위안스카이(袁世凱)에게 (일련의 권익 확대 요구사항인) '21개조 요구'를 수용토

1 만철의 자본금은 2억 엔에 달했고, 고용 인원은 40만 명(이 중 일본인은 14만 명)에 달했다. 만철은 당시 일본의 최대 회사였다(小林英夫, 2005b: 32).

2 관동도독부는 1919년에 관동청(關東廳)으로 개편되었다. _ 옮긴이 주

록 압박했고, 결국 중국 정부는 관동주와 만철의 조차권을 99년으로 연장했으며, 남만주와 동부 내몽골의 철도권 할양 시 일본에게 우선권을 부여했고, 건설과 농업을 목적으로 한 조차지에서 일본 국민들의 자유 거래권과 사업활동의 자유를 승인하기에 이르렀다.

만주국 건설

만주에서 일본의 권익을 유지하는 것이 그리 쉬운 일은 아니었다. 일본군에 대한 게릴라 공격, 철로 파괴, 일본산 제품의 불매운동을 비롯한 상당수 반일운동이 수년 동안 지속되었다. 만주에 대한 확고한 지배의 필요성을 인식했던 이시하라 간지 중좌와 관동군 장교들은 중국군과 관동군의 소규모 충돌을 계기로 1931년에 비밀 군사 작전(만주사변)을 일으켰다.[3] 만주의 완전한 통제권 장악을 목표로 한 이시하라의 계획이 성공했던 것이다.

이듬해에 관동군의 또 다른 계획인 만주국이라는 독립 국가의 건설이 이루어지면서 중국으로부터 완전한 독립이 실현되었다. 법적으로 만주국은 황제[4]인 (청 왕조의 마지막 황제였던) 푸이(溥儀)가 5개 민족(일본인, 중국인, 만주인, 몽골인, 조선인) 간의 조화를 의미하는 오족협화(五族協和)를 건국이념으로 삼아 통치했다. 만주국 황제의 칙령은 고위 정치가들로 구성된 입법원

---

3 1931년 9월 18일 밤, 선양(瀋陽) 교외의 류타오후(柳條湖)에서 일어난 중일 양군의 소규모 충돌을 '류타오후 사건'이라 부른다. 당시 이시하라를 비롯한 이타가키 세이시로(板垣征四郎)와 도이하라 겐지(土肥原賢二) 등의 관동군 수뇌부들은 류타오후 인근 만철 철로의 폭파를 연출했고, 이를 중국군의 소행으로 몰아 만주 침략의 구실로 삼았다. _옮긴이 주

4 1932년 3월 1일 만주국은 공식 건국되었다. 건국 선언 당시 푸이는 '원수(元首)'로 불렸으나, 3월 9일 공포된 「정부조직법」에서 '집정'으로 공식 호칭되었다. 1934년 3월 1일 제제(帝制)로의 이행에 따라 원호를 강덕(康德)으로 하고 국호를 만주 제국으로 하여 황제에 등극했다. _옮긴이 주

(立法院)의 승인을 받아야 했다. 그러나 일종의 입법부로 구상된 입법원의 기능은 명목상에 지나지 않았다. 만주국의 행정부는 각 부처의 대신[大臣, 만주국 건국 당시에는 총장(總長)]들로 구성된 국무원(國務院)이었다.[5] 국무총리대신[6]은 장징후이(張景惠)가, 각 부처의 총장들은 만주인들과 중국인 정치가들이 맡았지만,[7] 황제와 더불어 이들 대신의 역할도 제한적이었다. 대신 중요한 결정들은 일본 정부에서 파견된 일본인 관료들이 대다수 맡은 차장 수준에서 이루어졌다. 일본군 장교들의 압력을 받을 수밖에 없었던 만주국 정부는 산업화를 주도하는 관료 기구로 선도기구인 기획처와 산업에 대한 간접적 국가 통제 체제인 특수회사제도를 수립했다. 이하에서는 이 두 가지 제도의 조직 구조와 기능에 대해 검토할 것이다.

2. 만주국 발전국가체제의 제도

1) 선도기구: 기획처

1934년 10월에 만주국 정부는 기획처 수립을 위한 자체 계획 요강을 발표

5 만주국 행정부는 건국 당시 외교부, 사법부, 재정부, 문교부, 군정부, 민정부, 실업부, 교통부 등 8개의 부서로 구성되었다. 또한 국무원 총리가 직접 관할하는 총무청(總務廳)이 있었다.

6 국무총리대신은 1932년 3월 만주국 건국 당시 국무원총리로 불렸다. 초대 국무원총리는 정샤오쉬(鄭孝胥, 1934.3~1935.5)가 맡았고, 1934년 3월 제제로의 이행에 따라 국무총리대신으로 개칭되었다. 1935년 5월부터 1945년 8월까지는 장징후이가 국무총리대신을 맡았다. _ 옮긴이 주

7 막강한 정치적 영향력을 가진 총무청 장관은 일본인 관료들이 역임했다.

했다. 이 새로운 기구의 조직 구조와 사업 내용은 다음과 같았다.

조직

국무원 총무청 직속으로 총무청장이 기획국장[8]을 겸임하게 하여, 행정, 재정, 국방, 군사 및 경제 각 분야의 전문가들을 망라하고 법제국장, 주계처장과 각부 총무사장들이 참여하여 기본적 국책의 확정에 이바지한다.

사업

1. 중요산업의 국가 통제와 관리, 농촌의 점진적 공업화, 대외 무역의 부분적 국영화
2. 공업기구 및 「중앙토지법(中央土地法)」의 제정과 개혁, 중앙집권제 및 지방자치제의 병용과 민주화(民主化)
3. 국방, 외교, 군사, 국제 평등 확보
4. 국민경제(國民經濟)의 향상과 발전을 도모하기 위해 자본주의적 자유주의의 억제와 부분적 생산 장려, 극동블록경제의 결합 도모

≪滿洲日報≫(1934.7.29)

이 새로운 기구는 제1부와 제2부로 구성되어 있었는데, 제1부는 중요 경제정책 및 재정정책의 입안을 맡았고, 제2부는 경제 현안에 대한 통계 자료의 수집과 정책 실행 과정에 대한 점검을 맡았다(≪滿洲日報≫, 1934.12.17). 기획처는 국무원 총무청 산하에 설치되었고, 처장은 일본인 관료들이 맡아 총괄했다.[9]

---

8 1934년 4월 이후 여러 언론에서 보도한 신설 부서의 명칭은 산업기획국 내지 기획국이었다. _ 옮긴이 주

만주국 정부에는 기존에 실업부와 재정부라는 상당히 큰 경제 관료 기구가 존재하고 있었다. 기획처와 달리 이 두 부서가 맡고 있는 주요 행정 업무는 기획보다는 정책 실행에 초점이 맞추어져 있었다. 기획처는 개발 계획을 입안하면서 이들 부서와 긴밀히 협조했고, 이들의 임무는 상당부분 중첩되기도 했다. 이하에서는 만주국 선도기구의 산업정책이 산업 전반에 미친 영향력의 정도와 만주의 산업 개발을 촉진하기 위해 취한 접근 방법을 면밀히 검토할 것이다.

만주국의 산업정책

만주국의 선도기구는 주로 경제계획과 산업합리화정책이라는 두 가지 형태의 산업정책을 추진했다. 「만주국경제건설강요(滿洲國經濟建設綱要)」라는 만주국 정부의 공식 정책발표에서 국가 통제와 산업합리화는 만주국 선도기구의 주요 임무로서 규정되었다. 이 발표에서는 이 기구가 "국가의 모든 천연자원을 효율적으로 활용하고, 각 분야별 경제의 발전을 촉진하기 위해서 전략적으로 중요한 분야에 국가 통제와 산업합리화정책을 적용"한다고 언급되었다(滿洲國史編纂刊行會, 1970: 397~398). 경제계획의 바탕에 깔린 아이디어는 정부가 향후 5년 정도에 걸친 각 산업별 생산력 확충 계획을 작성한다는 것이었다. 경제계획의 목표치는 최근의 경제 및 산업 상황(인플레이션 및 실업률)과 국민경제 예상 성장률을 기초로 산출되었다. 이들 계획에서

---

9 1935년부터 1945년까지 기획처 처장은 마쓰다 레이스케(松田令輔, 전 대장성 주계국 관료, 1935.11~1939.3), 간다 스스메(神田暹, 전직 상공성 관료, 1939.3~1940.7), 가시와무라 무라치(柏村稔三, 전 산업부 차장 1940.7~1940.10), 아오키 미노루(青木實, 1940.10~1941.11), 후루미 다다유키(古海忠之, 전직 대장성 문서과장, 1941.11~1942.4), 구스메 요시오(楠見義男, 1942.4~1943.7, 전직 농림성 관료), 다카쿠라 세이(高倉正, 1943.7~1945.5)가 맡았다.

는 각 산업별 연간 생산량을 정하고, 목표치를 달성하는 데 필요한 각 산업별(혹은 각 기업별) 특정 자원을 명시했다. 정부는 계획에 따라 산업별로 자본, 원료, 기술 등의 희소 자원을 배분했다.

경제계획은 주로 생산력 확충에 목적을 맞춘 반면, 산업합리화정책의 주요 목적은 효율성과 생산성 증진 및 기술 개발에 있었다. 정부는 세금 감면 및 보조금 등의 다양한 장려책들을 통해 신기술 분야에 대한 투자와 비용 절감을 장려하는 한편, 기업들이 자신들의 이익보다는 국가 이익을 우선시하도록 하고, 필요한 경우에는 기업 경영에 직간접적으로 개입하기도 했다.

경제계획: 「만주산업개발5개년계획」

만주국의 선도기구가 입안한 가장 중요한 정책은 1937년에 발표된 「만주산업개발5개년계획」이었다. 만주국 수립 후 최초 4년간, 기획처를 비롯해 여러 정부 기구들은 교통시설과 통신시설, 금융체제 등의 구축에 주력했고, 이후에는 국력을 증대시키는 데에 집중했다. 기획처 관료들이 5개년계획을 입안하자, 만주국 정부는 이를 채택하여 1937년 11월 5일에 「만주산업개발5개년계획」을 발표했다. 5개년계획은 만주국의 주요 산업별 최근 생산 능력을 감안하여 주요 산업별 연간 생산 목표치를 설정하고, 그 목표를 달성하기 위해 필요한 자원을 산출했다. 예를 들어 5년 내에 철강 생산은 40만 톤에서 185만 톤으로, 석탄은 1,170만 톤에서 2,716만 톤으로, 알루미늄은 4,000톤에서 2만 톤으로, 전력은 48만 4,600킬로와트에서 140만 5,000킬로와트로 생산 능력을 비약적으로 증대시키는 계획이었다. 또한 만주에서도 자동차와 비행기 생산에 착수해 1942년 말까지 4,000대의 자동차와 340대의 비행기 생산을 목표로 삼았다(滿洲國史編纂刊行會, 1970: 533~534). 이 계획의 목표를 달성하기 위해서는 총 25억 엔이 소요될 것으로 예상되었고,[10] 만주와 일본에서 정부 및 민간 투자를 통해 자금을 조달할 계획을 세웠다.

5개년계획은 첫 해에는 철강, 석탄, 전력, 황산암모늄[硫安] 등 일부 산업의 생산 수준이 비약적으로 증대되면서 일정한 성공을 거두었다. 그러나 금융 재원의 심각한 부족[11]은 계획 달성에 커다란 걸림돌이 되었다(「만주산업개발5개년계획」의 상세한 성과에 대해서는 제6장 참조). 그러나 이 계획이 당초 목표를 모두 달성하지는 못했지만, 당시 일본인 정책결정자들에게 만주국의 통제 능력에 대한 확신을 심어주었다는 점을 주목해야만 한다. 산업화를 위한 이러한 새로운 접근은 이후 일본 정부에서도 채택되었고, 당시 일본의 선도기구였던 기획원은 1938년에 「생산력확충4개년계획」을 통해 일본의 경제정책을 주도했다(제4장 참조). 이를 바탕으로 전후 일본 정부에서도 「경사생산정책(傾斜生産政策)」(1947~1949, 제5장 참조), 「경제자립5개년계획」(1956~1960), 「국민소득배증계획」(1961~1970) 등 일본만의 독특한 경제계획을 수립했다. 「만주산업개발5개년계획」의 실행을 담당하면서 경험을 쌓은 일본인 관료들은 후에 일본으로 돌아와 제2차 세계대전 시기와 이후 시기에 이와 유사한 정책을 수행했다. 따라서 만주국의 선도기구와 일본의 선도기구 간의 연계는 상당히 중요하다고 할 수 있다.

산업합리화정책

만주국의 선도기구가 수행한 또 다른 주요 정책으로 1933년 「만주국경제건설강요」[12]에서 제시한 산업합리화정책을 들 수 있다. 당시 기획처는 산업

---

10 이 금액은 당시 일본 정부의 연간 총 예산인 약 24억 엔보다 많은 것이었다.

11 자금이 부족했던 주요 원인은 일본으로부터 투자 유입의 감소와 중일전쟁 때문이었다. 일본은 1930년대 중반에 경기 침체에서 벗어나기 시작했는데, 이에 따라 일본 투자자들은 만주보다는 일본에 투자하기 시작했다. 더불어 1937년 발발한 중일전쟁 때문에 만주는 일본 투자자들에게 그리 매력적인 투자처가 아니었다.

12 「만주국경제건설강요」는 공식적으로 1933년 3월에 발표되었다. 「만주국경제건설강

합리화정책의 일환으로 제지펄프 제조업에 대한 정책을 입안했다. 1939년에 정부는 만주에서 펄프 제품의 증산을 결정하고 펄프 제조업체를 지원하기 위한 다양한 방안들을 발표했다. 당시 일본 언론에 보도된 정부 정책은 다음과 같았다.

1. 3개 신설 회사의 기업 구조는 정부가 일정 부분을 출자한 특수회사 형태로 한다.[13]
2. 3개 공장의 생산 할당과 입지는 다음과 같다. (i) 지아무쓰(佳木斯)에 들어선 가네보방적(鐘紡紡績)과 일본국책펄프(日本國策パルプ)는 6만 톤(제지용 펄프 2만 톤, 인조견용 펄프 4만 톤), (ii) 야커스(牙克石)에 위치한 오지제지(王子製紙)는 5만 톤[제지 4만 톤, 크라프트지(Kraft paper)[14] 1만 톤], (iii) 헤이허(黑河)에 위치한 섬제지연합회(纖製紙聯合會)는 12만 톤
3. 정부는 이 사업에 소요될 예산을 약 1억 2,000만 엔으로 예상하고, 각 기업별 자본은 다음과 같다. (i) 가네보방적과 일본국책펄프가 3,000만 엔(가네보방적 2,800만 엔, 일본국책펄프가 200만 엔), (ii) 오지제지는 3,000만 엔,

---

요」가 발표되기 이전에 이를 만들기 위한 준비 작업이 진행되었다. 1932년 1월 만철 조사과와 관동군은 만철 조사과의 인력을 중심으로 경제조사회(經濟調查會)를 발족했는데, 당시 경제조사회는 관동군의 실질적인 정책 입안 기구로 기능했다. 만철 조사과 러시아반 반장을 맡았던 미야자키가 경제조사회 제1부의 주사(主查)를 맡아 관동군과 만철 간의 연락 임무를 맡았다. 1932년 중순경에 미야자키는 300페이지에 달하는 「만주경제통제책(滿洲經濟統制策)」을 완성했고, 1932년 8월에 관동군은 이를 정식으로 결정하여, 협의를 거쳐 1933년 3월 「만주국경제건설강요」로 발표했던 것이다. 이러한 점에서 미야자키의 구상이 만주국 경제의 핵심 아이디어였다고 할 수 있다. _ 옮긴이 주

13 정부가 일정 부분 출자한 회사를 '준특수회사(準特殊會社)'라고 불렀다.

14 제지용 펄프를 화학적 방법을 이용해 만든 것이다.

(iii) 섬제지연합회가 6,000만 엔

4. 3개 기업의 지리적 약점을 보완하기 위해서 정부에서는 3개 기업의 철도 및 선박 운임에 대해 특별대우를 할 예정임.

5. 각 기업의 제품 가격은 일본 시장의 평균 수준을 유지할 예정이며, 기업별 수익률을 일정하게 유지하기 위해서 기업별로 원료 가격에 차등을 둘 예정임.

6. (기업들은) 공장이 건설되는 동안 (투자자들에게) 연간 5%의 배당을 보장함.

≪中外商業新報≫(1939.1.13)

이 기사는 기획처가 추진한 산업 통제의 핵심 정책들을 보여준다. 첫째, 2번 항목은 기획처가 산업의 연간 생산 목표치를 설정하고, 관련 기업별로 생산량을 할당했음을 보여준다. 둘째, 3번 항목은 기획처가 기업별 자본금과 공장의 입지를 설정했음을 보여준다. 셋째, 4번 항목에서는 기획처가 기업들에게 재정 지원을 수행했음을 보여준다. 이 경우에 정부는 기업들의 운송비용에 보조금을 지급했다. 마지막으로 가장 중요한 5번 항목은 기획처가 수익률을 통제하면서, 일정 수익률을 유지하기 위해 원료 가격의 조작을 통해 관련 기업들 간의 경쟁을 제한했음을 보여준다. 이를 달성하기 위해서 정부는 높은 수익률을 얻는 기업들에게는 높은 원료 가격을, 이익 마진이 적은 기업들에게는 낮은 원료 가격을 책정했다. 이는 기업들에게 일정 수준의 수익 보장은 물론 최소한의 기업 유지가 가능하도록 정부가 보장하는 것을 의미했다. 더불어 각 기업의 제품 가격도 일정 범위 내에서 기업 간 경쟁을 제한하기 위해 같은 수준으로 설정되었다.

요약하면 만주국 정부는 급속한 산업화를 이끌 막강한 권한을 가진 관료기구를 수립했다. 만주국의 선도기구는 국가 산업화의 청사진을 입안하여 일본과 만주국의 국가 이익을 증대시키는 계획을 실행에 옮겼다. 한편 기획처의 산업합리화정책은 특정 산업에서 민간 부분의 투자를 활성화하고, 특정 제품의 생산을 증대하도록 장려하는 한편 개별 기업의 생산성 확대를 지원했다.

2) 특수회사

만주국 정부는 정부의 산업 통제를 좀 더 효과적으로 추진하기 위해 또 다른 제도를 수립했는데, 이 제도는 '특수회사제도'로 불렸다. 특수회사들은 국가가 소유하지 않는 대신 엄격한 국가 통제하에서 회사 경영에 다양한 규제들이 적용되었다. 만주에서 기업들은 기업 경영에 대한 국가 개입 수준에 따라 국영기업, 특수회사, 준특수회사, 민간기업의 네 가지 형태로 분류되었다. 특수회사제도는 전시 및 전후에 일본 정부가 민간기업들을 간접적으로 통제하는 수단으로 활용했던 업계단체와 마찬가지로 자유시장체제와 사회주의 경제체제의 특징들을 결합하려는 시도였다. 다만 업계단체제도와 비교했을 때, 특수회사제도는 산업 전반에 정부의 엄격한 통제가 유지된다고 할 수 있었다.

특수회사제도의 아이디어는 1933년 「만주국경제건설강요」에서 최초로 등장했고, 만주국 정부는 산업 전반에 통제를 시행하기 위해 1937년에 「중요산업통제법(重要産業統制法)」을 제정했다. 이 방안은 전시 일본 및 전후 일본에서 제정되었던 「중요산업통제법」과는 약간의 차이가 있는데, 일본의 제도가 업계단체에 기반을 두었던 반면, 만주국에서 이들 단체들은 국가 통제의 중요한 요인이 되지 못했다. 특수회사제도를 통해 국가는 민간기업에 강력한 직접적 통제를 행사할 수 있었던 반면, 업계단체제도는 간접적 방안이었고, 민간기업과 국가 간의 자발적 참여에 근거하고 있었다.[15]

---

15 만주국과 일본에서 산업 통제의 차이점과 제도적 진화에서 그것이 함의하는 바는 제

특수회사제도는 국가 이익에 중요한 산업 전반에 엄격한 통제를 행사할 수 있는 국가 통제 수단으로 설계되었다. 통제 산업과 자유 경영 산업을 구분하는 경계는 1933년 제정된 「만주국경제건설강요」에서 뚜렷하게 제시되었다. 22개 핵심 산업에는 국영기업과 특수회사들만이 참여하도록 규정되었고, 거기에는 금융, 철도, 통신, 항공, 석유, 철강, 전력 등의 산업이 포함되었다. 이 외에 자동차 생산, 해상 운송, 임업, 광업, 가스, 보험 등의 24개 산업에는 특수회사만 참여가 허용되었다. 일반 민간기업들은 앞서 언급된 산업에는 어떠한 참여도 허용되지 않았다. 「중요산업통제법」에서는 특수회사 경영 전반에 대한 국가 통제를 다음과 같이 상세히 규정하고 있었다.

제1조 중요산업에서 사업을 벌이고자 하는 이들은 해당 부처 대신(大臣)의 승인을 얻어야 한다.

제2조 중요산업에서 사업을 벌이고자 하는 이들은 해당 부처 대신에게 사업 보고서와 계획서를 제출해야 한다.

제3조 해당 부처 대신은 중요산업 사업자들에게 국가 통제에 필수적인 명령을 따르도록 강제할 수 있다.

제4조 해당 부처 대신은 사업 활동과 자산을 보고하도록 사업자에게 강제할 수 있으며, 필요할 경우 소속 부서원들에게 사업상 금융 기록과 기타 문건을 조사하도록 지시할 수 있다.

제5조 중요산업의 사업자들은 다음의 경우에 해당 부처 대신의 승인을 얻어야만 한다.

1. 통제협정의 체결 혹은 개정 시
2. 생산시설의 확장 혹은 변경 시

6장에서 다룰 것이다.

3. 사업의 전부 혹은 일부를 타인에게 양도했을 시

4. 타 기업과 합병 시

滿洲國史編纂刊行會(1970: 402)

이들 규정들은 정부가 민간이 소유한 특수회사라고 할지라도 경영 전반에 광범위한 통제를 행사했음을 보여준다. 정부의 승인이 없다면, 특수회사들은 시설의 변경이나 다른 기업과의 합병 혹은 기업 자산의 양도를 비롯한 중요한 경영상의 결정을 내릴 수가 없었다. 이 법은 또한 정부가 특수회사들의 사업 활동을 점검하고 정보를 얻기 위해 특수회사들에게 관련 자료를 정부에 제출하도록 하는 법적 권한을 부여했다.

이와 더불어 정부는 3개의 핵심 중요 특수회사인 만주중앙은행(滿洲中央銀行), 만주중공업개발주식회사(滿洲重工業開發株式會社), 만주석유주식회사(滿洲石油株式會社) 등 3개사에 이들 기업의 사업 활동을 관할하는 정부 관료들을 상근으로 근무시킬 것을 요구하기도 했다(滿洲國史編纂刊行會, 1970: 393). 특수회사의 재정 활동도 상당부분 제한되었는데, 특수회사들은 주주들에게 과도한 배당금을 지급하지 못하도록 규정되었다(6% 이하)(≪大阪朝日新聞≫, 1940.3.15). 따라서 정부가 특수회사를 직접 소유한 것은 아니었지만 정부의 지침이나 사업 허가권, 사업 활동 보고서 제출, 자산 조사 등을 통해 특수회사들의 경영을 강제할 수 있었다. 만주에서 최초의 특수회사는 1932년 설립된 만주중앙은행이었고, 직후에 준특수회사로 만주항공주식회사(滿洲航空株式會社, 1932)와 펑톈조병소(奉天造兵所, 1936) 2개사가 설립되었다. 이후에도 만주전신전화주식회사(滿洲電信電話株式會社, 1933)와 만주석유주식회사(1934), 통와자동차공업주식회사(同化自動車工業株式會社, 1934), 만주탄광주식회사(滿洲炭鑛株式會社, 1934) 등이 잇따라 특수회사 및 준특수회사로 설립되었다. 1945년경에 만주국 정부의 특수회사 및 준특수회사 수는 97

개사에 달했다.

3. 만주국 발전국가체제의 구축

이 절에서는 만주국에서 선도기구와 특수회사 등의 산업 통제 제도들이 등장한 이유와 그러한 제도들이 왜 설계되었는가의 문제를 다루고자 한다. 만주국에서의 제도 형성 과정을 추적하면서 집합행위이론과 권력중심합리주의이론 그리고 아이디어이론(ideational theory)에 근거해 제도적 진화와 관련된 세 가지 가설을 검증할 것이다. 이하에서 필자는 각 이론적 관점들이 만주국 발전국가체제의 수립을 어떻게 설명하는지 그리고 일부 가설들이 주요 쟁점들을 다루는 데 왜 어려움을 겪는지를 논의하고자 한다.

1) 전제조건과 집합행위이론

집합행위이론은 행위자들이 상호 이익의 결과를 얻기 위해 제도를 만든다고 가정한다. 이 이론은 집합행위가 행위자들 간의 신뢰 부족, 무임승차, 높은 거래 비용, 감독과 집행 메커니즘의 부재 등과 같은 문제들로 인해 조직화되기 어렵다고 가정한다. 행위자들 간의 개별적 효용 극대화 행동들이 집합행위의 문제들을 해결하는 것을 어렵게 만들기 때문에 행위자들은 차선책을 선택하거나 비효율적 결과로 귀결될 수밖에 없다는 것이다. 합리주의자들은 집합행위의 문제들을 해결하는 방안의 하나로서 제도를 주목하는데, 그 이유는 제도에 내재된(embedded) 규칙들과 합의된 절차들이 불확실성의 제거, 집행 메커니즘의 제공, 거래 비용의 감소, 균형(trade-offs)의 촉진 등과 같은 이점을 주기 때문이다.

실제로 만주 경제에서는 집합행위의 상당수 문제들이 경제가 정상적으로 작동하는 것을 방해했고, 그 결과 1932년 이전까지 만주 경제는 저발전된 상태로 유지되었다. 만주의 풍부한 천연자원에도 불구하고 산업 활동도 관동군이 점령하기 전까지는 매우 제한적으로 이루어졌을 따름이었다. 17세기에 청조를 건국한 만주족들은 만주를 선조의 땅으로 여겨 수세기 동안 한족의 입경을 금지해왔다. 이에 따라 1930년대까지 만주는 인구도 대단히 적었을 뿐만 아니라 경제적으로도 저개발 지역으로 남게 되었다. 만주국이 1932년 수립되었을 당시 만주의 인구는 약 132만 명에 달했지만, 1911년만 해도 만주의 인구는 1932년 인구의 반에도 미치지 못하는 55만 명에 불과했다(關東局官房文書課, 1937: 26).

만주인들의 교육 수준도 상당히 낮은 편이었다. 1935년에 초등학교 취학 아동수가 4만 6,504명이었던 것과 비교해 1915년의 초등학교 취학 아동 수는 490명에 불과했으며, 1918년까지는 중학교도 존재하지 않았다(關東局官房文書課, 1937: 667). 이는 만주에서 숙련된 노동자가 심각하게 부족하다는 것을 의미했다. 1927년에 이 지역의 486개 공장에서 4만 4,636명의 노동자가 고용되어 있었던 데 반해, 당시 일본에서는 5만 3,680개 공장에 200만 명이 넘는 노동자들이 고용되어 있었다(關東局官房文書課, 1937: 365; 日本統計硏究所, 1958: 56~58). 1927년 만주의 연간 산업생산액이 1억 6,200만 엔이었던 데 반해, 일본의 산업생산액은 69억 5,000만 엔에 달했다(關東局官房文書課, 1937: 333; 日本統計硏究所, 1958: 58). 여기에 더해 만주의 금융제도 또한 자본 부족으로 인해 저발전된 상태에 있었다. 1920년에 만주의 은행은 21개뿐이었고, 융자총액도 1억 8,000만 엔에 불과했던 반면, 일본의 은행은 2,144개에 달했고, 융자금액도 17억 4,000만 엔에 달했다(關東局官房文書課, 1937: 629~630; 日本銀行統計局, 1966: 194).

당시 만주 경제가 이토록 열악한 상황에 처한 이유는 안정적 통화제도,

교육, 공공 치안 기구와 같은 공공재를 제공하는 효율적 통치 조직이 결여되어 있었기 때문이다. 어느 누구도 책임을 지려고 하지 않은 채, 모두가 무임승차만을 원하는 상태였던 것이다. 한편 만주의 사회적 불안정은 1912년 청조의 멸망 이후 급증한 인구 때문이기도 했다. 청조 시대에 만주 입경이 금지되었던 한족은 이 시기에 이르러 만주로의 이주를 시작했다. 그 결과 만주의 인구는 1911년에 54만 7,145명에서 1920년 84만 5,233명으로, 1926년에는 105만 8,851명에 달했다(關東局官房文書課, 1937: 26). 바꿔 말하면 15년 만에 인구는 거의 두 배로 폭증했고, 선조의 땅 만주는 '한족의 식민지'로 변해버렸던 것이다(滿洲國史編纂刊行會, 1970: 74). 대규모 한족의 이주와 함께 장쭤린(張作霖)과 같은 군벌(軍閥)들이 만주를 통치하게 되었다. 이들 군벌들이 상호 반목하면서 만주는 심각한 정치적 혼란에 휩싸이게 되었고, 이에 따라 만주 경제도 이 시기에 심각한 불황에 시달리면서 사회적 불안정도 증대되었다.

한편 서로 반목하던 군벌들이 개별적으로 통화교환제도를 만들면서 사업거래에도 심각한 혼란을 초래했다. 1932년 전까지 만주에는 단일 통화가 존재하지 않은 채, 개별 지방정부들과 은행에서 발행 내지 주조한 최소 8개의 통화가 유통되고 있었다.[16] 따라서 만주에서의 상거래에는 통화 환전이 필요했고, 이는 거래를 위해 상당한 비용이 추가로 소요되는 것을 의미했다. 허술한 공공 치안 또한 만주에서 사업을 하는 데 상당한 어려움과 위험을 가중시켰다. 상당수의 무장 도적들이 만주의 여러 지역에서 활동하면서 상점과 민가를 약탈했지만 이 지역들의 군벌들은 이러한 무법적 폭력 활동에 효

16 당시 유통된 통화는 펑톈표(奉天票), 지린관첩(吉林官帖), 헤이룽장첩(黑龍江帖), 하얼빈대양표(哈爾賓大洋票), 러허관첩(熱河官帖), 친헤이은(鎮平銀) 등이다(滿洲國史編纂刊行會, 1970: 76).

과적으로 대처하지 못했다. 당시 펑톈 성(奉天省)에 약 3만 명, 지린 성(吉林省)에 약 1만 명, 러허 성(熱河省)에 약 1만 4,000명, 헤이룽장 성(黑龍江省)에 수천 명의 도적들이 활동하고 있는 것으로 추산되었다(武藤富男, 1988: 158).

1932년 이후 관동군과 괴뢰국가인 만주국에서 수행한 가장 중요한 일 중의 하나는 단일통화제도[滿洲円]를 만들고 도적떼들을 진압하는 것이었다. 1932년 6월 만주국 정부는 새로운 통화인 만주엔을 발행할 권한을 가진 만주중앙은행을 설립했다. 당시 정부는 국민들이 가진 기존 통화를 은이나 신통화로 교환하도록 하여 만주의 통화제도를 통일시켰다. 또한 정부는 당시 민정부 내에 경찰사(警察司)를 두고, 새로운 경찰 제도를 도입했는데, 이는 후에 일본 국립경찰의 모델이 되었다. 만주국 경찰은 관동군과 협력하여 도적들을 소탕했고, 이들의 노력으로 1932년 이후 검거된 도적 건수가 급증했다.[17] 정부는 도적에 대해 강력한 조치들을 취했고, 필요할 경우 경찰은 법원의 판결 없이도 현장에서 도적을 사살할 수 있는 권한까지 갖게 되었다(武藤富男, 1988: 164).

요약하면 지방 군벌들이 상호 협력하여 집단적으로 공공재를 제공하지 못함으로써 만주는 1932년 전까지 저개발된 상태로 유지되었다. 당시 군벌들은 무임승차, 신뢰 부족, 높은 거래 비용 등과 같은 집합행위의 문제들로 인해 상호 협력할 수 없었지만, 일본 통제하의 신생 만주국 정부는 안정된 통화 제도와 공공 치안 기구를 비롯한 공공재와 서비스를 제공하는 효과적인 대리인(agent)으로 기능함으로써 건전한 경제 발전에 결정적으로 중요한 역할을 하게 되었다. 결국 신생 만주국의 행위자들은 집합행위의 문제들을 극복하고 새로운 경제체제를 건설할 수 있었다.

17 만주국 치안 당국에 검거된 도적 건수는 1925년 38건에서 1935년 1,060건으로 증가했다.

표 3-1 만주의 산업별 성장, 1925~1935

연도	총산업생산	공장수	방사(紡絲)	철강	선철	전력
1925	100.0	100.0	100.0	100.0	100.0	100.0
1926	101.6	103.2	401.9	150.0	152.2	114.5
1927	137.3	103.3	90.1	125.0	202.2	133.4
1928	140.3	112.8	319.6	137.5	229.7	154.3
1929	122.8	118.0	492.2	212.5	226.6	172.4
1930	100.6	124.4	242.8	233.8	271.5	186.9
1931	87.0	130.6	118.7	158.8	287.8	205.6
1932	119.4	141.0	194.3	197.5	380.0	214.0
1933	116.0	159.5	207.9	338.8	454.5	252.2
1934	140.7	186.4	529.4	353.8	490.6	313.0
1935	187.5	200.0	771.8	-	631.7	562.8

* 1925년의 생산 수준을 100으로 설정
자료: 關東局官房文書課(1937: 333).

관동군이 작성했던 일부 문건들도 관동군이 공공재 제공을 상당히 중요시했다는 주장을 뒷받침해준다. 한 문건에서 관동군은 "점령지에서 선정(善政)의 실시, 치안의 확보, 산업과 교통의 개척을 도모하고, 조선족과 만주족을 비롯한 만주 거주 각 민족의 복지를 증진시켜 현실의 도원경(桃源境)과 공존공영을 도모"한다고 언급했다.[18] 또한 같은 문건에서 관동군은 "금융 통제, 통화의 확정, 교통산업의 개발을 통해 민중의 부력(富力)을 늘리는 재원의 증대를 도모"한다고 언급했다.[19] 한편 1933년에 발간된 「만주국경제건설강요」라는 만주국 정부의 정책 구상(policy platform)에서는 경제건설의 궁극적 목표를 "국민대중의 경제생활을 풍부히 하고 안정을 확고히 하여 국민적

18 關東軍參謀部, 「滿蒙ニ於ケル占領地統治ニ關スル硏究」(1930.9), 角田順(1967: 53~56).

19 같은 문건.

생활을 향상시키고, 우리나라의 국력을 충실히 하는 한편 아울러 세계경제의 발전에 공헌하고, 문화의 향상을 이루어 건국의 대이상(大理想)인 모범국가(模範國家)를 실현한다"고 언급했다(滿洲國史編纂刊行會, 1970: 397).

일본 점령하에서 만주는 주요 산업 지역으로 급속하게 재편되었다. 일부 산업 부분의 생산 수준, 특히 철강, 석탄, 전력, 황산암모늄 등은 만주국 건국 후 4년 내에 급격하게 증대했다. 실제로 선철 생산은 1931년 34만 2,000톤에서 1936년 64만 8,000톤으로, 같은 기간 석탄 생산은 923만 2,000톤에서 1,103만 1,000톤으로, (화학비료의 원료인) 황산암모늄은 2만 8,000톤에서 18만 1,000톤으로, 소금은 40만 5,000톤에서 78만 5,000톤으로 증산되었다(鈴木隆史, 1992: 186)(1925년에서 1935년간 만주의 산업별 성장에 대해서는 〈표 3-1〉 참조).

집합행위이론의 문제

그러나 이 이론은 제도 형성과 관련된 몇 가지 중요한 요인들을 간과했고, 그 결과 심각한 문제점을 안게 되었다. 첫째, 새로운 만주국 경제체제가 급속히 산업화됨으로써 그 결과 고용과 소득이 증대되어 상당수 행위자들이 이익을 얻었다는 점은 분명했다. 그러나 단순히 상당수 행위자들이 이익을 얻었다는 것만으로 이 체제가 상호 이익을 목적으로 설립되었다는 것을 의미하는 것은 아니다. 더불어 일부 행위자들은 다른 행위자들보다 훨씬 많은 이익을 얻었다. 만주국이 '오족협화'라는 이상을 내걸었음에도 불구하고, 최대의 수혜자는 일본의 정책결정자들이었다. 만주에서 생산된 산업제품의 대부분은 일본으로 수출되었고, 제조설비를 비롯한 상당수 자본재는 일본에서 수입되었다. 일본과 만주 간의 교역이 이 시기에 증대되면서, 1936년 당시 만주 수출의 75%, 수입의 40%를 일본이 차지했다(鈴木隆史, 1992: 186).[20] 게다가 만주국 선도기구가 내세운 산업정책의 핵심에는 철강, 석탄, 자동차,

비행기, 화학 산업 등 국방 관련 분야의 개발을 지나치게 강조하고 있었다. 이는 기본적으로 일본이 만주를 제조된 상품의 시장으로서뿐만 아니라 국방 관련 물자의 공급기지(supply center)로 활용하고자 했기 때문이었는데, 이에 대해서는 이후에 다룰 것이다. 일본의 지도자들은 만주가 가진 풍부한 자원과 값싼 노동력, 광활한 영토 등의 이점을 활용해 자신들의 군사적 야심을 이루려는 명백한 의도를 갖고 있었던 것이다.

둘째, 모든 행위자들이 만주국의 정책 결정 과정에 접근할 수 있었던 것도 아니었다는 점이다. 사실상 만주에서 일본군 장교들이 가진 정치권력은 다른 모든 행위자들을 압도했을 뿐만 아니라 대다수의 행위자들은 정책 결정 과정에 대한 접근도 제한되어 있었다. 만주국이 공식 국가 이념으로 오족협화를 지향한다고는 했지만, 관동군이 국가의 정책 결정 과정 전반에 대단히 강력한 영향력을 행사하고 있었던 것이다. 총무청 장관이었던 호시노 나오키(星野直樹)도 회고록에서 "의심할 바 없이 만주국 정치의 중심은 국무원 회의(일종의 내각 각료 회의)였다. …… 정부의 일은 중요성에 상관없이 모든 사소한 문제에 대해서도 국무원 회의에서 결정될 때까지 움직이지 않는 구조로 되어 있었다"고 언급하기도 했다(星野直樹, 1963: 44~45)

호시노는 만주국의 정책 결정 과정을 다음과 같이 설명했다. 국무원 회의의 안건은 일본인 관료가 맡고 있는 총무청 장관이 제출하는데, 안건을 준비하기 위해서 총무청 장관은 정기적으로 "매주 수요일 각 부서의 차장, 즉 일본인 관료들의 대표자들이 모이는 예비 회의"를 소집했다(星野直樹, 1963: 45). '수요회의(水曜會議)'라 불린 이 회의의 참석자는 총무청 장관, 각부 차

20 여기서 만주의 경제 발전이 수출주도산업화에 기반을 두었음을 주목할 필요가 있다. 제2차 세계대전 이후 수출주도산업화는 동아시아 경제 발전의 핵심적 요인 가운데 하나였다.

장, 법제국장 등이었다. 실질적으로 모든 참석자는 일본인들이었다. 또한 이 회의에는 관동군 참모장교이자 군정부 최고고문인 일본군 장교가 참석하는 것이 관행이었다(星野直樹, 1963: 46). 군 장교는 관동군의 견해를 전달했고, 이에 따라 군은 정책 결정 과정에 개입할 수 있었다. 호시노는 "만주의 진짜 실력자인 관동군이 자신의 견해를 제시하고, 회의는 관동군의 견해에 따라 논의가 이루어졌다. 이러한 관동군의 개입은 이 회의의 결정이 쉽사리 변경되지 않을 것이라는 점을 보여주었다. …… 이 회의가 만주의 정치와 행정의 핵심이었음은 부인할 수 없다"고 언급했다(星野直樹, 1963: 46). 이러한 메커니즘을 통해 관동군은 만주국 정부의 정책 결정 과정에 강력한 영향력을 행사했다.

단일 행위자 집단이 정치를 지배할 경우, 이 집단이 모든 행위자에게 이익이 되는 제도를 설계한 이유는 무엇일까? 집합행위이론은 이 질문에 대한 설득력 있는 답변을 내놓지 못하고 있다. 그 이유는 이 이론 자체가 의사결정 과정에서 단일 행위자(혹은 단일 행위자 집단)가 다른 행위자들에 비해 더 강력한 영향력을 행사할 수 있다는 점을 가정하고 있지 않기 때문이다. 그러나 이러한 상황이 일어날 수 있다는 것은 정치권력의 균형이 제도 발전 과정에 상당한 영향을 미친다는 점을 기각할 수 있는 상당한 문제가 이 이론에 있다는 것을 의미한다. 즉 집합행위이론의 약점은 모든 행위자들이 상호 이익을 얻을 수 있는 선택을 자발적으로 지지할 것이라고 가정하고 있다는 점이며, 일부 행위자가 다른 행위자들보다 결정 과정에서 더 많은 영향력을 행사할 수 있다는 점을 간과한 것이라고 할 수 있다.

마지막으로 집합행위이론은 행위자들이 발전국가체제를 선택한 이유를 설명하지 못한다. 발전국가체제가 만주의 급속한 산업화를 이끌었음은 분명하지만, 당시 정책결정자들에게 발전국가체제만이 유일한 선택지는 아니었다. 새로운 제도를 건설하는 주요 목적이 집합행위의 문제들을 극복하고 상호 이익을 얻기 위한 것이라면, 정책결정자들에게는 그 외의 다른 방법으로도 그렇게 할 수 있었다. 다시 말해 기존에도 다수의 파레토 최적을 위한 선택지들이 존재했던 것이다. 정책결정자들은 당시 일본에서 적용하고 있던 자유시장경제체제를 선택할 수도 있었고 아니면 이 시기에 소련 경제를 대단한 성공으로 이끈 사회주의체제를 선택할 수도 있었다.[21] 발전국가체제가 선택된 이유를 설명하기 위해서 당시에 제도를 설계할 권한을 갖고 있던 개별 행위자들에 주목해야 하는 이유가 바로 여기에 있다.

2) 관동군의 의도와 권력중심합리주의이론

권력중심합리주의이론은 제도 형성 과정에 대해 또 다른 관점을 제공한다. 이 이론은 제도의 기원을 설명하면서 행위자들의 권력 추구에 주목한다. 이 관점에서는 제도를 정치 행위자들 간에 일어나는 정치 갈등의 부산물로 보며, 가장 강력한 행위자들이 자신들에게 가장 유리한 규칙을 제정한다고 가정한다. 즉 가장 강력한 행위자들이 다른 행위자들보다 더 많은 전략적 이득(strategic advantage)을 얻기 위해 제도를 설계한다는 것이다. 이는 강력한 행위자와 나머지 행위자 간 영향력의 차이가 크면 클수록, 강력한 행위자가 의도한 설계대로 결과를 얻을 가능성이 커진다는 것을 의미한다. 따라서 제도의 결과는 정치 행위자들 간의 불균형한 협상력(bargaining power)을 반영하게 되는 것이다.

권력중심합리주의이론은 제도 형성 과정에서 경제적 측면에만 초점을 맞춘 집합행위이론에 비해 좀 더 설득력 있는 답변을 제시하고 있다. 권력중심합리주의이론은 제도 형성 과정 이면의 정치적 맥락(political context)에 주

21 당시 소련 경제의 성공에 대한 논의는 제4장을 참조.

목한다. 만주에서는 발전국가체제가 수립될 당시 상당한 권력 불균형(power asymmetry)이 존재하고 있었기 때문에 제도 형성 과정에서 상당한 영향력을 미칠 수 있는 정치적 맥락을 소홀히 다루는 것은 문제가 된다. 만주국 발전국가체제의 수립 과정에 관여한 주요 정치 행위자들로는 일본군 장교, 일본인 관료, 만주의 정치가들을 들 수 있다. 앞서 검토한 것처럼 일본군 장교들은 만주국의 정책 결정 과정에 상당한 영향력을 행사했다. 일본인 관료들은 군의 국가건설 프로젝트를 지원하면서 행정 사무를 담당했다. 국가수반은 만주국 황제였고,[22] 만주인과 중국인 정치가들이 정부 각 부처의 총장(이후 대신)을 맡았지만, 이들의 정치적 영향력은 제한적이었다. 대신 일본군 장교들이 만주국의 가장 강력한 정치 행위자들이었다. 권력중심합리주의이론에서는 만주국 발전국가체제가 행위자들 간에 정치적 균형을 반영한다고 가정한다. 다만 만주국에서는 일본군 장교들과 나머지 행위자들 간에 상당한 권력 차이가 존재하기 때문에, 만주국 발전국가체제는 일본군 장교들의 이익을 반영하는 방향으로 수렴되었다고 볼 수 있다.

일본군 장교들의 주된 관심사는 무엇보다 모국(母國)인 일본의 국방 문제에 있었다. 이들은 만주국 경제를 엄격한 통제하에 두고 급속한 산업화를 통해 만주국을 일본의 공급기지, 특히 국방 관련 물자의 공급기지로 만들고자 했다. 관동군의 공식 문건은 참모 장교들이 만주의 풍부한 천연자원과 만주의 전략적 중요성을 잘 인식하고 있었음을 보여준다. 1931년 관동군 참모부의 이타가키 세이시로 대좌는 「군사적 관점에서 만몽에 대하여(軍事上より觀たる滿蒙に就いて)」를 작성했는데, 이 보고서에서 이타가키는 만주의 전략적 중요성을 다음과 같이 강조했다. "만몽의 자원은 풍부하여 국방자원

22 1932년 3월 만주국 건국 당시 국가수반의 명칭은 집정이었지만, 1934년 3월 만주국이 제제(帝制)로 변경되면서 만주국 황제가 국가수반이 되었다. _ 옮긴이 주

으로 필요한 대부분의 자원을 보유하고 있기 때문에 제국의 자급자족상 절대 필요한 지역임이 분명하다."[23]

만주를 점령하기 2년 전에 작성된 또 다른 문건에서 관동군은 "장래의 전쟁에 대비해 만주 및 몽고의 일부를 점령하여 이를 완전하게 우리의 세력하에 두고 대외 장기전을 위한 자원 및 기타 관련된 확고한 자원지를 획득한다"고 언급했다.[24] 더불어 관동군은 "제국의 국방자원인 철강, 석탄, 혈암유(頁岩油), 양모, 면화, 알루미늄, 마그네슘, 펄프 등은 가능한 한 빨리 증산방침을 확정한다"고 계획하고 있었다.[25] 관동군 장교들은 만주국 발전국가체제와 같은 국가의 엄격한 통제하의 경제체제가 이러한 목표를 달성하게 만들 것이라고 판단했다. 예를 들어 이시하라 간지 중좌는 1929년에 이미 만주 산업 전반에 국가 통제의 필요성을 강조한 바 있었다. 그는 "산업은 자체로 발전할 수도 있지만 전쟁이 만주경제에 미치는 영향을 예상해 대책을 계획하고, 필요한 통제는 총독에게 행하도록 해야 한다"고 주장했다.[26] 4년 뒤 관동군의 통제하에서 만주국 정부는 「만주국경제건설강요」라는 정책 구상을 발표했다. 여기서 만주국 정부는 "국내(만주국)에 부존(賦存)한 상당한 자원을 효율적으로 개발하고, 경제 각 부분의 종합적 개발을 도모하기 위해 중요산업 부분에서 국가적 통제와 더불어 합리화 방책을 강구"할 계획임을 공식 천명했다.[27]

요약하면 만주국에서 발전국가체제를 수립하려는 관동군의 실질적 의도는 만주의 모든 거주민들에게 이익을 제공하는 데 있기보다는 일본의 국방

---

23 板垣征四郎, 「軍事上より觀たる滿蒙に就いて」(1931.3), 小林龍夫·島田俊彦(1964: 142).
24 關東軍參謀部, 「滿蒙ニ於ケル占領地統治ニ關スル研究」(1930.9), 角田順(1967: 53).
25 板垣征四郎, 「板垣高級參謀の情勢判斷」(1932.4~5), 小林龍夫·島田俊彦(1964: 176).
26 石原莞爾, 「關東軍滿蒙領有計劃」(1929.7), 角田順(1967: 44).
27 「滿洲國經濟建設綱要」(1933), 滿洲國史編纂刊行會(1970: 397~398).

을 위한 산업공급기지(industrial supply base)를 만주에 건설하는 데 있었다. 권력중심합리주의이론에서 주장한 것처럼 제도적 결과가 행위자들 간의 권력관계와 더불어 가장 강력한 행위자의 이익을 반영했던 것이다. 이러한 권력중심합리주의이론은 집합행위이론에 비해 만주국의 발전국가체제 건설에 대한 좀 더 설득력 있는 설명을 제공하는 것은 분명하지만, 한편으로 권력중심합리주의이론 또한 제도 구축 과정에서 특정한 측면을 설명하는 데는 한계를 노출했다.

권력중심합리주의이론의 문제점

권력중심합리주의이론이 가진 가장 큰 문제점은 만주의 정책결정자들이 다른 경제체제보다 발전국가체제를 선택한 이유를 설명하지 못한다는 데 있다. 만약 군부의 이익이 만주의 산업 전반에 엄격한 통제를 행사하는 데 있었다면, 그들은 차라리 사회주의체제를 선택하는 것이 더 나았다. 사유재산권을 폐지하고 국영기업들을 설립했더라면 군부는 산업 전반에 훨씬 강한 통제를 행사할 수 있었다. 그런데 왜 군부는 그렇게 하지 않았을까? 앞에서 논증한 것처럼, 제도 형성 과정 이면의 복합한 맥락을 고려해야 한다는 점에서 아이디어이론이 이 질문에 대해 훨씬 더 설득력 있는 답변을 해줄 수 있다.

권력중심합리주의이론이 가진 또 다른 중요한 실증적 문제는 만주 사례에서 나타났듯이 제도적 결과가 반드시 관동군의 이익만을 반영하는 것은 아니라는 점이다. 제도 형성에 영향을 미친 것은 단순히 군부와 다른 행위자들 간의 권력 균형뿐만 아니라 행위자들의 아이디어 또한 상당한 영향력을 미쳤던 것이다. 군 장교만큼 정치적으로 강력한 것은 아니었지만 관료들과 민간기업가들을 비롯한 다른 행위자들도 국가건설 계획을 수행하면서 자신들의 정책들을 수용하도록 군부를 설득할 수 있는 능력을 가지고 있었다. 군부와 다른 행위자들 간의 관계에 대해 논의를 하기에 앞서, 아래에서는 우선 만주의 국가건설 계획 설계 과정과 아이디어이론에 대해 논의하고자 한다.

3) 정책 혁신가들(Policy entrepreneurs)과 아이디어이론

제도 형성에 대한 세 번째 관점은 행위자들의 아이디어에 초점을 맞춘 아이디어이론이다. 정책결정자들은 정치가 가진 높은 불확실성 때문에 합리적 결정을 내리기에 충분한 정보를 항상 갖게 되는 것은 아니다. 그 결과 정책결정자들은 일종의 아이디어적 지침에 크게 의존하게 되며, 그 지침은 정책결정자들이 최종 결정을 내리기 전, 정보를 평가할 때 중요한 역할을 하게 된다. 행위자들이 기존의 아이디어 가운데 하나를 아이디어적 지침으로 선택하면, 행위자들은 그 지침과 일치하는 특정 형태의 정책들을 수행하고, 그 지침과 모순되는 정책들은 거부하게 될 것이다. 이러한 주장은 특히나 정책결정 과정에서 새로운 아이디어를 도입하는 데 핵심적 역할을 수행하는 개별 행위자, 즉 정책 혁신가들에 주목한다. 이하에서는 그러한 혁신가들이 어떻게 새로운 아이디어를 발전시켰고, 그들의 아이디어가 어떻게 국가의 경제정책을 위한 아이디어적 지침이 되었는지를 분석할 것이다.

만주의 제도 설계 과정에 대한 필자의 분석은 만주에 새로운 경제체제를 도입하는 데 결정적 기여를 한, 두 명의 핵심 인물들에 초점을 맞추게 될 것이다. 정책 혁신가였던 그들은 바로 이시하라 간지와 미야자키 마사요시였다. 이시하라는 만주에 전시경제체제의 건설을 책임진 관동군 참모 장교였고, 만철의 경제전문가였던 미야자키는 새로운 경제체제의 청사진을 작성하는 데 이시하라를 도왔던 인물이었다.

청년기의 이시하라

상당수의 일본군 장교들과 관료들이 만주국의 발전국가체제 수립에 관여했지만, 이 체제의 수립을 총지휘했던 인물이 관동군 참모였던 이시하라 간지였음은 부인할 수 없는 사실이다. 이시하라는 만주를 실질적으로 장악하기 위한 관동군의 여러 작전들을 주도했고, 신생국 경제의 청사진을 만들기 위해 전문가들을 조직하여, 그의 통제경제 구상을 구체화했다. 『만주국사(滿洲國史)』에서는, "만주의 산업발전 계획은 이시하라 대좌가 '군사 중심 국방에서 국력 증진 국방으로'의 전환을 천명했을 때 중심 의제가 되었다"고 기술하고 있다(滿洲國史編纂刊行會, 1970: 528). 이렇듯 만주 경제에 이시하라가 기여한 바는 상당한 것이었다. 이하에서는 이시하라의 개인적 이력과 더불어 만주국 제도 형성에 상당한 영향을 미친 최종전쟁론의 전개과정에 대해 살펴보고자 한다.

이시하라 간지는 1889년 야마가타 현(山形縣) 쓰루오카(鶴岡)에서 태어났다. 18세에 이시하라는 도쿄육군중앙유년학교(東京陸軍中央幼年學校)를 졸업하고, 사관후보생으로 야마카타 보병 제32연대에서 근무한 후, 육군사관학교에 입학했다. 졸업 후 후쿠시마 현(福島縣)의 보병 제65연대에서 근무하기도 했다. 보병 제65연대 소속으로 조선에서 2년을 복무한 후, 육군대학교에 입학한 이시하라는 육군대학교에서 뛰어난 학문적 성취를 보여주었다. 이시하라는 육군대학교를 차석으로 졸업했고, 소수의 우수 졸업자들에게만 수여되는 명예인 은사(恩賜)의 군도(軍刀)를 하사받았다.

이러한 이시하라의 뛰어난 학문적 성취에도 불구하고, 그는 전형적인 우등생 타입은 아니었다. 당시 그의 선생들과 동료들은 그를 대담하고 용감하지만, 냉소적이고 야멸찬 인물이었다고 기억한다. 그는 매우 공격적인 논객으로 선생들과 선배들이 반대할지라도 자신의 견해를 표명하거나 변호하는 것을 주저하지 않았다. 그러한 행동은 당시가 사회적으로 상급자의 권위에

도전하는 것을 용납하지 않았던 점을 고려했을 때, 매우 이례적인 것이었다. 이러한 이시하라 특유의 개성은 그의 초기 경력에 상당히 부정적 영향을 미쳤다. 육군본부는 이시하라를 높게 평가하지 않았고, 육군 중앙부에서 이 문제아(troublemaker)를 되도록 멀리 두도록 결정했다. 반면 이시하라의 육군대학교 졸업 동기 대부분은 졸업 즉시 중요 직위에 임명되었다.

그러나 이시하라의 이후 경력은 만주에서의 성공적인 작전들로 영웅적 인물이 되었고, 육군의 핵심 직위에 오르게 되었다. 이시하라가 가진 대담함은 그를 카리스마적 인물로 만들었고, 육군 장교들 사이에서뿐만 아니라 일반 대중들 사이에서도 유명세를 타게 되었다. 이시하라는 우익 활동가들과 재계인사, 정치가, 관료 등으로부터 적극적인 지원을 받을 수 있었다. 하타 이쿠히코(秦郁彦)는 이시하라가 스탈린(Joseph Vissarionovich Stalin)이나 히틀러(Adolf Hitler)와 같은 카리스마적 독재자의 자질을 분명히 가지고 있었다고 평가하기도 했다.[28]

이시하라의 세계관 : 세계최종전쟁론

이시하라는 1922년에서 1924년까지 독일에서 군사전략을 공부할 기회를 가졌다. 이 기간 동안 이시하라는 자신만의 세계관을 발전시켰고, 이는 이후 『최종전쟁론(最終戰爭論)』(1942)이라는 저술로 구체화되었다. 독일에서의 활동에 대해서는 이시하라의 일기에 상세히 기록되어 있는데, 이 일기를 통해 그의 세계관의 발전과정을 볼 수 있다. 독일에 머무르는 동안 이시하라는 독일군 참모본부를 비롯해 중요 군 기관들을 방문하여 독일군 장교들

28 하타는 "일본의 파시즘은 단순히 한 명의 독재자가 만든 것이 아니다. 오히려 대전쟁 과정을 전적으로 책임질 수 있는 지도자가 부족한 데 있었다. …… 다만 (독재자의) 후보자를 고른다면, 기타 잇키(北一輝)와 이시하라가 유력한 후보자가 될 것이다"라고 언급했다(秦郁彦, 1962: 262).

과 군사전문가들을 여러 차례 만났고, 일본에서 파견된 동료들이 개최한 주말 모임을 통해 유럽의 군 장교들 및 군사전문가들과 의견을 교환하기도 했다. 당시 이시하라는 유럽의 전쟁사와 전략에 대한 최신의 연구들을 받아들이는 데 열성적이었다. 이시하라가 독일에 머무는 동안, 그가 적(籍)을 둔 퇴직 독일군 장교 단체의 도움을 받아 유럽의 전쟁이론과 사상을 더욱 심도 깊게 이해할 수 있었다.

그가 접했던 수많은 전쟁이론과 아이디어 가운데 이시하라의 세계관에 가장 큰 영향을 미친 것은 당시 독일 대중들 사이에서도 주목받던 베를린 대학 교수 델브뤼크(Hans Delbruck)와 독일군 참모 장교인 루덴로드프(Erich Von Ludendorff) 간의 격렬한 논쟁이었다. 논쟁의 핵심은 제1차 세계대전에서 독일군 참모본부의 전략에 있었다. 루덴도르프와 육군 내 그의 지지자들은 제1차 세계대전에서 독일의 전략을 옹호한 데 반해, 델브뤼크는 전쟁 동안 변화된 전투의 성격에 적응하지 못한 총참모부를 격렬하게 비판했다. 페르시아전쟁부터 나폴레옹전쟁에 이르기까지 유럽 전쟁사를 연구한 델브뤼크는 전쟁의 발전과정을 '섬멸전략(strategy of annihilation)'과 '소모전략(strategy of exhaustion)'이라 불리는 두 가지 개념을 활용해 분석했다. 섬멸전략에서는 전장에서의 승리만이 전쟁의 유일하고도 가장 중요한 목표이지만, 소모전략에서는 전장에서의 승리가 전쟁의 정치적 목적을 달성하는 여러 수단 가운데 하나에 불과하다는 것이다. 델브뤼크는 제1차 세계대전 시기 독일의 전략은 전형적인 섬멸전략의 사례였다고 평가하고, 여기에 가장 큰 잘못이 있었다고 주장했다. 델브뤼크는 참호와 기관총의 개발로 전쟁의 성격이 변화했고, 따라서 독일은 소모전략을 취하는 동시에 정치적 수단을 통해 영·프동맹을 무력화시키는 것을 목표로 삼고, 미국과의 전쟁은 피했어야 했다고 확신했다.

이시하라는 델브뤼크의 개념들을 적용해 자신만의 전쟁사관을 발전시켰다. 그는 전쟁을 두 가지 범주로 구분했다. 하나는 결전전쟁(決戰戰爭)으로, 군사력이 한 국가의 정치적 목적을 추구하는 데 유일하고도 가장 중요한 수단이라는 것이다. 여기서 전쟁의 주목적은 적을 완전하게 섬멸하는 동시에 군사력을 활용하여 적의 의지조차 무너뜨리는 것이다. 결전전쟁은 국가들 간 세력이 불균형할 때나 공격전술이 수비전술에 비해 유리할 때 사용할 수 있으며, 이러한 상황에서 전쟁은 단기간에 종식된다. 다른 하나는 지구전쟁(持久戰爭)으로, 군사력의 가치가 다른 수단에 비해 완벽하지 않을 때를 의미한다. 지구전쟁은 각국의 세력이 상대적으로 균형이 이루어져 있고 수비전술이 이점을 가질 때 발생한다. 그러한 전쟁은 장기간 동안 지속되는 경향이 있으며, 국가들 간의 경쟁에는 외교, 경제발전, 기술 개발, 교육 등과 같은 요인들도 개입한다.[29] 다시 말해 그러한 전쟁에서 국가의 승리는 군사력뿐만 아니라 다른 비군사적 요인들에 의해 결정되는 것이다.

이시하라는 전쟁사가 결전전쟁의 시기와 지구전쟁의 시기의 반복이라고 개념화했다. 이시하라에 따르면, 대부분의 고대전쟁들은 결전전쟁 방식으로 이루어졌다. 그리스와 로마 제국은 무적의 군대를 보유했고, 이것이 이들을 주변국가보다 훨씬 강력한 국가로 만들었다. 이들 제국들의 정치적 목적은 군사 행동을 통해 달성되었고, 외교와 경제적 압력과 같은 다른 수단들은 중요시되지 않았다. 중세시대는 소규모 국가들 간의 지구전쟁의 시대였다. 전쟁은 소규모 무장 용병들에 의해 이루어졌고, 전투는 상대적으로 작은 규모에 국한되었다. 이 시기에 일어난 대부분의 지구전쟁들은 외교적 교섭을 통해 막을 내렸다. 그러나 프랑스혁명과 나폴레옹전쟁은 징병제도와 국민군대와 같은 혁신(innovations)을 통해 이러한 흐름을 변혁시켰고, 그 결과 군사적 측면에서 결전력(decisive power)의 확대가 이루어지는 동시에 결

29 石原莞爾, 『戰爭史大觀』(1929.7.4), 角田順(1967: 35).

전전쟁에 역행하는 추세도 나타났다. 특히 제1차 세계대전 동안 수비전쟁 전술(즉 참호 전술 및 기관총)의 발달은 결전전쟁을 불가능하게 만들었고, 이 흐름은 다시 지구전쟁으로의 변화로 나타났다는 것이다.[30]

이시하라는 일본이 향후 30년 이내에 미국과 결전전쟁을 벌이게 될 것이라고 예측했다. 그는 제1차 세계대전이 서구 문명의 패자를 결정짓기 위한 서구 강대국들 간의 소모전쟁이었다고 주장했다. 이 전쟁이 영국이나 프랑스와 같은 구(舊)서구 강대국을 쇠퇴시키는 한편, 미국이 서구의 패권국으로 부상하도록 만들었다는 것이다. 이시하라는 일본이 곧 동양을 지배하게 될 것이라고 확신하면서, 서구의 식민주의 세력에 맞서 일본의 지도하에 아시아 국가들과 공동으로 '동아동맹(東亞同盟)'을 창설할 것을 주장했다. 그는 세계의 패권을 결정할 미국과 일본 간의 '최종전쟁'이 필연적으로 도래할 것을 믿어 의심치 않았다.

최종전쟁론과 통제경제론

이시하라는 최종전쟁이 대량 살상 무기들과 재급유 없이 지구 전체를 비행할 수 있는 항공기의 개발이 이루어진 직후에 일어날 것이라고 예상했다. 그러한 무기들의 개발이 공격 전략에 유리할 뿐만 아니라 결전전쟁도 가능하게 할 수 있기 때문이다. 이시하라는 그 국면에 도달하는 데 최소 30년 정도가 걸릴 것이라고 예측하면서, 일본은 미국과의 총력전을 대비해 만전을 기해야 한다고 촉구했다. 그 당시까지만 해도 두 나라는 소모전략을 통해 서로 경쟁하는 지구전쟁을 벌이고 있었다. 앞서 언급했듯이 군사력만이 지구전쟁의 유일한 요인은 아니었다. 국가들은 군사력 증강, 경제 개발, 기술 개발, 외교 등을 둘러싸고 경쟁할 수밖에 없었다. 이시하라는 경제 개발을

30 같은 문건.

특히나 중요시했는데, 그 이유는 일본이 총력전을 수행하기 위해서는 생산력 확대, 군수산업의 육성, 자급자족적 경제를 구축할 긴급한 필요성에 직면해 있다고 판단했기 때문이다.

이시하라는 국방의 본질과 국민경제의 목표를 다음과 같이 언급했다. "오늘날 군비는 더 이상 중요하지 않다. (국가의 생존은) 국가의 생산능력에 달려 있다."[31] "(일본과 미국과의 전쟁은) 지구전쟁이기 때문에 앞서 언급한 군수물자와 더불어 연맹 내 여러 국가 국민의 생활 안정 물자도 동아연맹(東亞連盟) 내에서 자급자족하는 것이 중요하다. 즉 경제건설의 목표는 군수·민수를 통해 통일적 계획을 세우지 않으면 안 된다"(石原莞爾, 1986a: 281). 이는 국방과 경제 개발을 연계시켰던 이시하라의 신념이었다. 다시 말해 지구전쟁을 대비한 일종의 전략이었던 것이다.

이시하라는 또한 그의 저술과 강연들에서 경제 전반에 대한 국가 통제의 필요성을 역설했다. 이시하라는 일본이 미국과 경쟁할 수 있는 경제력을 갖추기 위해서는 국가가 발전 목표의 설정과 자원의 배분, 전략적 중요산업(군수산업 및 중공업)의 육성에서 핵심적 역할을 수행해야 한다고 확신했다. 그는 "오래된 서구 민주주의 국가들의 구시대적인 자유주의와 자본주의는 강력하고 효율적인 국가 통제로 전환"해야 한다고 주장했다(Pettie, 1975: 73). 이시하라는 국가의 경제 운영 목표를 다음과 같이 설정했다. "경제계획은 국민경제의 각 영역에서 생산성을 증대시키는 동시에 균형성을 확보할 수 있는 정밀하고 구체적이며 종합적인 계획이어야 한다"(石原莞爾, 1986b:

31 인용문의 원출처는 1941년에 출판된 『전쟁사대관(戰爭史大觀)』이다. 이 책은 같은 제목으로 1929년에 발간된 그의 초기 저작을 개정·증보한 것이었다. 이시하라는 1941년 판에서 그의 초기 주장들을 분명히 하기 위해 일부 부분을 추가했다. 그러나 기본적 주장은 1929년 판과 1941년 판이 동일하다. 1941년 판은 1986년에 재출간되었다(石原莞爾, 1986a: 269).

183). 이시하라는 이 목표 달성을 위해 "모든 수단을 동원해 도달해야만 하는 생산 목표를 명시하고, 각 분야별 최적임자를 선발하여, 그들에게 (목표 달성을 위한) 모든 책임을 부여하며, 관련자들을 총동원하여 생산 증대를 강행해야 한다. 정부는 각 산업별 관계를 엄격하고 호의적으로 운영해야만 한다"고 언급했다(石原莞爾, 1986a: 282). 그러나 이시하라가 주장한 국가 통제가 소련식의 철저한 경제통제를 의미하지 않는다는 점을 주목할 필요가 있다. 그는 일본에서 그러한 체제가 유효할 것이라고 생각하지 않았다. 이시하라는 다음과 같이 언급했다.

> 통제국가(統制國家)에서는 물론 관(官)의 협력이 필수적이다. 그러나 그러한 협력이 관료들의 권력 확대를 의미하는 것은 아니다. 오늘날 모든 국민을 관헌의 힘으로 통제하려는 것은 통제의 원칙에도 부합하지 않을 뿐만 아니라 우리나라 국민성에도 맞지 않는다(石原莞爾, 1986b: 270).

이시하라는 민간기업들이 공익우선(公益優先)의 원칙을 따르는 것이 필요하다고 확신했지만, 대다수 민간기업들의 경영은 기업가들의 손에 맡겨야 한다고 주장했다. 직접 통제는 군수 산업, 철강 산업, 석탄 산업, 중공업 등의 전략적 중요산업에만 국한되어야 한다는 것이었다.

이시하라의 최종전쟁론은 군 경력 전체에 걸쳐 그가 가진 세계관의 핵심이었다.[32] 이시하라가 정책 입안의 중심인물이 되었을 때, 국가건설을 위해

---

32 이시하라의 동생인 이시하라 로쿠로(石原六郎)는 이시하라의 삶에서 최종전쟁론이 가졌던 중요성을 인정하며, 다음과 같이 언급했다. "내가 이시하라 간지의 묘비명을 새겨야 한다면, 다음과 같은 글이 될 것이다. '이시하라 간지가 1925년 최종전쟁론을 주창한 이래, 최종전쟁론은 이시하라가 1949년 사망할 때까지 그의 사상과 행동의 근간이었다' "(石原莞爾, 1986a: 288).

그가 계획한 정책들과 계획안들은 주로 일본과 미국과의 최종전쟁 준비에 맞추어져 있었다. 그의 국가건설 계획의 핵심적 부분은 국가 통제를 통한 산업 개발이었고, 민간 경제 활동은 적절한 수준에서 유지하는 것이었다. 사회주의와 자유시장경제의 특징들의 융합을 지향한 이러한 경제 아이디어는 통제경제론의 원형이 되었다.

이시하라 아이디어의 확산

이시하라의 이와 같은 아이디어는 여러 저서와 강연들을 통해 대중들에게 광범위하게 확산되었고,[33] 그들 중 일부는 이시하라의 열렬한 추종자가 되었다. 이시하라의 아이디어는 특히 네 개 그룹의 적극적 지지를 받았는데, 청년 엘리트 군 장교 그룹과 경제전문가 그룹, 우익 활동가 그룹, 정치인과 기업가 그룹이 바로 그들이었다.

이시하라의 야심찬 계획은 무엇보다 일본 국방 정책의 개혁 필요성을 절감하던 상당수 청년 엘리트 군 장교들의 주목을 끌었다. 일본 국방 정책의 개혁 방안에 대한 해답을 찾고 있던 이들에게 이시하라의 아이디어는 야심찬 해결책으로 인식되었다. 독일에서 돌아온 후 이시하라는 육군대학교에서 2년간 근무하면서 청년 군 엘리트들에게 유럽 전쟁사 과목을 비롯한 군사학을 가르쳤다. 그의 강의는 "당시 육군대학교 재학생이자 후에 장군으로 승진하여 육군의 중요 직위에 올랐던 마쓰무라 슈이쓰(松村秀逸), 가타쿠라 다다시(片倉衷), 이마이 다케오(今井武夫)를 비롯한 많은 학생들에게 깊은 감명을 주었다"(Peattie, 1975: 78). 가타쿠라와 같이 육군대학교에서 이시하라의 강연을 들었던 학생들은 1930년대 후반에 새로운 경제체제를 건설하려는 이시하라의 시도를 지원하면서, 참모본부에서 이시하라와 함께 근무하

---

33 이시하라의 저서 『최종전쟁론』은 수만 부가 팔렸다고 한다(石原莞爾, 1986a: 98).

기도 했다. 특히 가타쿠라는 육군대학교의 엘리트 장교 모임에 가입하여 이시하라를 초청해 직접 대화를 나누기도 했다. 이들 개혁 지향적 엘리트 장교들은 스터디 그룹을 결성하여 의견을 서로 나누며, 개인적 관계를 형성하기도 했다. 이들 엘리트 장교들의 스터디 그룹 중 가장 두드러졌던 모임 가운데 하나가 일석회(一夕會)였다.[34] 일석회는 육군의 청년 엘리트들만으로 이루어진 모임으로, 육군의 근본적 개혁을 추구했다. 소속 회원들은 나가타 데쓰잔, 이타가키 세이시로, 도조 히데키(東條英機), 스즈키 데이이치[35] 등으로 이들은 후에 육군과 정부의 핵심 인물들이 되었다. 이시하라는 또한 관동군 참모들에게 '전쟁사대관'을 강의하기도 했고, 참모 장교들과 스터디 그

34 일석회는 1929년 일본 육군 내 장교들의 모임인 이엽회(二葉會)와 목요회(木曜會)가 통합되어 발족한 모임이다. 1921년 당시 유럽에 체류 중이었던 육군사관학교 16기 동기생들인 오카무라 야스지(岡村寧次) 소좌, 스위스공사관 무관이었던 나가타 데쓰잔(永田鐵山) 소좌, 러시아대사관 무관이던 오하타 도시로(小畑敏四郎) 소좌 3인은 독일의 바덴바덴에서 만나 향후 육군의 개혁을 목표로 한 '바덴바덴의 밀약(バーデン＝バーデンの密約)'을 맺었다. 귀국한 후 1927년부터 이들은 프랑스 요리점이었던 이엽정(二葉亭)에서 월 1회의 정기 모임을 갖게 되었는데, 여기에서 이엽회의 명칭이 유래했다. 이 모임에는 육사 15기부터 18기에 이르는 약 20여 명의 장교들이 참여했다. 이와는 별도로 1927년 11월에는 이들보다 더 젊은 장교 세대로 육사 22기인 스즈키 데이이치(鈴木貞一) 등이 주축이 되어 육사 30기까지의 젊은 장교들로 구성된 목요회가 결성되었다. 이 회의 명칭은 목요일에 모임을 개최한 데서 비롯되었다. 구성원들은 일부 이엽회와 중복되기도 했는데, 이엽회가 연구 모임이었던 데 반해 목요회는 좀 더 적극적으로 대외문제나 육군 개혁안을 논의했다. 1929년 5월에 이엽회와 목요회가 통합되어 일석회가 발족했으며, 육사 14기부터 25기까지 약 40명의 장교들이 참여했다. 일석회는 당시 군 장성의 인사와 만주사변의 실행 등에 상당한 영향을 미쳤다. _옮긴이 주

35 스즈키는 후에 전시 일본의 선도기구였던 기획원(1941~1943) 총재에 올라 산업 전반에 대한 국가 통제를 지휘했다.

룹을 여러 차례 열기도 했다(野村乙二郎, 1992).

이시하라의 아이디어가 확산된 결정적 계기는 1933년 가타쿠라 다다시가 주도한 청년 군 장교 그룹이 제출한 정책제안서 때문이었다. 당시 그들은 「정치적 비상사변 발발 시 대처를 위한 대책요강(政治的非常事變勃發に処する對策要綱)」이란 이름의 정책제안서를 군 상층부에 제출했다(秦郁彦, 1962: 312~321).. 이 제안서에서 청년장교들은 일본 정치체제의 근본적 개혁을 요구했다. 그들의 제안서는 외교, 정치, 국방, 경제, 사회정책, 언론 통제, 교육에 이르는 각종 분야의 쟁점들을 포함하고 있었다. 국방 분야에서 청년장교들은 국가가 "제국의 국책 수행 과정에서 무력으로 이를 방해하는 국가를 응징하며, 이를 위해 미국, 소련, 영국, 중국과의 연속적 전쟁을 위한 병력 운용에 대응할 수 있도록 군비를 보유·유지하는 데 노력"해야 한다고 촉구했다(秦郁彦, 1962: 317). 또한 그들은 오늘날의 긴급한 정치적 상황에서 "국력의 충실을 도모"하고 "대외위기에 대응"하기 위해서는 군부가 통제를 견지해 혁신의 원동력으로 삼아야 한다고 요구했다(秦郁彦, 1962: 312). 그들은 국가 경제 정책의 주안점은 "경제를 새롭게 만들어 국제 경제전쟁에서 우리나라가 우위를 점하여 국민들의 행복을 증진시키는 데 있다. …… (국가는) 주요 산업을 통제하여 이들 산업을 진흥시켜야 한다"고 주장했다(秦郁彦, 1962: 318). 이들 청년장교들의 정책제안서는 이시하라의 아이디어, 즉 총력전 준비, 국방의 핵심으로서 경제, 중요산업에 대한 국가 통제 등의 핵심 부분들을 그대로 반영하고 있었다.

둘째, 이시하라의 아이디어는 만주국과 일본의 경제전문가들에게도 확산되었다. 이시하라는 1930년에 만철 조사과 직원들을 대상으로 '전쟁사대관'을 강연했고, 이후에도 이들과 여러 차례 만나 경제 사안들을 논의했다. 이들 만철 조사과의 경제전문가들은 이시하라의 아이디어를 강력히 지지하면서 자신들의 경제학 및 통계학 분야 전문지식을 활용해 이후 이시하라를 도와 만주 개발 계획을 입안했다.

셋째, 우익 활동가들도 이시하라의 아이디어를 가장 열렬히 지지한 이들이었다. 이시하라가 독일에서 일본으로 귀국하던 도중에 민족주의 단체인 국주회(國柱會)의 초청으로 중국 하얼빈(哈爾濱)에서 강연을 하게 되었다. 이시하라의 회고에 따르면, 그 강연에서 최초로 '최종전쟁론'을 발표했다고 한다.[36] 그는 이후로도 지속적으로 국주회 회원들과 긴밀한 관계를 유지했다. 이시하라는 후에 동아연맹협회(東亞連盟協會)라고 불린 다민족 정치 결사체를 만들어 동아시아에서의 경제적·군사적 동맹을 확대시키고자 했고, 이는 많은 우익 활동가들의 호응을 이끌어냈다. 이시하라는 이들 조직의 구성원들에게 카리스마적 인물이 되었고, 그의 세계관은 더욱 빠르게 확산되었다.

마지막으로 상당수 중요한 정재계 인사들도 이시하라의 아이디어를 접하게 되었다. 이시하라는 고노에 후미마로(近衛文磨, 1937~1939, 1940~1941 내각총리대신 역임), 나카노 세이고(中野正剛, 언론인·중의원 의원), 마쓰오카 요스케(松岡洋右, 1940~41 외무대신 역임) 등의 정재계 인사들과 자리를 마련해 그의 아이디어를 설명하기도 했다. 그는 또한 아유카와 요시스케[鮎川義介, 닛산(日産) 총수], 쓰다 신고(津田信吾, 가네보방적 사장), 이케다 시게아키(池田成彬, 미쓰이 재벌 상무이사, 일본은행 총재, 대장대신 역임) 등의 성공한 기업가

36 국주회는 일련종(日蓮宗)의 승려였던 다나카 지카구(田中知學)가 창설한 단체이다. 다나카는 불교 승려였던 니치렌(日蓮, 1222~1282)의 가르침과 국수주의를 조합해 독특한 세계관을 발전시켰다. 1919년에 이시하라는 다나카를 만났고, 일련종의 열렬한 추종자가 되었다. 다나카는 이시하라의 종교관에 상당한 영향을 미쳤다. 이시하라의 저서들 중 상당 부분이 니치렌주의와 아시아에서 일본의 역할에 관한 논의에 할애되었다. 이시하라는 일본이 아시아를 통합하고 아시아 국가들과 협력하여 미국을 타파해야 할 천명을 갖고 있다고 확신했다. 그러나 이시하라의 종교관은 그가 주장하는 경제 문제들과 직접적으로 관련되지는 않기 때문에, 본 연구에서는 이시하라가 가진 세속적 측면의 세계관에만 초점을 맞추었다.

들과도 친밀한 관계를 맺었다(秦郁彦, 1962: 243).

만주의 이시하라

1928년 일본 육군은 당시 40세였던 이시하라 간지를 만주 관동군 참모부에 배속시켰다. 만주에 부임한 이시하라는 관동군 작전주임참모에 취임했다. 당시 만주의 각 지역들은 장쉐량(張學良)을 비롯한 지방 군벌들이 통치하고 있었다. 이시하라는 자원이 풍부한 만주를 일본의 직접 통치하에 두어야 하며, 일본이 다가오는 최종전쟁을 대비해 이 지역을 주요 산업지대로 만들어야 한다고 판단했다. 이를 위해 이시하라를 비롯한 관동군 작전참모들은 만주에서의 일본의 권익과 전략을 2년여 걸쳐 분석하여, 1931년에 「만몽문제사견(滿蒙問題私見)」이라는 제목의 정책제안서를 제출했다. 이 제안서에서 이시하라는 미국에 대응하기 위해 만주와 중국을 포괄하는 경제블록 건설을 일본에 촉구했다. 만주의 풍부한 천연자원과 노동력은 "(일본의) 대비약을 위한 요지(要地)가 되기에 충분"하다는 것이었다.[37]

이시하라는 또한 만주의 광활한 영토가 일본의 잠재적 적인 소련과의 완충지대가 될 수 있을 것이라고 확신했다. 이시하라는 아시아에서 소련의 팽창을 우려하며, "이 지역에 대한 러시아의 전통적 정책을 고려할 때, 소련이 만주로 진출하게 되면, 만주는 아시아 공산화를 위한 거점이 될 것이다. 그렇게 되면 만주의 내부적 안정성을 유지하기가 불가능할 뿐만 아니라 일본도 자체의 방위를 유지하기가 불가능하며, 중국의 방위 또한 위태롭게 될 것"이라고 판단했다(Peattie, 1975: 97). 이시하라는 최종전쟁론에 근거한 이 정책제안서에서 만주는 일본의 국방은 물론 이 지역에서 일본 지배의 정당성을 갖는 데에도 전략적으로 중요하다고 확신했다.

---

37 石原莞爾, 「滿蒙問題私見」(1931.5), 角田順(1967: 77).

당시 일본 정부와 육군은 관동군의 팽창 계획이 국제적 비난을 초래할 수 있다고 우려하여 이를 강력하게 반대했다. 그러나 이시하라의 견해는 관동군 장교들 사이에 빠르게 확산되었고, 결국 이시하라는 이 지역에서 중국군을 축출하는 군사 작전을 주도해 괴뢰국가인 만주국을 수립했다. 이시하라는 미국과의 최종전쟁에서 일본이 승리하기 위해서는 만주가 필수적이라고 판단했던 것이다.

미야자키 마사요시

이시하라가 군사전략 분야의 전문가이기는 했지만, 경제학에 대한 지식은 제한적이었다. 따라서 이시하라는 자신의 아이디어를 구체적인 정책으로 접목시켜줄 경제전문가들이 필요했다. 이시하라는 그 전문가들을 1905년 이후 만주에서 사업을 벌이던 일본의 철도 회사인 만철의 조사과에서 찾아냈다.[38] 만철 경제전문가들의 도움을 받아, 이시하라는 미국과의 최종전쟁을 대비하기 위해 일본과 만주 경제를 재편성하는 청사진을 만들었다. 이들 전문가들 가운데 미야자키 마사요시는 통제경제라는 아이디어를 발전시키는 데 핵심적 역할을 담당했다.

미야자키 마사요시는 1893년 이시카와 현(石川縣) 가네자와 시(金澤市)에서 태어났다. 1911년에 미야자키는 이시카와 현의 가네자와 제2중학교를 졸업하고, 지방정부의 장학금을 받아 러시아를 연구했고, 하얼빈과 모스크

---

38 만철의 전문 조사 조직은 수차례 개편을 거쳤다. 만철 설립 당시 조사부(1907.4~1908.12)로 설치되어 이후 조사과(1908.12~1932.11), 경제조사회(1932.1~1936.9), 산업부(1936.10~1938.3), 조사부(1938.4~1939.3), 대조사부(1939.4~1943.4), 조사국(1943.5~1945.8)으로 변천되었다. 1932년 만주국 건국 당시에는 조사과의 인원을 일부 차출하여 경제조사회를 설립했고, 이에 따라 약 1년간 조사과와 경제조사회라는 두 개의 기구가 만철 내 존재하기도 했다. _ 옮긴이 주

바에서 3년간 머무르기도 했다. 또한 당시 미야자키는 만철로부터도 장학금을 받아, 1914년에 페테르부르크 대학(Petersburg University)에서 정치경제를 공부했다. 이 책에서 다룬 다른 정책 혁신가들과 달리 미야자키는 신비에 싸인 인물이며, 그의 삶에 대해서는 거의 알려져 있지 않다. 일본 경제체제의 기반을 다지는 데 미야자키의 공헌을 상당수 연구자들이 인정하고 있음에도(秦郁彦, 1962; Peattie, 1975; Gao, 1997 참조), 미야자키에 대한 상세한 연구는 거의 존재하지 않는다.[39] 이는 미야자키의 정치적 동지였던 이시하라에 대한 연구가 상당한 것과 대비된다. 이시하라의 군사적·정치적 업적은 널리 인정되고 있을 뿐만 아니라 다수의 전기(傳記)들에서 다루어졌던 것이다. 전시에 미야자키 밑에서 근무했던 이즈미야마 산로쿠(泉山三六)[40]는 미야자키를 "세상에 알려지지 않은 대인"이라고 평가하기도 했다(泉山三六, 1953).

미야자키의 공헌에 대해 주목하지 못했던 것은 부분적으로 그가 맡았던 임무의 비밀스러운 성격 때문이었다. 미야자키는 이시하라의 경제 고문으로 그와 긴밀히 협력하기는 했지만, 그의 임무는 일본 산업화를 위한 비밀 청사진(secret blueprint)을 만드는 것이었다. 미야자키는 무대 뒤편에서 일하면서 상당수 경제전문가들을 지휘했다. 그들의 작업은 '최고 기밀' 문건으로 취급되었고, 대다수는 제2차 세계대전 종전 후에도 상당기간 동안 공개되지 않았다. 물론 미야자키도 많은 정보를 남기지 않았고 저술들도 발표하지 않았다. 그 결과 일본 경제체제를 만드는 데 기여한 미야자키의 공헌은 일본 경제전문가들 사이에서도 잘 알려지지 않게 되었던 것이다.

---

39 예외적 연구로는 고바야시 히데오의 연구를 들 수 있다(小林英夫, 1995). 고바야시는 미야자키를 "일본 주식회사를 만든 남자"로 평가한다. 이 연구는 일본 경제에 대한 미야자키의 공헌을 자세히 다룬 최초의 연구라고 할 수 있다.

40 이즈미야마는 1948년 요시다 시게루(吉田茂) 내각에서 대장대신을 역임했다.

미야자키의 청년 시절에 대해서도 많이 알려져 있지는 않지만, 그를 주목해야 하는 이유는 그가 러시아에서 러시아혁명의 급진적 전환을 직접 목격했던 극소수 일본인 가운데 한 사람이었기 때문이다. 20세기의 가장 극적인 정치 사건인 러시아혁명을 목격하며 그가 체험한 경험은 그의 세계관에 심대한 영향을 끼쳤음에 의심의 여지가 없다. 미야자키는 자신의 고등학교 동창회에서 발간한 잡지에 다음과 같은 글을 기고했다. "나는 1917년 러시아혁명 당시 페테르부르크에 있으면서 주요한 사건들을 가까이서 목격했다. …… 나는 미증유의 이 사건에서 세계를 이해할 수 있는 단서를 발견했다"(小林英夫, 1995: 44). 미야자키는 이 글에서 그 단서가 무엇인지에 대해서는 언급하지 않았지만, 그의 이후 저술들에 대한 면밀한 검토를 통해 우리는 미야자키가 가졌던 세계관의 발전 과정을 일부 밝혀낼 수 있었다.

러시아에 체류하는 동안 미야자키는 일본 신문인 ≪도쿄일일신문(東京日日新聞)≫에 러시아의 문화·정치·역사를 소개하는 "러시아통신(露西亞通信)"이라는 칼럼을 연재했다. 한 칼럼에서 미야자키는 러시아인의 기질에 대해 이렇게 설명했다. "러시아인들은 선천적으로 이상주의자인 데 반해 일본인들은 선천적으로 현실주의자이다." 그는 또한 "북유럽의 겨울은 너무나 엄혹하다. 이러한 가혹한 자연 앞에서 사람들은 그것에 저항하거나 아니면 침묵하는 두 가지 가운데 하나를 선택해야만 한다. …… 의심할 여지없이 러시아인들의 삶은 저항의 삶이었다. (그들은) 자연에, 정부에, 사회에, 부모에 그리고 자기 자신에게도 저항한다. 러시아인들은 일체의 모든 것에 등을 돌린다"고 언급했다(小林英夫, 1995: 35). 고바야시는 미야자키가 러시아인과 일본인 사이에는 근본적 차이가 있음을 확신했다고 주장한다. 그 결과 미야자키는 볼셰비키(Bolsheviks)의 혁명적 방법은 러시아에나 가능한 것으로 일본에는 적용될 수 없다는 결론에 도달하게 되었다.[41] 미야자키는 다음과 같이 언급했다.

급속한 공업화를 위해 소련식 계획경제가 효과적 방법이기는 하지만, 그것은 오랜 제정러시아의 압제적 전통을 계승한 소련에서나 가능한 것이다. 강력한 관료제와 자유경제를 경험한 일본에서 이 체제는 추진되기 어렵다. 일본에서는 관료의 지도하에 국방과 관련된 중공업들은 국가 통제하에 두어야 하며, 다만 경공업과 소비재산업에서는 자유 경쟁이 허용될 수 있다(小林英夫, 1995: 56).

미야자키의 이러한 확신이 일본에서 자유시장경제와 사회주의경제의 특징들을 융합한 간접적 국가 통제 체제를 구축해야 한다는 결론으로 이어졌던 것이다.

1917년에 페테르부르크 대학을 졸업한 미야자키는 이후 만철에 입사했다. 1923년에 미야자키는 만철 조사과 러시아계 주임으로 승진했다. 경제적·군사적으로 소련의 급격한 성장은 만주의 방위는 물론 만철에게도 상당한 위협이었기 때문에 소련에 대한 미야자키의 전문지식과 깊은 이해는 만철에게 상당히 유용했다. 주임으로 승진한 직후 미야자키는 소련에 파견되어 4개월 동안 소련의 주요 도시들을 여행하면서 소련 경제를 면밀하게 조사했다. 만철 조사과 또한 러시아 문헌들과 자료 수집에 착수해서 1925년경에는 3만여 건 이상의 문헌과 자료를 수집하기도 했다. 미야자키와 러시아계 조사원들은 그들 가운데 상당수 분량을 일본어로 번역하기도 했다. 그들은 러시아와 유럽의 지리·역사·정치·경제와 관련된 광범위한 원천 정보를 수집했다.

만철 조사과 러시아계에서 수행한 각종 조사는 소련이 1928년에 최초의

41 이시하라는 일본에 사회주의가 부적당하다는 미야자키의 주장에 동의하면서 "우둔하고 순종적인 러시아인들에게나 적합한 방법은 우리 국민들에게는 부적절하다"고 언급했다(石原莞爾, 1986b: 270).

5개년계획을 착수했을 때, 특히나 주요하게 평가받았다. 만철과 관동군은 급속한 산업화를 이룬 소련의 엄청난 성공에 큰 충격을 받았고,[42] 이에 러시아계에서는 소련의 산업·재정·무역·농업·노동·광산 및 기타 관련 주제에 관한 방대한 양의 정보를 즉각 수집하여, 5개년계획의 성공 요인들을 분석했다. 이러한 조사의 성과물들이 몇 년 후 만주에서 통제경제체제를 구축할 당시 중요한 역할을 했다. 만철 조사부원들은 소련의 성공에서 국가 통제와 산업 개발의 효과적 방법들을 찾아냈고, 만주에서 자신들의 지식이 활용될 시기만을 기다리게 되었다.

만주사변과 함께 그 시기가 다가왔고, 1932년 만주국의 탄생은 새로운 경제체제의 수립을 즉각 필요로 하게 되었다. 만주국에 경제전문가들이 부족했기 때문에 관동군은 만철 조사과의 협력을 요청했다. 특히 만주국은 만철에게 단순 조사보다는 실행할 수 있는 구체적인 정책을 요구했다. 미야자키는 이러한 요구에 화답해서 만주의 경제계획 입안을 담당할 신생 조사 기구의 수립을 서둘렀다. 당초 만철의 경영자들은 관동군과 관계를 맺는 것을 주저했지만, 미야자키는 그러한 계획들을 전적으로 지원하도록 경영자들을 설득했다.

신생 조사 기구는 경제조사회(經濟調査會)로 이름 붙여졌고, 1932년 1월에 발족했다. 소고 신지(十河信二)[43]가 조사회를 이끌 초대 위원장에 취임했다. 경제조사회는 총 5부로 구성되어, 제1부 경제 일반 사항, 제2부 산업과 이민, 제3부 교통, 제4부 상업과 금융, 제5부 법률 일반과 문화를 담당하는 부서로 구성되었다. 미야자키는 제1부를 관할하는 주사(主査)에 임명되어

42 소련의 5개년계획과 이에 대한 일본 및 만주국 정책결정자들의 반응에 대해서는 제4장에서 다룰 것이다.

43 소고 신지는 제2차 세계대전 종전 후 일본국유철도 총재를 맡아 고속열차사업을 주도했다. 그는 '신간센의 아버지(新幹線の父)'라고 불린다.

제도 운영에 핵심적 역할을 수행했다. 경제조사회의 주요 목표는 만주에서 즉시 실행할 수 있는 경제 정책들을 계획하고 청사진을 입안하는 것이었다. 경제조사회의 첫 모임에서 조사회의 존재의의를 다음과 같이 밝혔다.

> 경제조사회는 만몽 자체의 경제개발을 계획함과 동시에 일만(日滿) 경제 관계의 합리화와 일본 경제세력의 부식(扶植)을 목적으로 만몽 전역과 그 경제 각 분야의 종합적 제1기 경제건설계획을 입안한다. 일만 경제를 단일 경제로 융합하고, 양자 간 자급자족 경제를 확립하며, 국방경제를 확립하고, 만주 경제를 자유방임이 아닌 국가 통제하에 둔다(小林英夫, 1995: 93).

미야자키와 경제조사회의 구성원들은 이시하라의 아이디어를 신생 만주국 정부의 경제 정책에 결합하기 위해 상당한 노력을 기울였다. 이들 연구의 결과물이 1932년 6월에 작성된 「만주경제통제계획(滿洲經濟統制計劃)」이라는 정책 보고서에 집약되었다. 1932년 6월 이시하라를 비롯한 관동군 소속의 참모장교 5명과 경제조사회의 고위 이사진들이 모여 이 보고서를 논의했다. 이 모임에서 미야자키는 계획의 주요 사항들을 관동군 장교들에게 설명했다(小林英夫, 1995). 이 모임 후에 관동군은 이 계획을 국가건설의 기본 원칙으로 채택하고, 향후 모든 만주국의 정책과 운영은 이 계획을 따르도록 결정했다. 미야자키와 만철 조사과의 동료들은 「만주경제통제계획」의 핵심 사항들을 간추려, 「만주국경제건설강요」를 만들었다. 만주국 정부는 1933년에 이 강요를 승인했고, 선도기구를 비롯한 신생 국가의 경제체제는 미야자키의 청사진에 따라 구축되었다.

「만주국경제건설강요」

「만주국경제건설강요」(이하 「강요」)는 이시하라와 미야자키의 통제경제론을 구체화한 최초의 공식 문건 가운데 하나였다. 미야자키와 경제조사회의 멤버들은 이시하라의 요청에 따라 이 문건을 발표했고, 이 「강요」는 만주국 건국 1년 후인 1933년에 만주국 정부에 의해서 공식 채택되었다. 「강요」는 자유주의경제, 국가의 목표, 국가 통제의 방안, 통제 수단 등을 비롯해 여러 문제들에 대한 이시하라와 미야자키, 두 명의 정책 혁신가들의 견해를 담고 있었다. 이 「강요」는 10개 항목으로 이루어졌는데,[44] 제2항에서는 국가 정책이 추구해야 할 국가 목표를 규정하고 그 네 가지 원칙을 다음과 같이 제시했다.

제2항 경제건설의 근본방침

우리나라 경제 건설에서 당면한 통제받지 않는 자본주의 경제의 폐해를 고려해서, 이에 필요한 국가적 통제를 가미해 자본의 효과를 활용하고 국민경제 전반에 건전하고 활기찬 발전을 도모한다. 이를 통해 국민대중의 경제생활을 풍부히 하고 안정을 확고히 하여 국민적 생활을 향상시키고, 우리나라의 국력을 충실히 하는 한편 아울러 세계경제의 발전에 공헌하고, 문화의 향상을 이루어 건국의 대이상(大理想)인 모범국가(模範國家)를 실현한다. 이러한 목표를 달성하기 위해 다음의 4대 근본방침을 두어 경제 건설에 매진하는 것이 필요하다.

1. 국민 전체의 이익을 기초로 천연자원을 개척하고, 기업 활동의 이익이 특정 사회 계급에 의해 독점되는 폐해를 방지하며, 모든 국민의 생활을 평안히 한다.

---

44 10개 항목은 서문, 경제 건설 원칙, 경제통제의 수단, 교통, 농업, 제조업, 금융제도, 상업, 민간 경제, 결론이다.

2. 국내에 부존한 광범위한 차원을 효과적으로 개발하고, 경제 각 부분의 종합적 발전을 도모하고 중요 경제 부분에 국가적 통제와 더불어 합리화 방침을 강구할 방침이다.
3. 천연자원의 개발과 기업 활동의 촉진을 위해서 문호개방과 기회 균등의 정신에 입각해 세계로부터 자본을 구해야 한다. 특히 선진국들의 기술과 경험 및 서구 문명의 정수들을 반드시 흡수해야 하며, 적절하고 유효하게 이용한다.
4. 동아시아 경제의 융합과 합리화를 목표로 일본과의 상호 의존 관계를 더욱 구축하여 동아시아 국가들과의 협조에 중심을 두어 상호부조(相互扶助)의 관계를 더욱 긴밀하게 한다.

이 네 가지 원칙들은 경제 건설의 근본 방침으로 어떤 경우에도 철저하게 준수하여 그 완성을 기해야 한다.

滿洲國史編纂刊行會(1970: 396~398)

이 강요의 핵심은 다음과 같이 요약할 수 있다. 첫째, 자유주의경제는 문제가 있으며, 정부는 시장을 통제·규제해야 한다는 점을 담고 있다. 그러나 이것이 소련 모델에서 나타난 전면적 국가 통제를 의미하는 것은 아니었다. 즉 시장체제의 전면적 폐지가 아닌 민간기업들이 활동할 공간을 여전히 남겨두고 있었다. 「강요」는 오히려 경제 개발에 민간 부분 행위자들의 참여를 적극적으로 요구하고 있다. 「강요」는 국가가 직접 관리해야 하는 산업들과 민간 행위자들이 자유롭게 활동하는 산업을 명확히 규정함으로써 국가 통제와 시장체제가 공존할 수 있도록 규정했다. 다시 말해 「강요」는 자유시장경제와 국가계획경제의 융합을 통해 새로운 경제체제 건설을 목표로 하고 있었다.

둘째, 「강요」는 사익보다는 공익을 우선시하며, 민간 행위자들이 국가의 경제 목표에 협력해야 한다는 점을 분명히 하고 있다. 이는 기업가들의 이윤 추구 활동이 세계대공황과 잇따른 경제 파탄, 일본 정치체제의 부패를 가져왔다는 이시하라와 미야자키 및 이들을 추종하는 이들의 신념을 반영한 것이었다. 따라서 「강요」는 여러 조항들에서 '관민협력(官民協力)'을 반복적으로 요구했다. 「강요」의 서문과 결론에서는 경제 건설의 대사업이 '관민협력'을 요구한다고 강조하며(滿洲國史編纂刊行會, 1970: 396~401), 국민경제의 새롭고도 근본적인 도덕적 기준을 만들기 위해서 민간 행위자들에 대한 혜택을 다시 정립하고자 노력했다.

셋째, 「강요」에서는 국방 관련 산업에 초점을 맞춘 국가의 경제 개발 목표를 설정했다. 경제 개발에서 국가의 목표는 다음과 같았다. "광산(鑛産)자원을 개발하고 기초공업 및 국방공업의 확립을 도모해 국민경제를 풍요롭게 하고 국부를 증진시키는 것을 근본 방침으로 한다"(滿洲國史編纂刊行會, 1970: 400). 「강요」는 국가 통제의 범위를 분명히 하고, 전략적 중요산업을 다음과 같이 규정했다.

(a) 다음의 공업들은 국내 수요에 수반해 필요한 통제 아래 순차적으로 육성한다. 금속공업, 기계공업, 유지공업, 펄프공업, 조달(曹達)공업, 주정(酒精)공업, 전(蚕)공업, 방적공업, 제분공업, 시멘트공업, 양조(釀造)공업
(b) 앞서 언급하지 않은 산업들은 현재로는 자유롭게 개발하도록 하며, 장래 필요할 경우 통제에 둘 수 있다.
(c) 전기사업은 통일적 경영을 수행하여 풍부하고 저렴한 전력을 공급한다.

滿洲國史編纂刊行會(1970: 400)

만주에서 국방 관련 산업의 발전은 일본이 최종전쟁을 수행하는 데 필수

불가결한 핵심 사항이었다. 이시하라와 미야자키는 만주의 풍부한 천연자원을 활용하며, 국가 통제하의 경제 운영을 통해 일본과 일본 주도의 아시아 경제블럭이 서구 열강들과 대결하기에 충분한 경제력과 군사력을 구축할 수 있다고 확신했다.

선도기구

「만주국경제건설강요」에서는 이시하라와 미야자키가 '경제참모본부'라고 부른 기구의 설립 계획이 구체적으로 드러났다. 이 관료 기구는 국가의 경제 사안 전반을 지휘하는 임무를 맡고 있었다. 군의 참모본부와 대단히 유사한 이 기구는 전략 계획을 입안하고 국민경제에 이의 실행을 지휘하는 역할을 맡았다. 이시하라와 미야자키는 일본과 만주가 경제블록을 형성하여, 소련 및 미국과 경제 전쟁을 벌이기 위해서는 이러한 기구가 반드시 필요하다고 확신했다. 그들은 일본 경제가 경제 개발을 위한 구체적 계획과 더불어 일본과 만주의 산업화를 지휘할 기구가 부재한 것에 상당한 우려를 가지고 있었던 것이다.[45]

이러한 경제참모본부를 설립하기 위해서 관동군 수뇌부는 만주국의 장기 경제계획을 입안하고, 경제 개발을 지휘하며, 만주 산업을 통제하고 아시아 경제블록의 건설을 담당할 관료 기구를 설립하기로 계획했다. 1933년 4월에 관동군은 만주국(과 일본)에 선도기구를 창설하려는 자신들의 계획을 다음과 같이 언론에 발표했다.

---

45 한 예로 이시하라는 "사회가 발전됨에 따라, 개인의 자유는 다양한 분야에서 갈등을 일으키게 되었다. 오늘날 무절제한 자유는 사회 전반의 효율성을 방해하게 되었다"고 주장했다. 그는 "(개인적 자유가 초래한) 이들 문제점을 해결하고 사회의 효율성을 극대화하기 위해서" 국가 통제의 확립을 촉구했다(石原莞爾, 1986a: 89~90).

> 일만경제블록을 수립하기 위한 구체적 계획들을 만들 급박한 필요가 국제경제의 압력에 따라 가속화되었다. 관동군은 …… 일본과 만주에 계획경제참모본부를 창설하기 위한 청사진을 마련했고, 이 기관에 (양국의 경제를 운용할) 단일의 권한을 부여하여, 이 기관이 산업을 통제하는 데 각기 긴밀히 협력하도록 할 계획이다. 관동군 참모장인 고이소 구니아키(小磯國昭) 장군이 이 청사진을 도쿄에 가져가서 (일본) 중앙 정부에 제출했다(≪大阪時事新報≫, 1933.4.9).

만주국 건국 후 몇 년간 관동군은 만주의 경제참모본부로 미야자키의 경제조사회와 관동군 특무부(特務部)[46]를 잠정적으로 활용해왔다(≪大阪時事新報≫, 1933.4.9). 그러나 1934년에 관동군이 만주국 정부에 기획처를 설치한 이후, 이 신생 기구에 만주 개발을 총지휘하는 권한이 집중되었다.

특수회사제도

1933년 「만주국경제건설강요」에서 나타난 또 다른 중요한 제도적 발전은 특수회사제도였다. 「강요」는 "국방상 혹은 공공(公共) 내지 공익적(公益的) 성격을 가진 중요산업들은 공영 또는 특수회사로 경영하는 것이 원칙"이라고 제시했다. 「강요」는 이 정책이 "현재의 상황에서 국민경제 전반에 국가 통제를 실현할 수 있는 최선의 수단"이라고 설명했다.[47] 이 「강요」를 근거로, 만주중앙은행과 만주항공회사 등의 상당수 특수회사들이 설립되었다. 그러나 「강요」에서는 특수회사에 대한 상세한 사항을 규정하지 않았기

46 관동군 특무부는 여러 차례 개편되었는데, 애초 관동군 참모부 제3과가 1931년 9월 통치부(統治部)로, 1932년 2월에는 특무부로 바뀌었다가, 다시 참모부 제3과로 변경되었고 최종적으로는 참모부 제4과로 개편되어 유지되었다. _옮긴이 주

47 「滿洲國經濟建設綱要」(1933.3.1), 滿洲國史編纂刊行會(1970: 397).

때문에, 정부에서는 1937년 「중요산업통제법」을 재차 제정했다.

이 법에서는 "주관부서 대신은 중요 산업 경영자들의 사업 활동에 대해 공익을 위해 국가 통제를 적용하도록 필요할 경우 명령할 수 있다"고 규정했다.[48] 이 법을 제정하기에 앞서 내각은 1936년 3월 31일에 「일만경제활동대강(日滿經濟活動大綱)」을 채택했다. 이 대강은 교통, 통신, 국방 등을 비롯한 중요산업을 '일업일사(一業一社)' 원칙에 따라 정부가 통제할 수 있다고 명시했다(≪東京日日新聞≫, 1936.9.2). 또한 1937년 「중요산업통제법」의 제정에 앞서 산업부에서는 "중요산업으로 지정된 기업들은 일업일사 원칙에 따라 특별 지도와 감독"을 받는다고 발표했다(菊池主計, 1939: 20).

만주국 정부는 모든 민간기업들을 국영화함으로써 산업을 전면적으로 통제할 수 있는 권력을 가졌음에도 이러한 방안을 채택하지는 않았는데, 이는 일정 부분 이시하라와 미야자키가 민간기업들의 활력이 가진 중요성을 인식하고 산업 전체에 국가 통제를 엄격하게 시행하는 것을 원치 않았기 때문이다. 이시하라는 자신이 추진한 국가 통제라는 방식을 다음과 같이 설명했다. "자유주의 시대의 과도한 사익(私益) 중심을 억제하기 위해서, 처음에는 반동적(反動的)으로 전제(專制), 즉 강제를 상당부분 이용하지 않으면 안 되며 이는 어쩔 수 없는 것이다"(石原莞爾, 1986a: 90). 그러나 한편으로 이시하라는 "통제에 의해서 사회와 국가의 전 능력을 유감없이 발휘하기 위해서도 개인의 창의와 열정은 여전히 가장 중요하다. 무의미한 마찰과 비경제적 중복을 피하는 범위 내에서 더욱더 자유를 존중해야 한다. …… 법률적 규제는 최소한에 그쳐야 한다. 관료적 통제보다는 자치통제(自治統制)의 범위를 확대하는 것이 바람직하다"고 언급하기도 했다(石原莞爾, 1986a: 90).

이시하라의 아이디어는 「만주국경제건설강요」를 비롯한 만주국 정부의

48 「重要産業統制法」(1937.5.1), 滿洲國史編纂刊行會(1970: 402).

정책 구상에 반영되었다. 「강요」는 “통제받지 않는 자본주의 경제의 폐해를 고려해서, 이에 필요한 국가적 통제를 가미해 자본의 효과를 활용하고 국민 경제 전반에 건전하고 활기찬 발전을 도모”했다.[49] 「강요」는 국가 통제가 특정 분야에 필요하기는 하지만 민간기업 활동을 극대화할 필요성에 대해서도 인정하고 있었다. 게다가 앞서 언급한 것처럼 「강요」는 엄격한 통제를 가하는 중요산업과 나머지 산업들에 대해 분명한 경계선을 제시하고 있었다. 이는 비전략산업들을 “민간(기업가)의 자유로운 경영에 맡겨둘 것”임을 분명히 한 것이었다.[50]

관동군은 민간기업 활동의 중요성과 국가 통제의 한계를 인식하고 있었고, 이에 국가 통제 수준을 완화하려고 노력했다. 다시 말해 관동군에게는 민간기업의 수를 최소한도로 하는 것이 이익이었음에도 불구하고, 자유시장경제와 사회주의경제의 융합을 목표로 한 통제경제론의 아이디어에 따라 군 장교들은 민간기업의 활력을 최대로 유지할 필요성을 인식하고 있었던 것이다. 이는 만주의 정책결정자들이 산업 전반에 엄격한 통제를 부여할 수 있는 권한을 갖고 있음에도 불구하고, 사회주의체제를 선택하지 않은 이유를 설명해준다.

경제개발계획의 실행

이 장의 나머지 부분에서는 군부와 다른 행위자들 간의 관계에 주목하면서 경제개발계획의 수행 과정을 분석하고자 한다. 이 과정에서 권력중심합리주의이론이 갖고 있는 또 다른 중요한 문제점들이 드러나게 될 것이다. 권력중심합리주의이론에서 제시한 것처럼 만주를 일본의 산업공급기지로

49 「滿洲國經濟建設綱要」(1933.3.1), 滿洲國史編纂刊行會(1970: 396~397).

50 같은 문건.

탈바꿈시키려는 군부의 핵심적 이익은 만주국 발전국가체제에 상당한 영향을 미쳤다. 만주국 발전국가체제는 군부가 민간기업들을 통제하여 그들이 군부의 이익에 따르도록 강제함으로써 군부를 지배적 행위자로 부각시켰다. 따라서 행위자들 간의 권력 관계가 사실상 제도 형성에 가장 중요한 영향을 미친 요인이었다고 할 수 있다.

그러나 권력중심합리주의이론은 관료나 기업 경영자와 같이 다른 행위자들의 정책 제안, 특히 이들이 만든 제안이 군부의 이익과 상충됨에도 불구하고 그것을 군부가 받아들였다는 사실을 설명하지 못한다. 당시 군 장교들은 만주에서 이례적일 정도로 강력한 영향력을 갖고 있어 다른 행위자들의 요구를 무시할 수도 있었지만, 그러나 오히려 군 장교들은 군부의 애초 계획안보다 다른 행위자들의 정책 제안이 통제경제론에 더 부합한다고 판단하면, 그러한 정책 제안들을 받아들였던 것이다.

관동군과 관료

만주국의 경제개발계획을 수행하면서 강력한 권한을 가졌던 군부 엘리트들은 일부 경우에 다른 행위자들에게 양보하기도 했다. 이는 다른 행위자들이 강력한 군부에 맞설 정도로 충분히 강력했기 때문이라기보다는 정책을 수정하도록 일부 행위자들이 군부를 설득할 수 있었기 때문이다. 게다가 군부는 일부 경우에 다른 행위자들에게 의존하기도 했는데, 이는 경제개발계획을 수행하고 발전국가체제를 운영하는 데 필수적인 전문적·행정적 지식을 군부가 갖고 있지 못했기 때문이다. 실례로 관동군이 가진 절대적인 정치권력에도 불구하고 군 장교들은 자신들의 야심찬 개발계획을 수행하는 데 일본에서 파견된 소장 관료들의 경제 지식에 상당부분 의존했다. 좀 더 구체적으로 보면, 만주국 일본인 관료들의 수는 1930년대 중반에 급격하게 증대되었는데, 이는 관동군이 「만주산업개발5개년계획」을 수행하는 과정에서 경험 있는 관료들을 절대적으로 필요로 했기 때문이다. 이에 관동군은 일본 정부의 각 부처에 유능한 관료들을 보내줄 것을 요청했다.

젊고 유능한 상당수 관료들이 관동군의 요청에 호응해, 일본 정부를 떠나 새로운 경제체제를 건설하는 관동군의 노력을 지원하게 되었다. 젊은 나이에도 불구하고 그들은 대체로 만주국 정부에서 상당히 중요한 직위를 차지했다. 실례로 기시 노부스케(전직 상공성 공무국장)는 실업부 차장에, 호시노 나오키(전직 대장성 국유재산과장)는 만주국 총무청 장관에, 시이나 에쓰사부로(椎名悅三郞, 전직 상공성 산업합리국 관료)는 실업부 광산과장에 임명되었다.

일본에서 온 이들 소장 관료들은 만주국의 정책 결정 과정에서 중요한 역할을 수행했다. 특수회사제도의 사례에서 보듯이 관동군은 자신들이 추진했던 이전 정책들을 관료들의 요청에 따라 철회하면서까지 관료들에게 상당부분 양보하기도 했다. 앞서 언급한 것처럼 관료들은 정책 결정 과정에서 관동군과의 협의와 승인을 받을 것을 요구받았기 때문에 이들의 권한은 상당부분 제약되어 있었다. 그러나 관동군 또한 행정 분야에서 관료들의 전문지식이 없다면, 정부를 운용할 수 없는 것도 분명했다. 이는 관료들에게 세부 정책에서 일정 수준의 재량권이 부여되었음을 의미했다. 다시 말해서 관동군과 관료들 간에는 일종의 역할분담이 이루어졌던 것이다. 관동군이 내각 차원에서 만주국의 정치·경제 정책을 설정했다면, 관료들은 재정, 통화, 금융, 산업정책 등의 분야에서 자신들의 전문지식을 활용해 구체적 경제정책들을 수행하는 역할을 맡았던 것이다.

당시 만주국에서 고위직을 맡았던 두 명의 일본인 관료들의 증언은 관동군이 때때로 특정 정책 분야에서 전문지식의 부족으로 인해 관료들에게 양보할 수밖에 없었던 상황을 분명히 보여준다. 첫 번째 인물은 재정부 총무사장을 역임했던 호시노 나오키를 들 수 있다. 호시노와 동료들은 1934년도 국가예산을 작성하는 과정에서 만주국의 조세 제도에 심각한 문제가 있음을 발견했다. 그 문제는 관동군이 지방 정부에 토지세와 상업세의 징수 권한을 위탁하는 결정 자체에 있었다. 이들 세금들은 중앙정부의 세입원 가운데 가장 중요한 것이었기 때문에, 당시 재정부 관료들은 이러한 분권화 계획이 중앙정부가 선택할 수 있는 재정정책을 심각하게 훼손할 것이라고 판단했다. 호시노는 관동군 참모부의 이타가키 소장과 면담을 통해 이 문제를 논의했다. 처음에 이타가키는 조세제도의 분권화 계획을 철회해달라는 호시노의 요청을 거부했다. 이타가키는 "만주국의 대규모 선정(善政) 정책으로 내가 발표한 것이다. …… 이것을 발표한 후에 얼마 안 가서 취소한다는 것은 관동군의 체면에 곤란하고, 장래 만주인들을 끌어들이는 데에도 면목이 없게 된다"고 언급했다(星野直樹, 1963: 77).

그러나 호시노는 자신의 계획이 가진 타당성을 재차 강조하며, 관동군의 계획이 신생국에 어떤 피해를 입히게 될지 설명했다. 장시간의 토론 후에 호시노는 이타가키를 설득할 수 있었고, 이타가키는 "좋아, 알았네. 자네에게 졌네. 지금부터는 자네들이 알아서 하게. 자네가 그것이 좋다고 믿는다면 그 신념대로 하게. 나는 깨끗하게 단념하겠네. 그리고 자네의 안에 협력하겠네"라며 손을 들었다(星野直樹, 1963: 78). 재정부 관료들은 자신들의 계획에 따라 만주국의 조세제도를 설계할 수 있었다. 이 계획은 만주국의 재정정책 기반을 강화했을 뿐만 아니라 만주국의 산업화를 위한 자금 조달에도 중요한 것이었다. 이 증언은 강력한 관동군도 관료의 요청을 자신들의 이익에 해가 될지라도 받아들였음을 보여준다. 이는 관료들이 군부보다 더 강력한 정치권력을 가졌기 때문이 아니라 군부를 설득할 수 있는 지적 능력을 가졌기 때문에 일어난 일이었다.

두 번째 증언은 만주국 산업부 차장이었던 기시 노부스케의 증언이다. 기시는 일본 상공성 국장직을 사임한 후 1936년에 만주에 부임했다. 관동군 참모부 이타가키 소장과의 첫 만남에서, 기시는 만주의 산업화를 주도할 자신의 포부를 설명하고, 군부의 압력에는 따를 수 없다고 난색을 표했다.

제가 일본에서 일이 없어 여기에 온 것이 아닙니다. 만주의 산업개발이 만주와 일본을 통치하는 데 중요하기 때문에 제가 여기에 온 것입니다. 만주 경제를 군 장교들의 통제하에 둔다는 것은 커다란 착각입니다. 군 장교들은 만주의 국방에만 전념하면 됩니다. …… 경제와 주판 계산에 개입해서는 안 됩니다. 저는 대학에서 경제학을 전공했고, 이 분야에서 훈련을 받았습니다. 그래서 저는 군과 만주국 통치를 비롯한 다른 정치 문제에 대해서는 논의를 하겠지만, 경제 문제에 대해서는 제게 맡겨주시기를 바랍니다. 이러한 상황이 제게 허용되지 않는다면 그리고 관동군이 제게 이것저것을 하라고 말한다면 저는 이 일에 적합한 사람이 아닙니다(岸信介 外, 1981: 28~29).

관동군을 이끌고 있던 핵심 인물이었던 이타가키 소장[51]은 기시에게 다음과 같이 대답했다. "우리가 자네를 초청한 것은 산업경제 문제는 자네에게 맡길 생각이었기 때문이네. 그렇게 해주겠네"(岸信介 外, 1981: 29). 이타가키는 자신의 말을 지켜 기시와 그의 동료들에게 자신들의 계획을 수행할 수 있는 포괄적 재량을 부여했다. 기시도 「만주산업개발5개년계획」을 수행하는 과정에서 관동군의 개입은 거의 없었다고 회고했다(岸信介 外, 1981: 29). 군부가 기시를 만주로 초청하기는 했지만, 군부는 자신들이 판단에 따라 그를 다른 사람으로 대신할 수도 있었다. 그러나 군부는 산업정책에서 기시의 전문지식에 크게 의존할 수밖에 없다는 것을 알고 있었고, 이는 군이 항상 자

51 당시 관동군의 유연한 자세는 이타가키 소장의 관용적 성격과도 일정 관련이 있다. 그러나 1937년 이타가키가 관동군을 떠난 후에도 관동군은 관료들과의 협력을 지속했고, 이후에 논의하겠지만 기업 행위자들의 정책 권고안을 수용하기도 했다.

신의 이익만을 위해 결정을 내리지 않았다는 점을 보여준다.

요약하면 관동군은 만주 정치에서 가장 강력한 정치 행위자였지만, 관동군의 정치적 지배가 제도적 결과를 완벽히 설명하는 것은 아니었다. 일본인 관료들은 자신들의 정책 전문지식에 따라 상당 수준의 재량권을 갖질 수 있었다. 군부와 관료의 이익이 서로 일치하지 않을 때, 군부는 때로 관료에게 양보하기도 했다.

관동군과 기업가

관동군은 관료들에게 양보하기도 했지만, 경우에 따라 다른 민간 행위자들에게도 양보를 했다. 그 한 경우가 군부 이익과 상충됨에도 불구하고 기업 행위자의 정책 권고안을 채택한 것을 들 수 있다. 그 실례가 앞서 언급했던 만주국 발전국가체제의 핵심 제도 가운데 하나였던 특수회사였다. 특수회사의 설립은 기업들에 대해 극도의 엄격한 통제를 유지하길 원했던 관동군의 이익을 분명히 반영한 것이었다. 기본적으로 관동군은 각 산업에 한 개의 회사만을 허용하고자 했다. '일업일사' 원칙은 전후 프랑스 정부가 특정 산업에서 '국가대표기업(national champion)'을 만들고자 했던 경제정책[52]과 상당히 유사한 것이었다. 일업일사 아이디어는 한 회사에 희소 자원과 정부 지원을 집중하고 산업 내의 경쟁을 제한함으로써 그 폐해를 막으려는 것이었다. 또한 이 정책은 각 산업에 단 하나의 회사만을 두기 때문에 중요 산업에 대한 국가 통제를 손쉽게 하기도 했다. 그러나 관동군의 강력한 정치권력에도 불구하고 특수회사제도는 군부가 애초 설계한 방식대로 운영되

52 드골(C. de Gaulle) 재임기(1958~1969)에 이루어진 산업정책의 하나로, 프랑스산업의 국제경쟁력 제고를 위해 '국가대표기업'의 육성을 적극 추진했다. 이에 따라 첨단산업 분야에서 공기업이 잇따라 설립되었고, 민간기업들도 수직적·수평적 통합을 통해 거대 기업으로 성장했다. _ 옮긴이 주

지 못했다.

1930년대 중반에 일본인 소장 관료들은 5개년계획을 실행에 옮기면서 만주의 경제 상황과 잠재력을 분석했다. 당시 실업부 차장이었던 기시 노부스케와 실업부 관료들은 5개년계획에 민간의 투자와 기업가들을 참여시키지 못한다면 수행이 불가능하다는 결론에 도달했다. 그 이유는 만주의 급속한 산업화 계획에 두 가지 심각한 장애물이 있다고 판단했기 때문이다. 첫 번째 장애물은 일본 금융시장이 안고 있던 문제로 인해 당시 만주가 심각한 자본 부족에 처해 있었다는 점이다. 일본 경제가 장기 불황을 겪고 있는 동안 만주는 일본 자본의 인기 있는 투자처였다. 그러나 1930년대 중반에 일본 경제가 회복되기 시작하자 일본의 투자자들은 만주에의 투자를 축소하기 시작했다. 이에 5개년계획의 실행을 위해 막대한 자본이 필요했던 기시는 자본을 조달할 새로운 방법을 모색하게 되었다. 두 번째 장애물은 만주에서 민간기업의 경영을 주도할 유능한 기업가가 부족하다는 점이었다. 재벌에 대한 관동군의 혐오가 일본 대기업의 만주 진출을 가로막고 있었던 것이다.[53] 물론 만철의 경영진들이 기업 경영의 경험을 갖고 있기는 했지만, 그들은 5개년계획의 핵심인 중공업 분야에서의 경험은 부족했다.

이러한 이유들로 인해 기시는 5개년계획을 만주 경제가 처한 현실을 반영해 수정할 필요가 있다고 판단했다. 기시가 수정한 가장 큰 사항은 5개년계획에 일본 민간기업들을 참여시킨 것이었다. 기시는 유능한 기업가가 경영 지식을 제공하고, 이 계획의 재원을 외부의 자금원으로부터 조달하면, 이 계획이 성공할 수 있을 것이라고 판단했다. 초기에 관동군은 기업가들의 만

53 이와는 반대로 당시 주요 재벌들은 조선과 타이완과 같은 다른 식민지에 진출하는 것에 아무런 어려움도 겪지 않았다. 조선과 타이완에서 재벌들은 기업들을 신속하게 설립했고 상당한 정도의 정치적 영향력을 확보할 수 있었다. 이것이 이 시기에 조선과 타이완에서 발전국가체제가 등장하지 않았던 이유라고 할 수 있다.

주 진출을 꺼려했는데, 그 이유는 일본 재벌 기업들이 지역 경제에 강력한 영향력을 행사하던 조선과 타이완 등의 다른 식민지와는 달리, 만주를 재벌의 부패와는 무관한 '성역(sanctuary)'으로 만들기를 원했기 때문이다(滿洲國史編纂刊行會, 1970; 星野直樹, 1963 참조). 기시는 부패한 구(舊)재벌 기업과는 다른 이른바 '신생재벌(新生財閥)'에게만 한정하여 만주에의 참여를 제안한다고 약속함으로써 이 문제를 해결할 수 있었다. 소수의 후보 기업들 가운데 기시와 관동군은 아유카와 요시스케의 닛산콘체른(日産コンツェルン)을 선택했다.[54] 기시와 호시노 나오키(총무청 장관), 이시하라 간지(참모본부 제1부장)를 비롯해 관동군 장교들도 도쿄에 있던 아유카와를 찾아가 만주에 투자하도록 수 시간 동안 설득하기도 했다.

아유카와는 5개년계획의 초안을 받고 한 임원에게 이를 검토하도록 지시했다. 이 임원은 아유카와에게, 이 초안은 "자원들을 단순 회전시키는 것으로 각 품목별 생산력 확충 문제의 횡적 연결이 부족하고, 실행상의 일정이 결여"되어 있어 "학자들이 만든 탁상공론적 이론에 불과하다"고 혹평했다(鮎川義介, 1965: 324). 그러나 아유카와는 만주 경제의 미래가 불확실함에도 불구하고, 만주국 정부와 관동군의 최대한 지원 약속을 받은 후, 최종적으로 닛산의 대부분을 만주에 재배치하기로 결정했다. 1937년에 아유카와는 닛산과 만주의 다수 중공업 기업들을 합병하여 만주중공업개발주식회사(만업)라고 불린 거대 기업체를 출범시켰다. 1936년에 만주를 처음 방문한 아유카와는 관동군 참모 장교들을 만나 산업 계획상의 문제점, 특히 여러 산업 간 연계 부족의 문제를 지적했다.

54 아유카와는 1928년에 닛산을 창업했고 여러 차례의 공격적 합병을 통해 기업을 급격히 확대시켰다. 1930년대 후반 닛산의 회사 규모는 구재벌 그룹인 미쓰이와 미쓰비시의 규모를 능가했다.

아유카와는 관동군의 '일업일사' 원칙이 이 계획에서 반드시 철회되어야 하며, 모든 산업들은 종합개발계획하에서 수직적 하청 구조로 통합되어야 한다고 주장했다. 아유카와는 다음과 같이 언급했다. "만주와 같은 광활한 지역에서 산업을 발전시키고 자원을 개발하는 방식에는 두 가지가 있다. 하나는 개별 산업들을 독자적으로 발전시키는 라인형 구조(liner structure)가 있고, 다른 하나는 산업을 체계적으로 발전시키는 피라미드형 구조(pyramid structure)가 있다. 일반적 형태가 라인형 구조로 만주의 특수회사제도도 여기에 해당한다. 우리는 라인형 구조에 기반을 둔 '일업일사' 원칙을 즉시 버려야 하며 피라미드형 구조 속에서 경제를 체계적으로 발전시켜야 한다"(滿洲國史編纂刊行會, 1970: 547).[55] 아유카와는 또한 자동차와 비행기 같은 첨단 산업을 발전시키기 위해서는 부품 하청업체, 정비공장, 고속도로·공항시설 등 연관 산업을 동시다발적으로 육성해야 한다고 주장했다(鈴木隆史, 1992: 269).

관동군은 아유카와의 제안에 강력히 반대했는데, 그 주요 이유는 첫째, 일부 장교들은 한 산업에 다수의 기업들을 참여시키게 되면 산업을 통제하는 정부 능력의 약화를 초래하기 때문에 군부가 주장하는 '일업일사' 원칙을 바꾸어서는 안 된다고 주장했다. 당시 관동군 내에서 아유카와의 아이디어에 반대했던 대표적 고위 인사는 관동군 사령관이었던 우에다 겐키치(植田謙吉)와 관동군 참모장이었던 도조 히데키였다(滿洲國史編纂刊行會, 1970: 549). 둘째, 관동군 소장 장교들도 재벌에 대한 혐오로 인해 아유카와의 계

---

55 아유카와의 이러한 제안은 일본 경제 발전에서 상당히 중요한 것이었다. 그 이유는 이 제안이 일본의 전후 계열체제의 기반이 되었던 통합 산업 구조(integrated industrial structure)의 아이디어가 되었기 때문이다. 다음에 논의하겠지만, 제2차 세계대전 동안 일본 정부는 산업정책의 핵심 방안으로 산업 통합 계획(industrial integration scheme)을 채택하고 계열체제 구축에 적극적으로 관여했다.

획들을 지지하지 않았다. 아유카와가 구재벌 그룹에 속해 있었던 것은 아니었지만, 관동군 소장 장교들은 아유카와가 미래에 재벌처럼 행동할 것이라고 판단했다(滿洲國史編纂刊行會, 1970: 549). 따라서 당시에 개별 산업에 참여하는 기업의 숫자를 최소화하여 산업에 대한 엄격한 통제를 유지하는 것이 관동군의 이익이었음은 분명했다. 즉 '일업일사' 원칙을 유지하는 것이 관동군의 이익이었던 것이다.

그러나 이러한 관동군의 반대에도 불구하고, 군부는 최종적으로 아유카와가 제안한 대부분의 사항을 수용했으며, 제도적 결과 또한 군부의 양보를 보여주었다.[56] 만주국 정부는 "특수회사의 일업일사 원칙은 건설 초기의 공식으로는 일단 타당하지만, 사업의 발전에 따라 상호 간에 더욱 긴밀한 제휴를 필요로 하게 되어 종합적 경영의 형식을 취하지 않을 수 없게 되었다. 일업일사주의보다는 사업의 유기적 관련성 혹은 지역적 사업성에 공을 들여야만 진정한 산업 개발의 효과를 거둘 수 있다"는 성명을 발표했다(菊池主計, 1939: 7).

실례로 1939년 1월 12일에 만주국 정부는 연간 2,300만 톤에 달하는 제지 생산 증대를 목표로, 제지산업을 확대하는 새로운 계획을 발표했다. 신문기사는 정부가 "단일의 국책회사를 설립하려는 당초 계획을 폐지하고 ① 가네보방적과 일본국책펄프, ② 오지제지, ③ 인조섬유(人造纖維)와 제지연합회 등 3개사의 새로운 체제로 개정했다"고 보도했다(≪中外商業新聞≫, 1939.1.13). 만주의 한 신문도 "만주국 특수회사의 전면적 재검토(滿洲國特殊會社の全面的再檢討)"라는 제목으로 정부의 정책 변화를 보도했다.

---

56 여기서 가장 중요한 점은 관동군이 '일업일사' 원칙을 버리고, 전후 계열체제와 유사한 수직적 하청 구조를 도입했다는 점이다. 관동군은 '일업일사' 원칙이 산업 전반에 걸쳐 단순하면서도 직접적인 통제를 가능하게 한다는 점에서 애초부터 선호했다. 그러나 결국 관동군의 고위 장교들도 아유카와의 설득에 동의하게 되었다.

> 만주국 정부는 건국 이래 경제 건설의 근본 방침으로 고도의 통제경제를 실시해왔다. 국방 내지 공사공익적(公私公益的) 성격을 가지는 중요산업은 대부분 공영 또는 특수회사로 운영하면서 각 기업의 일사업일계통주의(一事業一系統主義)에 의한 경제통제를 실시해왔지만 …… 만주국에서 특수회사의 특이성에 대해 현저하고도 실체에 대한 아쉬움이 제기되어 근본적 시정을 목표로 한 특수회사제도의 재검토와 병행해 「상법」, 특히 「주식회사법」의 수정이 일반으로부터 강하게 요망되기에 이르렀다. 이에 따라 정부에서도 산업부, 경제부, 사법부, 기획처 등의 관계 당국에 특수회사제도 개선에 대한 구체적인 안을 각각 연구하도록 지시했다(≪滿洲日日新聞≫, 1939.3.27).

요약하면 관동군은 전략적 중요산업들에서 민간 소유 기업들에 대한 통제를 유지하기 위해 특수회사제도를 만들었다. 또한 관동군은 '일업일사' 원칙을 도입해 정부가 기업들을 엄격하게 통제하고자 했다. 그러나 민간 행위자들의 정책 권고안을 반영해 일업일사 정책은 철회되었고, 국가 통제 수준은 완화되었다. 이는 제도적 결과가 단순히 가장 강력한 행위자들의 이익만을 반영하지 않는다는 점을 보여준다. 행위자들 간의 권력 균형만이 제도 형성에 영향을 주는 것이 아니라 그만큼 아이디어 요인들도 중요하다고 할 수 있는 것이다. 관료들과 민간 경영자들은 만주에서 정치적으로 강력하지는 못했지만, 자신들의 제안을 받아들이도록 관동군을 설득하는 데 뛰어난 능력을 발휘했던 것이다. 그 결과 정치적으로 강력했던 관동군도 애초의 정책들을 철회하고 통제경제론의 아이디어에 좀 더 부합하는 정책들을 선택했다. 관동군이 정책들 중 일부가 자신들의 이익에 반할지라도 그러한 정책들을 수용했던 이유를 밝혀내기 위해서 우리는 당시의 지적 맥락(intellectual context)을 살펴보아야 한다.

4. 결론

일본인 소장 관료들 및 민간 경영자들의 지원과 함께, 이시하라와 미야자키가 공들여 만든 개발 계획을 관동군은 실행에 옮겼고, 만주는 미국과 맞서 최종전쟁을 수행하기 위한 이시하라의 원대한 전략을 뒷받침하는 일본의 핵심적 공급기지로 개발되었다. 그러나 이시하라와 미야자키의 만주에 대한 개발 중심적 경제 정책들은 관료들과 기업가들의 견해를 반영해 일부 수정되었다. 이러한 수정을 통해 산업정책과 정부의 역할은 재정립되었고, 그 결과 산업 구조는 좀 더 효율성을 갖게 되었다.

만주국의 선도기구들은 국가 산업화의 청사진을 입안하여 일본과 만주국의 국가적 이익을 증대시키기 위한 계획들을 실행에 옮겼고, 그들이 수행한 산업합리화정책들은 특정 산업 분야에서 민간기업들의 투자를 촉진했다. 이에 따라 산업 생산성이 개선되고 특정 제품의 생산 증대가 촉진되었다. 게다가 정부가 전략적으로 중요한 산업들에서 민간 소유 기업들에 대한 통제를 확보하기 위해 만든 (일업일사 원칙에 따른) 특수회사제도는 민간 행위자들의 정책 권고에 따라 일부 원칙이 철회되었고, 국가 통제 수준은 완화되었다.

이 장에서 다룬 필자의 주장은 다음과 같다. 제도 형성 과정에 주로 영향을 미치는 것은 행위자들 간의 권력 관계와 정책결정자들의 아이디어라는 두 가지 요인이라는 점이다. 일본군 장교들이 만주 정치를 지배하면서 나타난 제도적 결과들은 이러한 권력 구조를 상당 부분 반영했는데, 그 원인은 일본의 군사적 야심을 뒷받침하기 위해 만주를 산업공급기지로 탈바꿈시키려는 만주국 발전국가체제를 군부가 만들었기 때문이다. 그러나 한편으로 만주국 발전국가체제의 제도 형성 과정을 완벽히 설명하기 위해서는 아이디어 요인들에 주목할 필요가 있다. 군 장교들은 자유시장경제와 사회주의 경제를 융합한 통제경제론을 발전시켰다. 이 아이디어는 관동군의 아이디어적 지침이 되었고 관동군의 정책 결정 과정에 상당한 영향을 미쳤다. 관동군은 사회주의체제가 아닌 발전국가체제의 수립을 선택했는데, 그 이유는 만주를 급속하게 산업화시키는 가장 효과적인 방법이 바로 발전국가체제였기 때문이다. 게다가 관동군은 때로 군의 이익에 반할지라도 관료들과 민간 기업가들의 요청을 상당 부분 수용하기도 했다. 군 장교들이 그들의 요청들을 수용했던 이유는 그들의 요청이 군부의 애초 계획보다 통제경제론에 더 부합한다고 판단했기 때문이다. 따라서 만주의 사례는 이익과 아이디어가 서로 상충될 때, 행위자들은 때로 자신들의 아이디어에 따라 행동한다는 점을 보여준다.

만주에서의 제도적 진화에 대한 연구는 전후 일본 경제체제와 당시의 제도적 진화를 이해하는 데 중요한 함의를 준다. 첫째, 전후 일본 경제체제의 기원을 만주에서 형성된 제도에서 찾을 수 있다는 점이다. 제4장과 제5장에서 다루게 되겠지만, 전시와 전후 일본의 정책결정자들은 경제계획과 산업합리화정책과 같은 산업정책을 입안하고 수행하는 만주국의 선도기구들과 유사한 기구들을 재설립했고, 결과적으로 이들 기구들이 이 시기 동안 일본의 급격한 산업화를 주도했다.

둘째, 제도들이 항상 정책결정자들이 의도한 방식대로 진화하는 것은 아니라는 점이다. 만주국의 선도기구들은 이들을 '경제참모본부'로 만들려 했던 정책 혁신가들의 계획을 분명하게 반영하기는 했지만, 특수회사제도는 정책 혁신가들이 애초에 설계했던 것과는 다소 차이가 있는 형태로 진화되었다. 따라서 일부 사례에서 보듯이 국가 엘리트들이 정책 결정 과정을 완벽히 장악하고 있는 체제라고 할지라도, 제도적 진화는 비엘리트들의 견해를 반영한 의도하지 않은 결과를 낳을 수 있다. 이러한 점에서 특수회사제도의 진화에 대한 검토는 제도적 진화를 이해하는 데 중요하다고 할 수 있으며, 그 이유는 제도에 대한 정책이 가장 강력한 행위자의 이익을 단순히 반영하는 것은 아니라는 점을 보여주기 때문이다. 때로는 가장 강력한 정치적 행위자라고 할지라도 양보할 수 있으며, 이는 제도적 결과물에 그대로 반영되는 것이다.

제4장

전시 일본 경제의 부흥(1937~1945)

이전 장에서는 만주국 발전국가체제의 제도 형성 과정에 대한 분석을 통해 만주국에서의 제도적 결과가 행위자들 간의 정치권력 관계와 함께 그들의 아이디어가 반영되었다고 보았다. 이번 장에서는 일본 경제가 1920년대 자유시장경제에서 1937년부터 1945년까지의 발전국가체제로 전환된 과정을 검토하고자 한다. 이 시기는 일본 경제의 중대국면이었는데, 그 이유는 1937년에 발발한 중일전쟁과 미일 간의 긴장상태가 이 시기에 격화되었기 때문이다. 이시하라의 최종전쟁 예언이 현실화되는 것처럼 보였다. 이러한 일련의 급박한 상황 전개는 일본의 정책결정자들로 하여금 일본의 군사적 목표(military endeavors)를 달성하기 위해 새로운 경제체제를 수립하도록 만든 원인이 되었다. 만주국의 사례에서 보듯이, 전시 일본의 군 장교들과 관료들은 급속한 산업화와 생산 확대를 이루기 위해 발전국가체제를 수립했다.

이 장은 두 부분으로 구성되었는데, 첫 번째 부분에서는 일본 전시발전국가체제의 핵심 제도인 선도기구(기획원과 상공성)와 통제회를 면밀히 검토할 것이다. 먼저 전시발전국가체제에서 제도들이 수행한 역할을 검토한 후, 전시발전국가체제의 제도들을 만주국과 전후 일본 발전국가체제의 유사한 제도들과 비교·대조할 것이다. 선도기구에 대한 논의에서는 기획원이 추진했던 두 가지 종류의 산업정책(경제계획과 산업합리화)을 상세히 검토하여, 전시 일본과 만주국 선도기구들과의 유사성을 검토할 것이다. 또한 전시의 업계단체인 통제회의 역할을 검토하여, 일본의 국방력 강화를 위해 생산 능력을 급격히 확충하려는 정부의 노력을 통제회가 어떻게 뒷받침했는지를 보여줄 것이다.

두 번째 부분에서는 전시 일본에서 발전국가체제의 발흥과 관련된 세 가지 가설을 평가하면서 제도 형성 과정을 추적할 것이다. 좀 더 구체적으로 보면, 각 가설들이 다음의 퍼즐들을 어떻게 다루는지를 검토하게 될 것이다. 첫째, 전시 일본에서 발전국가체제가 등장한 이유는 무엇인가? 둘째, 전시 정책결정자들이 구축한 제도적 결과가 새로운 경제체제에 어떤 영향을 미쳤는가? 셋째, 만주국의 발전국가체제와 전시 일본의 발전국가체제 간에는 어떠한 관계가 있는가 하는 점이다.

1. 일본 전시발전국가체제의 제도

1) 선도기구: 내각 기획원

전시 일본의 발전국가체제는 선도기구로 내각 기획원을 1937년에 설립했다. 1937년에 제정된 「기획원관제(企劃院官制)」에서는 이 기구의 권한과 기능을 다음과 같이 규정했다.

> 제1조 기획원은 내각총리대신이 관할하며 아래의 사무를 관장한다.
>
> 1. 평시와 전시의 종합 국력 확충·운영에 관한 안을 기초해 그 근거와 방안

을 내각총리대신에 진언하는 것.

2. 각 부처에서 내각회의에 제출된 안건들 가운데 평시와 전시의 종합 국력 확충·운영에 관한 중요한 안건의 대강을 심사하여 구체적 의견과 방안을 내각총리대신을 거쳐 내각에 진언하는 것.
3. 평시와 전시의 종합 국력 확충·운영에 관한 중요 사항의 예산 통제와 관련한 구체적 의견을 내각총리대신을 거쳐 내각에 진언하는 것.
4. 국가총동원계획의 설정 및 수행에 관한 각 부처 사무의 조정과 통일을 도모하는 것.

위의 사항에 관한 업무를 수행할 때, 필요할 경우 기획원은 관련된 각 부처와 기관의 정보에 관한 자료 제출 및 설명을 요구할 수 있다.[1]

이를 통해 기획원은 '종합 국력의 확충'을 목표로 급속한 경제 발전 계획을 기획하고 수행하는 데 핵심적 역할을 맡게 되었다.

더불어 1938년에 제정된 「국가총동원법(國家總動員法)」에서는 전쟁을 수행하기 위해 모든 경제적 자원과 인력을 동원할 수 있도록 국가에 권한을 부여했고, 기획원에는 자본·천연자원·노동을 여러 산업 부분에 배분할 수 있는 추가적 권한도 부여되었다. 이 법에서는 기획원이 '물자 예산'이라고 불리는 자원 분배 계획을 작성하도록 규정했다. 전시에 자원은 육군과 해군의 급박한 군수물자 수요 때문에 기본적으로 부족할 수밖에 없기 때문에 자원의 분배는 군사 작전상으로도 중요한 요소였다. 따라서 정부는 군사 작전의 성공과 경제 성장이라는 목표를 동시에 달성하기 위해서 군부와 산업, 민간 부분에 효율적으로 자원을 배분할 수 있는 계획을 입안하도록 기획원에 지

1 「企劃院官制」(1937.10.25), 中野文庫(http://www.geocities.jp/nakanolib/rei/rs12-605.htm).

시했다. 자원 배분과 관련된 기획원의 권한을 통해 기획원은 일본의 경제정책 결정에 막대한 영향력을 미치게 되었다. 다시 말해 기획원은 전시 선도기구로 기능하면서 자원에 대한 국가 통제를 관리하고 경제 발전을 선도하게 되었다.

기획원이 맡은 이러한 중대한 임무 때문에 기획원 총재는 각료급 인사가 맡았고, 다키 마사오(瀧正雄, 전 법제국 장관), 아오키 가즈오(青木一男, 전 대장대신), 호시노 나오키(전 만주국 총무청 장관) 등 극소수의 핵심 인사들이 기획원 총재를 맡았다. 기획원 관료들에는 국가 통제를 강력히 지지하는 혁신관료들이 상당수 배치되었는데, 대표적 인물로는 우에무라 고고로(植村甲午郎), 아즈마 에이지(東英治), 와다 히로오(和田博雄)를 들 수 있다. 기획원 관료들은 전시 선도기구였던 상공성에서 주로 충원되었고, 그들 상당수가 제2차 세계대전 종전 이후에도 일본의 경제개발을 주도하는 데 핵심적 역할을 담당했다.[2] 상공성과 긴밀하게 협력하면서 기획원은 1938년에 「국가총동원법」과 같은 해 「생산력확충4개년계획」, 1940년에 「경제신체제확립요강(經濟新體制確立要綱)」 등의 중요한 산업정책들을 입안했다. 아래에서는 선도기구에서 추진한 두 가지 형태의 산업정책(장기경제계획과 산업합리화정책)을 면밀히 검토하여, 기획원과 상공성의 혁신관료들이 이루고자 했던 목표가 무엇이었는지를 명확히 하려 한다.

---

2 예를 들어 와다 히로오는 1947년에 전후 일본의 선도기구인 경제안정본부의 총무장관으로 취임했고, 우에무라 고고로는 일본경제단체연합회(경단련)의 회장으로 활약했는데, 경단련은 주요 대기업 가운데서도 소수 대기업들만이 참여한 단체였다. 전후에 전시 기구들의 재등장을 이해하는 것은 중요하기 때문에, 전시와 전후 기구들 간의 인적 연계에 대해서는 제5장에서 좀 더 상세히 다룰 것이다.

전시 선도기구의 산업정책

① 경제계획: 1938년 「생산력확충4개년계획」

1938년에 기획원에서 입안한 「생산력확충4개년계획」은 일본 본토에서 추진한 최초의 장기경제계획이었다. 이 계획은 1937년에 입안된 「만주산업개발5개년계획」을 모델로 한 것이었는데, 「만주산업개발5개년계획」의 초안은 이시하라 간지의 의뢰에 따라 일만재정경제연구회(日滿財政經濟研究會)의 미야자키와 동료들이 입안한 것이었다. 만주국의 경제계획 입안에 참여했던 동일 인물들이 「생산력확충4개년계획」에도 관련되어 있었던 것이다. 이시하라는 1933년에 일본으로 돌아온 후 육군 참모본부에서 강력한 권한을 갖게 되었다. 이시하라의 지원을 받아 일만재정경제연구회는 1937년에 「중요산업5개년계획」이라는 제목의 경제계획안을 만들었고, 하야시 센주로(林銑十郎) 내각에서 채택이 예정되어 있었다(中村隆英·原朗, 1970: xxxvii). 그러나 이시하라가 권력에서 실각하자[3] 경제계획도 한동안 중단되었다. 이 계획은 1938년 1월에 기획원에 의해 부활되어, 1939년 1월 내각 회의에서 「생산력확충계획요강(生産力擴充計劃要綱)」으로 채택되었다. 이 「요강」은 경제계획의 주요 목표를 다음과 같이 설정했다. "이 계획은 현재 내외의 정세를 고려

---

3 1933년 일본으로 돌아온 이시하라는 보병 제4연대장을 거쳐 1935년 8월에 육군 참모본부 작전과장에 취임했다. 이시하라는 1936년 2월에 발생한 2·26사건을 진압하면서, 육군 내에서 상당한 명성을 얻게 되었다. 1937년 1월에는 참모본부 제1부장에 임명되었고, 3월에는 소장으로 진급했다. 그러나 1937년 7월 중일전쟁이 발발하자, 미국과의 최종전쟁을 위해서 시간이 필요하다고 판단했던 이시하라는 전선의 확대를 반대했다. 그의 확전불가론은 육군 수뇌부와 마찰을 빚게 되었고 1937년 9월 관동군 부참모장으로 전출되었다. 만주국에서도 참모장이었던 도조 히데키와 마찰을 빚어 해임 당했고, 1937년 12월에 한직으로 좌천되었다. 결국 1941년 3월 당시 참모총장이던 도조에 의해 파면되어 군 생활을 마감했다. _ 옮긴이 주

표 4-1 「생산력확충4개년계획」 개요(1938~1941)

연도	철강(kt)	선철(kt)	철광석(kt)	석탄(kt)	공작기계	선박(t)	전력(kw)
1938	4,615	3,300	2,250	58,565	76,000	402,000	10,131,500
1939	5,630	4,000	3,200	65,803	118,500	550,000	8,098,000
1940	6,280	5,293	4,400	71,725	172,500	600,000	9,514,500
1941	7,260	6,362	5,700	78,182	200,000	650,000	10,836,500

* kt=1,000톤
자료: 企劃院, 「生産力擴充計劃要綱」(1939.1.17).

하여, 동아시아의 안정 세력인 우리 국력의 충실과 강화를 도모하는 동시에 우리 국운의 장래 비약적 발전을 준비하기 위해 중요한 국방산업 및 기초산업을 쇼와 16년(1941년)을 기점으로 소요되는 목표를 달성하도록 일본·만주·중국에 생산력의 종합적 확충 계획을 수립해 온갖 어려움을 극복하더라도 이를 달성하는 것으로 한다"(中村隆英·原朗, 1970: 244).

이 계획은 13개 산업, 37개 제품(철강, 석탄, 화학제품, 공작기계, 철도, 선박, 전력 등)을 '국방산업 및 기초산업'으로 지정하고 각 제품별 연간 생산 목표를 설정했다. 〈표 4-1〉은 주요 생산품의 목표치를 보여준다.

1940년 12월 27일 내각에서 채택된 「철강생산력확충계획에 관한 건(鐵鋼生産力擴充計劃ニ關スル件)」[4]은 철강 생산의 확충을 위한 구체적 방안을 다음과 같이 제시했다.

철광석 : 일본·만주·중국을 통한 일관된 방침하에 개발을 촉진함과 동시에 남아시아에서 철광석을 확보하기 위한 노력을 도모한다.

석탄 : 자재와 기술, 노동력의 공급을 우선 확보하는 동시에 일본·만주·중국을

4 企劃院, 「鐵鋼生産力擴充計劃ニ關スル件」(1940.12.27), 國立國會圖書館(http://rnavi.ndl.go.jp/politics/entry/bib00299.php#content).

통해 증산된 석탄의 해상·육상 운송체제를 개발한다. 이와 동시에 철강생산용 석탄의 합리적 배분 계획을 세우고, 기타 목적용 석탄의 활용을 최소화할 수 있는 조치를 취한다.

자금 : 철강 생산력 확충에 소요되는 자금은 기존 생산력 확충 계획에 소요되는 자금만으로도 막대한 자금을 필요로 하고 있다. 현재의 금융제도하에서 민간 금융회사들이 그러한 막대한 자금을 조달할 수 있으리라고 기대하는 것은 불가능하다. 일본 정부는 공적 자금의 활용을 통해 이 문제를 해결할 수 있는 특별 조치를 강구해야 한다.[5]

1941년에 정부가 통제회를 설립한 후, 산업별 통제회는 회원 기업들에게 연간 생산 달성 목표량을 부과했다. 통제회는 회원 기업들이 정부 계획을 반드시 따르도록 지시했다.[6]

「생산력확충4개년계획」은 야심찬 목표를 설정했지만, 전쟁 상황의 악화와 자원 수입의 감소로 인해 각 산업들은 목표 할당량을 달성하는 데 극심한 어려움을 겪었다. 1938년부터 1941년까지 4개년 동안의 실질 생산량은 목표치를 달성하지 못했다. 1939년 기획원 조사에 따르면, 계획상의 두 번째 해에 이미 각 산업들은 생산 확충에 어려움을 겪고 있었다.[7] 이 조사에 따르면 철광석, 선철, 특수강의 경우 1939년에는 생산목표치의 약 90%를 생산했는데, 1941년에는 모든 철강제품의 생산량이 전력과 자원 부족으로 인해

---

5 같은 문건.

6 실례로 「철강통제회통제규정(鐵鋼統制會統制規程)」에서는, "(철강통제회) 회장은 철강업체들에게 생산하는 모든 종류의 철강제품의 생산 할당량을 배정한다. 철강업체들은 이 지시에 따라 철강을 생산해야 한다"라고 규정했다(≪日本工業新聞≫, 1942. 1.16).

7 企劃院, 「生産力擴充計劃實施の狀況および今後の對策」(1939.10).

표 4-2 중요산업품의 생산계획과 실질 생산량(1938~1945)

연도	보통철(kt)		보통강·강재(kt)		석탄(kt)		중유(kt)	
	계획	실적	계획	실적	계획	실적	계획	실적
1938	-	2,617	4,615	4,803	-	48,684	-	610
1939	3,650	3,225	5,630	4,581	53,896	51,748	429	389
1940	3,850	3,580	5,120	4,483	58,000	57,367	619	330
1941	4,450	4,210	4,620	4,212	59,000	55,602	299	216
1942	4,604	4,208	4,879	4,031	57,000	54,169	-	142
1943	3,781	3,945	4,142	4,101	55,000	55,538	-	384
1944	2,848	2,644	2,707	2,613	58,200	49,325	-	72
1945	555	411	402	315	20,566	16,140	50	59

* kt=1,000톤

자료: 經濟安定本部 産業局,「自昭和十年三年度物資動員計劃總括表」(1951.5.17).

그림 4-1 보통강·강재 4개년계획 목표생산량 및 실질생산량 추이(1938~1941)

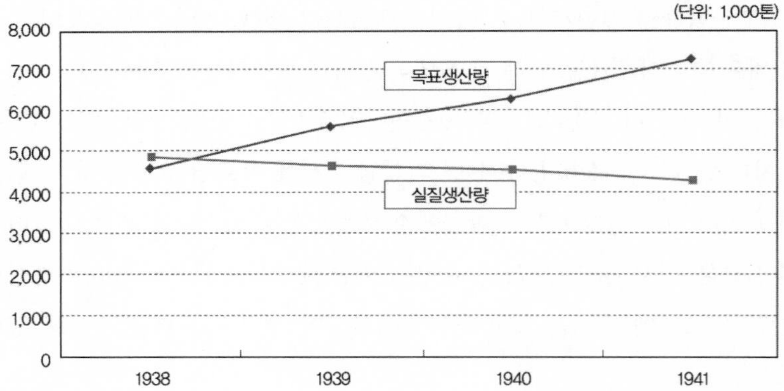

자료: 中村隆英·原朗(1970: xxxviii).

10% 정도 축소될 것이라고 예측되었다(中村隆英·原朗, 1970: 231~232). 〈표 4-2〉와 〈그림 4-1〉은 철강 생산 목표치와 실질 생산량 간에 상당한 차이가 있었음을 보여준다.

「생산력확충4개년계획」은 목표량을 달성하지는 못했지만, 일본 정부가 장기경제계획을 적용하기 위해 최초로 시도했다는 점에서 획기적인 사건이었다. 전시에 자신들이 만들었던 계획들의 실패 경험을 바탕으로 전후에 관료들은 상당수 장기경제계획을 다시 입안했다.[8] 다음 장에서 설명하겠지만, 전후의 경제계획들은 만주와 전시 일본에서 입안되었던 계획보다 훨씬 정교했고, 상당한 성공을 거두었다.

② 산업합리화정책[9]

전시의 또 다른 주요 산업정책으로는 산업합리화정책을 들 수 있다. 제3장에서 언급했듯이, 장기경제계획이 주로 생산력 확충을 목표로 한 데 비해, 산업합리화정책은 산업의 효율성 증진에 초점을 맞추었다. 전시 산업합리화정책의 예로는 철강 산업의 합리화정책을 들 수 있다. 1938년 정부는 「생산력확충4개년계획」을 입안했지만 당시 철강 산업은 이미 에너지와 자원 부족으로 인해 생산 목표를 달성하는 데 어려움을 겪고 있었다. 이에 정부는 1941년에 「철강생산합리화정책」을 시행하여 사업 효율성을 증진시키려 했다. 이 정책의 주요 목적은 높은 생산성을 가진 기업들과 공장들에 희소자원과 자본을 우선 공급하는 동시에 효율성이 낮은 기업과 공장들을 정리하는 데 있었다. 정리된 공장의 노동자들이 다른 공장으로 재배치되었음은 물론이다. 이 정책을 통해 21개 기업의 44개 공장들이 정리되었다.[10] 이러한

8 전시 계획의 교훈에 대해서는 米倉誠一郎(1993) 참조.

9 '산업합리화정책'이라는 용어는 제2장에서 논의했듯이 이전 시기에도 정부 정책으로 추진된 바 있었다. 그러나 당시 관료들의 영향력은 제한적이었다. 예를 들어 당시 관료들은 합리화 명목으로 비효율적 기업들을 강제로 통폐합하지는 못했다. 따라서 전시 이전에 이루어진 일본의 합리화정책은 단지 명목상일 뿐이었으며, 전시 시기에 이루어진 합리화정책과는 근본적으로 차이가 있었다.

정부의 지침하에서 선철통제회는 이 정책의 목표를 설명하는 언론 보도를 다음과 같이 발표했다.

> 생산조건이 악화되고 있는 이 상황을 그대로 방치해둔다면, 국가가 요청한 생산 증대를 달성할 수 없을 뿐만 아니라 오히려 생산 감소를 방지하는 것도 어렵게 될 것이다. 따라서 우리는 향후 철강 산업에 생산합리화를 중점 시행해야 한다. 목표를 달성하기 위해서 선철통제회는 1941년 하반기에 중점 생산 할당을 실시했다. 우리의 정책은 생산합리화에 우선순위를 두고, 자원·설비·노동력·운송의 효율적 활용에 중점을 두고 있다. 이와 더불어 우량한 설비와 효율성을 가진 공장들에 우선적으로 생산량 할당을 시행할 것이다. 이는 중점 공장들의 가동률을 높이게 될 것이다. 한편 다른 공장에서 활용할 수 있는 정리된 공장의 추가 근로자들은 상당할 것으로 예상되며, 그들의 재배치는 생산력 확충에 상당 정도 기여하게 될 것이다(≪日本工業新聞≫, 1941.12.18).

이와 유사하게 1941년에 정부에서는 자동차산업에도 합리화정책을 적용했다. 4개 국내 자동차 업체[도요타자동차공업(トヨタ自動車工業), 닛산자동차판매(日産自動車販賣), 니혼디젤공업(日本ディーゼル工業), 만주자동차(滿洲自動車)]를 단일 업체인 일본자동차배급주식회사(日本自動車配給株式會社)로 통합하여, 자동차통제회에서 관리하도록 결정했다. 정부는 자동차 생산과 판매(배급)의 강화를 통해 일본에서 자동차 생산의 효율성 증대를 도모하고자 했다(≪大阪朝日新聞≫, 1941.6.12).

요약하면 전시에 일본 정부는 만주의 선도기구와 유사한 선도기구를 수

---

10 44개 공장들에는 후판(厚板)공장 3개소, 박강판(薄鋼板)공장 5개소, 금속판공장 5개소, 대규모 공장 2개소, 중규모 공장 15개소, 소규모 공장 16개소에 달했다.

립했고, 만주의 선도기구와 마찬가지로 이 기구에 산업화의 청사진을 입안하고 산업을 통제할 막강한 권한을 부여했다. 또한 일본 정부는 만주에서 볼 수 있었던 것과 상당히 유사한 장기경제계획과 산업합리화정책을 시행했다.

2) 통제회

일본 정부가 만주 체제를 모델로 한 선도기구를 수립했음에도 불구하고, 일본 정부가 수립한 산업통제체제는 만주의 특수회사제도와는 조금 달랐다. 1941년에 상공성과 기획원은 각 산업별 기업들이 통제회라 불리는 카르텔 조직을 만들도록 하는 법안을 입안했다. 그 법안은 내각 회의에서 채택되어 1941년 8월 29일 「중요산업단체령(重要産業團體令)」으로 공포되었다. 이 법령에서는 정부에서 '중요'하다고 지정한 산업별로 통제회(와 그 하부조직인 통제조합)를 설립하고, 중요산업에서 사업을 벌이는 기업들은 모두 산업별 통제회에 가입하도록 의무화했다.

이 법령에서 통제회의 목적은 "국민경제의 총력을 가장 유효하게 발휘하도록 해당 산업의 종합적 통제 운영을 도모해 해당 산업의 국책 입안 및 수행에 협력하도록 하는 것"이라고 규정했다(末川博, 1942: 135). 이 목적을 달성하기 위해서 이 법령에서는 통제회가 다음과 같은 활동을 맡는다고 명시했다.

1. 해당 산업에서 생산 및 배급과 해당 산업이 필요로 하는 자재·자금·노동 등의 수급에 관한 정부 계획과 기타 해당 산업에 대한 정부 계획에의 참여
2. 해당 산업에서 생산 및 배급에 관한 통제지도와 기타 회원 및 회원 단체를 조직하려는 자의 해당 산업의 사업에 관한 통제지도

표 4-3 1941~1942년 설립된 통제회

연도	통제회(설립 월)
1941	철강통제회(11월), 석탄통제회(11월), 광산통제회(12월), 시멘트통제회(12월), 자동차통제회(12월), 차량통제회(12월)
1942	전기기계통제회(1월), 산업기계통제회(1월), 정밀기계통제회(1월), 금속공업통제회(1월), 무역통제회(1월), 조선(造船)통제회(1월), 철도궤도통제회(5월), 경금속통제회(9월), 양모통제회(9월), 피혁통제회(9월), 마(麻)통제회(9월), 견인견(絹人絹)통제회(10월), 면스후(綿スフ)통제회(10월), 유지(油脂)통제회(10월), 화학공업통제회(10월)

자료: 米倉誠一郎(1993: 191).

3. 해당 산업의 설비 확립
4. 기술 향상, 능률 증진, 규격 통일, 경리 개선 등 기타 회원 및 회원 단체를 조직하려는 자가 속한 해당 산업의 사업 발달 시설
5. 해당 산업에 대한 조사 및 연구
6. 회원 및 회원 단체를 조직하려는 자가 속한 해당 산업의 사업 활동 검사

末川博(1942: 135)

이 법령의 주목할만한 특징은 독일식 '지도자 원리(Führer principle)'에 따라 각 통제회 회장에게 회원사들에 대한 강력한 통제 권한을 부여했다는 점이다. 이 법령에서 통제회 회장은 통제회 임원들을 임명·파면할 권한과 더불어 일반 사무를 총괄하도록 규정되었다. 게다가 "통제회의 의사결정은 회장 단독으로 이루어졌고, 회원 총회는 회장에게 특정 사안에 대한 의견만을 제시할 수 있었다. 따라서 회장이 총회의 의견과 전혀 다른 의견으로 정책을 결정할 경우에는 총회는 어떠한 영향력도 행사하지 못했다"(末川博, 1942: 124~125). 또한 이 법령은 만약 회원사가 법이나 행정 명령을 위반하거나 공익을 침해 혹은 통제회의 규정을 위반할 경우, 회장이 회원사의 이사들을 해임하도록 규정했고(제27조), 통제회가 "해당 부처 대신에게 정책 권고를 제출"(제17조)하고, "통제회의 규정을 위반한 회원사들에게 벌금을 부여"(제21

조)할 수 있도록 규정했다.

「중요산업단체령」이 공포된 직후, 정부는 20여 개 산업에서 통제회 제도를 시행하도록 지정했다. 〈표 4-3〉은 1941년과 1942년 사이에 설립된 통제회 명단이다. 가장 먼저 설립된 철강통제회와 석탄통제회는 정부가 전쟁 수행에 가장 중요하다고 판단했던 통제회였다.

철강 산업은 통제회 제도가 최초로 도입된 산업으로, 1941년 11월에 철강통제회가 설립되었다. 철강통제회에는 일본의 주요 철강사인, 니혼제철주식회사(日本製鐵株式會社), 니혼강관주식회사(日本鋼管株式會社) 등이 참여했고, 니혼제철의 사장인 히라오 하치사브로(平生釟三郞)가 철강통제회의 초대 회장이 되었다. 철강통제회는 소속 직원들만 300명에 달하는 대규모 조직이었고, 직원들 대부분은 회원사들에서 파견한 직원들과 퇴직 직원들로 이루어졌다.

1941년 11월에 채택된 「철강통제회약관」에서는 통제회의 목적을 "동아 공영권 내에서 자주적 철강 산업의 확립을 기하고 철강 산업의 종합적 운영을 도모하는 한편 철강 산업에 관한 국책의 입안과 실행을 지원함"이라고 규정했다(≪日本工業新聞≫, 1941.11.5). 또한 1942년 1월에 채택된 「철강통제회규정」에서는 실행 규칙을 좀 더 상세하게 규정하고, 통제회의 활동은 회장의 지시에 근거한다는 명확한 규칙을 제정하여, 회장의 포괄적 권한을 공식 인정했다. 예를 들어 제3조에서는 "철강업자들은 보통강괴의 제조에서 회장이 정한 배합 비율에 따라 선철 및 철설(鐵屑)을 사용할 것"이라고 규정했고, 제10조에서는 "회장은 제철업자들에게 철강 종류별 생산할당량을 지시하고, 이 지시를 받은 제철업자들은 이 지시에 따라 제철을 제조해야 한다"고 규정했다(≪日本工業新聞≫, 1942.1.16).

만주국과 전시 일본의 산업구조를 비교했을 때, 몇 가지 중요한 차이점들을 발견할 수 있다. 만주국과 전시 일본 모두 특수회사제도와 통제회 제도를 산업에 대한 국가 통제의 수단으로 설계했지만, 그 운영 방식은 상당히 달랐다. 특수회사제도는 전시 일본의 통제회 제도보다 기업에 좀 더 직접적인 영향을 미쳤던 반면에 통제회 제도는 간접적 통제 수단으로서, 국가와 산업 간의 원활한 의사소통, 업계로부터의 정보 수집, 개별 기업들의 국가 정책과 지침의 이행 여부 점검을 통해 관료들은 기업들로 하여금 국가에 협력하도록 강제할 수 있었다(만주와 전시 일본의 산업 통제에 대한 상세한 비교는 제6장 참조). 통제회 제도는 전후 일본에도 계승되어, 간접 통제 수단으로서 그 기능을 지속했다. 이러한 점에서 만주에서 산업에 대한 국가 통제는 전시는 물론 전후 일본과도 달랐다고 할 수 있다.

2. 전시 일본 발전국가체제의 부흥

이 절에서는 전시 일본 발전국가체제의 제도 형성 과정을 추적하면서, 산업 통제 제도(선도기구와 통제회)들이 전시 일본에 등장했던 이유를 분석하고자 한다. 과정추적 분석을 통해 세 가지 가설, 즉 집합행위 가설, 권력중심합리주의 가설, 아이디어적 가설의 타당성을 검증할 것이다.

1) 1930년대 초반의 일본 경제

1929년에 일어난 세계대공황은 세계 경제에 심각한 타격을 입혔고, 세계 각국의 경제는 최악의 침체를 겪게 되었다. 1929년 직후 2년 만에 미국의 국내총생산(GNP)은 13%, 영국은 23%, 독일은 12%나 감소했다(Werner, 2001: 43). 일본도 이러한 세계적 경기 침체에서 예외가 아니었는데, 그 주요 원인은 일본의 주요 수출품인 생사(生絲), 모직물 및 기타 경공업제품의 최종 소

그림 4-2 **일본의 국민소득**(1925~1934)

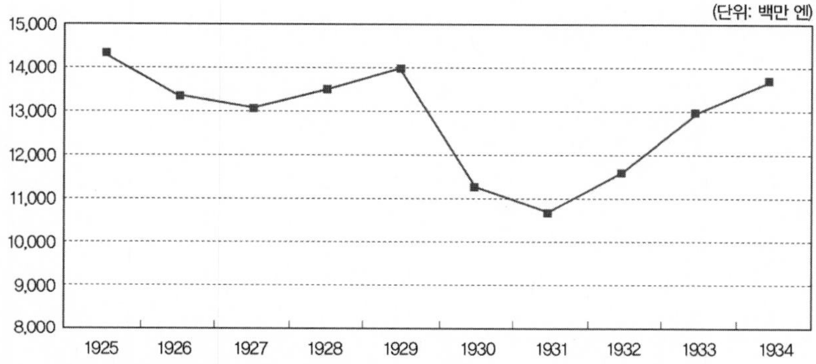

자료: 經濟企劃廳調査局統計課(1964).

비처가 미국 시장이었기 때문이다. 세계 각국의 경쟁적인 자국 통화 가치 절하로 인해 심각한 인플레이션의 물결이 국제시장을 강타하면서, 일본의 수출품 가격은 급락했고, 일본 기업들의 수익성은 악화되었다.

여기에 더해 블록경제의 대두(擡頭)는 일본 제품의 수요를 더욱 감소시켰고, 일본의 산업 생산 지수는 산업 전 분야에 걸쳐 하락하게 되었다. 무역도 대폭 감소했고(1929년과 1931년 사이에 수출은 53%, 수입은 55% 감소), 기업의 수익률도 제로(0)에 가까울 정도로 감소했다(鈴木隆史, 1992: 42). 당시 일본의 주요 수출품이었던 생사와 면은 1929년에 일본 전체 수출의 64.2%를 차지했는데, 1929년과 1932년을 비교했을 때, 생사와 면제품의 가격은 각각 65.9%, 56.7% 하락했고, 같은 기간에 이들 제품의 판매율도 각각 54.0%, 42.0% 하락했다.[11] 주요 수출품의 급격한 감소에 따라 일본 경제는 심각한 불황에 빠졌고, 국민소득은 1929년에서 1931년 사이에 24.3%나 감소했다(經濟企劃廳調査局統計課, 1964: 288)(〈그림 4-2〉 참조).

---

11 이 수치는 일본통계연구소(1958)의 자료에서 필자가 산출한 수치에 기반을 둔 것이다.

그림 4-3 **일본의 실업률(1929~1934)**

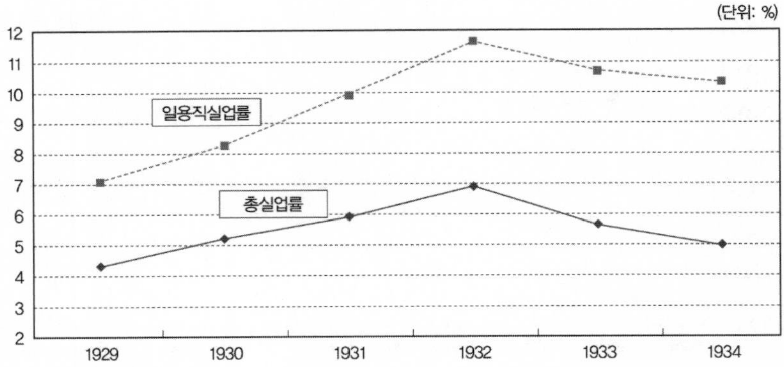

자료: 日本統計研究所(1958: 278).

실업률도 1929년 4.33%에서 1932년 6.88%로 치솟았다. 일용노동자의 경우, 그 수치는 1929년 7.11%에서 1932년 11.59%로 상대적으로 더욱 악화되었다(日本統計研究所, 1958: 278). 〈그림 4-3〉은 당시 실업률을 나타낸 것이다. 농산품의 가격도 폭락해서, 농가의 평균 수입은 대공황 2년간 거의 반으로 줄어들었다. 자료에 따르면, 농가의 연평균 수입은 1928년 1,047엔에서 1931년 478엔으로, 2년간 54.3%나 감소했다(日本統計研究所, 1958: 160). 다른 자료들은 농가의 수입이 1929년 이후부터 3년간 1/3로 악화되었음을 보여주었다(≪東京朝日新聞≫, 1935.4.26).

당시 언론에서는 농촌 경제의 실상에 대해 다음과 같이 보도했다. "쇼와 5년(1930년) 농촌공황의 직접적 원인이 농산물 가격의 급격한 하락에 있었다는 것은, 자본주의 경제 조직하에서 시장의 힘(市場の力)에 대해 농업생산이 얼마나 무력한지를 명확히 보여주었다. …… 현재 위기를 계기로 농촌의 수입은 작년에 비해 상당한 정도로 감소되었고, 최저로 계산해도 8억 엔에 달할 것으로 보인다. 즉 쌀에서 3억 4,507만 3,000엔, 견(繭)에서 3억 7,900

만 엔, 채소류에서 4,300만 엔, 과실액에서 2,600만 엔 등 총 7억 9,000만 엔에 달한다"(≪神戸又新日報≫, 1930.12.30).

또 다른 기사에서는 "일본 농가의 부채 총액은 약 60억 엔에 달할 것으로 추산된다. 그뿐만 아니라 이 부채의 약 80%가 연 7%에서 15%에 달하는 이자를 물고 있다. 따라서 이자는 연 6억 엔에 달한다. 농가들이 과연 이 엄청난 돈을 어떻게 지불할 수 있을까?"(≪東京朝日新聞≫, 1935.4.26). 결국 빈곤은 단기간에 일본 전체에 확산되었다. 모든 측면을 고려했을 때, 당시의 불황은 19세기 후반에 근대화를 시작한 일본이 겪었던 가장 최악의 불황이었다.

2) 집합행위이론

집합행위이론은 행위자들이 상호 이익의 결과를 얻기 위해 제도를 만든다고 가정한다. 이 이론은 집합행위가 행위자들 간의 신뢰 부족, 무임승차, 높은 거래 비용, 점검과 실행 메커니즘의 부재 등과 같은 문제로 인해 조직되기 어렵다고 가정한다. 행위자들의 개별적 효용 극대화 행위가 집합행위의 문제들을 해결하는 것을 어렵게 만들기 때문에, 결국 행위자들은 차선책을 선택하거나 때에 따라서는 비효율적 결과로 귀결될 수밖에 없다는 것이다. 합리주의자들은 집합행위의 문제를 해결할 수 있는 방안의 하나로 제도를 상정했는데, 그 이유는 규칙과 절차에 대한 동의가 불확실성을 감소시키고, 집행 메커니즘을 제공하며, 거래 비용을 줄이고, 균형을 촉진하는 등의 이점을 갖고 있기 때문이다. 1930년대 초반 일본 경제는 심각한 불황에 직면해 있었다. 1929년에 세계대공황의 여파가 몰려오면서 집합행위의 상당수 문제들이 침체된 경제를 더욱 악화시켰다. 따라서 집합행위의 문제들로 야기된 비관적 상황을 해결하기 위해서 행위자들이 선도기구와 통제회를 만들었다고 할 수 있다.

전시 일본의 사례에서 나타난 몇몇 증거들은 이러한 주장을 뒷받침한다. 1930년대 지식인들과 정책결정자들은 경제 위기의 원인을 분석하여, 이기적이고 무책임한 기업 활동이 일본 경제 파탄의 주원인이라고 보았다. 실례로, 당시 일본에서 가장 저명한 경제학자였던 다카하시 가메키치는 1930년에 발간된 자신의 저서에서 일본의 기업 체제를 통렬히 비판했다. 이 책에서 다카하시는 다음과 같은 무책임하고 부적절한 기업 활동이 일본 경제를 심각한 위기로 몰고 갔다고 주장했다(高橋龜吉, 1930: 4).

1. 기회주의적 사업 경영과 장기적 시각의 결여
2. 방만한 재정 운영
3. 허위 회계와 과도한 배당
4. 도덕적 해이와 비생산적 사업 계획
5. 고배당을 요구한 대주주

이러한 견해는 당시의 상당수 정책결정자들에게도 공유되었다. 예를 들어, 기획원의 고위 관료였던 호아시 게이(帆足計)[12]는 세계대공황의 원인과 제도 구축이 필요한 이유에 대해 다음과 같이 언급했다. "개인의 자유로운 행동과 무질서한 방법에 따른 제품 생산이 국민경제 전체의 균형을 파괴했다. 생산 부분 간의 균형이 일상적으로 파괴되고, 생산과 소비 간의 균형이 파괴됨으로써 경제 위기가 발생했다"(帆足計, 1941: 11). 그는 이어서 "이러한 경제불황에 대한 첫 대책은 카르텔이나 트러스트(trust)와 같은 특정 부분별 방어 기제에 있다. 그러나 각 부분에서 개별적으로 조직된 이러한 자기 방

12 호아시는 통제회 설립의 법적 근거가 된 1940년 「경제신체제확립요강」을 입안하는 데 관여했다.

어적 기제들은 국제적 규모 내지 국가적 규모의 경제 위기에 대응하는 데는 무력하다. 우리는 국가적 경제위기를 이러한 개별 행동들로 해결할 수 있으리라고 기대해서는 안 된다. 이 위기를 헤쳐 나가기 위해서는 국민경제 전반에 효과적이고 중요한 규제를 적용하는 것을 검토해야만 한다. …… 그다음에야 우리는 자본주의를 수정하는 그러한 정책들과 통제경제를 검토할 수 있을 것이다"라고 언급했다(帆足計, 1941: 12).

이러한 언급들은 전시 일본 발전국가체제의 제도들이 민간기업의 이기적 활동들을 규제하려는 목표를 가지고 있었음을 보여준다. 이들 제도들은 과잉 생산과 과잉 투자, 무책임한 기업 경영과 같은 집합행위의 문제들이 야기한 부적절한 기업 활동을 방지하도록 설계되었다. 예를 들어, 만약 기업들을 규제하지 않고 자신들의 이익에 따라서 행동하도록 방치한다면, 기업들은 경제가 좋을 때는 생산을 최대로 늘리게 될 것이다. 이를 위해 기업들은 생산 설비를 확충하기 위해 투자를 확대하고, 이에 필요한 자본을 유치하기 위해 주주들에게도 대규모 배당을 실시하게 될 것이다. 그러나 경기가 침체에 빠졌을 때, 기업들은 상품 가격의 급격한 하락에 직면하게 되고 재고가 쌓이게 되면 일본이 1930년대에 겪었던 경제불황이 다시 초래될 것이었다. 이에 따라 일본의 정책결정자들은 방만한 경영을 한 경영진들을 규제하여 치밀한 기획과 점검을 통해 기업들의 활동이 상호 이익의 결과를 가져오도록 이끌 수 있는 제도적 메커니즘의 필요성을 인식하게 되었다. 따라서 전시 일본의 정책결정자들은 집합행위의 문제들을 극복하고 경제의 건전한 성장을 이끌기 위해 선도기구와 통제회를 수립했다고 할 수 있다.

그러나 이러한 설명은 그 타당성을 심각하게 훼손할 수 있는 심각한 실증적 문제점들을 안고 있다. 첫째, 만약 제도들이 집합행위의 문제들을 극복하여 상호 이익의 결과물들을 만들도록 수립되었다면, 모두는 아니더라도 대다수의 행위자들이 그러한 제도의 창설을 지지했을 것이다. 그러나 실제에 있어, 전시에 그러한 제도를 구축하려 했던 정책결정자들의 시도는 심각한 저항에 직면했다. 그 저항은 주로 제도 수립을 통해 이익을 얻을 것으로 예상되었던 재벌(대기업) 경영자들로부터 나왔다(재벌 경영진의 강력하고 지속적인 반대에 대해서는 다음 장에서 좀 더 심도 깊게 논의할 것이다). 집합행위이론은 재벌 경영진들이 이 제도를 반대한 이유에 대해 타당한 설명을 제시하지 못했다.

둘째, 제도들은 정책결정자들의 예상과 달리 제대로 기능하지 못했다. 앞서 보여준 것처럼, 특정 중요 제품의 생산은 예상치를 밑돌았으며, 생산도 대부분 감소했다(〈표 4-2〉와 〈그림 4-1〉 참조). 집합행위이론은 경제적 이익을 창출하지 못했던 제도를 정책결정자들이 왜 만들었는지 그 이유를 설명하지 못했다. 이러한 점은 정책결정자들이 전시 일본에 발전국가체제를 만든 데에는 경제적 필요성 이외의 다른 이유가 있음을 보여준다. 즉 일본의 제도 형성 과정에 영향을 미친 다른 중요한 요인이 있는 것이다.

3) 권력중심합리주의이론

권력중심합리주의이론은 제도 형성 과정을 설명하기 위해 행위자들의 권력 추구에 초점을 맞춘다. 이 관점은 제도가 행위자들 간 정치적 갈등의 부산물이라고 보며, 가장 강력한 행위자들이 자신들에게 가장 유리한 규칙들을 수립한다고 가정한다. 이 이론에 따르면, 강력한 정치 행위자들은 다른 행위자들보다 더 큰 전략적 이득을 얻으려는 목적으로 제도를 설계한다는 것이다. 그러나 만약 다른 행위자들의 저항이 상당히 강력할 경우, 정책결정자들이 양보를 할 가능성도 있다. 이 경우에, 제도적 결과는 정책결정자들뿐만 아니라 반대 행위자들의 이익도 반영하게 된다.

정당정치의 종식과 군부의 대두

군부가 정치를 지배했던 만주국과 달리, 전시 일본에서는 재계-정당 연합과 군부-관료 연합이라는 양대 정치 세력 간의 격렬한 정치적 갈등이 존재했다. 권력중심합리주의이론에서는 이들 양대 세력 간의 정치적 갈등이 전시 발전국가체제의 수립에 반영되었다고 본다. 당시 재계-정당 연합의 주된 이익은 1920년대 동안에 이룩된 자유방임경제를 옹호하는 것이었다. 제2장에서 논의한 것처럼, 민간기업들은 정부의 영향력에서 상대적으로 자유로웠고, 기업의 경영자들도 시장과 경영 정책들에 대한 정부의 개입을 막고자 했다. 정당들도 선거 자금과 규벌을 통해 재벌 경영진들과 밀접한 관련을 맺고 있었기 때문에, 대다수 국회의원들은 경제 사안에 대해 재벌 경영진들의 입장을 옹호하고 있었다.[13]

반면 군부 지도자들은 일본 경제를 만주에서와 마찬가지로 엄격한 국가 통제하에 두려고 했는데, 그 이유는 일본이 1930년대에 들어 지속적으로 적대적인 국제정치 환경에 직면했기 때문이다. 중일 간의 갈등이 일본의 만주 침략과 1932년 괴뢰국가 만주국 건국으로 인해 급격하게 고조되면서 미국 및 영국과의 관계도 악화되었던 것이다. 그 결과 일본의 군부 지도자들은 해외 영토를 더욱 확대하고, 대규모 전쟁 대비를 위해 급속한 산업화 체제를 일본에 수립하고자 했다. 관료들도 이들 군부 장교들에 협력했는데, 다만 관료들은 군부의 해외 팽창 야심에 대해서는 그 필요성에 전적으로 공감한 것은 아니었다. 관료들은 정부 역할의 확대를 원했는데, 그 이유는 정부 역할의 확대가 산업화를 추진하는데 산업 전반에 걸쳐 관료들의 정책 권한을 상당부분 강화할 수 있기 때문이었다.

---

13 물론 야당인 입헌민정당의 나카노 세이고 같은 일부 정치인들은 통제경제를 지지하기도 했다.

전시 일본에서 군부가 정치를 완벽히 장악했다는 일반적 믿음과는 달리(Hall, 1991; Pempel, 1992; Ramseyer and Rosenbluth, 1995 참조),[14] 전시 기간 내내 재계-정당 연합과 군부-관료 연합 간에는 끊임없는 정치적 갈등이 전개되었다. 권력중심합리주의이론에서는 전시 일본 발전국가체제의 제도적 특징들이 이러한 정치적 갈등을 반영했다고 본다. 군부-관료 연합이 전시 정치의 중심에 서 있기는 했지만, 재계-정당 연합도 국가 통제를 시행하려는 군부-관료 연합의 계획에 지속적으로 저항했다. 따라서 전시 일본의 발전국가체제는 경쟁하는 양대 정치 행위 세력 간의 타협을 반영해, 자유시장경제와 국가계획경제 특징 모두를 가지게 되었다.

1930년대의 권력 이동

1930년대 중반에 군부 지도자들과 소장 관료들의 권력이 급속도로 확대됨에 따라, 재벌 지도자들과 정당정치가들의 정치적 지배는 막을 내렸다. 재벌 지도자들의 정치권력은 1920년대 후반 일련의 경제불황으로 크게 약화되었다. 세계대공황 등의 경제 위기는 일본 경제에 심각한 타격을 가했을 뿐만 아니라, 재벌 산하 기업들을 비롯한 수많은 기업들도 심각한 위기를 겪게 되었다. 당시 일본 최대의 무역상사였던 스즈키상점(鈴木商店)조차도 1927년에 파산을 신청할 정도였고, 도쿄와타나베은행(東京渡辺銀行), 타이완은행(臺灣銀行), 나카이은행(中井銀行)과 같은 대규모 은행들도 같은 해에 파산했다. 재계의 영향력이 약화되고, 아시아에서의 군사적 갈등이 첨예해짐에 따라 군부의 정치적 영향력은 급속도로 확대되어, 재계를 대신한 새로운 권력자로 등장했다. 특히 재벌 지도자들과 정당정치가들을 겨냥한 군부 장교들과 우익 단체들의 잇따른 과격 테러 활동과 쿠데타 시도는 기존의 권

14 국가통제주의와 엘리트주의에 대해서는 이 장의 마지막 부분 참조.

력 균형을 무너뜨리는 데 결정적 영향을 미쳤다.

1930년에 우익 활동가가 하마구치 오사치(濱口雄幸) 내각총리대신을 도쿄역에서 저격해 몇 달 후에 사망에 이르는 사건이 벌어졌다. 1931년에는 두 차례의 군사 쿠데타가 일어났다(3월사건과 10월사건). 1932년에는 혈맹단(血盟團)이라는 우익 단체가 전 대장대신이었던 이노우에 준노스케(井上準之助)와 미쓰이 재벌의 이사장인 단 다쿠마를 암살했다. 3개월 후에는 청년 해군 장교들과 육군 사관후보생, 우익 단체 회원들이 쿠데타를 시도해, 이누카이 쓰요시(犬養毅) 내각총리대신을 집무실에서 살해했다(5·15사건). 4년 후에는 1,400명에 달하는 육군 장병들이 정부 기관들을 점거하고, 다카하시 고레키요 대장대신과 사이토 마코토(齋藤實) 내대신(內大臣)을 비롯한 상당수 정부 주요 인사들을 살해했다(2·26사건).

이러한 일련의 테러와 쿠데타들은 재벌-정당 연합의 해체를 목표로 했는데, 이는 재벌-정당 연합이 서구 국가들과의 우호적 관계를 유지하기 위해서 정부 개입을 제한하고 무기 제조 금지를 적극적으로 추진했기 때문이다. 정당정치가들과 재벌에 대한 군부의 이와 같은 적대적 태도에는 두 가지 이유가 있었다. 첫 번째 이유는 군부 자체의 제도적 구조에서 비롯된 것이다. 당시 군 장교들은 1920년대 후반 이후 경기 불황의 직격탄을 맞아 가난과 굶주림을 겪었던 농촌 지역 출신자들 중에서 상당수 충원되었다. 자신들의 고향이 겪고 있던 심각한 경제적 어려움을 절실히 느꼈던 이들 군 장교들은 재벌 경영진들의 이기적 사익추구 활동과 부패 정치인들을 맹렬히 비난했다(鈴木隆史, 1992: 42; 加藤俊彦, 1979: 96; Gao, 1997: 94). 따라서 단 다쿠마와 같은 부유한 재벌 총수들은 이들에게 최우선 암살 대상이었다.

두 번째 이유는 정치적인 것이다. 1929년에서 1931년간 집권당이었던 입헌민정당은 균형예산을 적극 지지하며, 대공황 이후 벌어진 경제 문제들을 정부 지출의 삭감을 통해 극복하고자 했다. 하마구치 내각총리대신과 이노우에 대장대신이 암살 대상이 되었던 것도 이들이 1930년에 일본의 해군력을 감축시키는 「런던해군군축조약(London Naval Treaty)」을 체결했을 뿐만 아니라 군사예산을 삭감하는 긴축 재정을 추진했기 때문이다. 게다가 여러 정치인들도 아시아에서 일본의 군사적 팽창정책을 반대했다. 특히 이누카이 내각총리대신은 육군이 소련[15]에 맞서 일본 방위의 '생명선'으로 간주하던 만주국[16] 승인을 강력하게 반대하여 군부 지도자들에게는 가장 큰 정치적 장애물로 간주될 정도였다.

물론 당시 군부 지도자들이 청년 반역 군인들의 무모한 쿠데타 시도에 직접 관여하거나 동조했던 것은 아니었으며, 또한 이 시도들이 체제를 전복했던 것도 아니었지만, 이러한 폭력적 정치 활동들은 군부의 정치적 경쟁자들인 정당정치가들과 재계 지도자들을 심각하게 약화시켰고, 정책 결정 과정에서 이들의 영향력을 축소시키는 결과를 초래했다. 이러한 군부의 정치적 영향력 확대는 군비 지출의 급속한 증가에서도 확인할 수 있다.

제2장에서 논의한 것처럼 1920년대 재벌-정당 연합은 군부의 야심찬 군비 확장에 맞서는 효과적 억제자(limiter)로서 기능했다. 그러나 군부가 정치권력을 확대하기 시작하자 정부의 군사예산도 이와 보조를 맞추게 되었다. 군비 지출은 1929년 4억 9,400만 엔에서 1935년 10억 엔으로, 1941년에는 30억 엔으로 확대되었다. 전체 정부 예산에서 군사예산이 차지하는 비중도 1929년 28.5%에서 1935년 46.7%, 1941년 37.0%로 상승했다(〈그림 4-4〉 참조).

---

15 당시 소련은 5개년계획(1928~1932)의 성공으로 말미암아 군사력 및 경제력을 급속도로 확대했는데, 이는 일본에 상당한 위협으로 간주되었다.

16 만주국은 1932년 일본 군부에 의해 괴뢰국가로 설립되었다. 만주국의 국가건설과 산업화에 대해서는 제3장에서 상세히 검토한 바 있다.

그림 4-4 **정부지출 확대**(1929~1941)

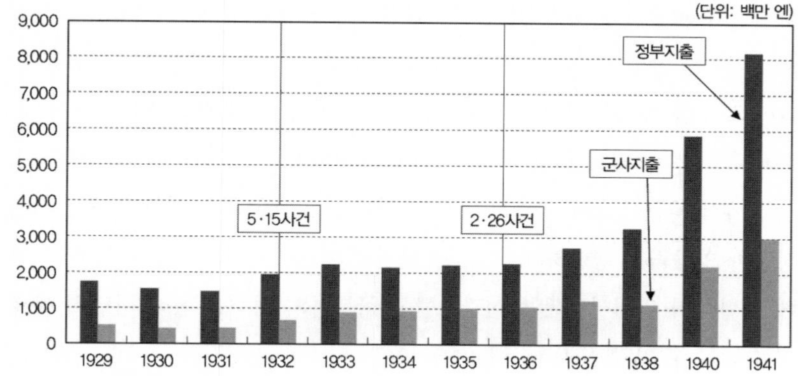

자료: 經濟企劃廳調査局統計課(1964).

혁신관료의 부상

재벌 지도자들과 정당정치가들을 권력에서 배제하길 원했던 군 지도부는 관료들과 정치적 연합을 구축했다. 군부와 연합을 이룬 대상은 "반자유주의적이고 반정당적이며 국가주의적이고 친군부적인 동시에 친파시스트적인, 그리고 특히나 국가 통제의 강화를 전적으로 지지하는" 성향의 '혁신관료'라고 불린 소장 정부 관료 그룹이었다(Johnson, 1982: 124). 혁신관료들은 특히 군부의 반재벌 정서에 공감했는데, 그 이유는 혁신관료들도 1920년대 후반에 불어 닥친 심각한 경제 불황으로 고통을 경험한 농촌 지역에서 연수기간을 보냈기 때문이다(Werner, 2001: 45). 대다수 군 장교들과 마찬가지로 혁신관료들도 빈곤층을 고려하지 않은 재벌의 이윤 추구와 정치가들의 부패한 자유주의 정책들이 농촌 지역의 비참한 상황을 낳았다고 보았다.

이들 혁신관료들이 1930년대 초에 정부의 고위직에 오르기 시작하면서,[17]

17 정부 고위직에 오른 혁신관료들로는 1931년에 상공차관에 오른 요시노 신지, 1932

자유주의 경제정책에 치우친 보수적 관료들을 대체해 나갔고, 관료 내부의 정치권력 균형도 군부를 지지하는 입장으로 변해갔다. 혁신관료들은 전임 세대들과는 달리, 일본의 최고 학부를 졸업하고 치열한 고등문관시험을 통과한 우수한 인재들이었다. 존슨이 지적한 바와 같이 혁신관료들은 "모든 부처에서 볼 수 있었으며, 이누카이 내각총리대신의 암살(5·15사건) 이후 정당 부재에 따른 정치적 공백을 채우기 위해 관료 내부의 치열한 경쟁을 거쳐 상당한 영향력을 행사하게 되었다. 이념적 이유에서였든 혹은 단순히 시류에 영합하기 위해서였든 혁신관료들은 군부와의 협력을 통해 상당히 빠르게 승진할 수 있었다"(Johnson, 1982: 124).

권력중심합리주의이론은 전시 일본 발전국가체제의 제도적 진화에 대해 상당부분 타당한 설명을 제공할 뿐만 아니라 주요 정치 행위자들 간의 권력관계가 전시 경제 제도의 발전 과정에 상당한 영향을 미쳤음을 보여주었다. 그러나 정치적 맥락이 제도적 진화의 중요 요인이라는 주장은 한편으로 일부 결함을 갖고 있는 것도 사실이다. 첫째, 이 이론은 1930년대 일본의 정치적 격변 속에서 일부 중요한 요인들을 고려하지 못했다. 군부-관료 연합이 정치를 장악할 수 있었던 데는, 그들이 정치적 경쟁에서 승리했기 때문이기도 하지만, 한편으로 학자나 언론인 같은 다른 행위자들의 지지를 끌어내는 정책을 제시했기 때문이다. 학자나 언론인들은 재벌 지도자나 정당정치가들에 비해 제한된 정치권력만을 갖고 있기는 했지만, 군부-관료 연합의 정책에 대한 지식인들의 지지는 이 연합이 정책 결정 과정에서 상당한 영향력을 발휘할 수 있도록 만들었다. 따라서 제도적 진화만큼이나 그 이면에 깔린 지적 맥락(intellectual context)을 면밀히 검토해야 한다.

년에 상공성 공무국 공정과장에 오른 기시 노부스케, 1932년에 대장성 국유재산과장에 오른 호시노 나오키 등을 들 수 있다.

둘째, 선도기구와 통제회라는 제도적 특징들은 단순히 양대 정치 세력 간의 권력 균형에 의해서만 이루어진 것은 아니었다. 군부-관료 연합이 전시 기간 내내 재벌 지도자들과 정당정치가들의 지속적인 저항에 직면했던 것도 부인할 수 없는 사실이었지만, 제도적 결과가 양대 정치 세력의 이익을 반드시 반영했음을 의미하는 것은 아니었다. 군부-관료 연합이 국가 통제를 완화하는 등 일정 부분 자신들의 정책들을 수정한 것은 사실이었지만, 그 정책들은 여전히 재벌 지도자들의 아이디어가 아닌 군부-관료 연합의 아이디어를 반영하고 있었던 것이다. 합리주의자들의 주장은 이러한 아이디어적 맥락과 역사적 맥락을 간과하고 있기 때문에 그들의 이론적 설명력은 한계를 가지고 있으며, 여전히 다음과 같은 핵심 의문점들이 남아 있다고 할 수 있다. 왜 정책결정자들은 자신들의 의도한 대로 제도를 만들지 않았는가? 그들이 제도 건설을 통해 얻고자 한 것은 무엇인가 등의 의문점들이다. 이러한 의문점들을 풀기 위해서 그리고 제도적 진화의 복합적 성격에 대한 완벽한 설명을 제시하기 위해서는 당시의 정치적 맥락뿐만 아니라 지적 맥락을 반드시 검토해야 한다. 아래에서 제시하고 있듯이 만주국과 전시 일본의 발전국가체제와 전시 일본의 경제체제 간에는 정책결정자들의 아이디어에 반영된 중요한 지적 연계가 존재하고 있었다.

4) 아이디어이론

아이디어이론은 행위자의 아이디어에 대한 면밀한 검토를 통해 제도적 진화를 설명하고자 한다. 정치가 가진 고도의 불확실성 때문에 정책결정자들은 합리적 결정을 내리기에 충분한 정보를 항상 얻는 것은 아니다. 따라서 정책결정자들은 일종의 아이디어적 지침에 의존할 수밖에 없으며, 이 지침은 정책을 최종 결정하기에 앞서 정보를 평가할 때 중요한 역할을 하게 된다. 행위자들이 아이디어적 지침에 따라 기존의 아이디어들 가운데 하나를 선택하게 되면, 그러한 아이디어의 지침과 일치하는 정책들은 수행하게 될 것이고, 그 지침에 모순되는 정책들은 거부하게 될 것이다. 더욱이 정책결정자들의 아이디어는 때로 그들의 과거 경험과 개인적 배경을 반영한다. 아이디어이론은 그러한 요인들이 정책결정자의 아이디어에 어떻게 영향을 미치는지를 보여준다. 전시 일본의 경우에는 이러한 분석이 특히나 중요한데, 그 이유는 군 장교들과 관료들이 가졌던 아이디어에 그들의 만주 경험이 분명하게 반영되어 있었기 때문이다.

지적 담론과 아이디어 경쟁

양차 세계대전 시기에 일본에서는 자유주의, 마르크스주의, 국가사회주의 그리고 통제경제론이라는 네 가지의 사상 학파가 학자들과 정책결정자들, 언론인, 정치인들 간의 지적 담론에 상당한 영향력을 미쳤다. 각 아이디어의 지지자들은 서로 경쟁하면서, 심각한 위기에 처한 일본 경제에 대한 해결책으로서 다양한 관점과 정책 권고안들을 제시했다. 아래에서는 각 사상 학파와 담론들을 검토하여, 통제경제론이 광범위한 지지를 얻으면서 전시의 정책결정자들에게 아이디어적 지침이 될 수 있었던 이유에 대해 살펴보고자 한다. 이는 군부-관료 연합이 자신들의 아이디어를 제도에 어떻게 반영했는지에 관한 논의로도 이어지게 될 것이다.

자유주의경제시장이론

자유주의경제시장이론의 지지자들은 근대경제학(近代經濟學)이라 불리는 사상 학파를 형성했다. 근대경제학은 고전경제학(자유주의), 정치경제를 연구하는 독일의 신역사학, 케인스주의(Keynesianism) 그리고 기타 비마르크스주의(non-Marxism) 경제학 이론들의 영향을 받았다. 1920년대 경제체제의 아이디어적 근간을 이루었던 근대경제학파의 주요 특징은 반마르크스주의 입장과 국가 통제에 대한 반대에 있었다. 근대경제학은 당시 경제학자들 사이에서 가장 대중적인 이론이었을 뿐만 아니라 대기업 경영자들과 정당정치가들의 강력한 지지를 받았다.

일본의 경제학은 1870년대 고전경제학에서 출발했다. 당시 독일에서 경제학을 전공한 일련의 일본 학자들이 1896년에 일본 최초의 경제학회인 일본사회정책학회(日本社會政策學會)를 창립했다.[18] 이 학회의 회원들은 강력한 반마르크스주의 입장을 견지하던 슈몰러(Gustav Schmoller)와 와그너(Adolf Wagner) 같은 독일의 신역사학파 학자들에게 경도(傾倒)되어 있었다. 도쿄제국대학(東京帝國大學)에서는 1908년에 경제학을 법학부의 하위 분야로 도입했고, 1919년에 경제학부를 신설했다. 타 대학들도 도쿄제국대학을 따라 경제학부를 신설했고, 다양한 경제학 관련 학술지들이 창간되기 시작했다. 자유주의 학파는 1930년대 후반까지 주류 경제학의 위치를 차지했고(早坂忠, 1984), 당시 저명한 자유주의 학자로는 후쿠다 도쿠조(福田德三), 고이즈미 신조(小泉信三), 나가야마 이치로(中山伊知郞) 등을 들 수 있었다. 자유주의 경제이론은 상당수 기업 경영진들의 광범위한 지지를 받았다.

그러나 자유주의 경제이론은 1930년대 초반에 대중적 인기를 급격하게 잃게 되었는데, 그 이유는 당시 벌어진 세계대공황과 소련 경제의 성공이라는 두 가지 역사적 사건 때문이었다. 세계대공황이라는 최악의 경제 위기는 자유시장 자본주의의 효율성과 타당성에 대한 심각한 의문을 촉발하게 되면서, 전 세계에 걸쳐 대기업 소유주들의 확대된 권력을 우려하는 정책결정자들과 학자들이 늘어갔다. 홀에 따르면, "자본주의 경제가 세계대공황을

---

18 일본사회정책학회는 이후 일본경제사학회(日本經濟史學會, 1930)와 일본경제학회(日本經濟學會, 1934)로 나누어졌지만, 양자 공히 반마르크스주의 입장을 견지했다.

극복할 수 있을지 여부에 대한 불안감이 만연해 있었다. 독과점과 폭력적 노동조합, 경영 혁명(the managerial revolution)은 오래된 자유시장 자본주의 모델에 대한 의문을 제기했다"(Hall, 1989: 384). 자유주의 경제이론에 대한 불신은 전 세계적인 현상이었다. 유럽 각국과 미국에서는 수요 자극을 통해 경제적 위기를 극복하려는 케인스주의적 정책들을 채택했고, 일본에서도 정책결정자들과 학자, 언론인들이 '자본주의의 폐해(evils of capitalism)'를 막기 위해서 정부가 시장과 기업을 규제해야만 한다고 믿기 시작했다.

세계대공황은 또한 일부 지식인들과 학자들에게 자유주의에 대한 근본적 의문을 불러일으키며 자유시장체제가 가진 구조적 결함이 경제파탄을 불러왔다고 주장하기에 이르렀다. 그 예로 당시 가장 저명한 경제학자였던 다카하시 가메키치는 무모한 재정 운영, 과도한 배당 지급, 도덕적 해이와 같은 무책임하고 부적절한 기업 활동이 일본 경제에 심각한 타격을 가했다고 주장했다(高橋龜吉, 1930: 4). 다카하시는 현재의 자유시장체제는 심각한 문제점을 안고 있으며 따라서 정부가 시장을 규제해야 한다고 확신했다. 그는 기업 경영진들과 개인 투자자들의 사익 추구 활동을 부정적으로 평가하며, 효용 극대화 행위가 시장 기능을 적절하게 만든다는 스미스(Adam Smith)와 리카도(David Ricardo) 같은 자유주의 경제학자들의 핵심 가정을 거부했다.

자유주의 경제이론을 불신하게 된 또 다른 사건은 세계대공황 1년 전에 소련이 추진한 5개년계획(1928~1933)의 놀랄만한 성공이었다. 소련은 놀라운 속도로 경제를 발전시키고 근대화하는 데 성공했다. 일본의 한 신문은 소련이 계획보다 1년 앞서 목표를 달성할 것이라는 스탈린의 발표를 보도하기도 했다. 계획 개시 2년 만에 산업 생산은 25%, 중공업 분야는 40%, 산업투자는 84% 증가했다는 것이다(≪神戸新聞≫, 1930.11.2). 당시 대다수 국가들이 세계대공황의 여파로 신음하고 있는 속에서 소련 경제가 지속적으로 발전할 것이라는 전망은 특히나 놀라운 것이었다. 일본의 다른 신문도 소련

경제의 현황에 대해 "세계적 불황을 모르는 사람들(世界の不況を知らぬ人々)"이라는 제목의 기사를 보도하기도 했다.

> 영원한 번영을 자랑할 것 같았던 달러 자본의 아성, 미국이 1929년 가을 주식공황에 의해 최소한의 저항도 하지 못한 채 무너져버렸다. 이후 세계대공황의 충격파가 각국 경제의 근간을 흔들면서 모든 국가들이 적자와 실업에 허덕이게 되었다. 반면 소련의 노동 계급들은 부러운 생활을 살고 있다. …… 이른바 산업5개년계획과 농업 경영의 집단화 결과, 노동자들은 임금 상승과 완전고용을 누리게 되었다. 특히 1928년 10월 1일부터 1931년 9월 30일까지의 최근 3년간 공장노동자들의 월평균 임금은 24% 증가했고, 금속공업의 경우, 1931년 10월 1일에 23.5%의 임금 인상을 발표했으며, 석탄 산업도 12%의 임금 인상을 단행했다. 더불어 5개년계획이 진척됨에 따라 수백만의 노동자가 신규 산업 부분에 흡수되었다(≪國民新聞≫, 1931.1.10).

일본의 지식인들과 정책결정자들은 소련의 새로운 체제가 후진적 농업국가를 산업국가로 급속하게 탈바꿈시킨 반면에 모든 자본주의 국가들은 장기간의 불황으로 허덕이고 있다는 사실에 충격과 놀라움을 금치 못했다. 한 신문 기사는 소련의 이러한 성공이 일본의 국민들에게 "5개년계획의 성공이 많은 산업국가들에게 자본주의의 패배를 의미하는 것이 아닌가 하는 우려를 자아냈다"고 보도하기도 했다(≪大阪毎日新聞≫, 1931.4.30). 이와 유사하게 다른 신문 기사들에서도 "현대 세계에서는 근본적으로 대립하는 두 가지 경제체제가 존재한다. 소련을 제외한 모든 국가들이 무계획적인 자본주의 경제체제를 채택했고, 오직 소련만이 사회주의 경제체제를 채택했다. 1929년 가을 이후 전 세계 경제의 회복 기미가 전혀 보이지 않는 가운데, 정치가들과 사업가, 학자들이 불황을 타개하기 위한 효과적 방안을 찾기 위해 지혜를 모으고 있지만, 그들 대부분이 '자본주의 경제의 종말'이 다가왔음을 느끼고 있다는 점은 부인하기 힘들다"고 보도했다(≪滿洲日報≫, 1932.1.6).[19]

일본의 지도자들은 소련 경제의 급속한 성장이, 특히 일본이 점령한 지역에서의 상당한 군비 확충을 초래할 수 있기 때문에 그 위협을 분명하게 인식하고 있었다. 예를 들어 일본대사관 무관으로 소련에 2년 동안 머물렀던 아리마 히로시(有馬宏) 장군은 1931년 일본에 귀국 후 가진 언론과의 인터뷰에서 "소련군은 미래 대전쟁을 예측하고, 총 120만 명에 달하는 병력을 보유하고 있다. …… 매년 2회 열리는 대규모 관병식에서 놀라운 신병기들을 선보이며 군사력을 빠르게 확장하고 있다. 소련의 공산주의는 현재 군국주의의 모습을 보이고 있으며 국민 전체가 국가주의에 경도되어 있다"고 언급했다(≪大阪時事新報≫, 1931.7.28).

더불어 육군 참모본부 작전과의 시마누키 다케하루(島貫武治) 대위는 "(1932년까지) 동아시아에서 일본과 소련의 군사력은 상대적으로 균형을 이루었다. 그러나 만주에서 일본의 군사력은 소련의 군사력에 훨씬 미치지 못한다. 특히 공군력과 전차 부분에서는 비교조차 할 수 없다"고 언급하기도 했다(秦郁彦, 1962: 238). 극동 지역에서 소련군의 병력은 1935년 이후 3년간 두 배로 증가한 반면 일본군의 병력 수는 같은 수준을 유지했다. 소련군은

---

19 또 다른 기사에서는 "우리의 눈앞에서 두 세계가 충돌하고 있다. 한편에서는 살인적 불황 가운데서 허덕이는 무계획한 자본주의가 있는 반면에, 다른 한편에서는 계획경제를 통해 사회주의체제를 급격하게 수립한 소련이 그 중심에 있는 사회주의 세계가 있다"고 보도했다. 후속 기사에서는 "오늘날 계획경제가 상당한 이점을 가지고 있다는 점은 폭넓게 알려져 있다. 영국의 경제학자인 아인치히(Paul Einzig)가 세계5개년 계획(world five-year plan)을 제안했던 것이 이를 뒷받침한다. 이 계획은 암스테르담에서 열린 계획경제 관련 국제회의에 모인 전 세계 학자들에 의해 진지하게 검토되었다"고 보도했다(≪大阪每日新聞≫, 1932.3.6; 1932.3.9).

이 지역에서 약 24만 명의 병력을 가진 반면에 일본군은 그의 30%에도 미치지 못하고 있다는 것이다(秦郁彦, 1962: 238).

한 신문은 급속하게 증대되고 있는 소련의 군사적 위협을 다음과 같이 보도했다.

> 제1·2차 산업5개년계획을 통해 소련의 군수공업은 최근 비약적 성장을 거두었다. 제정시대에도 세계 최대를 자랑하던 육군은 양적·질적 측면에서 한층 더 확대되었다. 또한 소련과 만주 국경선을 따라 방대한 군사력이 집중되고 병참보급시설도 확충되었다. …… 우리 육군도 이 점을 상당히 주목하고 있다. 만주의 우리 군사력은 소련의 극동군에 훨씬 미치지 못하며, 항공기와 전차의 수는 비교조차 할 수 없다. 이에 육군은 국방의 만전을 기하기 위해 만주에서의 군사력, 항공력, 전차 수를 확충할 계획이다. 그러나 이러한 목표를 달성하기 위해서 육군과 매우 밀접한 관련을 맺고 있는 항공기, 자동차, 석유와 같은 국방 관련 산업에 대한 국가적 보호와 육성 그리고 엄격한 통제의 필요성이 절실하다. 따라서 이들 산업들에 대한 통제경제로의 강화는 점차 구체적 의제가 될 것이다(≪大阪朝日新聞≫, 1936.4.5).

당시 상공성 과장으로 있던 기시 노부스케조차도 소련의 5개년계획이 준 충격에 대해 다음과 같이 회고했다. "내가 그 계획을 처음 들었을 때, 나는 상당한 충격을 받았습니다. 그것은 우리가 익숙하던 자유경제와는 근본적으로 다른 것으로, 목표를 설정하고 그것을 달성하기 위한 의욕과 아이디어에 상당한 위협을 느낀 것으로 기억하고 있습니다"(岸信介 外, 1981: 17). 이 두 가지 사건이 자유자본주의에 대한 국민들의 믿음을 약화시킨 동시에 국가 통제에 대한 국민들의 관심을 증폭시키는 계기가 되었다.

마르크스주의

두 번째 학파는 마르크스주의로, 마르크스주의는 1920년대 자유주의의 가장 강력한 지적 경쟁자였다. 마르크스주의는 일부 경제학자들과 좌익 활동가 그리고 노동자 계급의 광범위한 지지를 받았다. 19세기에서 20세기로의 전환기에 상당수 경제학자들이 마르크스주의를 공부하기 시작했다. 전전(戰前)의 대표적인 마르크스주의 경제학자들로는 가와카미 하지메(河上肇)를 비롯해 오우치 효에(大內兵衛), 노로 에이타로(野呂榮太郎) 등을 들 수 있다. 이들의 학문적 활동은 마르크스주의 운동과 밀접한 관련을 맺으면서, 1910년대 사회주의 및 공산주의 정치 운동의 발흥에도 상당한 영향을 미쳤다.

그러나 이들의 운명은 자본주의 정권에 맞서 혁명적 활동을 벌였던 마르크스주의 활동가들이 1925년 내각이 「치안유지법」을 통과시킨 후, 사상 탄압(전향 운동)의 주요 목표가 되면서 극적으로 바뀌었다.[20] 1931년 만주사변[21] 이후 정부의 탄압이 더욱 강화되면서, 상당수 공산당 당원들이 체포되었고 사상 전향을 강요받았다.

공산주의 운동의 실패는 일본공산당의 지도자인 사노 마나부(佐野學)와

---

20 전시에는 자유주의 시장경제학자들에 대한 사상 탄압도 이루어졌다. 물론 마르크스주의에 비해 자유주의 경제학자들에 대한 탄압은 훨씬 후에 일어났고(1930년대 후반), 그 강도도 그리 강하지 않았지만 그들의 활동은 상당부분 제약될 수밖에 없었다. '사상통제'라는 미명하에 정부는 개인주의 혹은 자유주의와 관련된 학문적 저술들의 발표를 제한했는데, 이는 이 저술들이 국가의 지도 원칙인 통제경제론과 모순된다고 판단했기 때문이다. 자유주의 경제학자였던 오코치 가즈오(大河內一男)는 사상통제가 중일전쟁 발발(1937년)에서부터 태평양전쟁(1941년) 시기에 집중적으로 이루어졌다고 증언한 바 있다(早坂忠, 1984: 148).

21 만주사변은 1931년 발생한 중일 간 군사적 충돌을 의미한다. 이시하라 간지가 주도한 비밀 작전이 이 충돌을 유발했고, 이후 일본은 만주에 대한 확실한 지배권을 장악할 수 있었다.

나베야마 사다치카(鍋山貞親)가 체포되어, 1933년 6월 공산당 이념의 포기를 공식 선언함으로써 결정적 국면에 접어들었다. 사노 마나부는 "일찍이 일본 공산당은 무장 데모를 요구한 바 있었고, 실제로도 소규모이지만, 무장 데모를 조직했다. 이것이 결정적 오류였다. …… (공산당은) 또한 프롤레타리아트와는 전혀 무관한 부패 경향조차 보여주게 되었다"고 주장했으며(佐野學, 1933: 4~5), "당은 객관적 관점에서 노동 계급의 당이라고는 할 수 없다"고 선언하며 공산당을 탈당했다(佐野學, 1933: 5). 그들은 또한 전 세계 공산주의 운동의 지도자로서 자신들이 존경했던 소련과 코민테른(Comintern)을 맹렬하게 비판하며, "우리가 종래 최고의 권위로 인정했던 코민테른에 대해서도 비판할 필요가 있음을 인정한다. 우리는 코민테른이 최근 들어 현저하게 종파관료화되었고, 심하게는 소련의 기관화되어, 프롤레타리아 전위결합(前衛結合)의 정신을 잃어버리고, 각국의 소부르주아들에게 영합했다"고 비판했다(佐野學, 1933: 8~9).

나베야마는 자서전에서 1933년경의 공산당 활동을 회고하면서 사노의 공산당 비판에 공감하며, "대중들을 신뢰하지도 못하고 대중들과 동떨어져 있던 소부르주아 지식인들의 충동적 행위 때문이었다. 당은 완전히 소부르주아 지식인의 장남감이 되었다고 말할 수 있다. 새롭게 당원으로 들어온 대부분이 이들 계층으로서 이들은 노동자가 아니었다"고 비판했다(鍋山貞親, 1949: 147). 나베야마는 계속해서 당이 급진화되면서 전국총파업과 같은 비현실적 목표를 요구하게 되었다고 언급하며, "대중적 지지 기반도 없었다. 당이 언급한 목표들 가운데 100분의 1도 성취하지 못했음에도 당은 관념적인 화려함만을 추구했다"고 비판했다(鍋山貞親, 1949: 149).

사상 탄압은 곧이어 마르크스주의 학자들로 확산되어, 그들은 자신의 신념을 버리거나 학문적 활동을 중단했다. 이의 대표적인 학자로 교토대 교수로 마르크스주의 운동에 적극 가담하여 일본공산당 당원이 되었던 가와카미 하지메를 들 수 있다. 가와카미는 1933년에 경찰에 체포되어, 마르크스주의에 대한 신념을 공식적으로 포기했다. 감옥에서 가와카미가 작성한 편지가 1933년 전국 일간신문에 실렸는데, 편지에서 가와카미는 그의 사상 전향을 다음과 같이 선언했다.

> 공산주의자 활동으로 체포된 한 사람으로서 나는 감옥에서 삶을 보내고 있다. 내가 공산주의자로 계속 남을 것을 고집한다면 나에게 남는 것은 아무것도 없을 것이다. 내가 자유를 얻을 수 있다면 조만간 공산주의와의 관계를 절연할 것이다. …… 나는 오늘 이후 운동과는 그것이 합법적인 것이든 불법적인 것이든 전부 관계를 단절할 것이며 내 서재에 은거할 것이다. 이것이 나의 현재 결의이다. 나는 지금의 이 결의를 공언하여 이것에 사회적 효과를 부여할 것이고, 이는 공산주의자임을 나 스스로 버리는 것이다(河上肇, 1933, Lu, 1997: 404 재인용).

국가사회주의

세 번째 사상 학파는 국가사회주의이다. 국가사회주의는 국가주의 지식인, 청년장교, 우익 활동가들의 지지를 받았다. 그들은 천황의 절대 권력하에서 경제에 대한 강력한 국가통제체제의 수립을 요구했다. 국가사회주의의 지지자들에는 기타 잇키, 오카와 슈메이(大川周明), 미쓰카와 가메타로(滿川亀太郎) 등의 우익 국가주의자들과 군부의 추종자들이 포함되어 있었다. 기타는 1919년에 『일본개조법안대강(日本改造法案大綱)』이라는 책을 집필했다. 이 책에서 기타는 자본주의가 계급투쟁과 부패한 정당들을 초래했으며, 서양의 사상이 일본의 정신을 오염시키고 있다고 주장했다. 그는 특권 계급(대기업과 정당정치가)을 타파하고 천황하의 국가체제를 혁신하기 위해서는 군사 쿠데타가 필요하다고 선언했다(加藤俊彦, 1979).

국가사회주의자들은 경제 활동 전반에 국가 통제를 요구했지만, 그들의 경제적 관점은 이시하라와 미야자키의 통제경제론과는 뚜렷이 구별되었다. 첫째, 국가사회주의자들은 자본주의를 전적으로 거부하며, 사유재산의 제한뿐만 아니라 중요산업에 대한 직접적 국가 통제와 소유를 지지했다. 기타는 "어떤 일본인 일가도 100만 엔을 초과하는 재산을 보유할 수 없으며, …… 사유 재산 한도를 초과한 재산은 보상 없이 국가에 귀속될 것이다. …… 어떠한 민간기업의 자본도 1,000만 엔을 초과할 수 없다. …… 민간기업에 부과한 한도액을 초과하는 자본은 국가 통제하에서 집단적으로 운영될 것이다"라고 주장했다.[22]

또한 국가사회주의는 시장체제의 포기를 선언했다. 기타는 상품 시장의 기능을 대체하는 상업성의 설치를 주장했다. 상업성이 "국가와 민간 부분에서 생산한 모든 농산품과 공산품의 배분과 국내 상품 가격의 조정"을 담당한다는 것이다.[23] 기타의 아이디어는 사유재산권에 대해서는 제한을 하지 않은 채, 기업과 소유주들을 국가적 목표 달성을 위해 협력하도록 하는 통제경제론과는 일정 정도 다른 것이었다. 게다가 통제경제론은 다양한 규제 설정에도 불구하고 시장체제 자체를 부정하지는 않았다.

둘째, 국가사회주의의 주요 목표는 경제 발전보다는 농촌 지역에서의 빈곤과 소득의 불평등 그리고 자본주의의 폐해를 완화하는 것이었다. 기타는 그의 책에서 노동자와 여성의 권리 보호, 공정한 부의 분배, 정책 결정 과정에서 노동자의 참여, 사회복지의 제공, 그리고 노동조건의 개선을 호소했다. 기타는 "국영산업과 민간산업에 고용된 모든 노동자들의 권리 보호를 위해" 노동성의 창설을 요구했다.[24] 그는 "민간의 순수 이익 가운데 절반은 그 산

22 北一輝, 『日本改造法案大綱』(1923), Lu(1997: 414) 재인용.

23 같은 문건, Lu(1997: 414) 재인용.

업에 고용된 노동자들에게 배분되어야 할 것이다. …… 노동자들은 자신들의 대표를 선발해 산업의 경영 계획 및 결산에 참여할 수 있다. 이와 동일한 규정이 농장 노동자들과 지주들에게도 적용될 것이다."[25] 통제경제론과의 또 다른 차이점이 바로 이것이었는데, 통제경제론은 국민경제의 성장이 필연적으로 노동자들의 생활수준을 높일 것이라고 가정하고, 정부의 경제정책을 성장에 초점을 맞추었다.

셋째, 국가사회주의는 대규모의 전략적 중요산업을 국유화하여 국가가 전적으로 경영을 담당해야 한다고 주장했다. 기타는 공업성을 창설하여 다음과 같은 임무를 맡겨야 한다고 주장했다.

> (사적 재산의 한도를 초과하여) 국가가 징집한 대규모 기업들을 조정·통일·확장해서 진정한 대기업 조직으로 만들어, 외국기업들과 비교해서도 각 대기업들이 경쟁 우위를 갖게 할 것이다. 민간에서 수행하지 못하지만 국가적 차원에서 필요한 부분의 경영, 해군 제철소 및 육군 병기창의 이관 경영.[26]

다시 말해서 국영기업들을 일본 산업화 계획의 핵심으로 삼았던 것이다. 이와는 반대로 통제경제론에서는 민간기업의 능력이 경제 성장을 촉진하는데 무엇보다 중요함을 인식하고 있었다. 통제경제론은 기업 경영자들의 과도한 이윤 추구 활동이 국가에 해를 끼치며 전략적으로 중요한 산업은 엄격한 국가 통제하에 두어야 한다는 국가사회주의의 주장에 일부 동의했지만, "대다수 민간기업들의 경영은 효율적인 민간 경영자들의 손에 맡겨 두어야

---

24 같은 문건, Lu(1997: 415) 재인용.

25 같은 문건, Lu(1997: 415) 재인용.

26 같은 문건, Lu(1997: 414) 재인용.

한다"고 확신했다(石原莞爾, 1986b: 184). 이러한 맥락에서 육군의 정책 제안서인 『육군팸플릿(陸軍パンフレット)』[27]에서도 "국가적 요구에 어긋나지 않는 한, 개인의 창의성과 기업가정신을 통해 자신들의 일에 더욱 매진하도록 장려할 필요가 있다"고 언급했던 것이다.[28] 이러한 사상적 차이 때문에 국가사회주의의 지지자들은 통제경제론을 비판하기도 했다. 기타는 "현재의 자본주의 조직 권력을 근간으로 삼고 있는 통제경제주의(統制經濟主義)에는 분명히 반대한다"고 주장했다(加藤俊彦, 1979: 107).

한편 국가사회주의와 마르크스주의는 경제정책에서 상당한 유사점을 갖고 있었음에도, 양자의 아이디어는 두 가지 점에서 뚜렷한 차이점을 갖고 있었다. 첫째, 국가사회주의는 일정 범위 내에서 시민들의 사유재산권을 인정하고 있었다. 물론 국가사회주의자들도 사적 소유의 범위를 초과하는 부분에 대해서는 국유화할 것을 주장했지만, 사적 소유와 사업 활동 자체의 완전한 폐지를 요구하지는 않았던 것이다. 둘째, 국가사회주의는 프롤레타리아에게 천황제의 타도를 요구하고 있지 않았다. 국가사회주의를 지지하는 이들은 급진적 좌우익 활동가와 국가주의자, 청년장교들로서 그들은 천황제의 충직한 신봉자들이었다. 기타는 천황의 중요성을 강조하며, "천황이 국민의 유일한 대표자이며 국가의 근간이라는 원리주의를 분명히 한다"고 주장했다.[29] 따라서 국가사회주의와 마르크스주의가 가진 경제정책상의 유사

27 『육군팸플릿』은 1934년 10월 육군에서 발간한 문건이다. 이 문건의 정식 제목은 「국방의 본의와 그 강화의 제창(國防の本義と其强化の提唱)」으로, 육군 내 통제경제론을 지지하는 이들의 주장을 담고 있었다. 육군성 신문반의 이케다 수미히사(池田純久)와 스즈키 데이이치가 초안한 이 문건은 육군 내 통제파의 총력전 구상과 국방국가(國防國家) 건설의 구체적 방안들을 제시하고 있었다.

28 陸軍省新聞班, 「國防の本義と其强化の提唱」(1934.10.1), 杉原四郎 外(1990: 367) 재인용.

점에도 불구하고, 국가사회주의자들(제국주의자들)은 마르크스주의자(반제국주의자)들과 결코 함께 할 수 없었다.

통제경제론

국가사회주의는 하급 장교들과 황도파의 지지를 받으면서, 1930년대 초반에 벌어진 일련의 테러 활동에서 중요한 역할을 수행했다. 그러나 군부 내 황도파의 반대세력이었던 통제파는 국가사회주의를 비판하며 통제경제론[30]을 지지했는데, 이는 통제파들이 자본주의 원칙들과 사적 소유를 부정하고서는 경제 발전이 불가능하다고 판단했기 때문이다. 결국 황도파에 소속된 인사들의 상당수가 테러 활동 혐의로 체포됨으로써 통제파와의 경쟁에서 탈락했다. 실례로 다치바나 고자부로(橘孝三郎)와 오카와 슈메이는 5·15사건 직후 체포되어, 다치바나는 무기징역을, 오카와는 15년형을 선고 받았다. 기타 또한 황도파의 상당수 청년장교들과 함께 2·26사건 관련 혐의로 체포되어, 1937년에 사형에 처해졌다.

2·26사건 당시 참모본부 작전과장이었던 이시하라 간지는 육군계엄사령부에서 반란을 진압하는 일을 맡았다. 이시하라는 그 일을 성공적으로 수행했고, 사건 직후 국가사회주의를 지지했던 상당수 황도파 장교들은 육군의 중요 직위에서 배제되었다. 2·26사건은 반란의 주도 세력(황도파)뿐만 아니라 반란의 대상자(재벌 지도자들과 정당정치가들)들을 비롯한 모든 행위자들을 약화시키는 결과를 가져왔다. 이 사건은 통제경제론을 지지한 세력(통제파와 혁신관료)의 사상적·정치적 경쟁자들을 권력 밖으로 축출함으로써 이들에게 상당히 유리한 상황을 만들었다. 특히 중요한 것은 이 사건들을 통해

---

29 北一輝, 「日本改造法案大綱」(1923), Lu(1997: 412) 재인용.

30 통제경제론이라는 명칭은 엄격한 국가 통제를 지지한 데서 연유한다.

이시하라가 군부는 물론 정치권에서도 상당히 영향력 있는 유력 인사가 되었다는 사실이다. 만주 관동군 참모부에서 이시하라와 함께 일했던 가타쿠라 다다시(片倉衷) 등을 비롯한 상당수 군 장교들이 이시하라 밑에서 다시 근무하게 되었다. 만주파(滿洲派)[31]라고 불린 이들은 혁신관료의 지원을 받으며 정책 결정 과정을 주도했다.

통제경제론의 부상은 통제파의 정치적 승리이기도 했지만, 한편으로 그들의 지적 승리이기도 했다. 황도파가 시도한 쿠데타가 실패한 원인 가운데 하나는 그들의 정책에 대한 지식인들의 지지가 낮았기 때문이다. 국가사회주의는 교육 수준이 낮은 청년장교들과 우익 활동가들의 지지를 받기는 했지만, 국가사회주의의 아이디어 자체는 이론적 수준도 낮았고 비현실적인 것으로 간주되어 학자들이나 언론인 그리고 관료들의 지지를 이끌어내지 못했다. 이것이 고위 장교들 대다수가 국가사회주의를 지지하지 않았던 이유를 설명해준다. 이와는 달리 통제경제론은 훨씬 정교했고, 그것의 효과는 만주에서 이미 어느 정도 입증되었다. 따라서 국가사회주의에 비해 통제경제론이 가진 지적 우월성이 전시 일본에서 우위를 점할 수 있었던 가장 중요한 요인이었다고 할 수 있다(이하에서는 1930년대 후반에 통제경제론에 대한 지식인들의 지지를 간략하게나마 논의해보고자 한다).

통제경제론은 1930년대 후반에 들어 학계의 광범위한 지지를 얻었다. 하야시카 다다시(早坂忠)에 따르면, 통제경제론의 영향력은 "만주사변 발발 당시부터 급속히 힘을 받아, 15년전쟁 후반기(1937~1945년간 중일 간의 전쟁)에는 일본경제학회의 주류를 형성했다"고 한다(早坂忠, 1984: 135). 나니와다 하루오(難波田春夫), 오쿠마 노부유키(大熊信行), 류 신타로(笠信太郎)와 같은 학자들과 지식인들이 통제경제론에 근거한 체제 변화를 요구하기도 했다.

---

31 만주파에 대해서는 아래에서 좀 더 상세하게 다룰 것이다.

실례로 저명한 언론인으로 ≪아사히신문(朝日新聞)≫의 논설위원이었던 류 신타로는 그의 저서인 『준전시체제경제(準戰時體制經濟)』(1937)와 『일본경제의 재편성(日本經濟の再編成)』(1938)에서 산업 전반에 국가 통제의 강화를 요구했다. 류는 "일본 경제는 그것이 가진 태생적 질환인 '계획성의 결여'로 고통 받고 있다. 우리의 경제 조직에는 '계획성' 내지 '통제'가 결여되었고, 이것이 당면한 일본 경제의 최대 과제"라고 주장했다(笠信太郎, 1937: 277). 류는 경제를 통제하지 못했고, 그 결과 국가 예산이 제한 없이 확대되었음을 지적하면서, "재정의 불균형과 모순을 해결하기 위해서는 일본 자본주의의 생산력을 향상시키고 발전시키는 것 외에는 근본적인 타개책이 없다"고 주장했다(笠信太郎, 1937: 281).

이어서 그는 "소련이 사회주의를 통한 군사력의 비약적 확충"을 이룬 것을 부러운 듯 언급하며 "국민경제의 '계획성'에 대한 상당한 동경(憧憬)"을 내비쳤다(笠信太郎, 1937: 283). 그는 "생산의 단순 증가만으로는 충분치 않다. 이것을 관철하는 통제가 필요하다. 전체의 계획성이 필요하다. 그것은 강력한 권한을 가진 국가 통제여야만 한다"고 지속적으로 주장했다(笠信太郎, 1937: 283~284). 그가 소련의 성공을 동경하기는 했지만, 그가 주장한 통제의 형태는 시장체제와 소련식 명령경제를 융합한 것이었다. 그는 이 점을 다음과 같이 분명하게 강조했다. "현재의 자본주의 체제를 고려할 때, 자유와 통제가 상호 필연적으로 모순되는 것은 아니다"(笠信太郎, 1937: 285). 류는 국가가 생산을 확대하는 최선의 길은 비용 절감을 통해 생산성을 증대시키는 것이라고 주장했다. 이 목표를 달성하기 위해서 유통과 배급 분야에 한정된 현재의 국가 통제를 생산 분야 전체로 확대시킬 필요가 있다고 주장했다. 류는 생산에 대한 국가 통제의 핵심은 민간기업들의 이윤 추구 활동을 제한하고 기업 회계를 감시하는 데 있다고 주장했다. 그의 구상의 핵심적 관점은 일본이 이윤 추구에서 생산력 극대화로, 그다음에는 국가 통제 경제로 전환해야 한다는 것이었다.

요약하면, 통제경제론이 가진 지적 우위와 그것에 우호적인 환경을 만든 일련의 사건들로 인해서 통제경제론은 1930년대 후반에 들어 지적 경쟁에서 경쟁자들을 압도했다. 통제경제론이 승리함으로써 경제정책은 국가사회주의나 마르크스주의가 아닌 통제경제론을 반영하게 되었다. 이에 따라 일본 정부는 제2차 세계대전이 최고조에 달한 시점에서도 사유재산에 어떠한 제한도 가하지 않았으며, 일본 정부의 주요 목표를 소득 불평등이 아닌 경제성장에 두었다.

5) 통제경제론의 제도화

이 항에서는 일본에 전시 경제를 구축하기 위한 통제경제론의 제도화 과정에 대해 검토하고자 한다. 이 분석을 통해 정책결정자들의 만주 경험이 어떻게 그들의 결정에 반영되었는가를 보여줄 수 있을 것이다. 만주에서 발전국가체제를 건설했던 군 장교들과 관료들은 이후 일본 정부에서 중요 직위를 차지했다. 그들에게 전시 경제를 건설할 기회가 다시 주어졌을 때, 그들은 일본에 만주국의 선도기구와 유사한 기구를 설립했다. 다만 만주국의 특수회사제도는 일본에 도입되지 않았는데, 그 이유는 일본의 산업이 만주보다 훨씬 더 발전되어 있었고, 이미 상당수 대규모 민간기업들이 활동하고 있었기 때문이다.

게다가 재계 지도자들의 엄격한 국가 통제에 대한 강력한 반발은 일본에서 특수회사제도의 도입을 불가능하게 만들었다. 대신 그들은 간접적 통제체제인 업계단체를 설립했고, 이를 통해 국가와 산업 간의 협력 관계를 도모하고자 했다. 전시 일본의 업계단체제도는 나치 독일의 유사한 제도를 모델로 한 것이었는데, 당시 혁신관료들은 만주국 특수회사제도의 대안으로 독일식 모델을 도입했다. 그 결과 전시 일본의 발전국가체제는 만주에서 얻은 정책경험의 교훈들과 독일식 모델이 조합되면서, 약간은 다른 형태로 진화하게 되었다.

상공성에서 기시와 요시노의 국가 통제를 위한 초기 시도

가장 유명한 혁신관료로는 상공성의 기시 노부스케를 들 수 있다. 기시는 상공성의 엘리트 관료로 만주국에서 실업부(산업부) 차장으로 3년간 근무하면서 만주의 산업정책을 총괄했다. 1939년 일본으로 돌아와 상공성에 복귀한 기시는 상공차관(1939~1940)과 상공대신(1941~1943)을 역임했다. 아래에서는 기시의 교육 배경과 경력을 검토하여 그가 어떻게 통제경제론의 지지자가 되었는지를 살펴볼 것이다. 또한 기시와 그의 동료 관료들이 가졌던 아이디어가 통제회 수립이라는 정책으로 어떻게 구체화되었는지도 살펴볼 것이다.

기시는 1896년 야마구치 현(山口縣) 교외에서 태어났다. 그는 일본에서 가장 유명한 도쿄제국대학(도쿄대학의 전신)을 다녔다. 대학시절에 그는 보수주의자와 진보주의자 간의 지적 논쟁에 참여하기도 했다. 진보주의 학자들은 민주주의 옹호자들에서부터 사회주의자에 이르기까지 다양했지만, 그들의 공통된 중요 특징은 강권적(強權的) 국가에 대한 불만이었다. 한 예로 미노베 다쓰키치(美濃部達吉)는 천황주권설에 의문을 제기하며 열띤 논쟁을 불러일으키기도 했는데, 보수주의 학자로 기시의 스승이기도 했던 우에스기 신키치(上杉愼吉)는 천황주권설을 강력히 옹호하며 정치와 경제에 대한 엄격한 국가 통제를 지지했다.

기시는 보수주의 학파를 지지하기는 했지만, 보수주의와 진보주의 간의 중간에 서서 천황의 통치 아래 평등한 사회를 요구하는 국가사회주의라는 제3의 사상 학파에 일부 공감하기도 했다. 기시는 국가사회주의자인 기타 잇키의 『일본개조법안대강』에 매료되어, 사본을 필사하기도 했다. 기시는 기타가 주장한 재벌들의 사익 추구 활동에 대한 비판, 산업 전반에 대한 국가 통제 요구, 기업 활동을 제어하는 규제 등에 깊은 인상을 받았다. 기시는 후에 "기타는 학창시절에 내게 가장 큰 영향을 끼친 인물 가운데 한 사람이었다. …… 그의 책, 『일본개조법안대강』은 최초의 사회주의자였던 그의 국가사회주의적인 사고를 중심으로 하여 일대 혁신을 우리 국체와 결부시킨 것으로 당시 내가 생각하고 있던 바와 아주 가까웠으며 조직적이고 구체적인 실행 방침을 갖고 있었다"고 언급했다(吉本重義, 1957: 66).

대학 2학년 때에 기시는 고등문관시험에 합격했다. 대학 졸업 후 1920년에 기시는 농상무성에 들어갔다. 농상무성이 1925년에 농림성과 상공성으로 분리되자, 기시는 상공성에 배속되었다. 1930년에 상공성 공무국장이던 요시노 신지가 상공성 내 신설부서로 임시산업합리국을 추진하자 기시는 공무국 문서과장이 되었다.

상공성에 근무하면서 기시는 산업계에 정부의 영향력 확대를 꾀하는 일본 최초의 계획안 입안에 참여하게 되었다. 이러한 정책 변화를 준비하면서 요시노는 유럽에서의 산업정책, 특히 독일의 산업정책을 조사하도록 1930년에 기시를 유럽에 파견했다. 유럽 파견 동안 기시는 기술 표준화 정책, 과잉 경쟁을 방지하는 카르텔 정책, 자동차 시장의 보호와 개입과 같은 독일의 산업정책들을 면밀히 조사했다. 기시는 이를 상공성의 상관에게 정기적으로 보고했다. 1930년 7월 13일 기시는 당시 상공성 임시산업합리국장이었던 기도 고이치(木戶幸一)에게 독일의 산업합리화정책에 대해 다음과 같이 보고했다.

1. 협력[共働] 정신의 발양

산업합리화의 진정한 정신은 국민적 협력에 있다. 바로 이것이 미국의 산업합리화와 독일의 산업합리화 간의 가장 큰 차이점이다. 산업합리화가 일개 기업 혹은 일부 산업의 문제만이 아니라 국민경제 전체의 문제라는 것이다. 따라서 생산자, 판매자, 소비자, 학자, 관리를 비롯한 관련된 모든 이들의 협력 정신이 없다면, 산업화는 결코 이루어질 수 없을 것이다 …….

2. 카르텔 내부의 통제 규칙 문제

일본에서도 조합 내부의 통제는 항상 문제가 되어왔다. 그러나 인간이 사회생활을 하는 이상, 조합원 스스로가 만든 규칙을 조합원이 지키는 것은 자연스러운 것이다. 이는 우리가 법률을 지켰을 때, 우리가 느끼는 감정과 똑같은 것이다. 물론 각 조합원들도 규칙을 지키는 것이 자신들에게 최선의 이익이 된다는 것을 분명하게 알고 있다. 따라서 통제 규칙에 강제력을 사용하는 것은 적절치 않다. 경험 및 기술의 교환, 규격 통일 및 단순화와 이와 유사한 문제들 또한 산업합리화의 문제이기 때문에 전 국민의 협력이 없이는 이것을 수행할 수 없다. 나는 일본의 현재 상황을 보며 한탄할 뿐이다. 이것은 당연히 일본에서 이루어질 수 없을 것이다.[32]

이 보고서는 상공성의 기시와 요시노가 1931년에 입안한 「중요산업통제법(重要産業統制法)」의 근간이 되었다. 이 법은 산업 전반에 정부의 영향력을 확대하기 위한 최초의 시도 가운데 하나였지만, 그 통제 수준은 이후 유사한 법들에 비해 상당히 낮은 것이었다.

「중요산업통제법」은 정부가 카르텔의 형성을 승인하고, 정부에 비카르텔 회원들도 카르텔의 규칙을 따르도록 명령할 수 있는 권한을 부여했다. 이

32 岸信介, 「昭和5年ドイツ出張中, 木戸幸一に宛てドイツの産業合理化を報じた手紙」(1930.7.13), 岸信介 外(1981: 289~291).

법에서 언급한 '산업 통제'는 산업 전반에 걸친 실질적이고 직접적인 국가 통제를 의미하기보다는 자동차 산업과 같이 유치(幼稚) 단계에 있는 특정 산업에서의 카르텔을 촉진하기 위한 것이었다. 이 법은 기업 경영에 간접적으로 영향을 미치고자 했을 뿐이며 민간기업의 자율성에 끼친 영향도 사실상 매우 제한적이었다. 다시 말해서 이 법은 정부가 카르텔 구성을 승인하고 비카르텔 회원들에게도 카르텔 규칙을 따르도록 명령할 수 있는 권한을 부여했지만, 정부가 카르텔 규칙을 집행하도록 하는 권한은 제한되어 있었을 뿐만 아니라 정부가 카르텔 자체에 명령 내지 지침을 내릴 수 있는 권한도 갖고 있지 못했다. 따라서 민간기업에 대한 이 법의 영향은 매우 제한적이었다. 애초 기시와 요시노는 국가 통제를 위한 강력한 수단들을 선호했지만, 이러한 정책들에 대한 재벌 경영진들의 반대가 워낙 거세 결국 이들의 반대를 극복하지 못했던 것이다. 따라서 기시와 요시노는 회원사들 간의 자발적 협조와 자율적 통제에 의존하는 카르텔과 같은 조직들을 통한 간접적 통제를 선택할 수밖에 없었다.

이 법은 만주국에서 정부가 특수회사제도를 통해 산업 전반을 직접적으로 감시하고 규제할 수 있는 권한이 부여되었던 1932년 「만주국경제건설강요」와는 완전히 대조적인 것이었다. 이러한 차이가 발생한 가장 큰 원인은 재계 지도자들과 정당정치가들이 국가 통제를 강력히 반대했기 때문이다. 만주에서 관동군은 재벌의 진입 자체를 거부함으로써 정책 결정 과정을 장악했던 데 반해, 일본에서 대기업들은 정당정치가들의 비호를 받으며 강력한 영향력을 발휘하고 있었던 것이다. 게다가 「중요산업통제법」은 10년간만 유효한 한시적 법안으로 제정되었는데, 이는 해당 부처의 국가 개입을 강력히 우려한 재계의 입장을 반영했기 때문이다.[33]

---

33 기시와 요시노가 만든 법안 또한 상당한 타협안이었음에도 불구하고, 재계 지도자들

그러나 이 법의 3조에서 "정부는 카르텔이 불공정한 가격 인상, 가격 폭락의 방지 …… 혹은 일반 소비자의 이익을 침해할 시에는 카르텔 규칙의 변경 또는 취소를 명할 수 있다"고 규정했다.[34] 기시와 요시노는 이 조항이 향후 산업 전반에 국가 통제를 확대할 수 있는 근거로 활용되기를 희망했다. 이것이 1931년의 「중요산업통제법」과 전후 시기 산업정책 간의 상당한 유사성을 주목할 수 있는 근거가 된다. 전후의 (통상산업성과 대장성의) 관료들은 업계단체를 통한 자율적 행정지도를 통해 간접적으로 산업을 관리하는 것을 목표로 삼았다. 이 방법은 기시와 요시노가 1931년 「중요산업통제법」 제정을 통해 이루고자 했던 것과 상당히 유사했다. 또 다른 주목할만한 것은 자유주의 경제 아이디어가 널리 퍼져 있던 1930년대 초반에 기시와 요시노를 비롯한 혁신관료들이 입안한 「중요산업통제법」이 이미 '일반 소비자의 이익 보호'를 언급하고 있었다는 점이다. 이 점은 1937년 이후 입안된 만주국과 일본의 정책들에서 기업들의 국가에 대한 봉사를 단호하게 요구하며 소비자의 이익은 전혀 언급하지 않았던 것과는 매우 대조적인 것이었다.

사실 1931년 「중요산업통제법」이 성취한 것은 거의 없었다고 할 수 있다. 그러나 기시와 요시노는 이 법이 향후 산업에 대한 국가 통제를 확대할 수 있는 근간으로서 활용되기를 희망했다. 기시는 요시노와 함께 수년간 상공성을 국가 통제의 핵심 기관으로 만들려고 시도했다. 그러나 산업 전반에 국가 통제를 강화하려는 이들의 노력은 재벌 경영진의 강력한 저항만을 초래했을 따름이다.

은 이 법안에 대해서도 강력한 거부감을 표시했다(≪報知新聞≫, 1935.7.7).

34 「重要産業の統制に關法する法律」(1931.4.1), 中野文庫(http://www.geocities.jp/nakanolib/hou/hs 06-40.htm).

재벌의 저항

전시에 재벌-정당 연합은 경쟁세력인 군부-관료 연합이 권력을 장악함으로써 정치적으로 영향력을 상실했다. 그러나 이것이 군부와 관료가 재벌을 그들의 통제하에 완벽히 두었다는 것을 의미하지는 않았다. 전시 전반에 걸쳐 재벌 지도자들은 경제에 대해 국가 통제를 가하려는 시도에 맞서 격렬하게 저항했다. 전반적으로 군부와 관료들이 강력한 정치권력을 갖고는 있었지만, 재벌 경영진들도 정부에 중요한 영향력을 행사하고 있었을 뿐만 아니라 때에 따라서는 국가 통제의 확대를 중단시키려는 방법의 일환으로 혁신관료들을 관직에서 내모는 데 성공하기도 했다.

실례로 1931년에 상공성의 혁신관료들(기시와 요시노)이 「중요산업통제법」을 가까스로 도입한 후에 산업을 규제하려는 이들의 또 다른 시도는, 이 법 자체가 국가 통제 수준에 거의 영향을 미치지 못했음에도 불구하고, 재계와 이들의 정치 연합인 정당정치가들의 강력한 반대로 무산되었다. 당시 상공대신이었던 마치다 주지(町田忠治, 1934~1936)[35]는 "산업은 원래 자유롭지 않으면 안 된다"라고 언급하며 이 법이 엄격하게 시행되지 않을 것이라고 언론에 발표하기도 했다(≪報知新聞≫, 1935.7.7). 한편 1936년에 새로 출범한 히로타 고키(広田弘毅) 내각은 신임 상공대신으로 오가와 고타로[36]를 지명했다.

오가와는 상공대신에 취임하자마자 요시노와 기시에게 사직서를 제출하도록 지시했고 요시노와 기시는 상공성을 떠날 수밖에 없었다. 기시는 후에 "누군가가 오가와에게 '요시노와 기시가 산업정책을 좌지우지하고 있다. 당

35 마치다 주지는 당시 입헌민정당 소속이었다.

36 오가와 고타로는 입헌민정당 소속으로 재정정책 전문가였다. 관직에 입문하기 전에는 교토제국대학 경제학 교수를 역임했다.

신이 상공대신으로서 당신의 일을 하고자 한다면, 요시노와 기시를 해고해야만 한다'고 말했다. …… 오가와는 우선 요시노 상공차관을 해고하고 그다음에 나를 해고했다. 나는 만주에 간다고 말할 수밖에 없었다"고 회고했다(細川隆一郎, 1986: 24). 재계 인사들과 정치인들이 요시노와 기시의 정책을 중단시켜 시장의 자율성을 수호해야 한다고 결정했던 것이다. 기시와 요시노의 의견에 공감했던 상당수 혁신관료들도 상공성을 떠나야 했고, 국가 통제를 실현하려는 이들의 계획은 4년을 더 기다릴 수밖에 없었다. 그러나 이 시기 동안 재벌 지도자들의 권력은 쇠퇴했고, 군부-관료 연합이 주도권을 장악하면서, 특히 이 시기에 격화된 중국과의 전쟁은 산업 발전을 선도하는 국가의 적극적 역할을 증대시켰다.

이시하라의 권력 장악과 '만주파'

1930년대 초반까지만 해도 혁신관료들 스스로가 일본 경제체제의 전환을 주도하기에는 그 힘이 아직까지 미약했기 때문에 재벌 지도자들과 정당정치가들이 자유주의 시장체제를 성공적으로 수호했다고 볼 수 있다. 그러나 국가 통제를 위한 제도의 수립은 만주국에서 발전국가체제를 구축했던 이시하라 간지에 의해 이미 시작되고 있었다. 만주사변의 영웅으로 1933년 만주에서 일본으로 귀환한 이시하라는 몇 년간 센다이(仙台)의 보병 제4연대 연대장으로 근무했다. 1935년에 이시하라는 육군 참모본부 작전과장으로 임명되었다. 작전과는 일본 육군의 모든 작전 계획을 맡고 있기 때문에 육군의 최고 엘리트들만이 들어갈 수 있는 곳이었다. 중국과의 전면전이 점차 불가피해짐에 따라 육군의 정치적 영향력도 상당히 확대되었다. 전쟁 수행에 필요한 막대한 자원에 대한 요구가 받아들여지면서, 약화된 정당정치가들은 군부의 압력에 굴복할 수밖에 없었다. 군부의 정치적 영향력이 확대되자 작전과장인 이시하라의 정치적 존재감은 더욱 주목받게 되었다.[37] 2·26

사건 발생 후 2년간 이시하라는 일본 정계에서 가장 영향력 있는 인물이 되었다. 이시하라는 이 2년 동안 군부와 관료에 대한 강력한 리더십을 바탕으로 일본에 발전국가체제의 토대를 세우려고 노력했다.

이시하라가 참모본부 내에서 막강한 권력을 잡게 되자 (육군 내외에서) 상당수 인물들이 그의 주변에 모여들어 파벌과 유사한 형태를 띠게 되었다. '만주파'로 불린 이 집단은 만주국 건국에 적극 관여했던 핵심 인물들을 중심으로 이루어졌다. 육군 내부의 만주파 인사로는 이타가키 세이시로(관동군 참모장), 하야시 센주로(육군대장, 1937년 내각총리대신), 이마다 신타로(今田新太郎, 육군 참모본부), 가타쿠라 다다시(육군 참모본부) 등을 들 수 있으며, 육군 외부의 인사로는 소고 신지(만철 이사), 아사하라 겐조(浅原健三, 중의원 의원), 미야자키 마사요시(일만재정경제연구회) 등을 들 수 있다. 이시하라는 또한 자신이 만주국 건국 초기에 만들었던 정치단체인 협화회(協和會)의 구성원들로부터도 광범위한 지지를 받았다. 한편 이시하라는 정재계의 주요 인사들과도 긴밀한 관계를 맺었는데, 대표적 인사로는 고노에 후미마로 공작(귀족 출신으로 1937~1939, 1940~1941 내각총리대신 역임), 이케다 시게아키(미쓰이 재벌 총수), 쓰다 신고(가네보방적 사장), 아유카와 요시스케(닛산 총수) 등을 들 수 있다. 마지막으로 이시하라는 기시 노부스케, 호시노 나오키, 시이나 에쓰사부로 등 만주국에서 근무했던 상당수 혁신관료들과도 긴밀한 관계를 유지했다.

이시하라가 일본에서 막강한 권력을 가졌던 것은 사실이지만 그는 결코 독재자가 되려하지는 않았다. 이시하라가 무대 뒤편에 남아 있기를 선택했

---

37 육군이 이시하라를 작전과장에 임명한 주요한 이유는 육군을 양대 세력으로 갈라놓았던 황도파와 통제파 간의 격렬한 파벌 갈등이 진정되었기 때문이다. 당시 육군 지도부는 이시하라가 중립적 위치에 있는 것으로 판단했고, 그의 대중적 인기와 카리스마적 리더십이 사태를 해결할 수 있을 것으로 기대했다(秦郁彦, 1962).

던 이유는 군인은 정치를 멀리해야 한다고 교육받았던 군인 윤리에 대한 그의 투철한 신념 때문이었다. 대신 그는 정계의 실력자가 되어, 내각총리대신의 임명을 비롯한 정부 인사에 영향력을 행사했다. 이시하라는 일단 고노에 공작이나 하야시를 내각총리대신으로 하는 행정부를 단기간에 구성하여, 내각의 빈번한 개편을 통해 과감한 개혁조치들을 시행한다는 계획을 세웠다. 이 개혁조치들은 만주의 동료인 이타가키 세이시로(관동군 참모장)를 내각총리대신으로 만들어 그가 이 나라를 상당한 기간 동안 통치하도록 만드는 것으로 완결될 예정이었다.

1937년에 이시하라는 퇴직 육군 대장인 우가키 가즈시게(宇垣一成)가 각료 인선을 하지 못하도록 방해했다. 당시 우가키는 영향력 있는 원로 정치인들이 차기 내각총리대신으로 선택한 인물이었다. 당시에는 전통적으로 원로 정치인들이 후임 내각총리대신를 지명하고 그 인물을 천황이 승인하는 것이 관례화되어 있었다. 그러나 이시하라는 우가키의 육군대신 인선을 방해하며 이러한 전통에 도전했다.[38] 결국 우가키는 자신이 구상한 내각에

38 우가키가 육군대신 인선에 실패한 가장 큰 원인은 군부대신현역무관제도 때문이었다. 즉 내각의 육군대신 및 해군대신의 임용자격을 현역무관(대장 또는 중장)으로 제한한 이 제도는 육군과 해군의 출범 당시부터 일종의 불문율로 지켜져 왔으나 1890년대 들어 자유민권운동 과정에서 정당세력이 군부에 침투할 가능성이 커지자 이를 법적으로 방지하기 위해 1900년 당시 야마가타 아리토모(山縣有朋)의 주도로 법률화되었다. 군부대신현역무관제도는 이후 1913년에 개정되어 예·후비역도 임명이 가능토록 바뀌었다. 그러나 이 제도는 1936년 5월 다시 부활했다. 우가키는 군무국 군사과장으로 있던 시절에 군부대신현역무관제도의 개정을 강력히 반대했으나 실패로 돌아간 바 있었다. 1937년 들어 원로들과 천황으로부터 차기 내각총리대신으로 조각의 명을 받은 우가키는 그러나 이시하라를 중심으로 한 중견장교들이 육군 상층부에 후임 육군대신의 추천을 거부하도록 압력을 가함에 따라 현역 중에서 군부대신을 임명할 수 없었고, 결국 내각 출범 자체도 무산되었다. 우가키가 중견 장교시절에 그

서 육군대신으로 일할 적절한 인물을 찾지 못했고, 내각총리대신이 되려는 야망을 포기할 수밖에 없었다. 이후 이시하라는 내각총리대신으로 하야시 센주로 대장을 후보로 밀었다. 하야시는 실제로 의회와 천황의 승인을 얻었고 1937년 1월에 내각이 출범했다. 총 8명의 하야시 내각 중 7명이 군 장교 혹은 혁신관료들이었고, 정당정치가는 한 명도 포함되지 않았다. 하야시 내각은 1890년대 일본에 정당정치가 시작된 이래 최초의 비정당(non-partisan) 정부[39]이자 '만주 내각(滿洲內閣)'으로 불렸다.

이시하라와 만주파의 강력한 리더십하에서 1937년 10월 정부는 「기획원 관제」를 채택했다. 기획원의 권한은 정부가 1938년에 「국가총동원법」을 제정함에 따라서 한층 더 확대되었다. 「국가총동원법」은 기획원이 다른 분야의 자본, 자원, 노동력을 타 분야에 분배할 수 있는 권한뿐만 아니라 연간 자원 할당 계획을 입안할 권한도 부여했다. 만주에서 기획처를 창설했던 것처럼 이시하라와 만주파 인사들은 급속한 산업화를 이루는 동시에 산업에 대한 엄격한 통제를 할 수 있는 강력한 기구를 만들었던 것이다. 따라서 전시 일본 발전국가체제의 핵심 제도 가운데 하나인 기획원의 창설은 당시의 정치적 상황을 분명하게 반영했다고 할 수 있다.

이시하라, 미야자키 그리고 기획원

전시 일본 발전국가체제의 선도기구였던 내각 기획원은 이시하라 간지의 아이디어가 현실화된 가장 중요하면서도 성공적인 사례였다. 이시하라는 이미 만주국에서 이와 유사한 기구(만주국 기획처)를 설립했었고, 일본에서

토록 개정을 반대했던 군부대신현역무관제도가 아이러니하게도 우가키의 정치적 야망을 깨뜨리는 수단으로 사용되었던 것이다. _ 옮긴이 주

39 전임 사이토 마코토 내각과 오카다 게이스케(岡田啓介) 내각에서도 군부 출신 인사가 내각총리대신을 맡았지만, 이들 내각에는 정당정치가들이 포함되어 있었다.

도 이를 재현했던 것이다. 미야자키와 그의 싱크탱크인 일만재정경제연구회가 1936년에 만든 행정개혁계획인 「정치행정기구개조안(政治行政機構改造案)」은 후에 일본 정부에서 채택되었는데, 이 보고서에서 기획원은 경제 참모본부로 불렸다. 「정치행정기구개조안」에서 기획원은 군의 참모본부와 같은 기능을 수행하도록 설계되었으며, 전시 경제 전략의 기획, 자원 분배의 통제, 급속한 경제 성장을 주도하는 정책 입안 등에서 책임과 권한이 부여되었다.

1937년에 이시하라는 정부에 상당한 영향력을 행사하는 한편, 자신의 경제 고문인 미야자키 마사요시의 도움을 얻어 일본 경제가 처한 현재 상황과 잠재력을 분석하여 경제 개혁안을 입안하고자 했다. 1935년에 이시하라는 미야자키를 도쿄로 불러들여 싱크탱크인 일만재정경제연구회를 설립했다. 이시하라와 미야자키는 민간기업과 일본 최고 학부 출신의 젊고 명석한 경제전문가들을 이 연구회에 모았는데, 대표적인 이들로는 이즈미야마 산로쿠[泉山三六, 미쓰이은행(三井銀行)], 고가 히데마사(古賀英正, 도쿄제국대학), 쓰시마 주이치(津島壽一, 대장성)[40] 등을 들 수 있다. 이시하라는 정부 예산을 확보해 일만재정경제연구회에 상당한 재정을 지원했고, 이를 통해 일만재정경제연구회는 1937년에 50여 명을 넘는 연구진을 가진 대규모 연구기관으로 발전할 수 있었다. 일만재정경제연구회의 연구진들은 놀라운 속도로 상당수의 개혁 법안들을 입안했다. 일만재정경제연구회의 주요 목적은 세 가지를 들 수 있는데, 첫째, 일본 경제 및 적성국 경제에 대한 광범위한 연구 수행, 둘째, 일본의 행정 개혁 설계, 셋째, 일본과 만주의 개발 계획 입안이었다.

첫째, 일만재정경제연구회에서는 경제와 산업정책에 대한 일련의 광범위

---

40 쓰시마는 1945년에 대장대신을 역임했고, 이후 참의원(參議院) 의원, 방위청 장관 등을 지냈다.

한 국가별 비교 연구에 착수했다. 이 연구들은 이시하라가 일본 정부에는 일본 경제뿐만 아니라 적성국 경제에 대해 신뢰할 수 있는 자료가 부족하다고 판단했기 때문이다. 이들 연구들의 핵심 목표는 일본과 적성국들의 현재 경제상황과 산업 잠재력에 대한 자료 분석과 수집 그리고 유럽 강대국들의 산업정책을 조사하는 데 있었다. 이는 이시하라가 일본과 적성국들의 경제 역량에 대한 신뢰할만한 자료가 일본의 군사 작전을 입안하는 데 핵심적이라고 판단했기 때문이다. 특히 이시하라는 놀라운 속도로 성장하고 있는 소련 경제의 현재 상황과 잠재력을 알고 싶어 했는데, 이는 당시 소련이 일본과 식민지에 대한 실질적 위협이 될 것으로 판단했기 때문이다. 이시하라는 일만재정경제연구회의 연구진들에게 영국, 프랑스, 독일, 미국, 이탈리아의 산업정책을 연구하도록 요청했다. 이러한 연구 성과들은 아래에서 논의하겠지만 일만재정경제연구회의 산업계획에 대부분 반영되었다.

둘째, 일만재정경제연구회는 1936년에 「정치행정기구개조안」이라는 제목의 정책 제안서를 작성했는데, 이 제안서에서는 메이지유신 이래 일본의 현 정치체제를 근본적으로 개조할 것을 제안했다. 개조 계획의 주된 골자는 다음과 같았다.[41]

41 일만재정경제연구회의에서는 1936년 7월에 『비상시국책대강(非常時國策大綱)』과 8월에 『1937년도 이후 5년간 제국세입 및 세출계획, 부록 긴급실시국책대강(昭和十二年度以降五年間の帝國歲入及び歲出計劃, 附 緊急實施國策大綱)』을 만들었다. 이들 보고서에서는 유사한 내용의 파격적 행정기구 개혁안을 담고 있었다. 주요 내용으로는 현 내각제도의 폐지 및 국무원의 창설, 국무원 직속의 통일적 계획입안기구로 총무청의 신설, 산업통제성(국방산업성), 조합성, 무역성, 항공성, 사회성, 대장성 자금국의 설치 등이었다. 특히 국무원은 국무총리대신 외 4명의 국무대신으로 구성되어 각 부처를 총괄하는 안이었다. 또한 신설된 총무청에 기획국을 두어 경제참모본부로 삼는다는 행정기구 개편안을 제시했다. _ 옮긴이 주

1. 내각 개조

2. 신설 부처의 설치(산업통제성, 항공성, 무역성 등)

3. '경제참모본부'의 설치

4. 일당독재체제의 확립

5. 은행업의 국영화

6. 교육개혁

7. 농업개혁(집단농장 도입)

이시하라의 산업정책에서 무엇보다 중요한 것이 세 번째 계획이었다. 이시하라와 일만재정경제연구회는 경제 및 산업정책 수립, 정부 예산의 분배, 정부 인사의 결정 등을 전담하는 기구를 설치하고자 했다. 경제참모본부의 설치를 통해 이시하라는 만주국의 강력한 총무청을 일본에서 재현하고자 했다. 이시하라가 '만주선행주의(滿洲先行主義)'[42]라고 그의 아이디어를 제시했던 것처럼, 그는 만주에서의 정책 실험(political experiments)의 성과들을 일본에 들여와 육군 참모본부에서 군사 전략을 세웠던 것처럼, 강력한 경제기획기구 창설을 통해 국가적 산업 개발을 위한 지침을 제시할 수 있기를 희망했던 것이다.

마지막으로 일만재정경제연구회는 미국과의 최종전쟁을 대비해 일본과 일본의 식민지 및 동아시아 동맹국들에 강력한 산업 기반을 건설할 계획을 세웠다. 이러한 산업정책은 1937년에 만들어진 「중요산업5개년계획(重要産業五ヶ年計畫)」으로 구현되었다. 산업개발이 군사 전략의 핵심 부분이라고 확신했던 이시하라에게 「중요산업5개년계획」은 최종전쟁을 대비하는 일본

42 이시하라가 언급한 만주선행주의는 만주에서 새로운 정책들의 타당성을 검증하는 실험을 실시하고, 성공적으로 검증된 정책들을 일본에 적용한다는 것이었다.

에게 필수적인 계획이었다. 소련의 성공적인 5개년계획을 기준으로 일만재정경제연구회는 전략적으로 중요한 특정 산업의 생산력을 5년 내 2배에서 18배까지 확대하는 야심찬 계획을 수립하기에 이르렀다.

이시하라의 정치적 영향력과 대중적 인기에도 불구하고 이 야심찬 개획안들을 의회에서 승인받는 것은 쉽지 않은 일이었다. 「정치행정기구개조안」의 대다수 계획들은 너무나 급진적이라는 이유로 의회의 승인을 얻지 못했다. 이시하라를 지지했던 상당수 정치인들도 이 계획이 '완벽한 공산주의 정책'이라고 비판할 정도였다. 정당정치가들과 재계 인사들도 이 계획을 강력하게 반대하며 산업에 대한 국가 통제를 막으려고 노력했다. 그러나 결국 정부는 세 번째 안을 채택하여 1937년에 기획원을 수립했고, 상공성과 함께 전시의 경제 선도기구로 삼았다.

이시하라의 몰락

이시하라와 만주파가 일본 정치를 확실히 장악하고 있던 것은 분명하지만 그들의 지배도 점차 종말을 맞고 있었다. 이시하라와 만주파는 무토 아키라(武藤章, 참모본부 작전과장), 우메즈 요시지로(梅津美治郎, 육군차관), 도조 히데키(관동군 참모장) 등의 육군 내 급진 팽창주의자들이 중국 전장에서 전선(戰線)의 확대를 주도함에 따라 실각하게 되었다. 1937년 7월 베이징 인근에서 벌어진 중국군과 관동군 간의 소규모 군사 충돌[루거우차오 사건(盧溝橋事件)]은 중국 동북 지역에서 일련의 대규모 전쟁으로 확전되었다. 이시하라를 비롯한 만주파 인사들은 중국과의 확전에 강력히 반대했는데, 그 이유는 일본이 수십 년간 평화를 유지하며 본국과 만주에서 군사력 확충 및 산업 개발에 집중해야만 한다고 확신했기 때문이다.

루거우차오 사건 전에 이시하라는 외무성 고위 관료들 앞에서 "내가 지켜보고 있는 한 단 한 명의 병사도 보내지 않을 것이다"라고 공개적으로 선언하기도 했다(秦郁彦, 1962: 251). 이시하라는 전쟁을 중지시키기 위해 가능한 모든 노력을 다했지만, 결국 수포로 돌아갔다.[43] 일본은 결국 23개 사단, 70만 명의 병력을 파병했고, 1938년의 국방예산 총액은 30억 엔에 달했다. 그 결과 정부는 이시하라와 미야자키의 「중요산업5개년계획」을 실행하기에 필요한 최소 85억 엔에 달하는 재정을 확보하는 것이 불가능할 수밖에 없었다. 곧 이시하라는 참모본부에서 영향력을 상실했고, 그의 정치적 경쟁자들은 이시하라를 다시 만주로 쫓아 보내는 데 성공했다. 만주에서 이시하라는 중국과의 평화를 유지하려는 노력을 계속했다.

만주에서 이시하라는 일본인 관료들과 군 장교들이 정치를 완전히 지배하는 만주국의 엄청난 변화를 목격하고 충격을 받았다. 물론 이시하라 또한 일본인들이 지도력을 발휘해야 한다고 생각했던 것은 사실이지만, 만주국에서 오족협화의 원칙들은 반드시 지켜져야 한다는 것이 확고한 신념이었다. 이시하라는 군 헌병을 활용해 만주국민들에 대한 억압적 통제 체제를 수립한 관동군 참모장 도조 히데키를 비롯해 관동군 참모 장교들을 강하게 비판했다. 당시 도조는 이시하라와 그의 추종자들의 활동을 막기 위해 군 헌병에 상당한 영향력을 행사하기도 했다. 이시하라에 대한 도조의 공격은 1940년에 그가 일본 육군대신이 된 후 더욱 심해졌다.

이후 이시하라는 한직(閑職)을 전전했고, 1941년에 군 생활을 마감하고 예비역에 편입되었다. 이후 이시하라는 동아연맹 구상을 주장하며, 일본이 중국과의 전쟁보다는 산업적·군사적 개발에 주력해야 한다고 촉구하며 최종전쟁론을 활발하게 주장했다. 그러나 그가 권력 핵심에 복귀할 기회는 결

43 이시하라는 특히 그의 과거 행동 때문에 팽창주의자들을 설득하는 데 상당한 어려움을 겪었다. 이시하라의 휴전 요구를 거부하며 무토는 이시하라에게 "나는 만주사변에서 적극적 역할을 했던 당시의 행동들에서 큰 감명을 받았습니다. 나는 당신의 사례를 쫓아 내몽골에서 똑같은 일을 할 생각입니다"라고 말했다(秦郁彦, 1962: 251).

코 오지 않았다. 만주파의 대다수 인사들도 육군 참모본부의 직위에서 쫓겨나 지방으로 발령받았고, 해체된 만주파는 정책 결정 과정에서 영향력을 급속도로 잃게 되었다. 일만재정경제연구회의 미야자키와 동료들도 육군 참모본부의 정치적 후원을 잃은 후에 어려운 상황에 처했다. 이 단체는 더 이상의 임무를 부여받지 못한 채 1940년에 강제로 해산되었다.

혁신관료들의 제도 형성

이시하라가 경제통제 기구인 기획원을 성공적으로 수립하기는 했지만, 1938년에 이시하라와 만주파가 영향력을 상실하면서 만주의 특수회사제도와 같이 기업 활동을 통제하는 제도는 만들지 못했다. 결국 만주에서 돌아온 기시 노부스케나 시이나 에쓰사부로 같은 혁신관료들이 1940년대 초반에 산업 전반에 국가통제체제를 수립하는 일을 맡게 되었다.

기시가 만주에서 3년을 보낸 후(기시의 만주 경험에 대해서는 제3장 참조), 1939년에 일본 정부는 기시에게 일본으로 돌아와서 상공성 차관을 맡도록 지시했다. 당시 차관은 관료들이 맡을 수 있었던 최고의 직위였다. 중국과의 전쟁 확대는 당시 아베 노부유키(阿部信行) 육군 대장이 이끌던 정부로 하여금 산업 생산력 확충에 주력하도록 만든 계기가 되었다. 정부는 전시 경제의 수립을 총괄할 수 있는 인물이 필요했고, 만주에서 통제경제의 경험을 가진 기시가 이에 부합하는 최적의 후보자로 선택되었다.

일본 경제를 정부가 산업 전반에 강력한 통제를 행사하는 전시 경제로 전환하려는 노력의 일환으로 기시와 그의 동료 혁신관료들은 1940년에 「경제신체제확립요강」(이하 「요강」)을 수립했다. 이 계획은 아키나가 쓰키조(秋永月三)[44] 대좌, 미노베 요지(美濃部洋次, 상공성 관료), 사코미즈 히사쓰네(迫水

---

44 아키나가는 관동군 참모 장교로 근무하면서 만주국 경제정책 입안에 관여한 바 있었

久常, 대장성 관료),[45] 모리 히데오토(毛里英於菟, 기획원 관료)와 같은 소장 혁신관료들과 통제파 군 장교들의 합작품이었다. 고노에 내각은 1940년에 이 요강을 정식으로 채택했다.

이 「요강」은 일본 자본주의 체제에 근본적 변화를 도입하는 것을 목표로 하면서 다음과 같은 세 가지 사항에 주로 초점을 맞추었다. 첫째, 국민경제의 목표로 '국방경제'의 수립을 요구했다. 이를 위해 국가가 생산력 확충에 모든 자원을 동원할 것을 촉구했다. 둘째, 기업 활동의 목표를 이윤 추구에서 공익우선(국방과 생산력 확대)으로 재설정했다. 「요강」에서 "기업들은 주요 물자의 가격을 합리적 생산비용과 적정 이윤에 근거해서 결정해야 한다. 기업들은 국민경제의 질서 유지에 해를 끼치는 투기적 이윤과 독점적 이윤의 발생을 방지해야 한다"고 규정했다.[46] 셋째, 경제 전반에 대한 국가 통제는 경제단체를[47] 통해 간접적으로 이루어져야 한다고 규정했다. 기업들이 스스로 자율적으로 규제하고 사업 활동을 집단적으로 운영하기 위해서 업계단체의 결성이 장려되었다. 이는 이후 통제회 설립으로 이어졌다.

한편 「요강」은 정부의 감독과 지도 역할을 일정 제한하면서, 경제단체가 정부 계획의 실행을 맡도록 규정했다. 경제단체의 장들은 민간기업인이 맡았고, 이들에게 회원사들을 규제할 법적 권한이 부여되었다. 경제단체를 통한 이러한 정부의 간접 통제는 '자본과 경영의 분리'로 여겨졌다. 이 「요강」은 기

다. 1941년에 그는 기획원 제1부장이 되었다.

45 사코미즈는 전후에 이케다 하야토(池田勇人) 내각에서 우정대신을 맡기도 했다.

46 「經濟新體制確立要綱」(1940.12.7), 國立國會圖書館(http://rnavi.ndl.go.jp/politics/entry/bib00294.php).

47 혁신관료들은 '경제단체'라는 용어를 통제회와 같은 단체를 의미하는 것으로 사용했다. 당시 혁신관료들이 '경제단체'라는 용어를 사용한 것은 재벌의 반대를 피하기 위해서였다.

업 경영자들(재벌 가문)의 자율성을 전적으로 부인하기보다는 일정 정도 제한하면서 국가가 기업 경영에 개입하는 것을 가능하게 만들었다.

재벌의 지속적인 저항

군부-관료 연합이 전략적 군사 목표와 긴밀히 연관된 간접적 국가 통제 제도들을 도입하려는 사전 작업을 진행하자, 이들은 자유시장경제를 수호하려는 재벌-정당 연합의 강력한 저항에 직면했다. 이러한 점에서 고노에 내각은 국가 통제 옹호와 기업 자율성 수호 사이에서 취약한 균형을 이루고 있었다. 전자의 세력에는 기시와 만주에서 함께 일했던 호시노 나오키, 육군대신 도조 히데키 등이 포함되어 있었다. 재계 인사들과 정당정치가들이 속한 후자의 세력에는 상공대신 고바야시 이치조(小林一三), 철도대신 오가와 고타로,[48] 후생대신 가네미쓰 쓰네오(金光庸夫),[49] 내무대신 히라누마 기이치로(平沼騏一郎)[50] 등이 포함되어 있었다. 행정부 내의 이러한 분열은 당시의 정치적 맥락을 반영한 것이었다. 혁신관료들과 통제파 군 장교들이 산업 전반에 걸쳐 국가 통제의 강화를 목표로 한 연합을 형성했던 반면에 재계와 정당정치가들은 기업 부분의 자율성을 수호하기 위해 단결했던 것이다. 이 후자의 파벌은 일부 국가주의 단체들과 황도파 군 장교들의 지지를 받았다.[51]

---

48 오가와는 1936년에 기시를 상공성에서 내쫓았던 인물이었다.

49 가네미쓰는 도쿄상공회의소(東京商工會議所) 부총재를 역임했다.

50 히라누마는 퇴직 검사로 국가주의 단체인 국본사(國本社)의 설립자 중 한 사람이었다. 그는 정부의 경제 통제 계획을 지지했던 육군 황도파와 밀접한 관계를 맺었다. 히라누마는 1939년에 내각총리대신이 되었고, 이후에도 여러 부처의 대신을 역임했다.

51 황도파 장교들은 국가사회주의의 지지자들로서 사유재산권의 제한뿐만 아니라 전략 산업에서 기업의 국영화를 요구했다. 그러나 통제파와의 경쟁이 이들로 하여금 혁신관료들과 통제계획에 대해 반대하도록 만들었다.

고노에는 당시 유명한 기업가였던 고바야시 이치조를 상공대신에 임명했다. 상공차관이었던 기시는 자신이 기업가들에게 빚진 것이 전혀 없으며, 또한 고노에 내각총리대신의 신임을 확신하면서, 당시 기업가 출신 대신이 산업에 대한 정부의 영향력 확대에 대해 재계의 비판을 완화시켜줄 것이라고 판단했다. 기시는 만주의 경험을 살려 강력한 국가 통제를 지향하는 전시경제체제를 구축하고자 노력했다. 그러나 신임 상공대신에 대한 기시의 과소평가는 결국 기시가 자리를 잃게 만드는 결과를 초래했다. 고바야시는 기시의 정책들에 대한 위장막이 될 의사가 전혀 없었을 뿐만 아니라 오히려 기업의 자율성을 수호하려는 굳건한 의사를 분명히 가지고 있었던 것이다. 기시와 마찬가지로 "고바야시도 자존심과 추진력이 강한 사람으로, 신념을 가진 남자"였던 것이다(Kurzman, 1960: 150). 고바야시는 "기업들 자신이 건전하게 발전하는 것이 국가 경제에 도움이 된다. 자유경쟁의 원리가 무시된다면 기업들은 결코 건실하게 성장할 수 없다. 관료들은 우리 기업들과 거리를 두어야 한다"고 강하게 확신했다(細川隆一郎, 1986: 45). 기시와 고바야시 상공대신 간의 충돌은 1940년 내각이 「경제신체제확립요강」을 채택하자 피할 수 없는 일이 되었다.

재계 총수들과 이들의 정치 연합세력인 정당정치가와 급진 우익단체들도 혁신관료들의 계획에 격렬하게 반대했다. 고바야시 상공대신, 오가와 철도대신, 가네미쓰 후생대신, 무라타 쇼조(村田省蔵) 체신대신 등이 반대의 목소리를 높였다. 대신들의 의견을 조율하기 위해 수차례에 걸쳐 내각 회의가 열렸고, 결국 재계의 우려를 반영해 「요강」은 대폭 수정되었다. 그러나 이러한 수정에도 불구하고 반대진영에서는 이 안 자체를 폐기하기 위한 노력을 지속했다. 일부 정치가와 국가주의 단체들이 고노에 내각총리대신에게 서한을 제출했는데, 이 서한에서는 「요강」에 대해 "관료들의 계획경제는 공산당의 신조와 완전히 일치하며, 이것의 수행은 국민의 전통적 정신을 파괴하고 경제생활을 교란시키게 될 것이다. 결국 러시아의 전철을 밟게 될 것이다"라고 비판했다(伊藤隆, 1983: 183).

「경제신체제확립요강」을 채택한 고노에 내각의 결정은 격렬한 정치 투쟁의 시발점이 되었다. 기시와 「요강」의 지지자들이 내각에 「요강」을 회부하고 이의 채택을 적극 추진하는 동안, 고바야시 상공대신은 석유 수입 교섭차 네덜란드령 동인도를 방문 중이었다. 귀국 직후, 고바야시는 "격노하며 '이 계획안의 대부분 조항들이 공산주의 냄새를 강하게 풍기기 때문에' 제안된 안을 전면적으로 파기할 것을 지시했다"(Kurzman, 1960: 153).[52] 기시와 고바야시 간의 정치 투쟁은 이후 몇 달간 지속되었다. 몇 달 후 와다 히로오와 가쓰마다 세이이치(勝間田清一) 등 기획원 내 일부 관료들이 공산주의 운동에 관여한 혐의로 체포됨으로써 고바야시는 기시를 몰아낼 수 있는 절호의 기회를 잡게 되었다(기획원사건).[53] 당시 기시가 기획원에 깊숙이 관련되어 있었기 때문에, 고바야시는 기시의 사임을 요구하기에 이르렀다. 기시는 이 문제를 고노에 내각총리대신과 상의했지만, 고노에는 기시의 입장을 옹호하는 데 주저했고, 기시는 놀라움을 금치 못하게 되었다. 결국 기시는 사직서를 제출하는 데 동의할 수밖에 없었다. 완벽한 정치적 패배라고까지는 할 수 없었지만 기시는 정치적 반격을 위한 적절한 시기를 한동안 기다려야

52 이 시기에 이루어진 공산주의에 대한 비난은 정치적으로 특히 중요했다. 당시 매카시즘(McCarthysim)이 횡횡하던 미국과 마찬가지로 공산주의에 관련되었다는 오명은 관련된 인물의 사회적·정치적 삶을 황폐화시킬 수 있었다. 일본에서도 정부는 공산주의 활동을 철저히 탄압했고, 공산주의자들과 이들에게 동조했던 상당수 인사들을 체포했다.

53 고바야시 히데오(小林英夫)는 기획원사건이 재계 총수들과 히라누마 내무대신이 배후에서 국가 통제를 추진한 상공성과 정부에 제약을 가하기 위해 시도했던 사건이라고 주장했다(小林英夫, 2005b; 岸信介 外, 1981: 39 참조).

만 했다. 자신에게 우호적인 군 장교들의 도움으로 기시는 고바야시에 맞서기 위해서 그가 부정행위에 연루되었다는 의혹을 찾고자 그의 과거 행적을 낱낱이 조사했다. 그 결과 고바야시는 세금 탈루 및 기밀문건을 유출했다는 혐의로 고발당했고, 결국 사임할 수밖에 없었다.

군부-관료 연합이 추진한 국가 통제 시도에 맞서 재벌 경영진들이 저항했음을 보여주는 또 다른 증거들이 있다. 첫째, 재벌 지도자들은 자신들의 이익을 수호하기 위해서 정부의 요청을 거부하기도 했다. 실례로 정부의 전쟁 수행에 필수적인 텅스텐과 몰리브덴과 같은 특정 생산 분야에서 기시는 재벌의 투자를 이끌어내는 데 실패했다. 재계 지도자들은 그러한 분야가 위험성이 너무 클 뿐만 아니라 이익도 없기 때문에 이들 분야에 대한 투자는 기업의 수익성을 악화시킬 것이라고 판단했다. 기업들에 대한 어떠한 직접 통제도 가할 수 없었기 때문에 기시는 이들 희소금속들을 채굴하기 위해 국영기업을 설립할 수밖에 없었다.

둘째, 재벌 지도자들은 1941년 고노에 내각 후임의 도조 내각에 자신들의 대표자들을 내각의 일원으로 받아들이도록 압력을 가했고 성공을 거두었다. 재벌의 대표자들은 내각 고문으로 불리면서 무임소대신과 동등한 지위를 누렸다. 재벌 지도자들은 자신들의 대표자들을 산업 정책 결정 과정에도 포함시키고자 노력했다. 실례로 미쓰이 재벌의 후지와라 긴지로(藤原銀次郎, 오지제지의 사장)[54]는 무임소대신이 되어 철강 관련 정책을 책임지기도 했다. 그뿐만 아니라 조선 분야와 육상 교통을 책임진 내각 고문이 되기도 했다. 이들은 모든 산업 부분에서 생산과 분배를 총괄하고자 했던 혁신관료들의

---

54 후지와라는 1895년 미쓰이은행에 입사하여, 1933년에는 일본 제지생산 시장의 90%를 점유하던 오지제지의 사장에 올랐다. 그는 미쓰이 재벌의 핵심 인물이었고, '제지왕(製紙王)'으로 불리기도 했다.

영향력을 상당부분 제약했다. 커즈만(Dan Kurzman)은 "(내각 고문들은) 재계의 큰 승리이자 군부의 명백한 패배를 의미했다"고 주장하기도 했다(Kurzman, 1960: 182).

통제회를 통한 통제경제론의 실현

도조 히데키를 내각총리대신으로 하는 새로운 내각이 1941년 10월에 출범하자 기시는 상공대신에 임명되었다. 기시는 곧장 차관 시절에 자신이 완료하지 못했던 전시 경제 구축 업무에 착수했다. 그는 자신과 만주에서 함께 일하면서 가까웠던 상당수 관료들을 상공성의 주요 직위에 임명했다. 예를 들어 만주국 실업부 기획과장이었던 시이나 에쓰사부로는 상공차관에 임명되었다.

도조 내각은 주로 국가 통제를 지지하는 인사들로 구성되었고, 도조 또한 재벌 지도자들의 영향력을 실질적으로 약화시키기 위해 강압력을 행사할 의지도 갖고 있었다. 도조의 강력한 지원 아래, 기시는 자신이 1940년에 내놓은 「경제신체제확립요강」을 통해 그 기틀이 마련된 국가통제체제를 완성하는 데 총력을 기울였다. 일본과 미국 간의 갈등이 고조되는 상황에서, 이 「요강」은 향후 일본이 공업제품, 군수품, 식량, 자본, 노동력 등의 중요 물자가 심각한 부족에 직면할 것이라고 예측했기 때문에 더욱 서둘러 추진되었다.

1941년 8월 29일, 정부는 「중요산업단체령」을 공포하여, 철강, 석탄, 광업, 자동차, 공업기계, 조선 등의 21개 핵심 산업에서 통제회라 불리는 카르텔과 유사한 단체를 조직했다. 21개 산업에 속한 모든 기업들은 의무적으로 산업별 통제회에 가입해야만 했다. 통제회 회장은 회원사 경영자 중에서 선발되었으며, 이들에게는 회원사들이 정부 지시를 반드시 따르도록 하는 권한과 책임이 부여되었다. 통제회는 정부와 기업을 연결하는 가교(架橋)인 동시에 간접적 국가 통제 수단으로서 기능했다.

혁신관료들은 카르텔 조직을 통해 민간기업들이 공익을 우선하도록 만들고자 했다. 이는 자유시장과 사회주의경제를 융합하려는 통제경제론의 이념을 반영한 것이었다. 그들은 민간기업들을 그대로 유지했는데 이는 민간의 기업가정신이 경제 성장의 생명줄임을 잘 알고 있었기 때문이다. 실례로 중요산업협의회(重要産業協議會)의 사무국장이었던 호아시 게이[55]도 민간의 기업가정신이 가진 중요성에 대해 "'자유방임'의 원칙이 과거 경제 성장의 원동력이었음을 충분히 인정하지 않으면 안 된다"고 언급하기도 했다. 그는 또한 "통제경제하에서도 기업의 창의성은 어떠한 형태로든 활용되지 않으면 안 된다"고 언급했다(帆足計, 1941: 11).

관료들은 정부의 경제계획에 기업의 참여를 이끌어낼 수 있는 다양한 유인책을 민간기업에 제공하여 민간의 기업가정신과 국가 통제 사이의 공존을 이끌어내려고 노력했다. 실례로 「중요산업단체령」에서는 통제회 회원사들에게 "국민경제의 총력을 가장 유효하게 발휘하도록 해당 산업의 종합적 통제 운영을 도모하여 해당 산업에 관한 국책의 입안 및 수행에 협력"하도록 하는 의무를 지웠다(末川博, 1942: 135). 또한 통제회는 회원사들이 "공익에 해를 끼친다면" 이들을 처벌할 수 있는 권한을 갖고 있기도 했다(제27조). 관료들은 (국민경제의 방향성을 제시하는) 정부와 (실제 생산을 맡은) 민간기업 간의 협력적 관계를 바탕으로 전시경제체제를 구축하고자 했다. 따라서 통제회는 이러한 전시 경제를 운영하는 데 필수적인 제도였다. 상공성 총무국장이었던 시이나 에쓰사부로는 일본의 전시 경제에 대해 "전시 경제 운영의 근본은 물동(物動)계획을 중심으로 생산을 조직하고, 물동계획에 따라 생산의 우선순위를 정해 생산 계획을 시행하게 될 것이다. …… 전시생산의 실질

55 호아시는 기획원 관료로 근무하면서 1940년 「경제신체제확립요강」을 입안했던 인물 가운데 한 사람이었다.

적 운영을 수행하는 주체는 통제회로서, 이 경제통제의 주체가 전시 경제 운영의 근간이라고 할 수 있다"라고 언급했다.[56]

기시 상공대신은 1941년 11월 20일에 열린 철강통제회 창립총회에서 통제회에 대한 정부의 기대를 다음과 같이 피력했다.

> 철강통제회는 경제신체제(經濟新體制)의 요청에 따라 탄생한 것으로, 종래 기업가의 이익단체나 정부 자문기관에 지나지 않는 단체들과는 전적으로 다른 기능 및 성격을 가지고 있으며, 관민일치 체제에 따른 고도의 국책수행기관임을 재차 명심해야 한다. …… 회장과 회원사 및 사무 담담 직원 한 명 한 명이 애국 지사적 사업가라는 자각을 가지고 공익우선의 이념에 철저해야만 철강통제회의 사명을 달성할 수 있을 것이다(岸信介, 1942: 154, 157).

관료들은 통제회 제도의 도입을 통해 민간기업 활동에 '공익우선'의 개념을 관철하여, 정부의 경제계획을 민간기업이 따르도록 강제하고자 했다. 호아시는 '공익우선'의 원칙에 대해 다음과 같이 언급했다.

> 개별 기업 경영자들은 국민경제 전체의 최근 동향과 미래 계획을 염두에 두고 활동하는 것이 요청된다. …… 기업 경영자들은 국민경제계획을 달성하기 위해 자신의 사업이 맡은 바 책임을 자각(自覺)해야만 한다. 더불어 기업 경영자들은 자신들의 영리활동을 국민경제의 추진 방향에 종속시킬 필요가 있다(帆足計, 1941: 13).

---

56 1941년 시이나 에쓰사부로의 오사카구락부(大阪俱樂部) 경제간담회 강연. 「重要産業團體統制令に關 する當局の態度」(國策硏究會, 1983: 565).

그는 또한 '공익우선' 원칙의 의미를 다음과 같이 설명했다.

> 공익우선이라고 해서 사업을 손해 보며 운영하라는 것이 아니다. 자신의 창의성을 100% 발휘하여, 그 직분을 국민경제가 요청하는 방향대로 완전하게 살리면서 적극적으로 살아가는 방법, 즉 멸사봉공(滅私奉公)이 아닌 활사봉공(活私奉公)이어야 한다. 경제신체제의 핵심은 공허한 윤리적 요청으로 경제생활을 위축시키는 것이 아니라 기업의 창의성을 존중하여 맡은 바 직분을 다하도록 장려하려는 것이다. 또한 공익을 추구하면서도 사익을 확보할 수 있는 건전한 경제기구를 확보하고자 하는 것이다(帆足計, 1941: 15~16).

재벌 지도자들과 정당정치가들의 격렬한 반대에도 불구하고 군부-관료 연합은 (자유주의경제와 사회주의경제를 융합한) 통제경제론의 원칙을 통제회 제도를 통해 성공적으로 실현할 수 있었다. 재벌 지도자들의 저항으로 정책 결정자들은 국가 통제 수준을 일부 완화할 수밖에 없었지만, 제도 형성 과정에서 볼 때, 통제회 제도는 군부-관료 연합과 재벌-정당 연합 간에 이루어진 타협의 부산물이 아니라 자유시장과 사회주의 경제의 장점들을 융합하려는 군 장교들과 혁신관료들의 노력의 결과로 보는 것이 훨씬 더 타당한 설명일 것이다.

3. 결론

제2차 세계대전은 1945년 8월 15일 일본의 항복으로 종식되었고, 기시는 전범으로 체포되었다. 3년간의 수감 생활 후, 그를 기소하지 않기로 결정한 점령당국의 결정에 따라 석방되었다. 기시는 정계에 복귀했고, 전후 일본의 통제경제 형성에 핵심적 역할을 수행했다. 만주국의 운명은 1945년 8월 소련이 일본과의 불가침조약을 깨고 만주를 침공했을 때 이미 결정되었다. 그 당시 관동군의 예하 부대들은 태평양 주변 지역의 여러 전장들로 이미 이동한 상태였기 때문에 만주를 방어하는 것은 사실상 불가능했다. 소련 침공 7일 후, 일본은 연합군에 항복했다. 만주를 점령한 소련군은 만주국 황제를 퇴위시켰고, 정부를 해체했다. 산업시설들과 광산, 발전소, 철도 등의 주요 시설들은 소련군에 의해 몰수되었고, 이후 중국 정부에 인계되었다. 100만 명에 달하던 만주의 일본 이주민들은 만주국을 떠나 일본으로 돌아왔다. 만주에서 일본인 정책결정자들의 꿈은 갑작스레 사라져버렸지만, 그들의 국가건설과 통제경제의 운영 경험은, 다음 장에서 논의하겠지만 전후 일본의 발전에 중요한 구성 요소가 되었다.

이 장에서 필자의 주장은 다음과 같이 요약할 수 있다. 1930년대의 권력 이동을 통해 군부-관료 연합은 권력의 핵심으로 자리 잡을 수 있었다. 당시에 일본군 장교들과 혁신관료들이 입안했던 상당수의 정책들과 제안들은 전시 발전국가체제를 구축하는 데 활용되었다. 그러나 그들의 정책 결정과 수행이 순탄하게 진행된 것만은 아니었다. 재벌과 정당정치가들의 강력한 저항은 군 장교들과 관료들로 하여금 만주 모델과는 다른 방안을 모색하도록 만들었다. 그 결과 전시 일본의 발전국가체제는 일정 범위 내에서 행위자들 간의 권력 관계를 반영하기도 했다. 그러나 우리는 다음과 같은 중요한 의문점들을 설명하기 위해서는 당시 정책결정자들의 아이디어를 주목해야만 한다. 당시 정책결정자들이 경제신체제가 필요하다고 판단한 이유는 무엇인가? 정책결정자들이 그토록 전면적인 경제신체제를 도입하고자 했던 이유는 무엇인가? 정책결정자들이 자신의 방식대로 제도를 형성할 수 있었던 이유는 무엇인가? 정책결정자들이 제도 형성을 통해 얻고자 했던 것은 무엇인가 등의 의문점들이다.

군부-관료 연합이 가진 통제경제론은 당시의 자유경제체제가 심각한 문제점을 갖고 있으며, 이에 정부는 적극적 역할을 해야 한다는 신념하에 만들어진 것이었다. 세계대공황을 비롯해 소련의 성공과 권력 이동 등의 일련의 사건들은 통제경제론을 지적 담론의 주류로 만들었고, 군부-관료 연합의 새로운 정책들은 학자들과 언론인들의 강력한 지지를 얻게 되었다. 이러한 통제경제론의 지적 승리는 제도 변화의 강력한 추동력이 되었다. 더불어 정책결정자들은 새로운 제도들을 설계하면서 통제경제론의 원칙들을 구체화하고자 노력했다. 군부-관료 연합은 이시하라가 구상한 산업을 지휘할 막강한 권한을 가진 선도기구로서의 '경제참모본부' 아이디어를 기획원 수립을 통해 실현했다. 또한 그들은 통제회 제도를 만들어 자유주의경제와 사회주의경제의 융합을 실현했다. 결과적으로 제도적 결과는 제도 형성 당시의 정치적 맥락뿐만 아니라 이보다 더 중요한 아이디어적 맥락에 영향을 받았다고 할 수 있다.

최종적으로 전시 일본의 정책 결정 과정에 대한 필자의 분석을 통해 그간 전시 일본 정치에 대한 일반적 이해들은 문제점을 드러냈다. 첫째, 일반적으로 전시에 군부와 재계는 서로 긴밀히 협력했으며, 재벌 지도자들은 아시아에서 군부의 전쟁 수행이 재벌들의 시장 지배와 자원 확보를 가능토록 만들기 때문에 이를 지지해왔다고 믿어왔다. 이러한 견해는 미국과 연합국에서도 공통적으로 가졌던 것으로, 이를 통해 제2차 세계대전 후 재벌의 해체가 추진되었다. 실례로 "트루먼(Harry S. Truman) 대통령은 재벌을 군국주의의 근원이자 주요 지지자로 보고 재벌의 해체를 단행했다"(Hayes, 2004: 41). 트루먼의 이러한 확신은 미점령당국의 여러 보고서들에 의해 뒷받침되었다. 노스웨스턴 대학(Northwestern University)의 교수로 일본 내각 사절단장을 이끈 에드워즈(Cordin D. Edwards)의 보고서에 따르면, "원료의 수출입에 대한 이러한 욕구는 일본 제국주의의 강력한 동기가 되었다. 따라서 일본의 부와 경제력의 집중은 일본의 침략에 대한 상당 부분 책임을 공유해야만 한다. 이러한 점에서 재벌은 전쟁을 책임질 주요 집단 가운데 하나인 동시에 일본의 전쟁 수행 능력의 핵심 요인으로 간주되어야 한다"고 언급했다.[57]

그러나 필자의 분석에 따르면, 당시 재벌의 이해관계는 군부와 혁신관료들의 이해관계와 날카롭게 대립하면서 협력할 상황에 있지 못했다. 재벌이 식민지인 조선과 타이완에서 자유를 누렸으며, 아유카와의 닛산과 같은 신생재벌들이 만주에서 군부와 긴밀한 관계를 맺었던 것은 사실이지만, 전시 전반에 걸쳐 재벌 경영자들은 자신들의 경제적 자유(economic liberty)와 국가 통제로부터 자유(freedom)라는 이상을 수호하기 위해 격렬하게 투쟁함으로써 재벌 지도자들과 군부-관료 연합 간에는 지속적인 갈등이 벌어졌다.

둘째, 제2차 세계대전 동안 군부 정권이 일본의 정치·경제·사회의 모든 부분을 좌우했다고 일반적으로 믿어지지만, 군부나 관료 모두 전시기간 동안 일본의 산업 전반에 걸쳐 완벽한 통제력을 행사하지는 못했다는 점이다. 실례로 1930년대 후반의 정치상황에 대해 홀은 "일본은 현재 총력적 군사동원과 중앙집권화된 경제계획을 향해 치닫고 있다. 정부는 군부 통치하에 들어가 있으며, 국가주의적이며 국수주의적 구호들이 전 국민들을 동원하려는 노력에 국민들이 동참하도록 촉구하는 데 사용되고 있다"고 언급했다(Hall, 1991: 341). 다른 이들도 군부의 지원을 받은 관료들이 전전(戰前)과 마찬가지로 일본 정치를 지배하고 있다고 확신했다. 펨펠은 "미국이나 영국 심지어 프랑스의 민간 및 군부 관료들과 달리 일본의 민간 및 군부 관료들은 선출직 및 의회의 주요 견제로부터 상대적으로 자유로웠다"고 주장한다(Pempel, 1992: 20).

57 The US Department of State and the US War Department, "Report of the Mission on Japanese Combines"(1946.3), Merrill(1996: vii).

이러한 국가주의적·엘리트주의적 견해는 전시 일본의 정치 구조를 지나치게 단순화한 것일 뿐만 아니라 재벌과 군부-관료 연합 간의 격렬한 정치적 경쟁을 간과한 것이었다. 전시 정책 결정 과정에 대한 필자의 분석에 따르면, 군부-관료 연합이 정책 결정 과정에서 실질적 수준의 정치적 영향력을 장악한 것은 사실이지만, 때로 그들은 재벌 지도자들과 정당정치가들에게 상당 부분 양보할 수밖에 없었다. 때때로 군부-관료 연합은 기시가 상공차관 직을 사임했던 데서 보듯이 재벌 지도자들과의 대결에서 패배하기도 했다. 정책 결정과 수행 과정에서 이들은 자신들이 뜻했던 바를 모두 이룰 수 있었던 것은 아니었으며 그 결과 관료들은 전후 시기에도 통제경제의 이상적 형태를 만들려는 노력을 지속하게 되었던 것이다.

제5장

전후 일본의 제도적 진화(1946~1965)

이전 장에서 필자는 만주국에서 최초로 등장한 이후 전시 일본에서도 채택되었던 일본 발전국가체제의 핵심 요인들에 대해 살펴보았다. 바꾸어 말하면 전후 일본 발전국가체제의 기원은 만주국과 전시 일본에서 형성되었다고 할 수 있다. 덧붙이자면 만주국과 전시 일본에서의 제도 형성 과정에 대한 면밀한 분석을 통해 필자는 제도적 결과가 행위자들 간의 정치권력 관계를 반영하기도 하지만 더욱 중요한 것은 정책결정자가 가진 아이디어적 지침이었다고 주장했다.

이 장에서는 전후 일본의 제도 형성을 검토하게 될 것이다. 특히 전시 경제 제도들이 전후 일본에서 다시 등장하게 된 맥락에 초점을 맞추게 될 것이다. 만주국과 전시 일본의 발전국가체제에서 등장했던 상당수 특징적 제도들은 전후 미점령당국이 일본 사회를 민주화시키려는 노력의 일환으로 전시 체제의 해체를 목표로 한 여러 정책들을 시행했음에도 불구하고 일본의 정책결정자들에 의해 다시 등장했다. 미국은 무장 해제, 재벌 해체, 농지개혁 등 일부 중요한 개혁조치들에서 성공을 거두기도 했지만, 모든 전시 경제 제도들을 철폐하려는 그들의 노력은 무위로 돌아갔다.

전후 일본의 정책결정자들은 전시의 선도기구였던 기획원과 상공성을 경제안정본부로 재조직했고, 경제안정본부에 각종 경제 활동들을 통제하는 막강한 권한을 부여했다. 전쟁으로 파괴된 일본 경제를 부흥시키기 위해서는 이러한 기구가 필요하다는 판단에 따른 것이었다. 정부는 경제가 점차 활성화되자 1952년에 경제안정본부의 권한을 축소했지만, 또 다른 강력한 기구인 통상산업성이 이후 시기의 경제를 총괄하는 선도기구로 등장했다. 전시의 선도기구들과 마찬가지로, 이들 전후 선도기구들도 산업정책을 통해 경제 발전을 이끌었다. 게다가 미점령당국이 일본 정부에 대해 일본의 전쟁수행 메커니즘의 중요한 구성 요소였던 전시 통제회를 해산하라는 실질적 명령을 내렸음에도 불구하고, 일본의 정책결정자들은 통제회를 업계단체로 다시 재조직했다. 새롭게 만들어진 업계단체는 통제회와 동일한 회원사들로 구성되었고, 전시의 통제회와 매우 유사한 기능을 수행했다.

이 장에서는 다음과 같은 퍼즐에 주목하면서 주로 일본 경제에서의 경로의존 메커니즘을 분석하는 것을 목표로 한다. 전면적인 정치적 변화에도 불구하고 전시의 제도들이 전후 개혁조치에도 살아남아 이전 시기와 유사한 역할을 수행할 수 있었던 이유는 무엇인가? 이 장의 구조는 다음과 같다. 첫째, 전후 선도기구인 경제안정본부와 통상산업성 그리고 새롭게 등장한 업계단체를 분석한다. 이전 장과 마찬가지로 제도들이 수행한 정책과 기능들에 주목하여 이들이 일본의 전후 경제 성장을 이루는 데 어떠한 역할을 수행했는지를 논의할 것이다. 다음으로 제2차 세계대전 이후의 정책 형성 과정을 분석하여, 이러한 제도들이 어떻게 재구축되었는지 그리고 이들 제도들이 어떻게 전시 제도들과 유사한 기능을 지속적으로 수행할 수 있었는지를 살펴보게 될 것이다. 최종적으로 전시와 전후 정부 간의 권력 구조의 연계와 경제 아이디어의 연속성에 주목하면서 이러한 제도적 설정 속에서 경로의존의 메커니즘을 분석할 것이다.

1. 전후 일본 발전국가체제의 핵심 제도

1) 선도기구: 경제안정본부와 통상산업성

경제안정본부

일본 정부는 1946년 8월 내각소속 부국으로 경제안정본부를 설치했고, 1947년 5월 총리청이 설치되자 그곳에 소속시켰다. 1949년 6월 「국가행정조직법(國家行政組織法)」 시행에 따라 경제안정본부는 부처와 대등한 기관으로 격상되었다.[1] 경제기획청(경제안정본부의 후신 기구)에서 발간한 『전후 일본경제의 궤적: 경제기획청50년사(戰後日本經濟の軌跡: 經濟企劃廳50年史)』에 따르면, 경제안정본부는 "전후 역사상 가장 강력한 경제관청으로서 정부 내외에서 폭넓게 유능한 인재를 끌어 모아 전후 일본 경제의 부흥과 안정을 도모하는 역사적 사명을 담당했다"(經濟企劃廳, 1997: 57).

신설 기구의 주요 목적은 인플레이션을 해소하고 식량 및 기타 필수품의 안정적인 공급을 확보하는 것이었다. 정부는 이 신설 기구의 목표를 "국민들의 근로의욕 진작, 생산유통의 적극적 진흥, 국민생활의 안정 확보"로 내걸었다.[2] 경제안정본부는 당초 산하에 5부를 두어 소속 인원 316명의 소규

---

1 1946년 1월 「경제위기긴급대책실시요강(經濟危機緊急對策實施要綱)」이 발표된 이후 3월 1일에 약칭 '긴급경제대책본부' 설치 방침이 내각에서 결정되었다. 이후 연합국최고사령관 총사령부(SCAP)와의 협의를 거쳐 3월 8일에 내각직속기관으로 '경제안정대책추진본부'를 신설하는 것으로 의견이 모아졌다. 그러나 SCAP이 다시 재검토 및 수정을 요구했고, 이후 총선거 등으로 협의가 연기되면서 「경제안정본부령」이 최종적으로 공표된 것은 1946년 8월 12일이었다. 「경제안정본부령」에서는 경제안정본부를 내각총리대신 직속의 기관으로 하여, 총재는 내각총리대신이 겸임했고, 그 아래 국무대신급의 총무장관이 있어, 경제안정본부의 사무를 총괄하도록 규정했다. 하위 부서로는 총 5부가 설치되었다. _ 옮긴이 주

모 기관으로 출발했다. 그러나 인플레이션 및 식량 부족의 문제들이 복합적으로 악화됨에 따라 1949년에는 경제안정본부의 담당 업무가 자본 및 생필품 유통의 통제로까지 확대되어 산하 부서는 6국 체제로 개편되었고,[3] 소속 인원도 2,000명에 달했다. 1949년에 공포된 「경제안정본부설치법(經濟安定本部設置法)」에서는 경제안정본부의 책임과 권한을 다음과 같이 규정했다.

> 제4조 경제안정본부는 아래와 같은 사항의 행정 사무를 일체적으로 수행할 책임을 지는 행정기관으로 한다.
>
> 1. 경제안정을 위한 기본적 시책의 기획 입안
> 2. 관련 행정기관 사무의 종합적 조정 및 추진
> 3. 물가의 통제
> 4. 경제통제의 확보
> 5. 외국인 투자 및 사업 활동의 조정
>
> 經濟企劃廳(1997: 822)

이 법은 경제안정본부에 광범위한 권한을 위임하여, 경제안정본부가 "물자의 생산, 배급 및 소비, 노동, 물가, 재정, 금융, 외환, 무역, 건설, 운송 등과 관련된 경제안정의 기본적 시책을 기획 입안하여, 관계 각 행정기관 사무

2 「經濟危機緊急對策實施要綱」(1946.1.26), 國立國會圖書館(http://rnavi.ndl.go.jp/politics/entry/bib00706.php).

3 1949년 5월 31일에 공표된 「경제안정본부설치법」에 따르면, 본부 산하에 6개국(생산국, 동력국, 생활물자국, 재정금융국, 무역국, 건설교통국), 4개 부속기관(경제부흥계획심의회, 자원조사회, 경제재건정비심의회, 국민식량및영양대책심의회), 8개 지방경제안정국 및 3개 외국(물가청, 경제조사청, 외자위원회)을 두고 있었다. 이후 수차례의 개정을 통해 직제가 변경되었다. _옮긴이 주

의 종합적 조정 및 추진" 임무를 부여했다. 이들 조항들은 경제안정본부가 일본 정부가 추진하는 경제정책의 핵심적 기관임을 명시한 것이었다. 또 다른 조항에서는 "경제통제의 확보와 관련된 계획 입안"을 명시하여 경제안정본부의 권한을 구체적으로 명시했다. 이 법에서는 경제안정본부가 "소관 사무를 수행하기 위해서 관계 각 행정기관의 장(長)에게 필요한 사항을 명할 수 있다"고 규정하여 타 부처 및 기관보다 상위 부처임을 명시했다. 또한 이 법에서는 경제안정본부에 물가를 통제하고 배급을 운영할 수 있는 여러 권한을 부여했는데, 이를 통해 경제안정본부는 "(물품) 가격 등에 대해 결정, 명령, 허가, 인가 및 기타 처분", "물품의 규격, 품질, 판매 방법, 판매 장소 등에 관한 제한 또는 금지", "물가안정을 위해서 국고보조금의 교부" 등을 할 수 있게 되었다. 또한 경제안정본부에 제정된 경제시책을 감독하고 위반 사항을 조사할 권한을 부여하여, "관계 각 행정기관이 실시하는 경제시책의 실시를 감독"하고, "경제법령에 관한 위반 행위를 조사"할 수 있게 했다. 경제시책의 위반 행위에 대한 예방 및 조사를 위해서 경제안정본부는 "경제법령의 규정 취지에 대해서 경찰관 및 경찰 관리를 교육"할 수 있었을 뿐만 아니라 "경찰 및 관계 행정기관이 실시하는 예방 및 수사에 대해 권고 및 협력"을 할 수 있게 되었다(經濟企劃廳, 1997: 821~822).

일본 경제를 광범위하게 통제할 수 있는 포괄적 권한이 경제안정본부에 부여됨으로써, 경제안정본부는 전후 직후부터 일본의 경제 부흥과 성장을 주도하는 핵심적 역할을 수행하게 되었다. 그러나 경제 문제에서 이러한 경제안정본부의 정책 주도는 연합군에 의한 점령이 종식됨에 따라 막을 내렸다. 종전 후 7년이 지난 1951년 9월 일본은 「샌프란시스코 강화조약(the San Francisco Peace Treaty)」을 체결했다. 이에 따라 1952년 4월 점령군은 철수했고, 일본 정부는 정책 결정에서 완전한 자율성을 회복하여 행정 개혁을 단행했다. 1952년에 강력했던 경제안정본부는 소규모의 경제심의청(이후 경제

기획청으로 변경)으로 재편되었고, 소속 인원도 400여 명으로 축소되었다. 이 신설기구의 임무는 정부의 장기경제계획 입안과 관련된 정책 제안 제시 및 다양한 연구·조사 수행 부분으로 한정되었다. 물가통제와 배급 분배와 같이 경제안정본부가 가졌던 강력한 권한들은 다른 부처들에 이관되면서 통상산업성이 산업정책을 입안하고 제정하는 핵심 기관으로 부상했다.

통상산업성

통상산업성은 1949년 5월 무역청, 석탄청, 상공성이 통합하여 발족했다. 통상산업성은 국내 산업의 육성과 국제무역(특히 수출)의 촉진을 목적으로 설치되었다. 「통상산업성설치법(通商産業省設置法)」에 따르면, 통상산업성의 임무는 "통상의 진흥 및 조정과 통상에 수반하는 외환의 관리, 광산물 및 공업품의 생산·유통·소비에 대한 증진, 개선, 조정에 대한 검사, 상광공업의 합리화, 중소기업의 진흥 등"이었다.[4] 이러한 임무를 수행하기 위해서 「통상산업성설치법」 제4조에서는 113항에 달하는 통상산업성의 행정 권한이 명시되었다. 여기에 명시된 권한으로는 "상광공업에 관한 기본적 정책 및 계획의 입안, …… 상광공업에 관한 통계의 기획·보급·자료의 수집, …… 통상에 관한 정책, 계획 및 수속 입안, …… 통상에 수반되는 외환의 관리 및 조정 등"이었다. 더욱이 통상산업성이 "담당 업무와 관련되는 사업의 산업 구조개선 및 사업 합리화"를 촉진하도록 의무화한 조항도 있었다.[5]

다만 통상산업성의 공식 권한은 경제안정본부가 가졌던 권한에는 미치지 못했는데, 이는 통상산업성이 경제안정본부가 가졌던 물가 통제, 위반 행위

---

4 「通商産業省設置法」(1949.5.24), 法庫(http://www.houko.com/00/01/S27/275.HTM#s1).

5 같은 법.

조사, 타 부처에의 명령 권한 등과 같은 직접적 통제 수단을 이어받은 것은 아니었기 때문이다. 물론 통상산업성도 국가 경제계획의 작성, 산업 육성에 관한 정책 입안, (특정 산업 육성 지원을 위한) 자본의 활용, 정부의 이익 증진에 필수적인 민간기업 운영에 대한 감독과 개입 등 경제안정본부가 가졌던 행정적 권한의 상당 부분을 인계받았던 것도 사실이다.

그뿐만 아니라 많은 학자들이 지적했던 것처럼, 통상산업성은 행정지도가 법적으로 금지되었음에도 행정지도를 효과적으로 집행할 수 있는 일부 비공식적 권한을 가지고 있었다(Johnson, 1982; Anchordoguy, 1988; Okimoto, 1989). 이러한 비공식적 권한들은 기업의 이사진으로 있는 퇴직 관료들의 네트워크와 (특정 사업의 사업권을 취소하여 행정지도를 거부한 기업들을 처벌할 수 있는) 정부 내 인허가권에서 비롯된 것이었다.[6] 이에 따라 통상산업성은 전후 가장 강력한 정부 부처 가운데 하나가 되었으며, 일본의 급속한 경제 성장을 이끄는 적극적 역할을 수행하게 되었다. 이하에서는 경제안정본부와 통상산업성의 산업정책을 검토하여 선도기구들이 경제 부흥과 발전에 공헌했던 부분을 살펴보고자 한다.

전후 산업정책

전후 선도기구들의 산업정책은 산업합리화정책, 경제계획, 시장안정정책 등 세 가지 형태의 정책으로 특징지을 수 있다. 첫 번째와 두 번째 형태의 정책은 전시의 산업정책을 개선·보완한 것으로, 산업합리화정책은 산업별 생산성 향상을 목표로 한 데 반해 경제계획은 생산력 확충을 목표로 했다. 시장안정정책은 불황기에 기업들의 도산을 방지하려는 것이었다. 전시에 정

6 전후 일본에서 통상산업성이 가졌던 정치권력에 대한 상세한 분석은 Johnson (1982); Anchordoguy(1988); Okimoto(1989); Hatch and Yamamura(1996) 참조.

부는 시장안정정책을 시행하지 않았는데, 이는 전시에는 수요가 끊임없이 늘어 이러한 유형의 정책 자체가 필요하지 않았기 때문이다.

경제계획

이하에서 다룰 산업정책의 첫 번째 형태는 경제계획과 관련된 것이다. 이러한 정책들은 만주국의 선도기구들이 추진했던 「만주산업개발5개년계획」(1937~1941, 제3장 참조)과 전시에 추진된 「생산력확충4개년계획」(1938~1941 제4장 참조) 등에서 이미 추진된 바 있었다. 그러나 전후의 경제계획은 그간 축적된 기획 분야의 경험들과 경제이론에 관한 지식이 좀 더 정교해졌기 때문에 훨씬 더 효과적이었다. 이러한 형태의 정책들 속에서 정부는 5년에서 10년에 이르는 다양한 산업별 생산확충계획을 입안했다. 경제계획의 구체적 수치는 (인플레이션과 실업률과 같은) 당시의 경제별·산업별 상황과 국민경제의 예상 성장률을 감안하여 산출되었다. 이러한 계획들은 간 산업별로 달성 가능한 목표들을 설정하고, 각 산업별(혹은 기업별)로 그러한 목표를 달성하기 위해 필요한 자원이 무엇인지 그리고 어떻게 확보할 것인지를 설계했다. 그다음에 정부는 자본, 원료, 기술 등의 희소 자원을 계획에 따라 여러 산업들에 할당했다. 전후 경제계획 정책의 실례로는 「경사생산정책」(1947~1949), 「경제자립5개년계획」(1956~1960), 「국민소득배증계획」(1961~1970), 「중기경제계획」(1964~1968), 「신경제사회발전계획」(1967~1971) 등을 들 수 있다. 〈표 5-1〉은 각 경제계획 정책들을 요약한 것으로 각 경제계획별 목표와 목적을 보여준다.

1947년에 경제안정본부는 '경사생산방식'이라는 접근법에 기반을 둔 정책을 수립했다. 경사생산방식은 철강과 석탄의 집중적 생산을 통해 급속한 경제 부흥을 이룬다는 것이었다. 이 방식은 경제 부흥에 핵심적인 특정 물자의 생산에 희소 자원(노동, 자본, 천연자원 등)을 집중하는 정책들로 이루어

표 5-1 **전후 일본의 경제계획**

	경제자립5개년계획	국민소득배증계획	중기경제계획	신경제사회발전계획
계획기간	1956~1960	1961~1970	1964~1968	1967~1971
계획 입안 내각	하토야마 유키오(鳩山由紀夫) 내각	이케다 하야토(池田勇人) 내각	사토 에이사쿠(佐藤榮作) 내각	사토 에이사쿠 내각
경제 성장 목표	4.90%	7.80%	8.10%	8.20%
경제 성장 실적	8.70%	10.00%	10.10%	9.80%
목적	경제 안정과 완전 고용의 실현	생활수준의 현저한 향상, 완전 고용 및 안정적 경제 성장의 성취	불균형의 시정, 생활면에서의 후진적 부분의 개선, 조화로운 경제 성장의 달성	균형 잡히고 풍요로운 사회 건설

자료: 經濟企劃廳(1997: 45~46).

졌다. 일본의 경제 부흥이 석탄과 철강의 심각한 부족으로 지체되고 있다고 판단한 경제안정본부는 그 해결책으로 석탄 생산의 확대를 제시했다. 생산이 확대된 석탄의 대부분을 철강 생산에 활용하고, 생산된 철강을 다시 석탄 생산의 확대에 활용한다는 것이었다. 경제안정본부가 석탄과 철강 생산을 일본의 경제 발전에 가장 중요하다고 판단한 이유는 당시 석탄이 주요 에너지원이었을 뿐만 아니라, 철강은 철도, 조선, 생산기계 등의 부분에서 산업의 중요한 기반이었기 때문이다.

제2차 세계대전 종전 이후, 철강 생산은 석탄 부족으로 인해 대폭 감소되었다. 당시 국내에서 생산된 석탄은 1946년 국내 수요의 30% 정도만을 충족시켰을 뿐이었다(外務省調査部特別調査委員會, 1946). 석탄의 이러한 부족은 철강 생산에 심각한 장애요인이었는데, 이는 석탄이 철강 생산을 위한 연료였을 뿐만 아니라 기본 원자재였기 때문이다. 철강의 부족은 다시 석탄 생산의 정체를 가져왔는데, 이는 탄부들이 철강으로 만든 여러 장비들을 사용했기 때문이다.[7] 이러한 악순환이 일본의 경제 부흥에 중대한 장애가 되고 있었기 때문에 정부는 석탄 증산을 위해 모든 필요한 자원을 석탄 산업에 동원하고, 그다음에는 철강 생산을 증대시키기 위해 철강 산업에 석탄을 우선적으로 배분하며, 다시 석탄 산업에 중장비를 돌리도록 하는 결정을 내렸다. 정부는 이러한 방법으로 증산된 석탄과 철강을 다른 사업들의 시설 재건에 사용하여, 전후 일본의 경제 부흥을 위한 확고한 기반이 마련되기를 기대했다.

1946년 12월에 요시다 내각은 경사생산방식을 적용한 최초의 공식 문서인 「쇼와 21년도 4/4분기 기초물자수급계획 책정 수준에 관한 실시요강(昭和21年度第四四半期基礎物資需給計劃策定並に實施要領)」을 채택했다.[8] 이 요강은 경사생산방식을 다음과 같이 규정했다.

1. 국내 경제 제반의 정세를 고려해, 올 4/4분기의 물자수급계획의 책정 수준을 일본 경제 재건에의 결정적인 전환과 경제위기 돌파를 위해서 중대한 시책 전환을 단행하는 것으로 한다. 올 4/4분기에 수행하는 여러 시책의 기본적 방향을 당분간 계속 실시한다.
2. 국내 시책의 모두를 석탄 증산에 집중한다. 이를 위해 석탄 증산에 필요한

---

7 당시 철강의 부족은 탄광의 안전과 효율성 측면에서 심각한 문제를 불러일으켰다. 「경사생산정책」을 입안하며 여러 탄광을 조사했던 아리사와 히로미(有澤廣巳)는 심각한 철강 부족의 영향에 대해 "일반적으로 탄광에서는 탄부들이 탄차를 끌기 위해 철도 레일을 사용한다. 그러나 당시 탄부들은 철로 레일이 아닌 대나무 레일을 사용하고 있었다. 그 위로 탄차를 끌게 되면, 대나무 레일은 금방 부서져버린다. 능률은 오르지 않는다. 또한 철선이 없어, 마(麻)로 만든 로프를 사용하는데, 그것 또한 쉽게 끊어져버린다. 갱도를 지지하기 위한 갱목과 기둥 등에 철목을 사용하지 않으면 안 되는데 그것조차도 없었다. 따라서 석탄을 파내려고 해도 더 이상 파내려 갈 수 없는 상황이었다"고 언급했다(經濟企劃廳, 1988: 85~86).

8 「昭和21年度第4四半期基礎物資需給計劃策定並に實施要領」(1946.12.27), 國立國會圖書館(http://rnavi.ndl.go.jp/politics/entry/bib00767.php).

소요 물자는 일괄 최우선적으로 확보한다.

5. 석탄의 배분에 관해서는 석탄 증산에 필요한 여러 자재의 확보를 최중점에 두고 시행한 다음 진주군용(進駐軍用) 자재를 확보하는 데 주안점을 둔다. 쇼와 22년(1947년)도 석탄 3,000만 톤을 확보하기 위해 이르면 1월에 소요 자재(특히 철강)를 조기 확보할 수 있도록 조치하는 한편 화학비료, 전력, 중요 수출산업 등의 기본산업도 소요 자재를 확보하도록 노력한다.

9. 산업 부분 내에서는 물론 기업 간에서도 철저한 중점배당주의를 채택한다.

경제안정본부는 「경사생산정책」을 수행하기 위해서 ① (국내) 자원의 분배, ② 공적자금의 융자 제공,[9] ③ 물가 통제, ④ 가격차급부금제도(價格差給付金制度),[10] ⑤ 수입자원의 분배를 시행했다. 정부의 계획은 석탄광업과 철강 산업에 희소자원을 돌려 이들 물품의 생산을 증대시키려는 것이었다. 실례로 정부가 철강이나 시멘트 등의 중요 물자를 석탄광업에 배분한 결과, 석탄광업은 필요로 하는 물자의 80~90%를 받을 수 있었던 데 반해, 다른 부분은 필요로 하는 물자의 20~30%밖에 분배받지 못하기도 했다.

정부는 또한 탄부들과 그들의 가족들에게 주택, 추가 식량 및 기타 생필품을 지원하는 석탄광업 우대정책을 펼치기도 했다(通商産業省, 1991: 270 참조).[11] 또한 당시 철강생산이 국내 수요량의 26%만을 충족시키고 있었음에

---

9 공적자금은 부흥금융공고(復興金融公庫), 일본수출입은행(日本輸出入銀行), 세계은행(World Bank) 등에서 제공했다.

10 가격차급부금제도는 시장 가격과 생산자 가격 간의 차액을 정부가 생산자에게 보장하는 제도이다. 정부는 이 제도를 통해 석탄과 철강제품을 낮은 가격으로 안정적으로 공급하고, 생산자들의 손실을 보상해주었다.

11 더불어 정부는 탄광 노동자들을 식량 배급에서 우대하는 구체적 정부 계획을 입안했다. "내년에 3,000만 톤의 생산을 달성하기 위해서, 광부들의 작업량을 확대해야 한

표 5-2 **철강·석탄 생산 증가**(1946~1948)

연도	철강(천 톤)	석탄(천 톤)	공업생산액*
1946	557.2	20,382	100.0
1947	952.1	27,234	131.8
1948	1,714.7	33,726	161.8

* 1946년도 생산수준을 100으로 설정.
자료: 本銀行統計局(1966: 92~100).

도 불구하고, 생산된 철강의 61%는 석탄광업에 배분했다. 더군다나 정부는 철강 산업에 배분되는 석탄의 양도 급격하게 증대시켰는데, "1947년도에 제공된 철강 생산용 석탄은 그 전년도에 비해 62%나 증대되었다"(日本鐵鋼聯盟, 1959: 23).[12] 「경사생산정책」의 성과는 주목할만한 것이었다. 철강과 석탄 생산은 각각 207.7%와 65.5%가 증가했고, 공업생산액도 2년 만에 61.8% 증가했다(〈표 5-2〉 참조).

산업합리화정책

통상산업성은 1952년에 산업정책의 주도권을 잡은 이후, 산업합리화정책을 중점 추진하기 시작했다. 이 정책의 주요 목적은 국제경쟁력의 강화, 기술 혁신, 수출 증대에 있었다. 이러한 정책의 이면에는 국가 통제의 축소로

다. …… 근로 시간 중의 허기를 막고 근로 의욕을 높이기 위한 충분한 칼로리를 제공하기 위해서 정부는 중노동에 시달리는 광부들에게 식사를 제공하고, 추가적인 쌀 배급뿐만 아니라 기타 필수 식품을 제공해야 한다"(通商産業省, 1992: 83~84). 1947년에 탄부들이 1일당 7홉(가족들은 3홉)을 받았던 반면 일반 국민들의 쌀 배급은 1일당 2.5홉이었다(通商産業省, 1992: 87).

12 「경사생산정책」은 부흥금융공고라고 불린 공적금융기관을 통해 주로 자금을 지원받았다. 부흥금융공고는 1947년 1월에 일본의 경제 부흥을 목표로 설립되었다. 1947년에 부흥금융공고는 철강 산업에 설비투자로 1억 500만 엔, 운전자금으로 14억 6,000만 엔 등의 대규모 융자를 제공했다(日本鐵鋼聯盟, 1959: 23).

특징되는 새로운 경제 환경에 대비하려는 일본 산업계의 요구가 있었기 때문이다. 일본 정부는 1949년에 미점령당국의 적극적 지지 아래, 정부 보조금과 물가 통제를 극적으로 감소시키는 각종 자유화 조치[13]를 시행했고, 이에 따라 정부가 해외 기업들에게 국내 시장을 개방하지 않을 수 없을 것이라는 전망이 우세하게 되었다. 한편으로 일본 경제의 재건을 목표로 한 미국의 재정적 지원이 단기간에 종료되자, 일본은 외환을 확보하기 위해 수출에 나서게 되었다. 한국전쟁은 일본산 공업 제품에 대한 수요를 상당부분 증가시켰지만 곧 종전을 맞았다. 그 결과 산업계는 생산성 향상과 국제경쟁력 확보를 위한 정부의 지원을 절실히 필요로 하게 되었다.

통상산업성이 추진한 최초의 산업합리화정책은 1952년의 「기업합리화촉진법(企業合理化促進法)」으로 나타났다.[14] 이 법의 핵심은 ① 기업들의 연구개발 활동 촉진, ② 기업들의 최신 기계 및 설비에 대한 투자 촉진, ③ 산업기반시설(고속도로 및 항만)의 정비, ④ 원료 및 에너지 사용의 관리, ⑤ 중소기업에 대한 경영 자문이었다. 산업합리화를 위한 통상산업성의 정책 수단으로는 보조금, 세금 감면, 가속상각(accelerated depreciation) 등이 사용되었다.

---

13 이러한 자유화 조치의 실례로는 균형 예산과 인플레이션 통제를 목표로 한 닷지 라인 정책(Dodge Line Policy)을 들 수 있다. SCAP이 지지했던 이 정책을 통해 다양한 산업보조금과 국가의 시장에 대한 통제 철폐가 이루어져 정부 지출이 대폭적으로 줄어들었다.

14 자유당 내각의 일원으로 이 법안을 제안했던 나카무라 준(中村純)은 이 법의 목적에 대해 다음과 같이 언급했다. "강화조약(peace treaty, 講和條約)이 체결됨에 따라서 우리나라는 완전히 독립하게 될 것입니다만, 이것에 수반해서 우리나라의 경제도 또한 완전하게 자립을 이루어야 합니다. 우리나라의 산업을 진흥해 수출을 증대시키는 것이 현재의 급선무입니다. 그러기 위해서는 기업들의 급속한 합리화를 촉진하여 양질의 값싼 제품의 생산을 도모하여 우리 산업이 국제 경쟁에서 승리하도록 하는 것이 가장 필요하다고 할 수 있습니다"(通商産業省, 1991: 517).

예를 들어 통상산업성은 기업들의 연구개발과 설비에 대한 투자를 지원하기 위해 공적자금을 활용했다. 공적자금은 주로 일본개발은행(日本開發銀行)과 일본흥업은행(日本興業銀行) 두 곳에서 제공되었다. 일본개발은행은 1951년에 정부가 재정의 대부분을 출자해 만든 국영은행이었다. 일본개발은행은 민간기업에 장기 저리의 융자를 제공해 일본 산업화의 핵심인 최신 설비와 기술을 개발하도록 했다. 1902년에 국영은행으로 설립된 일본흥업은행은 1950년에 미점령당국의 직접 지시에 의해 민영화되었다. 일본흥업은행은 민간은행이었지만 정부가 사업 전반에 걸쳐 강력한 영향력을 여전히 행사하고 있었다. 일본흥업은행의 자금이 정부 예산에서 직접 나왔기 때문에, 정부는 일본흥업은행을 통해 국채를 발생하거나 민간기업에 장기 융자를 제공하는 데 활용할 수 있었다. 공적자금을 받은 이 두 기관을 활용하여 통상산업성은 민간기업에 자본과 합리화를 지원했다(通商産業省, 1991: 517).

정부는 또한 기업들이 새로운 기술, 기계, 설비, 공장 등에 소요되는 재원을 확보하도록 세금 감면과 가속상각을 통해 지원하기도 했다. 정부는 연구개발을 위해 필요한 기업의 고정자산(기계, 설비, 토지 등)에 대해 세금을 감면했다. 기업들도 이러한 고정자산의 가치를 (첫해에만 50% 등) 급속도로 하락시켜 이들에 대한 세금 부담을 덜 수 있었다.

이러한 정부의 정책은 철강 산업에서 그 실례를 찾아 볼 수 있다. 1951년에서 1966년 사이에 정부는 산업기술 혁신과 수출 촉진을 위해 세 차례에 걸친 합리화 계획을 실행에 옮겼다. 제1차 합리화계획(1951~1954)은 일본 기업들이 외국 경쟁기업에 비해 뒤떨어진 분야인 철강압연설비의 현대화에 초점이 맞추어졌다. 더불어 정부는 후판·강판·강관용 생산 설비에 대한 투자 촉진을 계획했다. 제1차 합리화계획은 1952년 3월 7일에 「기업합리화촉진법」의 제정과 함께 시작되었다. 이 법은 통상산업성 관료들과 재계의 전문가들로 구성된 산업합리화심의회(産業合理化審議會)의 보고서를 적극 반영한 것이었다.[15] 산업합리화심의회의 계획은 철강 산업에 3년간 530억 엔을 투자하여, 해외 기술 및 생산설비를 확충하고, 새로운 공장을 건설토록 지원한다는 것이었다.[16]

통상산업성 산업합리화심의회 철강부에서 작성한 보고서에는 철강 산업의 합리화 계획을 다음과 같이 제시했다. "3개년간 상당한 액수의 설비합리화 자금을 투입하고, 고능률 공장의 건설을 촉진함으로써 …… 철강에서 약 10%, 강재에서 약 20%의 생산비 절감을 실현한다. …… 업계가 철강제품의 생산비를 철강제품에 대한 정부 보조금 없이 수출할 수 있는 수준까지 감소시킨다면, 철강 산업은 자립할 수 있을 것이다"(日本鐵鋼聯盟, 1959: 691).

1951년부터 1953년까지 정부는 철강 산업에 예측을 훨씬 상회하는 막대한 금액을 투자했다. 투자액은 1951년에 369억 엔, 1952년에 379억 엔, 1953년에 396억 엔에 달했다(通商産業省, 1991: 520). 통상산업성은 이 시기 동안 철강업계가 철강 생산비의 약 8.3%를 절감했다고 평가했다. 이 수치는 산업합리화심의회의 야심찬 목표였던 10% 절감에는 미치지 못했지만, 계획은 어느 정도 성공했다고 할 수 있었고, 그 결과 산업합리화정책이 일본 기업들의 성장을 촉진하고 경쟁력을 확보하는 데 효과적이었음이 드러났다. 산업합리화정책과 경제계획은 전후 일본 정부가 추진한 성장 지향적 정책의 핵심 수단이었고, 상당수 학자들도 이 정책들이 전후 일본 경제의 성공 열쇠였다고 평가했다(Johnson, 1982; Anchordoguy, 1988).

경제계획과 산업합리화는 일본 경제의 급속한 성장을 지원하는 것을 구체적 목표로 삼았다. 그러나 전후 일본의 산업정책들에는 이들 성장 지향적

---

15 「産業合理化審議會の答申」(1950.6.25), 日本鐵鋼聯盟(1959: 691) 재인용.

16 소요 자금은 은행 융자(민간은행과 공적금융기관), 기업 사채, 주식 매각 등을 통해 마련한다는 계획이었다.

방안 이외의 것도 포함하고 있었다. 그것은 일본 산업정책의 또 다른 중요한 측면인 시장안정정책이었다.

시장안정정책

산업정책의 세 번째 형태는 시장안정정책이었다. 산업합리화정책과 경제계획이 산업의 성장과 발전을 목표로 했다면, 시장안정정책의 주요 목적은 불황기에 경쟁력이 약한 기업들의 도산을 방지하기 위한 경쟁의 제한에 있었다. 물론 자유시장경제에서 비생산적 기업들이 퇴출되는 것은 아무런 문제가 없을 뿐만 아니라 상당히 중요한 것이었다. 왜냐하면 비효율적 행위자들의 퇴출을 통해 경제 전반의 효율성이 증가될 수 있기 때문이다. 그러나 국민경제의 목표가 생산능력의 확대에 있을 경우, 생산 측면에서 비효율적인 기업일지라도 이들의 도산은 바람직한 것만은 아니었다. 왜냐하면 이들 기업의 도산은 생산자 수의 감소뿐만 아니라 이들 기업들에 투자된 자본과 자원들이 낭비되는 결과를 초래하기 때문이다. 따라서 이 시기에 정부는 가능한 한 기업의 도산을 방지하려고 노력했다.

이러한 형태의 정책은 1950년대 초반 정부가 추진한 산업정책의 핵심이 되었는데, 그 이유는 한국전쟁의 종전이 다가오면서 철강을 비롯한 여러 산업제품들에 대한 수요가 급격히 감소되었기 때문이다. 이 시기에 일본 경제는 정부 지원에 힘입어 완만한 성장세를 유지하고는 있었지만, 기업의 수익률은 1951년 이후 급락하고 있었다.[17]

정부가 최초로 시장안정화 시도를 추진한 것은 1952년이었지만, 이러한 시도에는 몇 가지 법적 문제점이 있었다. 1947년에 미점령당국의 강력한 지

---

17 이 장의 후반부에서 살펴볼 〈그림 5-2〉, 〈그림 5-3〉은 1950년에서 1964년 사이에 일본 경제의 불안정한 상황과 기업 도산의 급증을 보여준다.

시로 도입된 「사적독점의 금지 및 공정거래의 확보에 관한 법률(私的獨占の禁止及び公正取引の確保に関する法律)」(이하 「독점금지법」) 제1조에서는 "사적 독점, 부당한 거래 제한 및 불공정한 거래 방법"뿐만 아니라 "결합, 협정 등의 방법에 따른 생산, 판매, 가격, 기술 등의 부당한 제한과 그 외 모든 사업 활동의 부당한 구속"에 대한 금지를 분명히 명시하고 있었기 때문이다.[18] 따라서 전전(戰前)처럼 산업계와 정부는 시장안정을 확보하기 위해서 민간 카르텔 조직에 의존할 수 없게 되었고, 이에 정부는 새로운 정책을 도입하여 미점령당국이 도입한 「독점금지법」을 우회하려 했다. 이 새로운 정책은 정부의 권고에 따라 기업이 자율적으로 조업을 단축하는 '권고조단(勸告操短)'이라 불렸다.

권고조단의 기본적 아이디어는 통상산업성이 각 기업들의 생산량을 정하고, 기업들에게 '행정지도'를 전달하여, 기업들이 일시적으로 할당량에 맞춰 생산량을 제한하도록 '권고'한다는 것이었다.[19] 시장안정정책의 또 다른 실례로는 정부 주도 가격 설정 메커니즘인 '공개판매제도(公開販賣制度)'(공판제도)를 들 수 있는데, 이에 대해서는 다음에 설명할 것이다. 업계 지도자들은 구(舊)카르텔 제도의 대안으로서 이러한 정책들을 적극 환영했다.[20]

일종의 카르텔 제도를 운영하기 위해서는 무엇보다 위반 행위를 처벌할

---

18 「私的獨占の禁止及び公正取引の確保に関する法律」(1947.4.14), 法庫(http://www.houko.com/00/01/S22/054.HTM#s1).

19 실례로 1952년 2월에 통상산업성은 면 산업에 대해 월간생산량을 25% 감산한 6,000만 파운드 이하로 억제하라는 행정 권고를 전달했다. 개별 면 생산기업들은 통상산업성 섬유과장으로부터 생산 할당량을 알리는 공식 서한을 받았다(御園生等, 1987: 61). 통상산업성은 화학섬유산업, 고무공업 등과 같은 다른 산업들에서도 이와 유사한 정책을 시행했다.

20 시장안정정책에 대한 산업계의 반응에 대해서는 다음에서 상세히 검토할 것이다.

수 있는 규칙의 집행이 중요했다. 전후 일본에서 통상산업성은 행정지도의 발동을 통해 제도 집행자(system enforcer)로서 기능했다. 그러나 이러한 지도는 법적 근거를 가지고 있지 않았을 뿐만 아니라 실제 법으로도 금지되어 있었다. 다시 말해 통상산업성은 행정지도를 위반한 기업들을 처벌할 법적 권한을 가지고 있지 못했던 것이다. 그러나 통상산업성이 행정지도를 따르도록 기업들을 강제할 수 있었던 것은 통상산업성이 가진 비공식적 권한 때문이었다. 통상산업성은 1949년에 제정된 「외환 및 외국무역법(外國爲替及び外國貿易法)」에서 부여한 외환 배정 권한을 활용했다.[21] 통상산업성은 원료 및 다른 제품의 수입에 따른 대금을 기업들이 지불하기 위해 필요한 외환의 양을 결정하는 권한을 갖고 있었다. 기업들은 통상산업성의 승인 없이는 통화를 교환할 수 없었다. 일본 내 대다수 제조기업들이 원자재·연료·기계 등의 수입에 크게 의존하고 있었기 때문에 수입품의 대금 지불을 위해 충분한 양의 외환을 확보하는 것은 기업들에게 무엇보다 중요했다. 따라서 통상산업성은 행정지도를 따르지 않은 기업들에게 외환 배당을 축소시킨다고 위협함으로써 규칙을 집행할 수 있었다. 통상산업성은 이 법이 1980년에 실질적으로 개정될 때까지 이 권한을 계속 보유했다.

요약하면 경제안정본부를 시작으로 통상산업성에 이르는 전후 선도기구들은 산업합리화정책, 경제계획, 시장안정정책 등과 같은 산업정책을 통해 일본 경제를 재건하고 발전시키는 핵심 행위자들로 재등장했다.

---

21 이 법은 통상산업성이 "대외 거래에서 필요할 경우, 최소한 관리 또는 조정"을 행사할 수 있도록 허용하고 있었다. 이 법의 근본 목적은 "대외 거래의 정상적인 발전 및 우리나라와 국제사회의 평화와 안전의 유지를 확보하고, 국제 수지의 균형 및 통화의 안정을 도모하는 동시에 우리나라 경제의 건전한 발전에 기여"하는 것이었다. 「外國爲替及び外國貿易法」(1949.12.1), 經濟産業省(http://www.meti.go.jp/policy/anpo/kanri/top-page/Taro13-foreign-exchange-and-for.pdf).

2) 업계단체

전후 일본 경제를 민주화시키려는 노력의 일환으로 SCAP은 일본 정부에 통제회의 해산을 지시했는데, 그 이유는 SCAP이 "전시 생산을 목적으로 조직된 통제회는 평시 생산에는 적합하지 않으며 …… 심리적인 측면에서도 이러한 전시 통제기관을 폐지토록 지시하여 산업에 대한 통제를 최소화하는 것이 바람직하다"고 판단했기 때문이다.[22] 그러나 종전 직후의 경제적 혼란으로 SCAP도 경제안정을 위한 긴급조치의 일환으로 경제통제에 의지하지 않을 수 없었다. 이에 따라 SCAP은 일본 정부에 "일시적 안정조치에 필요한 동업자단체(trade associations)를 설립"하도록 승인했다. 동시에 SCAP은 "모든 동업자단체는 지정된 산업에서 잠정적 안정조치로서 존재하며, 이들 공적기관들은 …… 1년 기간에 한정된다"는 점을 분명히 했다.[23] 1946년 9월 28일에 일본 정부는 전시 통제회 설립의 법적 근거였던 1941년의 「중요산업단체령」을 폐지했다. 정부가 이 법안을 폐지한 후, 전시 통제회들은 자체적으로 명칭을 업계단체로 변경하여 정부와의 협력을 지속했고, 그 결과 전후에 업계단체는 중요한 역할을 계속해서 수행하게 되었다(이하에서는 철강 산업의 사례에서 전후 업계단체의 역할을 살펴보고자 한다).

1946년 2월 11일 SCAP은 일본 정부에 철강통제회를 해산하도록 지시했다(≪讀賣新聞≫, 1946.2.14). 그러나 산업 통제 조직의 필요성을 인식하고 있던 SCAP은 철강통제회 회원사들을 일본철강협의회(日本鐵鋼協議會)라는 새로운 임시 조직으로 재편하려는 철강통제회의 계획을 승인했다.[24] 그러나

---

22 「SCAP-IN 1108」(1946.8.8), SCAP(1952: 239~240).

23 같은 문건.

24 「SCAP-IN 728」(1946.2.11), SCAP(1952: 124).

당시에도 일본 신문에서는 SCAP이 일본 경제가 안정되면 산업민주화의 일환으로 이 협의회를 해산시킬 계획이라고 보도가 나왔다(≪讀賣新聞≫, 1946. 2.15). 일본철강협의회의 주요 기능은 "생산 할당, 원자재의 배분, 생산자와 수요자 간의 연결 업무, 통계 자료의 작성, 조사 연구의 수행"이었다(日本鐵鋼聯盟, 1959: 44).

이러한 조치에도 불구하고, 일본 정부는 1946년 4월 15일 「가격조정공단법(價格調整公團法)」을 제정했는데, 이 법은 "가격조정에 관여한 통제 단체"의 해산을 명령하는 것이었다(≪讀賣新聞≫, 1946.9.26). 이에 따라 1946년 9월 26일 정부는 일본철강협의회를 비롯해 14개 통제 단체를 해산시켰다. 그러나 당시 심각한 불황에 직면해 있던 철강업계로서는 기업들 간에 원활한 의사소통을 할 수 있는 조직이 절실히 필요했다. 결국 철강업계는 기업들 간 '친목' 도모와 조사를 목적으로 한 '일본철강연합회(日本鐵鋼聯合會)'를 설립하기에 이르렀다. 이후 일본철강연합회는 '일본철강경영자연맹(日本鐵鋼經營者聯盟)'[25]과 통합했고, 이후 1948년 11월 1일에 '일본철강연맹(日本鐵鋼聯盟)'으로 재조직되었다. SCAP의 해산 조치를 피하기 위해서 일본철강연맹 관계자들은 이 단체의 활동 목표를 "어떠한 통제색도 띠지 않은 채 업계의 조사연구와 친목 도모를 위한 것"이라고 강조했다(日本鐵鋼聯盟, 1959: 44). 그러나 일본철강연맹은 전시 철강통제회가 실질적으로 부활한 것으로 동일한 회원사들로 구성되어 있었다.

설립 당시 일본철강연맹은 177개 회원사로 구성되었다. 회원사들이 채택한 일본철강연맹 정관에는 이 단체의 목적을 "철강업의 생산 및 노동 문제에 대한 조사연구 수행, 철강 생산의 확보, 산업평화의 유지, 철강업의 공정

---

25 일본철강경영자연맹은 철강 관련 기업 경영자들의 친목 도모와 노동 문제에 대한 정보 교류를 목적으로 1946년 5월에 설립되었다.

하고 자유로운 사업 활동 촉진, 국민경제의 건전한 발전에 기여"하는 것으로 규정했다(日本鐵鋼聯盟, 1959: 附錄 64~66). 정관에서는 연맹의 기본방침을 회원사 총회에서 결정한다고 규정했고, 이사회는 총회의 승인이 필요치 않은 사안에 대해서 결정을 내릴 수 있었다. 이사회는 회장, 이사와 감사로 구성되었다. 회장은 회원사들의 무기명 투표로 선출된 이사들 중에서 선임되었다.

일본철강연맹의 의사결정제도는 전시 통제회와 전후 업계단체 사이에 큰 차이를 보여주었다. "일본철강협의회(전후 일본철강연맹의 전신)와 철강통제회 간의 차이는 철강통제회가 '지도자 원리'에 따라 통제회 회장에 의해 좌우되는 독단적 기구였던 데 반해 일본철강협의회는 자주적이고 민주적이며 자율적인 기구였다. 일본철강협의회의 최고 의사결정 기구는 주요 철강기업 10개사의 인사들로 이루어진 상무위원회였다"(日本鐵鋼聯盟, 1959: 44). 통제회의 지도자 원리는 나치 독일의 카르텔 제도에 기원을 둔 것으로, 일본 전시통제체제의 모델이 되기도 했다. 제4장에서 논의한 것처럼 당시 정부는 각 통제회 회장들에게 상당한 권한을 부여하여, 이들 회장들이 업계의 의사결정과정을 주도하도록 했다. 그러나 철강업계의 사례에서 보듯이 전후의 업계단체는 이러한 지도자 원리를 버리고, 대기업 회원사들이 나머지 회원사들에 비해 여전히 강력한 영향력을 갖고 있기는 했지만, 비교적 평등한 제도를 채택했다고 할 수 있었다. 이하에서는 일본철강연맹이 철강 산업을 어떻게 통제했으며, 여러 경제발전정책들을 통해 철강업계를 지원하고 영향력을 행사한 정부와 어떻게 협력했는지 살펴볼 것이다.

산업정책에서 일본철강연맹의 역할

여기에서는 앞서 언급했던 세 가지 형태의 산업정책 속에서 일본철강연맹이 수행한 역할이 무엇이었는지를 검토하고자 한다. 첫째, 경제계획을 성공적으로 추진하기 위한 열쇠는 사실상 모든 기업들의 생산시설과 성장 잠재력에 대한 정확한 정보를 모으는 데 있었다. 이를 통해 마련된 계획은 각 기업이 어느 정도 성장할 것인지, 어떤 기업들이 매년 어느 정도의 자원을 받았는지, 어떤 기업에 새로운 공장과 시설 투자를 허용할 것인지를 보여준다. 달성 가능한 효과적 경제계획을 입안하기 위해서, 관련 선도기구들은 막대한 양의 정보를 필요로 했다. 그러나 선도기구들은 엄청난 수의 기업으로부터 정보를 수집하기 위해 필요한 인력이 절대적으로 부족했다. 그 결과 선도기구들은 그러한 역할을 수행할 수 있는 산업별 업계단체에 의존할 수밖에 없었다. 업계단체들이 회원사로부터 정보를 수집하여 선도기구에 제출하고, 다시 정부는 그 정보들을 바탕으로 향후 5년 내지 10년간의 경제계획을 입안했던 것이다.

실례로 새로운 경제계획을 준비하면서 기시 노부스케 내각총리대신은 1959년 10월 일본철강연맹에 향후 10년간 철강 산업의 전망과 관련된 정보를 제출해줄 것을 요청했다(日本鐵鋼聯盟, 1969: 789). 다음 해에 일본철강연맹은 「쇼와 45년도(1970) 우리나라 철강업의 구도(昭和45年度におけるわが國鐵鋼業の構圖)」라는 제목의 보고서를 정부에 제출했다.[26] 이 보고서에서는 향후 10년간 일본 경제가 연평균 7.2% 성장하고, 공업생산은 연평균 9.1% 확대될 것이라고 예측했다. 이러한 수치에 근거해서 보고서에서는 철강제품에 대한 국내 수요가 1959년 1,300만 톤에서 1970년 4,500만 톤으로 증가할 것이라고 예측했다. 이 보고서에서는 이러한 수요를 충족하기 위해서 "전체 조강 생산에서 고로에서 생산하는 전로철의 비중을 현재 58%에서 73%로 높일 필요가 있으며 …… 약 30기의 신규 고로(일평균 2,000톤 생산)를

26 「昭和45年度におけるわが國鐵鋼業の構圖」(1960.10), 日本鐵鋼聯盟(1969: 789) 재인용.

건설해야 하며 …… 철강업은 4,900만 톤의 철광석과 2,450만 톤의 석탄 수입이 반드시 필요하다"고 언급했다(日本鐵鋼聯盟, 1969: 789). 일본철강연맹과 다른 산업의 업계단체들이 제출한 시장 예측과 제안을 바탕으로 1960년에 이케다 하야토 내각[27]은 10년 내 국민소득의 2배 증가를 목표로 한 「국민소득배증계획」을 세웠다.

둘째, 시장안정정책을 성공적으로 추진하기 위한 또 다른 열쇠는 철저한 규칙 집행과 기업들 간의 이해관계 조정 그리고 통상산업성과 일본철강연맹 간의 긴밀한 협력에 있었다. 일본철강연맹이 회원사들 간의 이해관계를 조정하고 생산과 가격에 대한 규칙들을 제정하는 한편, 통상산업성은 부여된 행정 권한을 통해 위반 행위를 처벌했다. 이들 규칙들에 대한 회원사들의 불만은 일본철강연맹과 통상산업성이 공동으로 점검해 해결하기도 했다. 이러한 분업을 통해 통상산업성과 일본철강연맹은 다양한 시장안정정책들을 성공적으로 수행할 수 있었다. 대표적인 사례가 철강업계의 불황기였던 1958년에 도입된 '공개판매제도'(공판제도)였다.

이 제도는 철강제품 가격의 안정과 생산기업들 간의 공조 관계 수립을 목적으로 한 것으로, 공판제도의 기능은 다음과 같았다. 첫째, 철강기업들이 (통상산업성의 월별 행정지도에 의거해) 생산 및 판매 계획량을 책정하고, 그 계획을 통상산업성에 제출하는 것, 둘째, 생산기업들은 제품 가격을 통상산업성에 보고하고, 공개적으로 이를 발표하는 것, 셋째, 모든 철강기업들은 지정된 장소에서 가격을 공표한 다음, 해당 1개월 동안 동시에 제품 판매를 시작하는 것 등이었다. 당시 판매량은 판매 계획으로 제출한 양을 초과할 수 없었으며, 생산기업들은 해당 월에는 공표한 가격을 유지해야만 했다. 공개판매제도는 시장에서 철강제품의 지속적인 공급을 확보하고 가격을 안

27 이케다 하야토는 1960년에 기시의 뒤를 이어 내각총리대신에 올랐다.

정시켜 철강업계가 과도한 경쟁을 방지하여 일정 수익을 확보하도록 설계된 것이었다.

이러한 가격 조정 메커니즘은 일본철강연맹 스스로가 그러한 규칙들을 제정하고, 정부가 생산 및 판매량에 대한 카르텔 규칙의 시행에서 중요한 역할을 수행한다는 점에서 독특하다고 할 수 있었다. 만약 한 기업이 할당량을 초과하는 생산 시설을 갖추게 되면, 통상산업성은 시장에서의 공급 초과를 방지하기 위해 해당 기업의 고로 중 일부를 폐쇄하거나 봉인할 수 있었다. 통상산업성과 일본철강연맹은 공동으로 감시위원회를 설치하여 잠재적 위반자들에 대해 면밀하고 지속적인 감시를 수행했다. 이 위원회의 장은 통상산업성 중공업국 국장이 맡았고, 위원들은 통상산업성의 관료들과 업계의 판매 담당자들로 구성되었다. 위원회는 "(공장에서) 현장 조사를 수행하고 회사에 관련 문서의 열람을 요구"할 권한을 갖고 있었다(日本鐵鋼聯盟, 1959: 779~780).[28] 감시 제도를 더욱 확대하기 위해서 위원회는 1962년에 감시위원회 사무국을 설치했다. 사무국장은 일본철강연맹 전무이사가 맡았고, 통상산업성 중공업국과 일본철강연맹 직원들로 구성되었다. 한편 회원사 사장들은 감시위원회에 서약서를 제출하도록 의무화되었다.[29] 회원사가 규칙을 위반하게 되면 통상산업성은 위반 행위를 처벌했는데, 통상산업성이 1958년 6월 20일에 공표한 「철강시황대책요강」에서는 "위반한 기업에 대해서는 통상산업성이 강력한 처벌을 동반한 행정지도를 발표"할 것이라고 언급하기도 했다(日本鐵鋼聯盟, 1959: 780).

정부가 규칙 집행자의 역할을 수행했다는 점에서 독특한 것이긴 했지만, 공개판매제도는 실질적으로 일종의 카르텔로, 「독점금지법」을 위반한 것이

28 通商産業省, 「監視委員會設置要綱」(1958.7.8).

29 通商産業省, 「鐵鋼市況對策要綱」(1958.6.20).

었다. 물론 일본철강연맹은 "통상산업성의 행정지도하에 생산과 판매에 대한 협정을 체결했지만, 이는 일종의 카르텔이나 국가 통제가 아니라 정부와 업계 간의 협력을 통해 현 상황에 대처하기 위한 일종의 노력"일 뿐이라고 언급하여 이 제도를 정당화했다. 특히 일본철강연맹은 이것이 일종의 카르텔이라는 것을 적극 부인하며, "가격은 각 기업들이 자율적으로 정한다. 통상산업성은 일정 한도 이상으로 변동이 거듭될 때만 개입한다"고 언급했다. 또한 다른 가격 조정 메커니즘들과는 달리 공개판매제도는 "(일정 범위 내에서) 가격 변동을 허용함으로써 비능률적 기업의 온존을 막았기 때문에" 시장의 원리를 위배한 것도, 업계의 발전을 저해한 것도 아니라고 주장했다(日本鐵鋼聯盟, 1959: 48).

셋째, 일본철강연맹은 산업합리화정책에서 일정 역할을 수행하기는 했지만, 이전의 두 가지 형태의 정책과 비교했을 때, 정부 자체에서 산업합리화정책을 담당했기 때문에 비교적 제한된 역할만을 수행했다. 산업합리화정책에서 일본철강연맹은 정책을 제안하거나 때로 정책 전환을 요구했고, 이들 가운데 일부는 정부에 의해 채택되기도 했다. 일본철강연맹의 정책 제안이 받아들여졌던 대표적인 사례로는 1953년의 철강보조금 사례를 들 수 있다. 1953년 5월에 통상산업성은 「향후 통상산업정책의 기본 방침(今後の通商産業政策の基本方針)」을 공표하여, 가격 인하를 고무하기 위해 철강업계에 약 250억 엔에 달하는 보조금 지급을 발표했다.

그러나 철강업계는 보조금을 받는 대가로 통상산업성이 업계에 대한 통제를 강화하여 기업 경영에 개입할 것을 우려했다. 이에 일본철강연맹은 보조금 계획에 대한 회원사들의 의견을 모으기 위해 철강가격대책위원회를 조직했다. 이 위원회에서는 「수출 진흥을 위한 철강원가 인하에 대한 요망서(輸出振興策としての鐵鋼原價引き下關する要望書)」를 발표했고, 이 보고서에서는 다음과 같은 두 가지 점을 지적했다. 첫째, 철강제품 가격은 석탄 가격

에 따라 결정되기 때문에, 석탄 산업에 대한 보조금 지급이 바람직하며 철강 산업은 그것이 필요하지 않다는 점, 둘째, 정부가 석탄 산업에 보조금을 지급하여 국내 석탄 가격을 수입산 미국 석탄 가격과 동일한 수준으로 인하토록 해야 한다는 점이 그것이었다(日本鐵鋼聯盟, 1969: 156). 정부는 이러한 철강업계의 제안을 받아들여 철강 산업에 대한 국가 통제를 강화하려는 계획을 철회했다.

2. 전후 일본 발전국가체제의 진화

이 절에서는 전후 일본에서의 제도 형성 과정을 추적하여 일본에서 전시와 전후의 제도적 연속성 이면의 맥락을 검토할 것이다. 이를 통해 전후 일본의 경제체제가 만주국 및 전시 경제체제와 유사한 형태로 전개된 이유와 전시의 경제 제도들이 전후에도 지속적으로 존재할 수 있었던 원인을 규명하고자 한다. 이러한 퍼즐에 대한 답을 찾는 과정에서 세 가지 가설의 타당성을 분석하여 제도적 진화 과정에 영향을 미친 요인들이 무엇이었는지를 검토할 것이다.

1) 전쟁의 여파와 집합행위이론

제2차 세계대전으로 일본 경제가 황폐화되고, 종전 이후에는 전후 경제 위기로 이어지면서 일본의 정책결정자들에게 경제 문제는 최우선의 관심 대상이 되었다. 1941년 일본 전체 인구 7,400만 명의 4%에 해당하는 300만 명의 일본인이 목숨을 잃었고, 수백만 명의 일본인들이 전투와 공습으로 부상을 입었다. 전쟁은 이러한 인적 손실뿐만 아니라 일본의 경제 기반도 심각하게 파괴했다. 공습으로 파괴된 건축물, 교통시설 및 기타 산업 기간시설 등의 피해액은 1,340억 엔 정도 될 것으로 추정되었는데, 이는 당시 일본 국부(國富)의 41.5%에 해당하는 액수였다. 건물의 1/4과 공업기계의 1/3, 선박의 80%가 파괴되었다(小島恒久, 1973: 174). 그뿐만 아니라 실업률도 전쟁 직후 급격하게 치솟았다. 군이 해산됨에 따라 760만 명 이상의 군인들이 직장을 잃었고, 군수생산이 종료됨에 따라 400만 명에 달하는 인원이 해고당했으며, 일본의 식민지로부터 150만 명에 달하는 이주민들이 귀환했다. 이에 따라 전체 실업자 수는 1,310만 명에 달했다(中村隆英, 1978: 148).

농촌 인력의 손실과 1945년의 기상재해로 인해 식량 생산도 부족하게 되어 국민들은 심각한 기아와 영양실조를 겪었다. 정부는 식량 배급을 통해 대규모 기아사태를 막기 위해 노력했지만, 배급양이 절대적으로 부족했다. "1945년 12월의 식량배급은 (정부가 정한 1일 섭취량 2,200kcal의) 반에도 미치지 못했다. 1946년 중반부터 1947년 중반까지 식량배급제도는 최악의 상태에 빠져 필요량의 1/3 내지 1/4 정도로 떨어지기도 했다"(Dower, 1999: 97). 상황을 더욱 악화시킨 것은 일본 경제가 겪고 있던 심각한 인플레이션이었다. 〈그림 5-1〉에서 보는 것처럼, 소비자물가지수는 1946년 15.9에서 1949년에 205.4로 치솟았는데, 3년 만에 물가가 1,186.2%나 급등했던 것이다(日本銀行統計局, 1966: 396). 결국 1944년부터 1946년 간 일본의 국민총생산(GNP)은 93.7%, 공업총생산은 96.0%, 그리고 농업총생산은 94.6%나 감소했다(經濟企劃廳調査局統計課, 1964: 290~292).

물자 부족과 인플레이션이 종전 직후 일본 경제가 당면한 가장 심각한 문제였지만, 집합행위의 부재는 이러한 문제를 더욱 악화시켰다. 당시 모든 분야의 산업들이 사업 운영을 위해 가능한 한 많은 자원들을 확보하려고 노력했기 때문에 경제 전반에 걸쳐 원자재, 에너지, 노동력, 자본 등의 희소자원은 비효율적으로 사용될 수밖에 없었다. 앞서 논의했던 것처럼 석탄과 철

그림 5-1 **소비자물가지수 추이**(1946~1964)

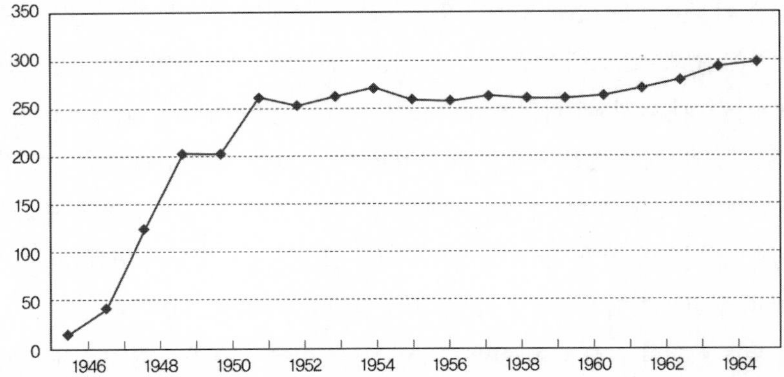

자료: 日本銀行統計局(1966: 396).

강의 심각한 부족은 국민경제의 최대 장애물이었다. 따라서 다른 산업들에서 사용하는 자원의 양을 줄여, 석탄과 철강 생산에 희소자원들을 집중할 필요가 있었다. 석탄과 철강이 모든 산업 분야의 핵심 원료였기 때문에 장기적으로는 이들 다른 산업들도 석탄과 철강의 생산 확대로 이득을 얻을 수 있었다. 그러나 초기단계에서 다른 산업에 대한 이러한 불균등한 자원 분배는 다른 산업의 단기적 희생을 요구하는 것으로 기업경영자들이 집합행위에 참여하는 데는 커다란 어려움이 있었다.

정부는 이러한 문제를 해결하기 위해 경제안정본부와 같이 포괄적 권한을 가진 기구를 설립하여 희소자원들의 흐름을 통제하고자 했다. 더불어 업계단체들도 회원사들의 이해관계 조정과 시장 정보의 제공, 회원사의 불만사항 점검 등을 통해 인플레이션과 자원 부족을 해결하려는 경제안정본부의 노력을 지원했다. 정부와 산업계는 (경제계획, 규칙과 규제, 점검제도 등의) 공공재 제공을 통해 상호 이익의 결과를 얻고자 했다.

1940년대 말에 이르러 일본 경제는 종전 직후의 어려움을 극복하고, 전쟁

그림 5-2 **일본 기업의 경영자본영업이익률* 추이**(1950~1964)

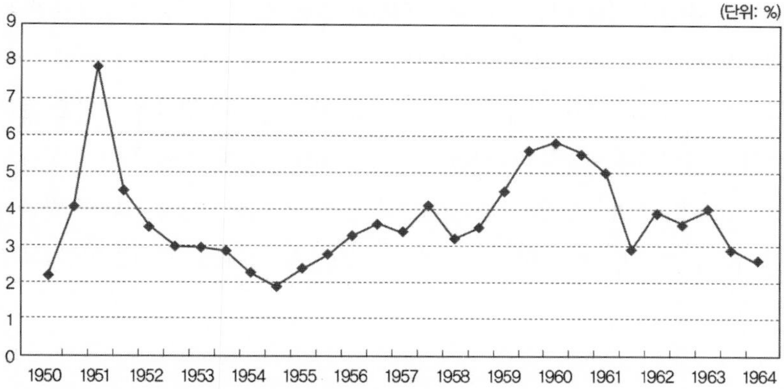

* 경영자본영업이익률은 경영자본에서 영업이익이 차지하는 비중을 의미함.
자료: 日本銀行統計局(1966: 336~337).

그림 5-3 **기업 도산 건수**(1952~1961)

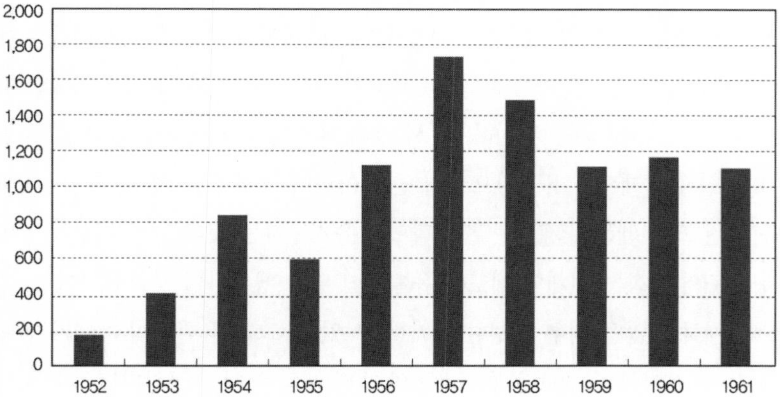

자료: 總務省(http://www.stat.go.jp/data/chouki/06.htm).

피해로부터 회복되기 시작했다. 그러나 당시 경제 성장 과정에서 일본 경제는 또 다른 형태의 심각한 문제에 직면했다. 한국전쟁은 철강을 비롯한 여타 공업 제품들의 수요가 단기적으로 급증하는 결과를 낳았지만, 이러한 수요들은 종전과 함께 상당부분 줄어들었다. 일본 경제가 여전히 성장세를 유지하고는 있었지만, 〈그림 5-2〉에서 보듯이 기업의 수익률은 1951년 이후 급락하고 있었다. 이러한 불황과 호황의 순환은 시장에 심각한 불안을 초래했다. 〈그림 5-3〉에서는 1953년에서 1961년간 도산한 기업의 수가 상당히 증가했음을 보여주는데, 이는 당시의 불안정한 시장 상황을 그대로 반영한 것이었다. 이러한 불안정하고 어려운 경제 상황 속에서 전후 발전국가체제의 제도들이 수립되었다.

집합행위의 논거

집합행위이론에서 제도는 집합행위의 문제들에 대한 해결책으로서, 모든 행위자들이 제도를 통해 협력하여 상호 이익의 결과를 얻을 수 있기 때문에 제도를 설계하고 만든다고 가정한다. 모든 행위자들이 집합행위를 가능하게 하는 제도로부터 이익을 얻게 된다면, 제도에서의 이탈은 그 이익을 없애기 때문에 제도는 그 자체로 강화된다는 것이다. 그 결과 제도는 재생산 메커니즘을 갖추게 되는 것이다. 다시 말해 행위자들이 제도를 따라야 할 동기가, 현재의 제도를 유지함으로써 얻는 이익이 그것이 없을 때 얻는 이득보다 훨씬 크기 때문에 제도는 지속적으로 유지된다는 것이다. 이러한 관점에서 제도의 변화는 현재의 제도를 유지하기 위한 행위자의 자기이익이 더 이상 존재하지 않을 경우 발생한다고 할 수 있다. 그러나 현재의 제도가 선택할 수 있는 다른 대안보다 행위자들의 개별 이익을 더 제공한다고 행위자들이 판단하게 된다면 현재의 제도는 계속 유지된다. 이러한 점에서 집합행위이론은 전시와 전후의 제도적 연속성을 다음과 같이 설명해줄 수 있다. 행위자들은 전시에 상호 이익의 결과를 얻기 위해 발전국가체제를 만들었고, 이 체제가 집합행위를 위한 메커니즘으로서 지속적으로 기능했기 때문에 전후에도 발전국가체제가 지속되었다는 것이다. 따라서 일본의 정책결정자들과 미점령당국 및 재계 인사들 등의 관련 행위자들 모두가 전시 경제 제도들을 유지하려는 확고한 동기를 가지고 있었다고 할 수 있다. 이하에서는 종전 직후 일본의 경제 상황과 이 속에서 전시 경제 제도들이 행위자들의 상호 이익을 증진하는 데 어떤 도움을 주었는지를 검토하고자 한다.

전후에 필요했던 집합행위는 경제 악화에 따른 생산량 감축을 조정하는 능력에 있었다. 그러나 규칙 제정과 절차 마련, 점검제도와 같은 메커니즘이 없다면, 신뢰 부족, 높은 거래 비용, 무임승차와 같은 집합행위의 문제들로 인해 사업자들은 상호 협력하는 데 커다란 어려움을 겪게 된다. 그 결과 선도기구들과 업계단체가 또다시 집합행위의 문제들을 해결하는 메커니즘으로 기능하게 되었다. 앞서 언급했듯이 통상산업성은 권고조단 정책(생산감축 권고)을 도입해서 각 기업에 일시적 생산 할당을 정하고, 일시 할당량에 따라 생산을 제한하도록 '권고'하는 '행정지도'를 시행했다. 업계단체들은 회원사들의 사업 계획과 생산 설비 등에 관한 상제 정보를 통상산업성에 제공했고, 통상산업성의 지도에 따라 회원사들을 자체 점검하여 정책 수행을 지원했다. 통상산업성은 이를 위반하는 기업에 대해서는 외환 배정의 삭감을 통해 처벌했다.

요약하면, 전후 일본의 정책결정자들은 선도기구 및 업계단체와 같은 전시 경제 제도들을 재구축했는데, 그 이유는 일본 경제에 심각한 피해를 초래하는 집합행위의 문제들을 해결하기 위한 메커니즘이 필요했기 때문이다. 이들 제도들의 구조는 전시 제도들과 동일한 방식으로 발전했는데, 이는 여러 정책결정자들이 전시와 유사한 유형의 집합행위의 문제들에 직면했기 때문이다. 이것이 일본에서 전시 및 전후에 선도기구들과 업계단체들이 지속된 이유를 설명해준다. 전후 경제 제도들도 일본의 정책결정자들과 재계에 상호 이익의 되는 결과를 가져왔던 것이다. 정부는 1951년부터 인플레이션을 지속적으로 통제하려고 노력했고(〈그림 5-1〉 참조), 1947년 이후 석탄과 철강 생산을 급속히 증대시켰으며(〈표 5-2〉 참조), 도산하는 기업의 수도 1957년 이후 감소되었다(〈그림 5-3〉 참조).

집합행위이론의 문제점

집합행위이론의 문제점은 주장을 뒷받침하는 실증적 근거가 부족하다는 데 있다. 단지 제도 때문에 일부 긍정적 결과가 나왔다고 하더라도, 그것이 모든 행위자가 그러한 제도의 수립을 찬성했다는 것을 의미하는 것은 아니기 때문이다. 실상 대다수 중요 행위자들은 전시 경제 제도의 수립에 강력히 반대했다. 아래서 논의하겠지만, 미점령당국은 일본 정부가 선도기구와 업계단체들을 재수립하는 것을 용인하기는 했지만, 궁극적으로 그러한 제도들을 해체하여 일본 경제를 민주화시키기를 원했다. 일부 재계 인사들이 업계단체의 재수립을 지지하기는 했지만, 상당수 재계 인사들은 그러한 계획들을 반대하며, 정부의 규제와 국가 통제의 폐지를 요구했다.

집합행위이론은 행위자들이 자신들에게 상호 이익이 되는 결과를 가져오는 제도의 형성에 지대한 관심을 갖고 있다고 가정한다. 그렇다면 SCAP과 일부 재계 인사들이 정부의 계획에 반대했다는 것은 논리적으로 맞지 않는 것이다. 특히 이 점은 제도를 재수립하는 데에서 모든 행위자들의 이익이 중요시되지 않을 수도 있다는 점을 보여준다(이하에서는 종전 직후 SCAP과 일본의 정책결정자들 간 충돌했던 이해관계에 대해 살펴보고자 한다).

SCAP의 일본 경제 자유화 계획

1945년 8월 일본의 항복 이후 일본을 장악한 연합군은 7년 동안 일본을 점령했다. 점령군은 대부분 미군이었고, 미 육군 장성인 맥아더(Douglas MacArthur)가 연합국 최고사령관에 임명되었다. 점령기 동안 SCAP은 일본을 직접적으로 통치하지 않는 대신, 일본 정부를 통한 간접 통치 방식을 채택했다. 이에 따라 일본 의회가 입법부로서 기능을 계속해서 맡기는 했지만, 중요 법안들은 SCAP의 승인을 받도록 요구받았고, 일본 정부에 대한 SCAP의 지시는 대다수 정책 결정에 막대한 영향을 미쳤다.

SCAP의 핵심 목표는 일본의 비군사화, 민주화, 사회경제의 자유화에 있었다. 일본 경제 개혁의 초기 방침에 대해서 삼부조정위원회(the State-War-Navy Coordinating Committee: SWNCC)[30]가 제출한 문건에서는 다음과 같이 언급하고 있다.

> 일본이 또다시 경제적으로 군사적 위협이 되는 것을 방지하는 것을 목적으로 한 산업의 비군사화 프로그램(program to demilitarize industry)을 실행해야 한다. 점령 통치 종료 후에도 계속해서 기능하는 통제 시스템(system of control)을 수립·발전시켜야 할 것이며, 이를 통해 일본 경제의 비군사화(economic disarmament)는 지속적으로 보장되어야 할 것이다. 일본은 군함이나 전투기를 막론한 모든 종류의 전투 무기의 생산과 수리를 위한 특수 설비를 보유하는 것이 금지되며, 평시의 필요 수준을 초과하는 중공업 생산 능력과 군사적 중요성이 높다고 판단된 산업들은 박탈되어야 한다. …… 그리고 노동, 산업, 농업에서 민주적 조직의 설립은 장려될 것이며, 일본 경제 체제의 소유·경영·통제의 광범위한 분배는 환영받을 것이다.[31]

---

30 삼부조정위원회는 1944년 12월 국무부, 전쟁부, 해군부가 주요 사안들에 대한 의견을 조정하기 위해 설치되었다. 삼부조정위원회는 군사 정책의 승인을 위해 합동참모본부와 협력했으며, 각 부처의 이해관계를 반영해 독일과 일본의 점령 정책을 입안하기도 했다. SCAP은 삼부조정위원회의 직접 감독하에 있었다. 1949년 6월 삼부조정위원회는 공군부가 포함된 사부조정위원회(State-Army-Navy-Air Force Coordinating Committee: SANACC)로 개편되었다.

일본에서 정치경제의 자유화 개혁은 미점령당국에게는 특히나 중요한 것이었다. 그 이유는 파시스트 국가들에 맞서 이 끔찍한 전쟁을 수행한 미국과 연합국들에게 이 전쟁은 이전 적국들을 자유민주주의 국가들로 완전히 탈바꿈시키기 전까지는 완전히 끝난 것이 아니었기 때문이다. "맥아더는 '선진 정신'을 가진 미국이 문명화된 사명을 수행하여, 일본 국민들을 '봉건적 노예상태'로부터 해방시킬 도덕적 의무를 갖고 있다고 확신했다. 일본은 '전체주의적 군부 통치로부터 국민의 해방과 정부의 자유화를 위한 세계의 거대한 실험실이 될 것이었다'"(Takemae, 2002: 7).

이러한 목적을 달성하기 위해 SCAP은 일본 정부에 다양한 구조적 개혁안들을 수행하도록 지시했는데, 이는 비자유적·전체주의적·봉건적 제도들의 해체를 목표로 한 것으로, 여기에는 제국주의 군사 조직, 재벌, 농업 소작 제도, 전시 경제 제도 등이 포함되었다. 그 첫 단계로 SCAP은 일본 육군을 해산하여, 모든 정부 기구에서 군부 인사들을 추방했다. 약 700만 명에 달하던 군인들이 무장해제되었고, 모든 군사 조직들도 해체되었다. 전직 군인들은 모든 공적 기구에의 취업이 금지되었다. 다음 단계로 SCAP은 재벌을 해체했는데, 그 이유는 이들 대기업들이 자신들의 사업 기회를 확대하기 위해서 군국주의 전쟁을 지원했다고 판단했기 때문이다. 다만 제4장에서 논의한 것처럼 재벌들에 대한 이러한 혐의가 진실인 것만은 아니었다. 그럼에도 SCAP과 미국 정부는 재벌들의 권력을 축소시킬 필요가 있다고 확신했다. 재벌의 해체는 자유주의 이론인 반독점 개념에 의해서도 반드시 필요했다. 당시 재벌들이 시장을 독점하여 낮은 수준에서 경쟁을 유지함으로써 소비자들에게 손해를 끼쳤다는 것이다. 이에 SCAP은 일본 정부에 지시해 1946년 「특수회

31 「SWNCC 150-2」(1945.8.12), 國立國會圖書館, 「日本國憲法の誕生」, http://www.ndl.go.jp/const itution/e/shiryo/01/022shoshi.html.

사정리위원회령(特殊會社整理委員會令)」과 1947년 「독점금지법」[32]을 도입토록 했다. 이어서 정부가 이 법들에 근거해서 재벌들의 해체에 나섰다.

SCAP은 또한 농업과 노동 분야에서 자유주의 개혁안들을 시행했다. 첫째, SCAP은 농촌 지역의 자유화를 목표로 한 농지개혁을 단행했다.[33] 농지개혁 프로그램은 실질적으로 농촌 지역의 소득 불균형을 감소시켰고, SCAP이 시행한 모든 개혁안들 가운데 가장 성공한 것으로 평가받았다. 둘째, SCAP은 1946년 「노동조합법(勞動組合法)」과 「노동관계법(勞動關係法)」, 1947년 「노동기본법(勞動基本法)」을 일본 정부에 시행하도록 지시하여 산업노동계를 자유화시키고자 했다. 이 법들은 노동조합의 조직, 파업, 경영자들과의 단체교섭 등에 대한 고용자의 권리를 재인식시켜 노동조합의 활성화를 가져왔다. SCAP의 노동자유화 정책에 따라 노동조합의 수와 노동쟁의가 급

32 이 법안은 재벌의 지주회사들을 해체해 그들의 주식을 시장 가격 이하로 신설된 특수회사정리위원회에 이관하는 것을 골자로 했다. 이에 따라 재벌들의 가족 구성원들과 지주회사의 이사진들은 향후 어떠한 경영상의 직위에도 취임하는 것이 금지되었다. 4개의 대규모 재벌(미쓰이, 미쓰비시, 스미토모, 야스다)의 해체를 시작으로, 1947년에 총 83개의 지주회사들이 정리되었다. 그 결과 재벌 창업 가문들은 그룹 기업들에 대한 통제력을 잃었고, 재벌들은 소규모 기업들로 나뉘어졌다. 재벌에서 분화된 소규모 기업들은 어느 정도 경영상의 자율성을 갖게 되었지만, 곧이어 후에 계열체제로 알려진 느슨한 형태의 기업집단을 형성했고, 이는 전후 일본 기업의 주요 특징이 되었다.

33 제2차 세계대전 종전 시까지 농촌 지역 농지의 대부분은 부재지주들이 소유하고 있었고, 이들 농지들은 소작농들에 의해 경작되고 있었다. "전쟁 이전에 농지의 46%는 소작농들이 경작했고, 경작으로 얻은 현물의 75%를 지주들에게 납부했다. 어떠한 농지도 소유하지 않은 농가의 비율은 28%에 달했다"(Hayes, 2004: 39). SCAP은 7.5 에이커 이상의 농지를 소유한 지주들의 농지를 일본 정부가 구입해서 보조금 융자를 통해 적절한 가격에 소작농들에게 그 농지를 판매하도록 했다. 5년 만에 거의 모든 농민들이 자신들의 농지를 소유하게 되었다.

증했다.[34] SCAP은 또한 일본 경제를 전시 체제로부터 분리시키기 위해 경제 자유화와 시장자본주의의 육성을 목표로 한 정책들을 도입했다.

그러나 SCAP의 초기 단계 계획들에도 불구하고, 일부 전시 제도들은 새로운 이름으로 되살아나, 전후 일본의 경제 발전에서 중요한 역할을 수행했다. 다케마에 에이지(竹前榮治)에 따르면, 사실상 강력한 경제안정본부의 설립도 실질적으로는 SCAP이 주도한 것이었다. 다케마에는 "SCAP의 강력한 압력에 따라 경제안정본부는 긴급 조치로 설립되었다"고 언급했다(Takemae, 2002: 310). 일본 경제의 탈규제화와 자유화에 대한 SCAP의 의지에도 불구하고, 점령 관료들은 전후의 경제적 혼란을 극복하기 위해서는 단기간 동안이라도 엄격한 국가 통제하에서 일본 경제를 유지할 필요가 있다는 점을 제기했던 것이다(經濟企劃廳, 1997: 38). SCAP이 1946년 5월 17일 제출한 각서(SCAP-IN 960)에서도 "현 시점에서 일본 정부가 경제안정본부를 설립하여, 1년간 존속시키는 데 대해 이견이 전혀 없다"고 언급했다.[35] SCAP이 강력한 경제 기구의 설립을 승인하기는 했지만, 동시에 이들 기구들을 잠정적 조치들로 가능한 한 마무리하기를 원했다는 점은 상당히 주목할만한 것이다.

SCAP은 1949년 2월 일본 경제를 자유화시키려는 계획을 재개하면서, 인플레이션을 종식시키려는 일본의 노력에 자문과 지원을 제공하기 위해 디트로이트은행(Detroit Bank)의 은행장이었던 닷지(Josef Dodge)를 초빙했다. 닷지는 후에 '닷지 라인(Dodge Line)'이라고 불린 일련의 재정안정화 정책들을 입안했다. 닷지의 반인플레이션 정책들은 균형 예산, 고정환율제, 국가 통제의 종식, 시장 경쟁의 촉진 등의 내용을 담고 있었다. 정부 지출은 1949

---

34 1946년부터 1950년까지 5년간 연평균 764건의 노동쟁의가 발생했는데, 이는 이전 5년간(1940~1945)의 연평균 184.2건의 노동쟁의와 비교되는 것이었다.

35 「SCAP-IN 960」(1946.5.17), SCAP(1952: 184).

년 6,690억 엔에서 1950년 6,330억 엔으로 9.4% 감소했다(日本銀行統計局, 1966: 133). 이러한 정책의 주요 목표는 산업 전반에 걸쳐 정부의 영향력을 약화시키고 인플레이션을 억제하기 위해 정부 보조금과 물가 통제를 폐지하는 것이었다. 예산 삭감의 주요 대상은 가격차금부금과 광업 및 철강 사업에 대한 보조금 등이었다.[36]

닷지 라인하에서의 정책 수행 결과, 통화가치와 생필품 물가가 안정되었고, 전쟁 종전 이전부터 유지되어왔던 인플레이션도 결국 수습되었다. "정부의 공식물가와 지하거래물가를 통합한 실질물가지수는 1949년 내내 상대적으로 안정된 수준에서 유지되었고, 소비재 물가도 10% 하락했다. 임금의 동향도 이전 해와 비교해 상당할 정도로 안정되었다. '물가와 임금의 악순환'도 해소되기에 이르렀다"(經濟企劃廳, 1997: 56). 이에 따라 경제안정본부의 물자 통제와 물가 통제도 대폭 완화되었다. "1949년과 1950년 사이에 경제안정본부가 통제하던 분배 물자 품목도 자본재의 경우 1/5로, 소비재의 경우 1/4로 줄어들었고, 통제받는 물가 품목 수도 1/4로 줄어들었다"(經濟企劃廳, 1997: 56).

SCAP의 경제개혁안들은 대부분이 SCAP의 아이디어적 지침들에 따라 추진된 것이었는데, 다케마에는 이러한 지침을 "1890년 「서먼 반독점금지법(Sherman Anti-Trust Act)」 제정 이후 내려온 미국의 반독점주의 전통"에 근거한 것이라고 보았다. 다케마에는 SCAP의 반독점주의에 대한 강력한 의지를 다음과 같이 서술했다.

36 가격차금부금 예산은 1949년 435억 엔에서 1950년 130억 엔으로 삭감되었고, 석탄·철광석·선철의 수입 보조금 예산은 1949년 206억 엔에서 1950년 71억 엔으로 삭감되었다(日本鐵鋼聯盟, 1959: 64).

자유기업들의 독점 행위에 대한 미국의 혐오감은 1914년 「클레이튼 반독점금지법(Clayton Anti-Trust Act)」에서도 나타났다. 1920년대 들어 반독점주의의 열기가 식기는 했지만, 1930년대 뉴딜(New Deal)하에서 다시 일어나, 1936년 「로빈슨-패트먼 법(Robinson-Patman Act)」으로 최고조에 달했다. 이러한 개혁주의자들이 가졌던 열성이 일본 항복 후 점령 계획에 반영되었다. 맥아더 사령부 내에서 재벌 해체를 긴밀히 추진했던 관료들은 뉴딜러(New Dealers)이거나 혹은 전시 워싱턴에서 일본의 재벌 해체 계획을 담당했던 사람들이었다. 그들 가운데 민정국의 케이디스(Charles Kades), 비슨(Thomas Bission), 하들레이(Eleanor Hadley)와 경제과학국(반트러스트·카르텔과)의 핸더슨(J. McI. Henderson)과 웰쉬(Edward C. Welsh)가 대표적 인물이었다(Takemae, 2002: 334~335).

SCAP의 반독점주의에 대한 강한 신념은 재벌과 통제회가 전후 일본 경제에 부적절하다는 판단으로 이어졌고, 이들을 해체하기 위한 계획들의 중요한 배경 요인으로 작용했다.

일본 정책결정자들의 반응

SCAP에 대한 일본 정책결정자들의 반응은 찬반이 분분했다. 첫째, 잠정적 조치로 경제안정본부를 설립하라는 SCAP의 지시에 대해 일본 정부는 처음에 그다지 호의적이지 않았지만, 1946년 3월에 긴급경제대책본부라는 이름의 관료 기구 신설안을 제출하기에 이르렀다. 그러나 SCAP은 제안된 이 기구가 충분한 권한을 갖지 못하고 있다고 판단하여 이 안을 거부한 후, 경제 정책 결정 영역에서 타 부처의 견제를 극복할 수 있는 행정 권한을 가진 기구를 창설토록 재지시했다(經濟企劃廳, 1997: 38).

SCAP의 이러한 압력을 받아들여 일본 정부는 강력한 경제부흥기구 창설안을 마련했다. 1946년 9월 일본 정부가 발표한 「일본경제재건의 기본문제(日本經濟再建の基本問題)」에서는 '종합적 기획조사 기구의 설치'의 필요성을 다음과 같이 강조했다. "경제안정본부의 기능을 강화해, 경제 재건에 관한 기초 자료의 조사와 종합적 기획의 입안을 담당토록 할 것이다. …… 이 기관을 내각총리대신의 두뇌 집단(brain trust)으로 만들어, 필요할 경우 내각총리대신이 각 성의 대신들에게 명령을 내릴 수 있도록 한다면, 조직적·통일적 행정 운영이 가능하게 될 것이다"(MOFA, 1946: 131).

일본 정부와 SCAP 모두 강력한 경제부흥기구의 필요성에는 공감하고 있었지만, 양자 간의 견해에는 중요한 차이점이 있었다. SCAP이 이 기관을 잠정적 기관으로 간주했던 데 반해, 일본 정부는 이 기관을 일본의 경제 성장을 이끄는 영속적 기관으로 만들기를 원했던 것이다. 이에 따라 「일본경제재건의 기본문제」에서는 경제안정본부가 잠정적 조치로서 설치된 기관임이 명시되지 않았다. 사실 이 문건에서는 "자유방임원칙에 따라 성장하는 자본주의 시대는 이미 과거의 것"으로 오늘날의 세계 경제는 "생산과 소비 간에 계획적 조정"을 필요로 한다고 언급했다. 또한 세계 경제는 "국가자본주의 시대 혹은 통제되고 조직된 자본주의 시대로 접어"들게 될 것이라고도 언급했다(MOFA, 1946: 12). 결과적으로 일본 정부는 SCAP의 지시를 전시의 경제제도와 동일한 기구를 재구축하는 데 활용했던 것이다.

더불어 1949년 5월 상공성, 무역청, 석탄청이 통합되어 통상산업성이 출범했다. 요시다 시게루 내각총리대신과 시라스 지로(白洲次郎) 무역청 장관이 강력한 경제 관료 기구의 설립을 주도했다. 이 기구를 설립한 핵심 목표는 닷지 대표단이 도입할 것으로 예상되는 경제자유화 정책들을 사전에 대비하고(≪朝日新聞≫, 1949.2.6), 일본이 이 시점부터 수출 진흥에 나설 것이라는 메시지를 전 세계에 보내는 데 있었다(≪日本經濟新聞≫, 1949.2.6). 특히 당시 요시다 내각총리대신은 국내 산업의 보호와 육성에 초점을 맞춘 상공성 관료들에 대해 비판적이었고, 따라서 국제 시장을 중시하는 정부 부처의 설립을 추진했던 것이다(通商産業省, 1991: 423).[37]

선도기구들의 사례들과 마찬가지로, SCAP이 전시 정권의 일부로서 간주해서 모든 업계단체들의 해체를 지시했음에도 불구하고, 업계단체 또한 전후에 다시 등장했다. SCAP의 이러한 결정은 1946년 8월 6일 일본 정부에 전달한 각서에서 분명하게 드러났다(SCAP-IN 1108). 이 지시에서는 "전시 생산 통제로부터 산업을 해방시키고 좀 더 민주적인 방법으로 평시 경제의 부흥을 위해 필수적인 물자의 생산을 증산하기 위해서 …… 기존 통제회의 해체를 비롯해 이와 관련된 모든 법률, 시행령, 규제, 및 부처별 조례의 폐지 및 철회"[38]를 언급했다. 그러나 종전 직후의 경제적 혼란 때문에 무엇보다 경제 안정을 시급히 도모해야 했던 SCAP으로서는 잠정 조치로서 경제 전반에 대한 통제에 의존하지 않을 수 없었다.

SCAP의 통제회 해산 지시는 (카르텔과 같은) 민간 통제보다는 공적 통제를 선호하는 미국 정부의 입장을 반영한 것이기도 했다. SCAP이 1946년 12월에 일본 정부에 지시한 각서(SCAP-IN 1394)에서는 "「합동참모본부 지령」(1380/15)에서는 일본 산업에 대한 민간 통제를 폐지하고, 통제가 필요한 분야에서는 공적 기관을 설립해 그러한 통제를 수행하도록 지시했다"고 언급했다.[39] 이 정책을 수행하기 위해서 SCAP은 일본 정부에 대해 기본적인 산업 통제는 "제품의 유통을 민간 독점 기업이나 업계단체의 통제를 통해서가 아니라 정부가 중요한 원재료를 생산자에게 배급"하도록 지시하기도 했다.[40]

---

37 통상산업성 설립 배경에 대해서는 존슨(Johnson, 1982)과 오키모토(Okimoto, 1989)가 상세하게 분석했다. 통상산업성에 대한 기존의 탁월한 분석으로 인해 필자는 여기서 상세한 설명을 제시하지 않았다.

38 「SCAP-IN 1108」(1946.8.6), SCAP(1952: 239~240).

39 「SCAP-IN 1394」(1946.12.11), SCAP(1952: 343).

일본 정부는 SCAP의 지시에 따라 1947년 「독점금지법」이 제정되자 업계단체제도의 폐지를 결정했다. 「독점금지법」은 SCAP의 경제민주화 계획에서 핵심적인 부분이었는데, 그 이유는 「독점금지법」이 재벌과 업계단체의 해체를 위한 법률적 근거로서 활용될 수 있었기 때문이다. 1945년 11월 6일자 SCAP의 각서에서는 일본 정부가 "민간자본의 독점 방지, 거래의 제한 철폐, 부적절한 겸임중역제도 폐지, 부절적한 주식 보유 철폐, 은행업의 상업·공업·농업 분리 철폐, 기업과 개인이 공업·상업·금융·농업 분야에서 민주적으로 경쟁할 수 있는 평등한 기회를 부여하는 법률"을 제정하도록 촉구했다.[41] 1946년 8월 SCAP의 반트러스트·카르텔과에서 작성한 「독점금지법」 초안을 일본 정부가 채택했고,[42] 1947년 3월 22일 의회에서 통과되었다.

새로운 법률 제정과 함께 미국의 연방거래위원회(Federal Trade Commission)를 모델로, 법률의 시행과 시장에서의 불공정한 거래를 감독하는 공정취인위원회(公正取引委員會)가 설립되었다. 「독점금지법」 제8조에서는 카르텔을 엄격하게 제한하면서 모든 사업 단체들이 아래의 사항에 해당하는 어떠한 행위도 금지하도록 규정했다.[43]

---

40 같은 문건. 경제안정본부의 기밀문건에서도 SCAP은 "수요와 공급의 조정은 정부가 나서거나 아니면 공기업의 설립을 통해 반드시 이루어져야 한다. 양자 모두 민간 기관이 아닌 정부 기관에 의해 추진되어야 한다"고 언급했다(通商産業省, 1991: 285).

41 「SCAP-IN 244」(1945.11.6), SCAP(1952: 40).

42 이 초안은 이른바 '카임 초안'이라고 불렸는데, 카임(Posey T. Kime)은 인디애나 주 항소법원 판사를 역임(1931~1939)한 바 있었고, 반트러스트·카르텔과의 입법계 책임자를 맡고 있었다. 카임 초안은 미국 정부가 당시 추진하던 국제카르텔 폐지 운동을 반영한 것이었다(Hadley, 2001: 31; Misonou, 1987: 18).

43 「私的獨占の禁止及び公正取引の確保に關する法律」(1947.4.14), 法庫(http://www.houko.com/00/01/S22/054.HTM#s1).

① 일정 거래 분야에서 경쟁을 실질적으로 제한하는 것.
② 제6조에서 규정하는 국제적 협정 또는 국제적 계약을 하는 것.
③ 일정 사업 분야에의 현재 또는 장래의 사업자 수를 제한하는 것.
④ 구성 사업자(사업자 단체의 구성원인 사업자를 말한다. 이하 동일)의 기능 또는 활동을 부당하게 제한하는 것.
⑤ 사업자에게 불공정한 거래 방법에 해당하는 행위를 시키거나 유도하는 것.

이러한 규정들은 민간기업들이 카르텔과 유사한 조직을 만들어 시장 경쟁에 개입할 수 있는 것을 원천적으로 막기 위해서 만들어진 것이었다. 이 규정들은 생산과 가격에 대한 회원사 간 이해관계를 조정하는 등 업계단체의 활동을 실질적으로 제한하고 있었다. 따라서 만약 이 법이 SCAP의 원래 의도대로 시행되었다면, 대다수 업계단체들은 불법단체가 될 수밖에 없었다.

그러나 「독점금지법」은 SCAP의 의도에도 불구하고 업계단체들을 해체시키지 못했다. SCAP은 1945년 7월 초에 이미 일본 정부 대표단에 업계단체는 민간단체가 아닌 정부에 의해 운영되어야 한다는 점을 전달한 바 있었다(SCAP, 1952: 343). 그러나 일본 정부는 의도적으로 그 권고안의 시행을 지연시키면서 업계단체가 원재료의 분배, 가격 설정, 규정 마련 등을 주도하도록 용인했다. 이에 대해 SCAP은 공식 문건을 통해 불만을 터뜨리면서, "일본 정부는 (통제회 해체에 관한) 각서의 내용을 완전히 이행하고 있지 않으며, 현(縣)과 지방 수준에서 통제회의 해체 혹은 재조직에 관한 충분한 프로그램도 마련하고 있지 않다. 일부 분야에서 민간 통제회들은 경쟁을 제한하고, 중소기업들의 발전과 성장을 방해하고 있으며, 신규로 진입하려는 기업들을 의도적으로 배제시키고, 중소기업들로부터 상당한 액수의 돈을 받고 있다"고 지적했다.[44] 또한 이 문건에서는 "지시를 따르지 않는 이유"가 일본의 정책결정자들이 "적절한 산업 통제는 민간 독점을 통해서만 행사할 수 있

다"고 확신하고 있기 때문이라고 지적했다.[45]

게다가 SCAP의 지시를 피하기 위해서 일본 정부는 업계단체 직원들을 공무원과 동일한 신분으로 지정했다(通商産業省, 1991: 290). 이들 업계단체 직원들에게는 명목상 '물가조정관'이라는 공무원 신분이 부여되었지만, 실질적으로 이들은 업계단체 회원사 소속을 그대로 유지하고 있었다. 그러나 명목상의 이러한 신분 부여는 업계단체들을 정부가 운영하고 있으며, 민간단체가 아니라는 주장의 근거로 활용되었다.

이들 업계단체들은 점령통치 종료 이후 다시 민간단체가 되었고, 전시 이들 단체의 전임 조직들과 마찬가지로 업계 발전을 촉진하려는 정부의 노력에 지속적으로 호응했다. 더 나아가 일본 정부는 1953년 「독점금지법」의 개정을 통해 업계단체의 모호한 법적 지위를 분명히 했다.[46] 그 결과 전시 통제회는 업계단체로 이름을 변경한 채 재설립될 수 있었고, 정부와의 협력을 지속하면서 전후 경제에서도 중요한 역할을 수행하게 되었다.

SCAP 개혁의 실패 배경

SCAP이 전시 경제 제도들을 해체하는 데 실패했던 주요 원인으로는 두 가지를 들 수 있다. 첫째, SCAP은 기존 관료들 중 일부가 전시 경제 제도의 창설자였음에도 불구하고, 기존 관료진을 유지하기로 결정하고, 이들이 정책 결정 과정을 주도하는 것을 용인했다. 만약 SCAP이 기존 관료진들을 좀 더 철저하게 공직에서 추방하고, (기업 이사진과 같은) 다른 행위자들에게 책임을 맡겼더라면 전후 제도들은 상이한 형태로 발전할 가능성이 높았다. 둘

---

44 「SCAP-IN 1890」(1948.2.16), SCAP(1952: 343).

45 같은 문건.

46 「독점금지법」의 개정에 대해서는 Hadley(2001: 31); Misonou(1987: 69) 참조.

째, SCAP은 미국 정부의 압력에 따라 경제자유화 계획을 완화할 수밖에 없었다. 1940년대 후반기에 들어 유럽과 아시아에서 미국과 소련이라는 세계 초강대국 간의 경쟁 격화는 미국의 대(對)일본 정책의 초점이 정치 개혁에서 경제 성장의 강화로 전환되도록 만들었을 뿐만 아니라 이러한 정책 전환은 이 지역에서 미국의 신뢰할 수 있는 동맹자로 일본을 부상시키는 결과를 낳았다. 그 결과 SCAP의 강력한 반대에도 불구하고 미국 정부는 상당수 SCAP의 정책들을 변화시켰다. 이하에서는 이러한 대외적 요인들이 SCAP과 일본 정책결정자들 간의 지적 경쟁(intellectual competition)에 어떤 영향을 미쳤는가를 살펴볼 것이다.

전시 체제의 해체를 목표로 한 SCAP의 여러 개혁 조치들에도 불구하고, 전시 체제가 전후 재등장한 원인 가운데 하나는 SCAP이 기존 관료진들을 철저하게 공직에서 추방하지 못했던 데 있었다. 그렇다면 SCAP은 기존 관료진들을 추방할 수 있는 권력을 가지고 있었음에도 왜 상당수 관료들이 그대로 권력을 유지하는 것을 용인할 수밖에 없었는가? 이 의문점에 대한 해답의 열쇠는 점령 초기부터 SCAP이 안고 있던 정책 경험의 부족에 있었다. 미국은 독일에서와 마찬가지로 일본 정부를 실질적으로 장악하기를 원했지만, 실제 점령을 위한 충분한 인력은 물론 지식과 능력 등도 갖추지 못했다. 이에 따라 SCAP은 일본 관료들이 전쟁에 적극 관여했음에도 불구하고 이들을 유지할 수밖에 없었다. 고바야시는 미점령당국 관료들의 증언들을 소개했는데, 특히 SCAP 경제과학국 국장의 고문이었던 파인(Sherwood Fine) 박사는 다음과 같이 증언한 바 있다.

> 일본 점령은 우리가 예측했던 것보다 훨씬 빨리 시작되었다. 우리의 애초 계획은 점령군이 일본을 직접 통치하는 것이었지만, 우리에게는 시간이 너무나 부족했다. 따라서 우리는 충분히 준비하지 못했고, 계획은 수시로 변경되었

다. 또 다른 이유로는 일본을 통치하는 데 필요한 일본 전문가들을 모으는 것이 너무나 힘들다는 데 있었다(小林英夫 外, 1995: 123~135).

일본 점령을 위해 활용할 수 있는 전문가의 절대적 부족과 준비 부족은 일본 통치를 위해 미점령군이 일본 관료들에게 의존할 수밖에 없도록 만들었다. 이것이 미국이 전시 정권을 철저히 해체한다는 초기 계획에도 불구하고 전시통제체제를 담당했던 모든 관료들을 축출할 수 없었던 이유였다.

SCAP의 개혁이 실패한 두 번째 배경으로는 국제정치의 극적인 전환을 들 수 있다. 냉전이 심화됨에 따라 일본에 대한 미국 정부의 목표는 경제자유화에서 급속한 경제 부흥으로 전환되었다. 무엇보다 경제적 어려움과 불확실성이 공산주의 운동의 발흥을 더욱 확대시킬 수 있기 때문에 미국은 일본이 동아시아에서 공산주의 진영에 대항할 동맹국이 되기를 원했다. 1948년 10월 7일 미국의 국가안전보장회의(National Security Council, 이하 NSC)는 일본 점령 정책의 전면적 전환을 지시하는 정책 권고를 제시했다(NSC 13/2). 첫째, NSC 13/2에서는 일본 경찰 기구의 강화를 제시함으로써 일본 재군비를 위한 길을 열어주었다.[47] 둘째, NSC 13/2에서는 일본의 경제 부흥을 가속화할 것을 다음과 같이 촉구했다.

> 미국의 안보 이익에 부차적인 경우에 한해서만 경제 부흥이 향후 미국의 대일본 정책의 주요 목적이 되어야 한다. 수년간 감소되어온 미국의 선적 물자와 자금 원조 프로그램은 미국 정부 내 관련된 모든 기관과 부처들의 적극적이고

47 NSC 13/2에서는 "해상 경비를 포함한 일본 경찰 기구는 현재 인원의 충원 및 장비 보강과 현 중앙집권적 경찰 조직의 확대를 통해 강화되어야 한다"고 제시했다. 이 권고에 따라 일본 정부는 1950년에 경찰예비대를 창설했고, 이 기구는 1954년 일본 자위대로 재조직되었다.

결연한 노력과 결합을 통해 추진되어야 하며, 일본 상선에 대한 규제와 같이 일본의 대외무역의 부흥을 방해하는 장애물을 철폐하고, 일본의 수출 회복과 발전을 촉진해야 한다. 일본의 대내외적 거래와 산업을 발전시키기 위해서 민간기업들을 장려해야 한다.[48]

또한 이 문서에서는 "일본의 진정한 평화적 목적을 위해 사용될 물자 및 경제 서비스의 생산과 수입은 아무런 제한 없이 허용되어야 한다"고 언급하기도 했다.[49] 더욱 중요한 것은 NSC 13/2에서는 경제적·군사적 강화 등의 목적을 추진하는 것을 가능한 한 일본 정부가 주도하도록 SCAP이 허용하도록 지시했다는 점이다. 문서에서는 다음과 같이 언급하고 있다.

SCAP은 일본 정부에 의해 추진되는 개혁 조치들을 방해해서는 안 되며 더욱이 점령의 전반적 목표에 이 정책들이 부합하는 것이라면, 개혁 법안을 더욱 진전시키도록 일본 정부에 강요해서는 안 된다. 개혁 조치들이 일본 당국에 의해 이미 추진되었거나, 추진 중 혹은 준비 중에 있는 것이라면, SCAP은 일본 정부에 이러한 개혁과 관련된 압력을 완화해 점진적이거나 소극적으로 추진토록 해야 할 것이며, 일본 당국이 개혁의 본질을 훼손하거나 타협하는 경우에만 실행과 조정이 이루어지는 과정에서 개입해야 한다.[50]

삼부조정위원회에서 마련한 초기 점령 정책은 일본의 철저한 비군사화를

48 "NSC 13/2, Recommendations with Respect to United States Policy Toward Japan"(1948.10.7), United States Department of State(1974: 861).

49 같은 문건. 그럼에도 이 문서에서는 경제적으로 일본의 전쟁 수행 잠재력을 제한하고 전쟁 무기 및 민간항공기 제조를 금지하는 조건을 규정하고 있었다.

50 같은 문건.

유지하고, 전시 제도를 해체하며, 공업화를 중지한다는 것이었다. 그러나 국가안전보장회의의 정책 권고안은 점령정책의 전면적 전환을 보여주었다. 다케마에는 "미국이 경제 부흥에 정책 우선순위를 둠으로써 SCAP의 개혁 프로그램에 대한 열기는 사라져버렸다. 1948년 5월부터 반독점 및 카르텔 집중 배제정책은 무시되거나 철회되었고, 1949년 12월까지 해체 프로그램은 방치되었다"고 주장했다(Takemae, 2002: 173). 한편 일본 경제는 닷지 라인하에서 이루어진 급격한 정부 예산 삭감으로 인해 1949년과 1950년에 심각한 불황에 직면했고, 그 결과 더 이상의 자유화 개혁은 가능하지 않을 것처럼 보였다.

또한 한국전쟁으로 정책 전환이 가속화된 점도 주목할 필요가 있다. 당시 미국은 일본을 거쳐 한국에 병력을 파병했기 때문에 일본을 주요 병참 공급기지로 지정했다.[51] 1951년 5월 17일에 국가안전보장회의는 미국의 동아시아 정책에 관한 또 다른 정책 권고를 제시했다. 「아시아에서 미국의 목적·정책·행동방침(United States Objectives, Policies and Course of Actions in Asia)」(NSC 48/5)이라는 제목의 이 문건은 동아시아에서 소련의 위협을 강조하며, "현재 소련의 전술은 동아시아 본토와 최종적으로는 일본과 서태평양 주변 도서를 소련의 영향력하에 두는 데 집중할 것으로 보인다"고 언급했다. 이에

---

51 한국에서 미국이 사용할 공업제품에 대한 급격한 수요 증가는 일본 산업이 불황을 탈출하도록 도왔다. "1950년 4월부터 6월까지 일본의 월평균 수출액은 5,970만 달러였지만, 1950년 7월부터 9월까지는 7,016만 달러였고, 1951년 1월부터 3월까지는 9,580만 달러였다." 더불어 미군의 물자와 재화 판매에 대한 월평균 지불액도 1950년 7월부터 9월까지 518만 달러에서 1950년 10월부터 12월까지는 2,014만 달러, 1951년 1월부터 3월까지는 2,966만 달러에 달했다(通商産業省, 1989: 457). 이러한 한국에서의 '특수(特需)'에 힘 입어 일본 경제는 최단기간 내에 불황에서 호황으로 전환될 수 있었다.

"아시아는 미국에 전략적으로 중요"하기 때문에, "일본을 포함한 서태평양 주변 도서에 대한 소련의 통제는 미국의 안보에 결코 용납할 수 없는 위협이 되고 있다"고 강조했다.[52]

이 문건에서는 또한 미국 정부에 "일본을 대외적 위협에 맞서 대내적 안보와 방위를 유지하고, 극동의 안보에 공헌할 수 있는 능력을 갖춘, 미국에 우호적인 자립 국가가 되도록 지원해야 한다"고 촉구했다. 이러한 목적을 달성하기 위해, 이 문건에서는 미국 정부가 "평화조약(peace settlement)과 상호방위조약의 체결을 서둘러 추진"하고 "점령 상태에서 주권 회복으로의 이행을 촉진"하여, "일본이 경제적으로 자립하여 미국과 아시아의 비공산권 지역의 경제적 안전에 중요한 물자를 생산하도록 지원"하는 것이 필요하다고 제안했다.[53] 평화조약 체결 이후에 대해서도 이 문건은 미국 정부가 "일본이 적절한 군사력을 확보하도록 지원"하고 "일본을 비롯해 아시아의 여타 비공산권 국가들이 사용할 수 있는 저렴한 군사물자를 일본이 생산토록 지원"하도록 권고했다.

미국 정부의 이러한 지시에 따라 SCAP이 일본에서 더 이상의 자유화 개혁을 추진하는 것은 불가능해졌고, 더 나아가 전시 경제 제도들이 여전히 온존해 있음에도 불구하고 일본의 공업화와 재군비를 지원하라는 압력까지 받게 되었다. 미와 료이치(三和良一)는 당시 SCAP이 국가안전보장회의에서 지시한 점령정책의 전환을 강력하게 반대했지만, 육군부와 국무부의 압력

---

52 "NSC 48/5, United States Objectives, Policies and Course of Actions in Asia" (1951.5.17), United States Department of State(1977: 34).

53 같은 문건에서 "일본 중공업의 현재 잠재력을 소련 생산력의 약 50% 정도 수준"이라고 평가하면서 "미국과 자유세계가 아시아 지역의 자원을 최대한 활용하도록 미국의 군사적·경제적 원조 프로그램을 전개하는 것이 미국의 안보 이익에 중요하다"고 언급했다.

에 의해 이러한 정책 전환을 어쩔 수 없이 받아들였다고 주장했다(三和良一, 2002: 66). 국가안전보장회의의 잇따른 지시로 SCAP은 일본 정부가 1950년에 경찰예비대를 창설하는 것을 승인했고, 경찰예비대는 1954년에 일본 자위대로 재조직되었다. 이와 더불어 전시 경제 제도들을 해체하려는 SCAP의 계획 또한 중단되었다.

요약하면, SCAP의 애초 계획은 종전 이후의 경제적 혼란을 수습하기 위해 선도기구나 업계단체 등의 전시 제도들을 일본 정부가 잠정적으로만 유지하도록 용인하는 것이었다. 그러나 전후의 선도기구인 경제안정본부는 무려 7년 동안이나 산업 통제를 지속적으로 수행했고, 1952년 행정 개혁 이후에도 경제안정본부가 가졌던 통제 권한들은 통상산업성 및 다른 경제 부처들로 이관되었다. 경제안정본부의 설립은 의도한 것은 아니었지만, 결과적으로 전후 강력한 경제 기구가 부활하는 길을 열어주었고, 통제회와 같은 조직들도 전후 업계단체로 재조직되었다. SCAP은 경제 안정을 도모하기 위한 임시방편으로 그러한 제도들을 승인했지만, SCAP의 애초 계획에 따라 이러한 제도들이 폐지되었더라면 일본 경제는 1년 안에 자유화되었을 것이다.

그러나 SCAP의 정책 경험 부족은 전시 관료들의 공직 추방을 막았고, 이에 따라 SCAP은 애초 개혁안에 따라 점령을 수행하는 데 어려움을 겪었다. 더구나 동아시아에서의 냉전 격화와 미국 정부로부터의 압력은 SCAP이 이러한 임시방편들을 철회하는 것을 더욱 어렵게 만들었다. 종전 이후의 경제적 혼란과 동아시아에서의 긴장 확대가 일본 경제체제를 민주화하고 자유화하려는 SCAP의 노력을 중단시켰던 것이다. 그 결과 점령 기간 동안 (농지 개혁과 재벌 해체 등의) 일부 분야에서 개혁안들이 성공적으로 추진되기도 했지만, 전시 경제 제도를 완전히 해체하는 데까지는 이르지 못했다고 할 수 있다.

이러한 역사적 배경은 SCAP이 선도기구나 업계단체와 같은 전시 제도들을 해체하지 못한 이유를 설명해준다. 그렇지만 역사적 배경 설명이 왜 일본의 정책결정자들이 다른 종류의 제도들로 대체하기보다는 전시 제도들을 재구축했는지에 대한 해답을 준 것은 아니다. 몇몇 증거들은 일부 중요 행위자들이 전시 제도의 재구축에 강력히 반대했음을 보여주고 있다. 또한 제4장에서 논의했듯이 일부 중요 행위자들은 그들의 목표를 달성하거나 혹은 상호 이익을 창출하도록 정책결정자들에게 동의한 적이 없었다. 이러한 점에서 집합행위이론은 실증적 증거가 부족하다(이하에서는 권력중심합리주의이론과 아이디어이론 등의 다른 가설들을 평가할 것이다).

2) 권력중심합리주의이론

권력중심합리주의이론에서는 제도가 형성될 당시 행위자들 간 권력 투쟁의 부산물이라고 주장한다. 나이트는 "실현 가능한 제도적 대안들 가운데 하나를 선택하는 메커니즘은 다양한 대안들에 대한 행위자들 간의 협상 경쟁에 있다. 제도적 발전은 행위자들에게 가장 유리한 균형을 가져오는 결과를 구조화하는 규칙들을 제정하기 위한 행위자들 간의 경쟁"이라고 주장한다(Knight, 1995: 108). 따라서 제도의 변화는 현재의 권력 구조에 근본적인 변화가 있을 때 일어나게 된다. 역으로 말하면, 현재 권력 구조의 변화가 없다면 제도적 틀은 지속된다고 할 수 있다. 다시 말해 제도들은 과거의 요인보다는 현재의 권력 구조에 의해 형성되기 때문에 제도 발전에서 경로의존은 있을 수 없다는 것이다.

그러나 현재의 권력 구조는 역사적 요인을 반영할 수밖에 없다. 사실 일본의 권력 구조는 전시와 전후 시기가 실질적으로 연속되어 있었다. 비록 미점령당국이 모든 공직에서 대다수의 군 장성과 상당한 수의 정당정치가 및 재벌 인사들을 추방하기는 했지만, 한편으로 미점령당국은 관료들의 대부분은 유지했던 것이다. 그 결과 관료들은 전후 정부에서도 중요한 자리를 계속해서 차지할 수 있었다. 이뿐만 아니라 전후 상당수 관료들은 정당과 재계 단체에서 고위직을 맡았다. 이에 따라 일본의 전시 발전국가체제를 수립하고 운영했던 인사들이 전후 일본에서도 권력의 심장부에 남게 되었던 것이다. 전시와 전후의 이러한 인적 연계는 일본 경제에 제도적 연속성이 나타난 원인을 설명해준다.

인적 연계

사실상 권력 중심 설명은 일본 정치경제에 대한 기존 연구에서 가장 폭넓게 받아들여지는 접근법이다. 상당수 학자들은 전시와 전후 일본 경제의 연속성이 인적 연계에 있다고 보고 있다(Johnson, 1982; Lynn and McKeown, 1988; 米倉誠一郎, 1993; 小林英夫 外, 1995). 이러한 인적 연계는 관료들과 정치가, 재계 인사들 사이에서 흔히 볼 수 있었다. 이들 중 전시 경제계획에 참여했던 전시 관료들은 전후에 정부와 정당 및 경제 단체에서 중요 자리를 차지했다. 이러한 사례를 근거로 학자들은 인적 연계가 제도적 연속성의 주요 원인이라고 주장한다.

요네쿠라는 "전후 시기에 산업정책을 담당했던 관료들은 전시 통제경제의 관리를 맡았던 바로 그 사람들이었다"(米倉誠一郎, 1993: 195)고 주장하며, 그러한 인적 연계의 몇 가지 사례를 들었다. 가장 대표적인 경우가 1942년에 각각 상공대신과 상공차관을 지낸 기시 노부스케와 시이나 에쓰사부로이다. 이들은 전후에 정계에 진출해서 여당인 자유민주당의 고위직을 지냈다. 결국 기시는 내각총리대신에 올랐고(1957~1960), 시이나는 통상산업성 대신을 지냈다(1961). 전후에 그들은 다시 한 번 경제 정책 결정 과정에서 중요한 영향력을 행사했던 것이다. 더불어 당시 통상산업성 차관이었던 야마모토 다카유키(山本高行)는 1942년에 상공성 총무국 생산확충과장을 지냈던 인물이었다.

또한 1961년에 통상산업성 내 중요 직위를 차지했던 인물들도 전시에 국가 통제에 관여했던 인물들이었음을 유념할 필요가 있다. "정무차관 시세키 이헤이(始關伊平)는 1942년 당시 기업국 감리과장을 지냈고, 대신관방 히즈메 노부아키(樋詰誠明)는 군수성 총동원국에서 경제통제를 맡았다. …… 중공업국장 사하시 시게루(佐橋滋)는 1941년에는 상공성 공업국을 거쳐 1943년에는 금속국과 철강국에서 근무했고, 기업국장 마쓰오 긴조(松尾金藏)는 기업국과 총동원국에서 경제통제를 맡았다"(米倉誠一郎, 1993: 195).

통상산업성 이외에도 경제안정본부(이후 경제기획청)는 전시 기획원과 인적으로 중요한 연계를 맺고 있었다. 경제안정본부 총무장관을 지낸 와다 히로오(1947~1948)와 경제안정본부 참사관을 지낸 이나바 히데조(稲葉秀三)는 모두 전시에 기획원 조사관으로 근무했었다. 경제안정본부 재정금융국장 사타 다다타카(佐多忠隆) 또한 기획원 조사관이었고, 경제안정본부 경제부흥계획실장 사사키 요시타케(佐々木義武)와 부실장 사에키 기이치(佐佰喜一)도 기획원 조사관 출신이었다. 사사키는 이후 통상산업성 대신을 지냈다.

그뿐만 아니라 이들 대부분은 만주국과도 관련을 맺고 있었다. 예를 들어 기시 노부스케는 만주국 실업부 차장으로, 시이나 에쓰사부로는 실업부 광공사장으로 근무했었다. 사사키 요시타케와 사에키 기이치도 전시 일본의 기획원에서 근무하기 전에 만철 조사부에서 근무한 적이 있었다. 경제안정본부 통계과장이었던 야마나카 시이로(山中四郎)와 요시우에 사토루(吉植悟)도 만철 조사부에서 일한 바 있었다.[54]

54 이후 경제기획청 장관을 역임했고(1995~1996), 경제기획청에서 「국민소득배증계획」을 만들었던 미야자키 이사무(宮崎勇)는 경제안정본부에서 「경사생산정책」을 추진할 당시, 통제경제에 전문지식을 갖춘 만철 출신 인사들이 상당히 유용했다고 언급한 바 있다(小林英夫, 2005b: 106).

또한 전시 통제회와 전후 업계단체 간에도 중요한 인적 연계가 있었다. 일부 인사를 예로 들면, 일본철강동맹의 회장을 지낸 와타나베 기스케(渡辺義介)는 전시 철강통제회의 이사장을 지냈고, 일본철강동맹 상무이사 겸 노동국장을 지낸 미나주 리스케(水津利輔)는 철강통제회 이사 겸 조사부장을 지냈다. 일본철강동맹의 오사카 지부 사무국장이었던 데지마 유지(手島雄二)는 전시 통제회의 총무과장을 지냈다.

린과 매코운도 이러한 인적 연계를 인정하며, "일본 재계의 대표조직들과 철강 산업 단체 지도부의 연속성은 두드러진 것이다. …… 일본 경제단체연합회와 일본철강동맹과 같은 단체들은 공식적으로는 종전 직후에 설립된 것이지만, 실질적으로는 전시 혹은 전전(戰前) 조직의 연속이었다"고 언급했다(Lynn and McKeown, 1988: 32).

요약하면, 권력중심합리주의이론은 전후 일본에서 목격되는 제도적 연속성에 대해 단순하면서도 설득력 있는 설명을 제공해준다. 이 이론은 전시 경제 제도들이 전후 일본에서도 지속될 수 있었던 주요 원인이 전후에 정부를 비롯한 정당과 대기업의 중요 영역에서 계속해서 중요한 직위를 차지했던 관료들에 있었다고 가정한다. 이들 관료들이 자신들의 권력을 유지시켰던 그러한 제도들에 일종의 기득권을 가지고 있었다는 것이다. 따라서 전후에 군부는 권력 구조에서 사라졌지만, 전시 통치 연합의 일원이었던 관료들은 권력의 핵심부에 그대로 남게 되었고, 이러한 일본 권력 구조의 연속이 전시 경제 제도가 지속될 수 있었던 원인을 설명해준다는 것이다.

권력중심합리주의이론의 문제점

일본 경제의 제도적 연속성을 논할 때, 권력 요인이 상당히 중요한 요인임에는 분명하다. 그러나 이 이론은 몇 가지 중요한 측면들을 간과했다. 첫째, 전시와 전후 사이의 인적 연계가 발전국가체제의 재등장을 완벽하게 설명하고 있지는 못하다는 점이다. 상당수 전시 관료들이 전후 정부에서 고위직을 차지했던 것은 사실이지만, 그들 중 일부는 전시 발전국가체제와는 전혀 다른 종류의 체제를 구축하려고 노력했었기 때문이다. 실례로, 전시 관료들 중 일부는 전후 일본사회당에 참여하면서 사회주의 정책들을 주장했다. 전시 기획원 관료였던 와다 히로오는 전후 일본사회당이 이끄는 가타야마 데쓰(片山哲) 내각(1947~1948)에서 경제안정본부 총무장관으로 활동했다. 당시 총무장관으로 와다는 석탄 산업의 국유화를 비롯해 여러 사회주의 정책들을 추진했다. 1949년 일본사회당에 입당한 와다는 1954년 좌파 사회당의 서기장에 취임하기도 했다.[55] 또한 기획원 관료였던 호아시 게이는 전시에 (통제회의 상위기구인) 중요산업협의회의 사무국장을 역임했지만, 이후 일본사회당에 입당하여 전후에 참의원 의원에 당선되기도 했다.

한편 일부 전시 관료들은 제2차 세계대전 종전 이후에는 자유주의 경제체제를 적극 옹호하기도 했다. 실례로 기획원 조사부장으로 「국가총동원법」의 입안을 주도했던 우에무라 고고로는 전시에 석탄통제회 이사장을 지냈는데, 전후에 우에무라는 일본항공(日本航空)과 닛폰방송(ニッポン放送)의 회장을 역임했고, 1946년에 설립된 대기업들의 최대 이익 단체인 경단련 제3대 회장(1968~1974)을 역임하기도 했다.[56] 우에무라는 전시 발전국가체제를 구축한

55 일본사회당은 1951년에 우파 사회당과 좌파 사회당으로 분리되었다.

56 우에무라는 농상무성에서 공직생활을 시작해서 자원국 조사과장을 맡기도 했다. 이후 기획원 조사부장을 맡아 「국가총동원법」을 주도했다. 1941년에 석탄통제회 이사장을 맡았고, 제2차 세계대전 종전 이후에는 경단련의 사무국장(1946년)과 부회장(1951년)을 맡아, 경단련을 정치헌금을 모집하는 기구로 전환시키는 데 기여했다. 우에무라는 기시와 시이나 같은 관료 출신 정치인들과의 개인적 인연을 활용해서 자유민주당과 긴밀한 관계를 구축했다. 경단련을 통한 이러한 정치헌금 체제는 '경단련 체제(Keidanren system)'로 불리게 되었다.

혁신관료 중의 한 사람이었지만, 전후에 일본 경제의 자유화를 적극 주장하는 인물로 변신했던 것이다. 이는 동일한 인물이 권력을 잡더라도 이것이 반드시 동일한 정책 결과를 가져오는 것은 아니라는 점을 보여준다. 따라서 우리는 정책결정자들을 좀 더 면밀히 살펴 전시와 전후에도 제도가 계속 유지될 수 있었던 다른 요인들을 살펴야 한다.

둘째, 관료들이 애초 목표를 달성하는 데 실패한 전시 체제를 재구축한 이유는 무엇일까? 그들이 전시에 추구했던 (국민경제의 급속한 산업화라는) 이익들을 성취하지 못했음에도 전후에 동일한 정책을 선택했던 이유는 무엇일까? 권력중심합리주의이론과 집합행위이론은 이러한 질문에 답하지 못한다. 게다가 전시 체제가 항상 관료들과 군 장교들이 권력을 장악하도록 만들었던 것만은 아니었다. 전시 일본에 선도기구 창설을 주도했던 이시하라 간지는 몇 년 만에 정치적 영향력을 잃었고, 재벌 지도부의 계략에 따라 기획원의 상당수 관료들이 체포되기도 했다(기획원사건, 1939~1941). 더군다나 기시 노부스케도 재벌과 연합한 정치인들과의 갈등으로 두 번이나 자리에서 물러나야만 했고, 심지어 제2차 세계대전 종전 후에는 전범으로 체포되기도 했다. 따라서 발전국가체제가 항상 관료들과 군 장교들이 권력을 유지하도록 만들었던 것은 아니었다. 그렇다면 전시 발전국가체제가 전시에 관료들과 군 장교들의 이익을 적당한 수준에서 확보하는 데 그쳤다면, 그들이 전후에 발전국가체제를 재구축한 이유는 무엇인가(이하에서는 합리주의 이론들이 대답하지 못한 이 질문에 대한 답을 찾고자 한다).

3) 아이디어이론

이전의 두 이론과는 달리 아이디어이론에서는 제도적 진화를 분석하는 데에서 경로의존의 메커니즘을 분석한다. 특히 필자는 아이디어 요인들에 의해 만들어진 긍정적 환류 효과에 주목한다. 이전 장들에서 논의한 것처럼 아이디어적 지침은 고도로 불확실한 환경 속에서 정책결정자들이 결정을 내릴 때, 중요한 역할을 수행하게 된다. 행위자들이 아이디어적 지침에 따라 기존의 아이디어 가운데 하나를 선택하게 되면, 행위자들은 그 지침에 순응하는 특정의 정책 유형을 따르게 되고, 지침과 다른 정책들은 거부하게 된다. 따라서 행위자들이 결정을 내리는 데 아이디어적 지침의 도움을 받으면 받을수록 아이디어적 지침은 행위자들의 정책 선택을 제약하게 된다. 이는 아이디어적 지침이 행위자들을 특정 유형의 정책으로 '고정(locking)'시킴으로써 제도적 연속성을 가져오는 원인이 될 수 있음을 보여준다.

제1장에서 필자는 아이디어 요인들이 만든 두 가지 형태의 긍정적 환류 효과에 대해 논의했다. 첫째, 긍정적 환류 효과는 정책결정자들이 아이디어적 지침을 후임자들에게 물려주었을 때 일어나게 된다. 새로운 정책결정자들은 전임자의 아이디어적 지침을 수용할 가능성이 큰데, 이는 새로운 정책결정자들도 전임자들과 마찬가지로 동일한 교육 체제하에서, 동일한 전문교육을 받았고, 동일한 경력을 쌓았기 때문이다. 이처럼 세대에 걸친 아이디어적 지침에 정책결정자들이 의존하게 되면, 정책결정자들은 애초 지침에 근거해서 만들어진 기존 제도들의 재생산을 지속하게 되는 것이다.

둘째, 긍정적 환류 효과는 정책결정자들의 아이디어적 지침이 다른 사회 집단으로 확산될 때도 일어나며, 일부 아이디어는 다른 사회 집단들이 정책결정자들과 상호작용할 때 더욱 빠르게 확산된다. 정책결정자들의 아이디어적 지침을 받아들인 사회적 행위자들이 증가하면 할수록, 다른 사회적 행위자들도 이 지침에 근거해 만들어진 현재의 제도들을 지지하게 되는 것이다. 아이디어적 지침이 정책결정자들뿐만 아니라 여타 사회 집단으로 확산됨에 따라서 현재 제도에 대한 정치적 지지는 더욱 강화되고, 이는 정책결정자들이 현재 제도를 재생산하는 것을 더욱 용이하게 만든다. 그 결과 아이디어적 지침은 긍정적 환류 효과를 만들고, 장기간에 걸친 제도의 재생산을 용이하게 만든다. 이러한 재생산 메커니즘이 만든 제도적 진화 경로에 따라 그것을 역으로 돌리는 것은 매우 어렵게 된다.

이하에서는 일본의 정책결정자들이 어떻게 전시 경제 제도를 지속적으로 유지할 수 있었는가를 설명하기 위해 정책결정자들 간의 지적 경쟁(intellectual struggle)에 대해 논의할 것이다. 그다음에 전시와 전후 시기 정책결정자들 사이의 아이디어적 연계를 논의할 것이다. 필자는 아이디어적 연계가 일본 정치경제의 경로의존을 가져오는 데 핵심적 역할을 수행했다고 판단한다. 전시의 경제 이념이었던 통제경제론은 전후 정부에서 중요 직위를 맡았던 관료들에 의해서 지속적으로 수행되었다. 관료들은 전시와 전후 시기에 걸쳐 경제 이념으로 자신들의 신념을 계속해서 유지했던 것이다. 이 신념이 관료제 속에서 전임 관료들에게서 후임 관료들로 전달되었고, 정당 정치인들과 재계 인사들에게도 확산되어 긍정적 환류 효과를 만들었던 것이다.

행위자들 간의 아이디어 경쟁

전후 일본 정책결정자들의 상당수가 전시 경제 이념을 자신들의 아이디어적 지침으로 받아들였지만, 여전히 일부 인사들은 정부가 국유화를 통해 중요 산업을 직접적으로 통제하는 사회주의체제의 구축을 주장하기도 했다. 한편 일부 또 다른 인사들은 경제자유화를 주장하며, 정부 개입을 최소화하는 방안들을 추진하기도 했다. 그 결과 일본의 정책결정자들은 SCAP과 갈등을 벌이는 한편으로 행위자들 간에도 아이디어 경쟁이 존재하는 상황이 벌어지게 되었다(이하에서는 사회주의나 자유주의보다 전시 경제 이념이 우세하게 된 이면의 맥락을 집중적으로 조명하고자 한다).

첫째, 전시경제체제의 지지자들은 종전 후, 1940년대 후반에 들어 사회주의 정책을 지지하는 이들의 심각한 도전을 받게 되었다. 전시 때와는 달리

전후 정부는 주로 도시인, 노동운동가, 학생 등의 상당수 유권자들뿐만 아니라 일본사회당과 일본공산당 등의 좌익 정당으로부터 열렬한 지지를 받고 있던 마르크스주의 운동과 사회주의 이념들을 탄압하지 않았다. 특히 사회주의체제에 대한 지지는 좌익 계열만으로 한정되어 있었던 것은 아니었다. 정부의 경제정책 입안을 담당했던 일부 정책결정자들도 특정 산업의 국유화와 같은 사회주의 정책들을 일본 경제를 위한 실행 가능한 대안으로 고려하고 있었다. 이러한 입장의 정책결정자들은 국유화가 산업에 대한 직접적 국가 통제를 가능하게 할 뿐만 아니라 전후 황폐해진 경제의 부흥을 좀 더 용이하게 해줄 수 있다고 판단했다. 실례로 1945년 12월 7일 외무성 특별조사위원회는 「향후 일본의 기본적 경제정책에 관한 고찰(今後ノ我國ノ基本的經濟政策ニ關スル考察)」이라는 보고서를 제출했다. 이 문건에서는 국민경제의 '계획적 조정' 필요성을 지적하는 한편, 일본이 '계획경제와 자유경제', '민영과 국영' 간의 국가적 선택의 기로에 놓여 있다고 언급했다.[57]

더욱이 「경사생산정책」을 주도한 아리사와 히로미 교수는 석탄소위원회(石炭小委員會)[58] 계획 입안과정에서 석탄 생산 증대를 위한 방안의 하나로 석탄 산업의 국유화를 제시했다. 아리사와는 "석탄 산업을 반드시 자본주의적 경영 원칙에 따라 운영해야 한다고 미리 결정할 필요는 없다. 민간 소유가 장애가 된다면, 공적 소유의 가능성도 고려할 필요가 있다"고 언급했다.[59] 요시다 내각과 자유당 의원들은 국유화 정책을 채택하는 데 부정적이

57 外務省調查部, 「今後ノ我國ノ基本的經濟政策ニ關スル考察」(1945.12.7), 中村隆英·大森とく子(1990: 94, 98).

58 석탄소위원회는 1946년 11월에 요시다 시게루 내각총리대신이 만든 민간자문기구였다. 주로 대학 교수들과 관료들로 이루어진 이 위원회는 요시다 내각총리대신의 요청에 따라 「경사생산정책」을 비롯한 다양한 경제정책들을 입안했다. 아리사와는 이 위원회의 위원장이었다.

었지만, 미점령당국은 석탄의 부족 문제를 해결하기 위해 일본 정부에 잠정적으로 국유화 조치를 채택하도록 권고했다. 1946년 9월 4일에 SCAP은 「탄광의 소유권과 보조금지출에 관한 각서(炭鑛の所有權並に補助金支出の方法に關する覺書)」를 일본 정부에 보내 "석탄 산업은 모든 경제 활동과 매우 긴밀한 연관을 맺고 있기 때문에, (탄광의) 국유화 계획을 검토할만한 충분한 이유가 있다. …… 만약 석탄 산업이 국유화되어야 한다면 그것은 즉각적으로 이루어져야 한다"고 제안했다.[60]

국유화 정책은 1947년 3월 중의원 선거에서 일본사회당이 466석 가운데 143석을 차지하는 승리를 거두자 핵심 현안으로 등장했다. 이 선거를 통해 제1당이 된 일본사회당은 이후 보수 정당들(민주당 및 국민협동당)과 연합 정부를 구성했다. 가타야마 데쓰가 사회주의자로는 일본 최초로 내각총리대신에 올랐다. 가타야마 내각은 애초에는 석탄 산업에 대한 국유화를 영속적 조치로 시행하려고 계획했지만, 연합정부 파트너들의 지지를 고려해서 애초 계획을 잠정적인 '석탄 산업의 국가관리'라고 완화했다.

상공대신 미즈타니 조사부로(水谷長三郎, 일본사회당)는 1947년 7월 3일 중의원 본회의에서 정부의 국가관리 정책을 설명하면서, 석탄 산업에 정부의 직접적 관리가 필요한 이유로 신규 탄광 개발을 위한 재정적 어려움 타개, 석탄생산에 공적 자금 이용에 대한 투명성 확보, 석탄생산을 위한 자원의 효율적 활용, 생산과 관리의 효율성 증진이라는 네 가지 이유를 들었다.[61] 1947년 9월에 여당은 「임시석탄광업관리법안(臨時石炭鑛業管理法案)」을 국회에 제출했다. 이 법안은 일본 내 모든 탄광에 대해 3년간의 잠정적

---

59 「石炭小委員會第1回議事錄」(1946.11.5), 中村隆英·宮崎正康(1990: 161).

60 「炭鑛の所有權並に補助金支出の方法に關する覺書」(1946.9.4), 通商産業省(1991: 326).

61 「1947年 7月 3日 衆議院本會議における商工大臣水谷長三郎の答辯」, 國立國會圖書館 國會會議錄検索システム(http://kokkai.ndl.go.jp/).

국가 관리를 규정하면서, 탄광소유주들이 사업 활동에서 정부의 지시를 반드시 따르도록 의무화했다. 또한 이 법안에서는 필요할 경우, 정부가 직접 탄광소유주들에게 석탄 생산을 확대하도록 명령할 수 있는 권한을 부여했다. 이 법안은 탄광의 국유화까지는 아니었지만, 탄광소유주들이 가진 결정권한의 상당 부분을 축소하는 것이었다. 자유민주당 등 보수 정당의 강력한 반발에도 불구하고 의회는 1947년 12월 9일 이 법안을 통과시켰다.

그러나 1948년 자유민주당이 권력을 다시 잡게 되자, 자유민주당은 즉시 「임시석탄광업관리폐지에 관한 법률(臨時石炭鑛業管理廢止に關する法律)」을 제출했고, 이 법안은 1950년 5월 2일 의회에서 통과되었다. 애초 3년 기한의 「임시석탄광업관리법안」이 완료되기도 전에 석탄 산업에 대한 국가관리가 폐지된 것이었다. 석탄 산업의 국가관리에 대한 이러한 부정적 반응은 산업에 대한 국가 통제의 범위에 일정 한계를 부여하게 되었고, 이후 산업의 국유화 내지 국가관리를 추진하려는 시도는 더 이상 이루어지지 못했다. 그러나 이러한 일련의 시도는 일부 정책결정자들이 사회주의 정책을 지지하면서 전시 체제와는 전혀 다른 새로운 경제체제 구축을 시도했다는 점에서 상당히 주목할만한 것이었다.

둘째, 일본 경제의 자유화를 요구했던 이들은 전시 체제의 연장에 비판적이었고, 정부에 국가 통제를 포기하거나 상당부분 완화하도록 압력을 가했다. 자유화에 대한 가장 강력한 요구는 재계로부터 나왔다. 물론 이나야마 요시히로(稲山嘉寛) 등의 일부 재계 지도자들은 전시 체제를 유지하려는 정부안을 강력히 지지하기도 했지만, 이시자카 다이조(石坂泰三)와 도코 도시오(土光敏夫)와 같은 재계 지도자들은 정부의 산업 규제 철폐와 시장 개입의 축소를 강력하게 요구했다. 한 예로 일본 최대의 재계단체인 경단련의 2대 회장이었던 이시자카는 1959년 경단련 제20회 총회에서 "자유화의 추세와 경제계의 기본방향(自由化の趨勢と經濟界の基本方向)"이라는 제목으로 강연

했는데, 이 강연에서 이시자카는 "국제적으로 자본, 기술, 상품의 자유로운 교류는 자유 국가들의 경제 발전에서 궁극적 목표"라고 언급했다. 그는 또한 다른 나라들은 이미 자유화 경제정책을 시행하고 있다고 지적하며, 일본도 "이러한 세계적 추세에 대응하여, 산업에 대한 현재와 같은 보호 및 통제 체제를 하루빨리 개혁해야 한다. 특히 모든 경제 분야에서 정부의 간섭과 지도는 오히려 경제의 정상적인 운영을 방해하고 있다"고 주장했다(安原和雄, 1985: 49).

더욱 중요한 것은 자유화에 대한 압력이 정부 부처 내에서도 나왔다는 점이었다. 공정취인위원회가 이에 가장 적극적이었고, 다른 부처들도 정부의 국가 통제 정책을 강하게 반대했다. 공정취인위원회는 미점령당국이 강력히 추진했던 「독점금지법」을 시행하기 위해 1947년 설립한 기구로, 설립 후 공정취인위원회는 자유 시장의 수호자로 활동하면서 일본 정부 내 다른 부처와 격렬한 갈등을 빚기도 했다.

실례로 통상산업성과 일본철강동맹이 1958년에 통상산업성 주도로 (가격담합 방식인) 공판제도를 도입한 이후, 공정취인위원회는 일본철강동맹에 이 제도를 폐지할 것을 촉구하면서, 만약 그렇게 하지 않을 경우, 철강 산업에 소송을 제기할 것이라고 압박했다. 이에 일본철강동맹은 (자동차회사, 조선사, 건설회사 등에서) 소비자들을 위한 안정적인 제품 가격 유지를 위해서는 이 제도가 필요하기 때문에 폐지할 수 없다는 입장을 밝혔다(日本鐵鋼聯盟 1969: 46). 통상산업성도 일본철강동맹의 입장에 동조하며, 공판제도가 국민경제에 필수 자원인 철강 제품의 가격 급등을 방지하는 예방적 조치로서 합법적인 것이며, 심각한 불황기에 허용되는 임시 카르텔과도 전혀 다른 성질의 것이라고 주장했다.

게다가 통상산업성은 정부 주도의 카르텔과 유사한 이러한 관행이 「독점금지법」에도 위배되지 않는다고 주장했는데, 그 이유로 공판제도는 정부의 결정에 따른 행정 조치로서 민간 카르텔 방식이 아니라고 언급했다. 더 나아가 통상산업성은 이러한 행정 조치들은 「통상산업성설치법」 제3조 2항 "수출상품의 생산 촉진 …… 공업제품의 생산·유통·소비의 촉진·개선·조정"이라는 통상산업성의 임무에서 이미 규정된 것이라고 주장했다.[62]

결국 공정취인위원회는 통상산업성과 재계의 강력한 정치적 압박을 수용할 수밖에 없었고, 통상산업성과 일본철강동맹은 이후에도 상당기간 공판제도 운영에서 긴밀히 협력할 수 있었다. 이러한 굴복에도 불구하고 이후에도 공정취인위원회는 다양한 여러 사안들에서 통상산업성의 정책에 반대했지만, 대부분의 경우, 통상산업성의 우월한 정치력과 기시 노부스케와 이케다 하야토 같은 영향력 있는 정치인들의 지원에 부딪쳐 좌절되었다(御園生等, 1987; Johnson, 1982).

또한 자유화를 옹호했던 요시다 시게루 내각총리대신은 1948년 12월 13일 중의원 본회의에서 향후 일본 경제의 전망을 묻는 질문에 대해 다음과 같이 답변했다. "일본 경제는 세계 경제의 일환이고, 세계 경제의 흐름에 동참함으로써만이 일본은 경제적 부흥을 성취할 수 있을 것이다. 나는 이 때문이라도 향후 경제정책에서 전시에 채택되었던 통제경제는 필요한 범위 내에로만 제한되어야 하며, 세계경제의 일원이 되기 위해서라도 자유경제로 이행해야 한다고 확신한다"고 답변했다.[63]

요시다 내각총리대신은 의회에서 다음과 같이 언급하며 자유화를 추진하려는 자신의 의지를 재차 표명했다. "나는 가능한 한 국가 통제를 완전히 철폐하여 자유경제로 이행할 것이다. 그러나 현재 심각한 자원 고갈에 빠진

62 「通商産業省設置法」(1949.5.24), 法庫(http://www.houko.com/00/01/S27/275.HTM#s1).

63 「1948年 12月 13日 衆議院本會議における吉田茂首相の答辯より」, 國立國會圖書館 國會會議錄檢索システム(http://kokkai.ndl.go.jp/).

일본 경제의 상황 속에서 국가 통제는 어느 정도 불가피한 것이 사실이다. 그러나 나는 향후 불필요한 통제 조치들을 점진적으로 철폐할 계획이다"라고 언급하기도 했다.[64] 그러나 요시다에게는 유감스러운 것이지만, 그의 이러한 자유경제에 대한 의지 표명에도 불구하고, 1954년 그가 내각총리대신을 사임할 때까지 정부가 국가 통제를 완화할 정도로 일본 경제는 회복되지 못했다. 특히 하토야마, 기시, 이케다 등 그를 이어 내각총리대신에 올랐던 이들은 일본 경제가 완벽히 부흥되었음에도 불구하고, 전시 국가 통제 체제를 그대로 유지했다.

아이디어적 연계와 경로의존

권력중심합리주의이론에서 주장한 것처럼, 만주국과 전시 일본, 그리고 전후 일본 정부 간의 인적 연계가 전후 일본의 발전국가체제 수립에 중대한 영향을 미친 것은 분명하다. 그러나 단순히 동일한 인물들이 권력을 잡았다고 해서 반드시 같은 정책을 추진했던 것은 아니었다. 앞서 언급한 것처럼 일부 전시 관료들은 전후에 사회주의를 적극 옹호하기도 했고, 상당수 정치가들과 재계 인사들은 자유주의 경제체제의 수립을 요구하기도 했던 것이다. 따라서 행위자들의 정책 선호가 전쟁이나 외세의 점령, 경제 위기와 같은 환경의 급격한 변화에 의해 바뀔 수 있다고 가정하는 것은 일면 당연하다고 할 수 있다.

더군다나 제4장에서 논증한 것처럼 전시 체제는 정책결정자들이 구상했던 급속한 산업화를 성취하지 못했는데, 그 이유는 전시에 일본의 산업 생산 능력이 확대되기보다는 오히려 축소되었기 때문이다. 또한 기시와 전시 기

---

64 「1948年 11月 18日 衆議院本會議における吉田茂首相の答辯より」, 國立國會圖書館 國會會議錄檢索システム(http://kokkai.ndl.go.jp/).

획원의 소장 관료들의 예에서 보듯이, 전시 체제가 정책결정자들의 정치권력을 항상 보장했던 것은 아니라는 점도 주목할 필요가 있다. 따라서 전후 정책결정자들에게는 다른 접근법을 선택할 수도 있었던 다양한 이유가 있었다. 그러나 무엇이 전후 일본의 정책결정자들로 하여금 선도기구와 업계단체와 같은 전시 경제 제도들을 재구축하도록 만든 것일까?

만주국과 전시 일본, 전후 일본의 정책 결정 과정을 비교분석해보면, 세 사례 모두에서 정책결정자들은 일종의 동일한 경제 이념을 공유했고, 이것이 간접적 국가통제체제를 위한 아이디어적 근간을 제공함과 동시에 이를 정당화하는 근거가 되었다고 할 수 있다. 당시의 아이디어에는 '자유주의 경제에 대한 불신', '경제계획의 필요성', '과도한 경쟁의 방지'와 같은 것들이 포함되어 있었는데, 이 모든 것의 핵심 개념에는 통제경제론이 있었다. 이러한 아이디어들이 당시에 중요했던 이유는 전시 일본의 정책결정자들이 선도기구와 업계단체와 같은 경제제도들을 통해 이러한 아이디어들을 구체화했기 때문이다. 당시 선도기구들은 국민경제를 위한 장기적 계획 마련을 통해 자유주의 경제의 폐해들을 완화하도록 설계했고, 업계단체들은 선도기구의 계획들을 실행하도록 지원하는 기능뿐만 아니라 정부의 통제 부재로 인한 시장의 경쟁을 방지하기 위해 업계의 이해관계를 조정하는 기능도 맡았던 것이다.

이러한 개념들은 만주국과 전시 일본에서 군 장교들과 관료들 그리고 전후 관료들과 정치인들의 각종 저술과 강연, 공식 문서, 보고서 등에서 지속적으로 제기되었다. 이러한 문건들을 면밀히 분석해보면, 이러한 경제 아이디어들이 어떻게 정책결정자들 사이에서 확산되었는지 그리고 왜 그들이 장기간에 걸쳐 이러한 아이디어들을 공유했는지를 알 수 있다. 일본의 정책결정자들은 전시기, 점령기 그리고 냉전기에 이르기까지 정치경제적 상황이 급변했음에도 불구하고 동일한 경제 이념을 지속적으로 옹호했고, 그 결과 제2차 세계대전 종전 이후에도 일본의 정책결정자들은 동일한 아이디어적 지침에 대한 강한 믿음(strong commitments)을 지속할 수 있었던 것이다. 즉 이러한 아이디어적 지침이 전후에도 같은 제도들을 재수립하도록 고무했던 것이다. 다시 말해 이러한 아이디어적 연계가 일본 정치경제체제의 경로의존을 설명하는 또 다른 중요한 요인이었다.

이제 앞서 언급한 '자유주의 경제에 대한 불신'과 '경제계획의 필요성'이라는 두 가지 아이디어를 검토하고자 한다. 이에 대해서는 1945년 12월 27일에 외무성 특별조사위원회[65]가 제출한 「일본경제재건의 방도(日本經濟再建の方途)」라는 보고서를 실례로 들 수 있다. 이 보고서에서는 자유주의 경제의 폐해와 경제계획의 필요성에 대해 다음과 같이 제시했다. "자유시장이 소멸하고 생산 규모가 비약적으로 증대됨에 따라서 이윤 추구 활동에 따른 자유경쟁이 경제발전을 지체시켰다. 이에 생산과 소비에서 계획적 조정이 반드시 필요하다."[66] 이 위원회의 또 다른 보고서인 「일본경제재건의 기본문제」에서는 일본 정부의 경제재건 정책의 기본 방침을 다음과 같이 언급하고 있다.

> 궁핍의 수렁에서 일본 경재를 재건하기 위해서는 종합적·구체적인 재건 연차 계획을 수립해야 할 것이다. 현재 보유하고 있는 빈약한 경제력을 확대·재생산할 수 있는 방향으로 집중 투하하고, 재건의 일정을 조속히 촉진하기 위해

---

65 외무성 특별조사위원회는 1946년에 황폐화된 일본 경제의 재건 방안을 논의하기 위해 요시다 시게루 내각총리대신에 의해 설립되었다. 위원회의 구성원에는 학계의 경제전문가들과 관료들이 포함되었다. 「경사생산정책」을 입안했던 것도 바로 이 위원회였다.

66 外務省調査部特別調査委員會, 「日本經濟再建の方途」(1946), 中村隆英·大森とく子(1990: 100).

서 자유경제에 의한 경제력의 낭비를 허용해서는 안 된다.[67]

더불어 이 문건에서는 시장 통제의 필요성을 인정하며, "자유방임의 원칙에 근거한 자본주의의 성장 시대는 이미 지났으며" 오늘날 세계 경제는 "생산과 소비 간의 계획적 조정"을 요구하고 있다고 언급하여 어떤 형태로든 선도기구의 설립 필요성을 강조했다. 또한 세계 경제가 "국가자본주의의 시대 내지 통제되고 조직된 자본주의 시대로 접어들고 있다"고도 언급했다(MOFA, 1946: 12). 사실상 이 문건은 경제안정본부의 역할을 이시하라 간지나 미야자키 마사요시와 같은 전시 정책 혁신가들이 언급했던 동일한 언어로 서술했다고 할 수 있다. 이 문건에서는 "이러한 체제는 군대의 참모본부와 동일한 것이다. 이 동일한 체제는 현대 사회의 조직화(systematization) 흐름에 부합하는 것으로 공공행정과 경제 분야에서 반드시 필요"하다고 주장했다(MOFA, 1946: 131). 이 문건에서는 구체적으로 "산업 생산을 재개하고 시민들의 삶을 보호하기 위해서 …… 전시 통제 조직의 재수립"을 요구하고 있었다(MOFA, 1946: 261).[68]

물론 자유시장경제에 대한 정책결정자들의 불신이 자유시장과 경쟁의 원칙들을 전면적으로 부정한다는 것을 의미하지는 않았다. 다만 정책결정자들은 문제를 사전에 방지하기 위해서 일종의 규제와 조정이 필요하다고 확신했다. 외무성의 「일본경제재건의 방도」 보고서에서는 정부가 "가능한 한 상당한 시장 경쟁을 허용"해야 하고, "대기업 간의 경쟁을 촉진"해야 한다고 지적하기도 했다(Okita et al., 1992: 106~107). 이와 동시에 경제 재건을 촉진

67 外務省調査部特別調査委員會, 「日本經濟再建の基本問題」(1946.9 초판), 中村隆英·大森とく子(1990: 201). 이 보고서의 영역본은 Okita et al.(1992: 94) 참조.

68 이 문건의 일부는 수정본에서 삭제되었는데, 아마도 SCAP의 압력에 따른 것으로 생각된다.

하기 위한 방안으로 '무역에 중점을 둔 경제계획', '공적 통제의 강화', '핵심 산업에서 공공성을 가진 카르텔 조직'을 제안했다(Okita et al., 1992: 107). 이는 이 보고서가 자유시장과 명령경제 양 측면을 융합하고자 했던 전시 정책 결정자들의 간접적 국가통제체제의 이상(the ideal)을 반영하고 있음을 명백히 보여주는 것이었다.

이러한 세 가지 아이디어에 대해서 일부 재계 지도자들과 정당정치가들도 지지했는데, 이들은 전시에 산업에 대한 국가 통제를 최소화하기 위해 군 장교들 및 관료들과 격렬하게 대립했던 이들이었다. 실례로 1952년에 미키 다케오(三木武夫)와 시게미쓰 마모루(重光葵)[69]가 창당한 보수 정당인 개진당(改進黨)[70]의 강령에서는 "우리 정당은 협동주의(協同主義)의 이념에 기반을 두고, 자본주의의 시정과 국민대중의 복지를 증진한다"고 규정하기도 했다(宮本吉夫, 1962: 179). 미야모토 요시오(宮本吉夫)는 개진당의 협동주의 이념이 "자본주의와 사회주의 장점을 결합하고, 양 체제의 단점을 제거한" 경제체제의 수립을 의미한다고 설명했다(宮本吉夫, 1962: 179). 이는 제4장에서 논의했던 것처럼 전시 관료들과 군 장교들이 추구했던 통제경제론과 정확히 일치하는 것이었다.

1955년에 일본민주당과 자유당이라는 양대 보수 정당이 자유민주당으로 합당하자 자유민주당도 통제경제론의 아이디어를 계승하게 되었다. 이는

---

69 미키 다케오는 통상산업성 대신(1965~1966)과 외무성 대신(1966~1968)을 거쳐 내각총리대신(1974~1976)을 역임했다. 시게미쓰 마모루는 전시와 전후에 외무대신을 역임했다(1943~1945, 1954~1956).

70 개진당은 하토야마 이치로(鳩山一郎, 1954~1956 내각총리대신 역임)가 이끌던 자유당의 일부 정치인들과 통합해 1954년에 일본민주당을 결성했다. 1954년에 발표한 일본민주당의 강령에서도 경제자립을 실현하기 위해 "경제계획의 수립과 국민 목표를 명시"할 것이라고 규정했다(宮本吉夫, 1962: 368).

자유민주당이 발간한 「신당의 정강(新黨の政綱)」이라는 정책 정강에서도 분명하게 드러났다. 이 문건에서는 "통화가치의 안정과 국제수지의 균형을 바탕으로 경제의 자립 번영과 완전 고용의 달성을 도모한다. 이를 위해 연차 계획에 따른 경제자립종합정책을 수립하고 자본의 조정, 생산의 합리화, 무역의 증진, 실업대책, 노동생산성의 향상 등에 필요한 조치를 강구한다"고 언급했다(宮本吉夫, 1962: 422). 자유민주당의 강령에서도 "과거의 우승열패와 양육강식이라는 자유방임주의를 피해, 개인의 창의와 책임을 존중하며, 자유기업을 원칙으로 하여 이를 위한 종합적 계획을 적용함으로써 생산의 확대를 통해 개인의 소득 증진과 완전 고용의 실현, 국민생활의 풍요"를 목표로 한다고 언급했다(宮本吉夫, 1962: 420).

'과당 경쟁의 방지'라는 아이디어도 전후 경제정책의 핵심 의제로서 정책 결정자들 사이에 공유되었다. 예를 들어 1960년 5월의 참의원 본회의에서 이케다 하야토 통상산업성 대신은 수출품 생산·판매업자들에 대한 규제를 목적으로 한 「수출입취인법(輸出入取引法)」을 개정하려는 정부의 의도를 설명하면서 "향후 우리나라의 무역 자유화에 대한 압력에 수반되어, 일부 상품에 대한 수입의 과당 경쟁이 격화될 것으로 예상됩니다. 이에 정부는 대책을 정비할 필요성을 인식하고 있습니다"라고 언급하기도 했다.[71]

과당 경쟁을 방지하기 위한 조치로 이케다 대신은 "과당 경쟁의 원인이 국내 생산과 판매에 있는 경우라면, 생산업자와 판매업자의 협정에 대해 외부자가 규제"할 수 있도록 법률을 반드시 개정해야 한다고 주장했다. 또한 그는 정부가 반드시 (무역 분야에서 상호 협력하고 있는) 무역업자들에 대해서는 무역연합이라는 법적 단체로 규정해야 한다고 언급하기도 했다. 무역연

71 「1960年 5月 13日 參議院本會議における池田勇人國務大臣說明より」, 國立國會圖書館 國會會議錄檢索システム(http://kokkai.ndl.go.jp/).

합이 무역 산업에서 업계단체의 기능을 맡아 산업 내 과당 경쟁을 방지하는 기능을 수행해야 한다는 것이었다. 결국 정부는 전시 체제에 뿌리를 두고 있는 업계단체제도를 이전에는 포함되지 않았던 무역산업에도 적용하고자 했던 것이다.

「독점금지법」을 무력화시킬 수 있는 이 수정안에 대해 야당이 강력히 반발하자, 기시 노부스케 내각총리대신은 "두말할 것도 없이 「독점금지법」은 일본 산업경제의 악법"이라고 언급하며, 「독점금지법」 자체의 합법성에 대해서 강력한 의문을 제기했다. 그는 정부의 「수출입취인법」 개정 계획을 적극 옹호하며, "실제 일본의 해외 무역 실정과 수출입 현황을 본다면, 과당 경쟁으로 인한 문제점들이 이미 나타나고 있다. 무역 자유화에 수반한 과당 경쟁이 더욱 큰 폐해를 가져온다는 관점에서 (정부는) 민간업자들이 공동 노력을 통해 그러한 폐해들을 방지하도록 허용해야 한다. 물론 정부가 그것을 무제한으로 허용하는 일은 없을 것이다. 우리는 소비자와 농림수산업, 중소기업 등의 입장을 충분히 고려해서 (무역업자 간의 협력을) 허용하게 될 것이다"라고 언급했다.[72]

더욱이 '과당 경쟁 방지'라는 아이디어는 관료들 사이에서도 광범위하게 공유되었다. 예를 들어 통상산업성이 1959년에 발간한 『통상백서(通商白書)』에서는 정부의 「수출입취인법」 개정 계획에 대해 "수출 과당 경쟁의 방지"라는 별도의 장에서 다음과 같이 언급했다.

> 수출 과당 경쟁의 폐해는 국내업자 간 가격 및 거래 조건의 치열한 인하 경쟁으로 이어져 품질의 악화, 신용의 하락, 벌어들일 수 있는 외환의 감소, 수출

---

72 「1960年 5月 13日 參議院本會議における岸信介國務大臣答辯より」, 國立國會圖書館 國會會議錄檢索システム(http://kokkai.ndl.go.jp/).

의 장기적 발전에 저해를 가져온다. 이는 일본 수출에 상당한 문제가 되고 있다. …… 이러한 폐해는 가능한 모든 노력을 통해 방지되어야 한다. 이를 위해 제조업자들과 상사(商社)들은 과당 경쟁이 가져오는 불이익을 인식하고, 이를 방지하기 위해 노력할 필요가 있다. 중소기업의 조직화와 수출과 관련된 공동 행위의 효과적 수행을 통해 국내의 생산·판매·수출의 각 단계마다 저가(低價) 거래를 야기하는 압력을 방지할 수 있는 구조를 만들지 않으면 안 된다(通商産業省, 1959).[73]

전시와 전후의 핵심적 차이점은 이러한 아이디어가 전후 기업경영자들 간에도 공유되어 정책결정자들의 전시 체제 재건에 용이하게 활용되었다는 점이다. 이러한 점에서 통제경제의 아이디어는 단순히 관료들에게만 계승된 것이 아니라 여러 다른 행위자들에게도 확산되었다. 예를 들어 경단련 초대 회장이었던 이시카와 이치로(石川一郎)[74]는 다음과 같이 언급했다. "미국과 같이 자본이 다양하고, 시장이 크며, 기술이 진보되고, 자원이 풍부한 곳에서 트러스트(trust)를 조직한다면 심각한 문제가 될 것이다. 그러나 일본과 같이 자본이 없고, 자원이 적으며, 기술 진보가 느리고, 시장이 협소한 곳에서는 약한 양이 모여들 듯이 업자들도 무리를 이루지 않으면 안 된다. 사자들은 무리를 이루지 않는다. 일본 산업은 무리를 이루지 않으면 나아갈 수 없다." 그는 또한 "완벽히 건전한 경제를 만드는 경제이론은 현실에서는 있을 수 없기 때문에 과열된 것을 억제하고, 불황에 빠졌을 때 모든 대책을 강구하는 것은 경제활동에서 늘상 있는 일이다"라고 언급하기도 했다(安原

73 通商白書S34年版, 「インターネット資料收集保存事業」, http://warp.da.ndl.go.jp/info:ndljp/pid/ 285403/www.meti.go.jp/hakusho/.

74 이시카와는 닛산화합공업(日山化學工業)의 사장을 지내면서 1948년부터 1956년까지 경단련 회장을 역임했다.

和雄, 1985: 33~34).

경단련 제5대 회장이자 일본철강동맹 회장이었던 이나야마 요시히로는 1958년 6월 26일에 열린 제1회 공개판매제도 협의회에서의 인사말을 통해, 기업 간 가격 경쟁이 제한될 필요성에 대해 다음과 같이 설명했다. "지금까지 경쟁의 폐해에 대해 수많은 논의를 했지만, 그 해결책은 강구되지 않았습니다. 일부에서는 가격 경쟁이 자본주의 경제의 근간이라는 견해를 밝히기도 했지만, 산업과 기업이 무너지고, 일본 전체가 악화되는 처참한 결과를 초래할 수 있습니다. 현재 철강업이 직면한 상황이 바로 그러합니다."[75]

또한 이나야마는 "대기업과 중소기업을 불문하고 시장을 형성하고 있는 기업들의 자유를 기초로 질서를 만들어, 가격의 안정을 도모하는 것 이외에는 어떤 방법도 없다는 결론에 다다르게 되었습니다. 그러나 오늘날 「독점금지법」의 카르텔 금지 조항에서는 협정을 금지하고 있습니다. 이것이야말로 오히려 자유주의 경제를 궁지로 모는 것이라고 확신하고 있습니다"라고 부연했다(稲山嘉寛, 1986: 230). 더불어 그는 정부 주도의 시장 조정과 업계 간 협의를 강조하며 "현실적 문제로서 경쟁의 폐해는 …… 다행히도 철강업계는 붕괴되기 전이지만 그 시기가 점차 다가오고 있습니다. 이에 통상산업성과 철강기업들이 한데 모여 '여기서 무엇인가 조치를 취하지 않는다면 일본 경제 전체의 불행을 피할 수 없다'는 데 동의하게 되었습니다. 그 결과로 통상산업성의 지도와 행정에 따른 수급의 조정을 도모하고, 부당한 가격을 배제하여 시장의 안정을 도모하게 된 것입니다"라고 언급했다(稲山嘉寛, 1986: 230~232).

물론 위의 사례가 모든 기업가들이 이러한 아이디어에 찬성했다는 것을 의미하는 것은 아니었다. 경단련의 회장들 가운데서 이시자카 다이조(2대

75 「第一回公開販賣制度協議會における挨拶」(1958.6.26), 稲山嘉寛(1986: 123).

회장)와 도코 도시오(4대 회장) 등은 경제자유화의 가장 강력한 지지자들이자 정부의 행정지도와 시장 개입에 극도로 부정적인 인식을 갖고 있던 인물들이었다. 그러나 그들도 자본주의의 일부 수정이 불가피하다고 생각하고 있었다. 한 예로 경제자유화의 '기수(旗手)'로 알려졌던 이시자카도 일본의 경제협력개발기구(Organization for Economic Cooperation and Development: OECD)의 가입을 평가하며 일본이 세계 개방 경제의 일원이 된 것은 축하할 만한 일이라고 언급하면서도, "개방 경제하에서 가장 중요한 점은 기업 경영에 참여하고 있는 우리 자신이 기업의 자기책임에 철저하고, 본질 개선에 집중하며, 국제경쟁력을 강화하고, **과당 경쟁을 방지하며**, 수출 질서 확립에 나서야 한다는 것이다"라고 언급하기도 했다(安原和雄, 1985: 52, 강조는 필자). 이러한 이시자카의 일본 경제의 자유화에 대한 옹호에도 불구하고 그는 과당 경쟁이 '민간의 자주적 노력'을 통해 방지될 필요가 있다고 인정하면서, 「독점금지법」의 개정을 요구했던 것이다(安原和雄, 1985: 52). 다시 말해 이시자카도 카르텔과 같은 메커니즘이 필요하다고 인정했던 것이다.

이러한 아이디어가 다양한 행위자들로 확산될 수 있었던 또 다른 배경으로는 전후 관료들이 정당과 재계로 이동한 것을 들 수 있다. 게다가 일부 재계 인사들도 미군 점령기 동안에 정부에서 일한 후 다시 재계로 돌아갔다.

정당과 재계에 발을 들여놓았던 전직 관료들은 신생 정당과 재계 동료들 사이에 관료들이 추진하는 정책에 대한 지지를 모을 수 있을 것으로 기대되었다. 즉 인적 연계와 아이디어적 연계 간에는 일종의 시너지 효과(synergic effect)가 있었던 것이다. 전시 관료에서 정치가로 변신한 예로는 상공성 출신의 기시 노부스케와 시이나 에쓰사부로, 대장성 출신의 이케다 하야토와 미야자와 기이치(宮沢喜一), 기획원 출신의 사사키 요시타케를 들 수 있다.[76]

76 정치가로 변신한 이들 관료 중 내각총리대신(기시와 이케다)과 대신(시이나, 와다 히

그림 5-4 **일본 발전국가체제의 긍정적 환류 효과**

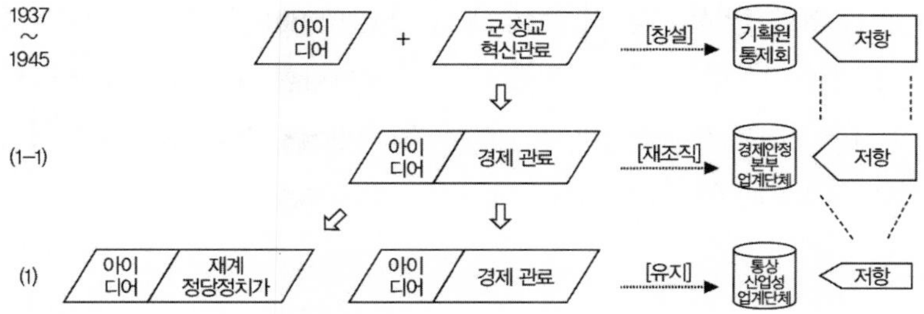

점령기에 경제안정본부에서 잠시 관료를 지낸 후 기업으로 돌아온 재계 인사들로는 부장관을 지낸 나가노 시게오(永野重雄)가 후지제철(富士製鐵) 사장으로, 정무차관을 지낸 후지이 헤이고(藤井丙午)가 야와타제철 부사장으로, 무역국장을 지낸 후지사와 지로오(藤澤次郎)가 무역상사 이사로, 생산국장을 지낸 스가야 주헤이(菅谷重平)가 스미토모금속공업(住友金屬工業)으로, 교통국장을 지낸 히라이 고이치(長平井好一)가 오사카상선(大阪商船)으로 간 것을 들 수 있다(小林英夫 外, 1995: 34). 대부분의 경우, 이들 재계 인사들은 경제안정본부에서 정부의 경제안정화정책을 관료들과 협력해서 시행했고, 간접적 국가 통제를 직접 체험한 후 기업으로 돌아갔던 것이다. 관료, 정당, 재계에서 이러한 인적 연계는 정치권과 재계에 아이디어의 확산을 가져왔다(〈그림 5-4〉 참조).

요약하면 만주국, 전시 일본, 전후 일본 간의 인적 연계와 아이디어적 연계는 선도기구와 업계단체의 제도적 연속성에 중요한 영향을 미쳤다. 만주국 선도기구에서 근무했던 상당수 일본인 관료들은 만주에서 쌓은 자신들의 경험이 미쳤던 중요성들을 증언하기도 했다. 예를 들어 기시 노부스케(만

로오, 사사키) 등 정부의 핵심 고위직을 역임한 이들도 상당수 있었다.

주국 실업부 차장)는 만주에서 산업 지도의 아이디어를 자신이 어떻게 받아들였는지를 회고하면서, 그때의 감정을 다음과 같이 언급했다. “잘 그렸든 못 그렸든 간에 만주국의 산업 발전은 내가 만든 하나의 예술 작품이었다. 나는 그 일에 무한한 성취를 느낀다. 내가 죽을 때까지 절대 그 일을 잊지 못할 것이다”(吉本重義, 1957: 103).

3. 결론

이 장에서는 전후 일본에서의 제도적 진화 과정에 대한 다음과 같은 필자의 주장들을 검토했다. 선도기구와 업계단체라는 발전국가체제의 제도들은 만주국에서 등장해 전시 일본에서도 채택되었고, 전후 일본 경제에서도 중요한 역할을 수행했다. 일본의 정책결정자들은 전후에 다시 발전국가체제를 재건했는데, 이는 권력 구조의 연속과 정책결정자들의 아이디어적 지침 때문이었다. 미점령당국은 관료들의 경험을 절실히 필요로 했기 때문에 그들이 권력을 계속 유지하는 것을 용인할 수밖에 없었다. 전시의 경제 아이디어였던 통제경제론에 대해 강한 신념을 갖고 있던 관료들은 선도기구와 업계단체라는 전시 경제 제도들을 전후에 재구축하는 정책들을 입안했다. 통제경제론을 바탕으로 한 관료들의 아이디어가 다음 세대의 관료들에게 전해지며 긍정적 환류 효과를 창출하기 시작했고, 정당정치가들과 재계 인사들의 사고방식에도 확산되었다. 이는 일본 발전국가체제의 핵심 제도들의 경로의존적 진화를 설명해준다.

일본 발전국가체제 내에서의 이러한 제도적 연속성은 일본 안보 정책의 명백한 단절과는 극명하게 대비되는 것이었다. 점령기는 일본 안보 정책상의 중대국면으로서, 이 시기에 전시 정권의 공격적 군사정책(선행조건)은 제

2차 세계대전 패전으로 심각하게 훼손되었다(단절). 그 결과 전후 일본의 정책결정자들은 일본의 군사력을 최소화하는 대신 전후 상당기간 동안 평화적 안보 정책들을 채택·유지시키게 되었다(유산). 심지어 일본의 정책결정자들은 냉전시기에 일본의 군사력을 확대하라는 미국의 다각적 요구에 반대하기도 했다.

이러한 근본적 정책 변화는 전후 안보정책에 대한 인적·아이디어적 단절로 설명될 수 있다. 제2차 세계대전에서 일본의 철저한 군사적 패배는 군부정권의 퇴진을 가져왔고, 일본의 정책결정자들이 자국의 영토 안보를 미국에게 의존하며, 본격적 재군비를 회피하게 만든 '요시다 독트린(Yoshida Doctrine)'이라고 불리는 새로운 안보 패러다임을 채택한 원인이 되었던 것이다(Pye, 1996). 더욱이 SCAP이 제국 군대를 공직에서 추방하고, 공적 영역에 취임하지 못하게 함으로써 제국 군대와 전후 자위대 간의 인적 단절은 더욱 분명해졌다. 그 결과 군국주의라는 전시 아이디어는 전후 정책결정자들과 자위대 장교들에게로 계승되지 못했다. 이와는 달리 전시 경제 아이디어(통제경제론)에 대한 신념은 일본의 정책결정자들에게 그대로 남아 있었다. 더불어 SCAP은 전후 정치 및 정부에서 중요한 위치에 있던 상당수 경제 관료들을 추방하지 못했다. 그 결과 경제정책에 대한 인적·아이디어적 연계로 인해 일본의 전시 경제 제도들은 제2차 세계대전 종전 이후에도 유지되는 결과를 낳았다.

제6장

일본 발전국가의 진화

이전 장들에서는 선도기구와 업계단체와 같은 전후 일본 발전국가체제의 핵심 제도들이 만주국과 전시 일본에서 이루어진 중요한 정책 결정에 기원을 두고 있었음을 보여주었다. 선도기구는 만주국에서 '경제참모본부'를 만들려는 노력의 일환으로 최초로 등장했다. 이러한 만주형 모델은 전시 일본에도 도입되어, 관료들에 의해 업계단체제도가 추가되어 일본형 모델로 탈바꿈했다. 제2차 세계대전 이후 일본은 만주국과 전시 일본에서의 간접적 국가통제체제를 새로운 환경에 따라 조정을 거쳐 계승하게 되었다.

필자는 전시 시기(1937~1945)가 일본 경제에 중대국면이었다고 주장했다. 혁신관료들과 군 장교들은 만주에서의 정책 실험을 통해 그 유효성이 입증된 통제경제론을 새로운 아이디어적 지침으로 채택하여, 1920년대 자유시장경제체제를 발전국가체제로 탈바꿈시켰다. 그들은 통제경제론의 아이디어를 반영해 선도기구와 업계단체를 만들었다. 전후에 그들은 그러한 제도를 재구축했는데, 이는 그들이 가졌던 아이디어적 지침이 긍정적 환류 효과를 만들었기 때문이다. 아이디어적 지침의 긍정적 환류 효과는 아이디어가 새로운 세대의 정책결정자들로 이어지고, 다른 행위자들에게도 확산됨으로써 일본 발전국가의 경로의존에 핵심적 메커니즘으로 작동했다.

이번 장에서는 만주국·전시 일본·전후 일본에서 나타난 발전국가체제의 유사점과 차이점을 검토한 후, 이 세 시기에 나타난 제도적 진화 과정을 논의할 것이다. 또한 이러한 논의가 일본의 정치경제연구 및 제도연구에 가진 함의도 논의할 것이다. 마지막으로는 이 연구를 간략히 요약하면서 향후 연구에 대한 전망을 제시하고자 한다.

1. 만주국·전시 일본·전후 일본에서 발전국가체제의 진화

여기에서 필자는 만주국·전시 일본·전후 일본에서 나타난 선도기구들과 업계단체들을 비교·분석하여, 이들 제도들이 세 시기에 걸쳐 어떻게 진화했는지를 논의하고자 한다. 선도기구들과 그들의 기능을 우선 분석하면서, 이들의 시기별 산업정책을 중심으로 선도기구들이 어떻게 진화했는가를 검토할 것이다. 그다음으로는 국가와 업계단체들 간의 구조적 연관성에 유의하며, 전시 일본과 전후 일본의 업계단체들을 분석할 것이다.

1) 선도기구

만주국의 선도기구인 기획처는 일본의 정책결정자들이 '경제참모본부'의 기능을 수행하도록 제도를 구축한 최초의 사례였다. 이후 만주형 체제는 전시 일본에서도 채택되어, 기획원이라는 선도기구가 설립되었고, 전후 일본 정부에서는 경제안정본부와 통상산업성으로 나타났다(〈표 6-1 참조〉).

이 세 시기에 걸친 선도기구들 간에는 중요한 유사점이 존재하는데, 첫째, 모든 선도기구들은 경제 성장 및 산업화를 위한 장기 계획의 수립, 시기

표 6-1 만주국·전시 일본·전후 일본의 선도기구

	만주국	전시 일본	전후 일본
선도기구	기획처	기획원	경제안정본부 (1945~1957)
	실업부	상공성	통상산업성 (1949~)

별 국민경제 상황에 대한 자료 수집, 성장과 발전 잠재력에 대한 평가 등의 기능을 수행했다. 수집된 자료 및 평가에 근거해 선도기구들은 산업별 최대 달성 목표를 설정하고, 예측성장률을 달성하기 위해 각 산업에 필요한 소요 재원들에 대해서도 세부 계획을 마련했다.

선도기구들은 시기별·산업별로 필수 자원들을 마련하기 위해 다양한 조치들을 강구했다. 실례로 만주국 선도기구는 1936년에 「만주산업개발5개년계획」과 1941년 「제2차 만주산업개발5개년계획」을, 전시 선도기구는 1938년에 「생산력확충4개년계획」을 입안·발표했다. 전후 선도기구들도 이와 마찬가지로 이전 기구들의 사례를 따라 「경사생산정책」(1946~1948), 「경제자립5개년계획」(1956~1960), 「국민소득배증계획」(1961~1970) 등을 비롯한 여러 경제계획들을 수립·시행했다.

이와 더불어 희소 자원의 효율적 분배도 선도기구들의 경제계획에서 중요한 부분을 차지했다. 이는 선도기구들이 국가 경제 성장과 전략 목표 달성에 핵심이라고 판단한 산업들에 범정부적 노력을 집중해 원료, 기술, 설비, 자본, 노동 등의 자원들을 활용한다는 것을 의미했다. 예를 들어 전후에 일본 경제의 부흥을 '가속화'하기 위해 경제안정본부는 석탄 산업과 철강 산업을 정부의 핵심 지원 분야로 설정하고, 이들 산업들에 필요한 충분한 자원을 확보토록 하기 위해 조세 감면 및 보조금 지급 등의 다양한 조치들을 시행했다. 1950년대 들어 일본 경제가 점차 성장세에 진입하자 정부의 지원

대상은 섬유와 전기제품 등의 수출산업으로 이동했다. 만주국에서 선도기구들은 만주와 일본의 전략적 이익을 증진하기 위해 철도, 철강, 항공기, 석유를 비롯한 22개 국방 관련 산업을 중요산업으로 설정했다. 이와 마찬가지로 전시 선도기구들도 국방 관련 산업을 핵심 집중 산업으로 선택했는데, 이는 태평양전쟁에 따라 급증한 수요를 충족시키기 위해서 생산력 확충이 무엇보다도 시급했기 때문이다.

이와 달리 전후 경제계획들은 만주와 전시 일본의 경제계획들에 비해 설정된 목표를 달성하는 데 좀 더 효과적이었다. 이는 부분적으로 실행 수준에서 나타난 계획들 간의 차이에서 비롯된 것으로 정책 입안에 사용된 기술들과 프로그램들이 이전에 비해 대폭 개선되었기 때문이다. 더불어 경제계획 수립과 관련된 관료들의 경험도 축적되었기 때문에 전후 계획들은 정교성과 현실성의 측면에서 상당 부분 개선되었다. 전후 관료들은 케인스(John M. Keynes)의 거시경제적 모델과 같은 경제학과 수리학에 근거한 진일보한 분석 기법을 활용하여 국가의 경제 성장을 종합적으로 예측할 수 있었다. 더불어 전후 관료들은 산업별 기업 활동 및 산업 환경과 성장 잠재력에 관한 정보 수집에서도 우수한 프로그램을 사용했다. 이러한 정보 수집 프로그램에는 업계단체들과 (민간기업에 재취업한 퇴직 관료인) 아마쿠다리를 통한 인적 네트워크가 포함되어 있었다.

만주국의 경제계획 입안자들은 그러한 정책 입안에 사용할 세부 프로그램과 기술들이 부족했다. 이에 따라 만주국의 경제계획들은 산업별로 복잡한 발전 과정을 조율하는 데 한계를 드러냈다. 한 예로 닛산의 한 전문가가 「만주산업개발5개년계획」의 청사진을 평가하며, 이 계획은 "자원들을 단순 회전시키는 것으로 각 품목별 생산력 확충 문제의 횡적 연결이 부족하고, 실행상의 일정이 결여"되어 있어 "학자들이 만든 탁상공론적 이론에 불과하다"고 논평한 데서도 드러난다(鮎川義介 1965: 324). 반면 전시 관료들은 기업 관련 정보 수집을 측면에서 지원한 통제회와 만주에서 얻은 정책 입안 경험을 바탕으로 만주국에 비해 좀 더 정확한 정보를 수집할 수 있는 기반을 갖추었다. 그러나 전시 관료들도 설정한 목표를 달성하는 데는 실패했는데, 이는 부분적으로 전쟁으로 인한 원료와 에너지 부족에 기인한 것이기도 했지만, 좀 더 근본적으로는 관료들의 이론적 지식에 한계가 있었기 때문이다.

전후 경제안정본부와 경제기획청에서 오랫동안 근무했던 미야자키 이사무[1]는 전시와 종전 직후 경제정책에서 지적 근간(intellectual backbone)이 부족했음을 지적하며, 당시의 정책 결정이 "별도의 경제이론적 뒷받침을 받지 못한" 단순 방법을 사용했다고 시인하기도 했다(宮崎勇, 2005: 104). 이러한 문제들을 해결하기 위해 전후 선도기구들은 경제학과 통계학의 최신 성과를 받아들여 이를 효과적 정책, 특히 장기경제계획에 반영하기 위해 많은 노력을 기울였다. 실례로, 상공성과 경제기획청에서 근무했던 가나모리 히사오(金森久雄)는 자신과 상공성 조사과 소속 동료들이 레온티예프(Wassily Leontief)의 투입산출표, 호벨모(Trygve Haavelmo)의 균형예산의 승수효과(multiplier effect), 더글라스(Paul Douglas)의 생산함수(production functions) 등 당시의 최신 학술 논문들의 번역을 통해 경제계획 프로그램에 사용할 새로운 지식을 얻었다고 회고하기도 했다(金森久雄, 1985: 30). 가나모리는 "전시 중에는 그러한 지식의 수입이 중단"되기도 했지만, 자신과 동료들은 "미국의 지식을 도입해 학문적 이론 및 정책이나 미국의 조사·통계 제도와 내용"들을 파악하는 일을 맡았다고 언급했다(金森久雄, 1985: 30).

많은 소장 관료들이 "경제계획과 경제정책에 대한 이론적·국제적 관점을

---

1 미야자키 이사무는 1947년 경제안정본부에 들어간 이후 33년간 경제기획청에서 근무했다. 그는 「국민소득배증계획」 등 다수의 핵심 경제정책들을 입안하는 데 관여했고, 경제기획청 사무차관(1979~1980)을 거쳐 경제기획청 장관(1995~1996)을 역임했다.

통합 정립"하기 위해서 경제학과 통계학을 배우기 위해 외국 대학에 파견되었다(宮崎勇 2005: 103). 한 예로, 경제기획청은 1957년에 미야자키 이사무를 매사추세츠 공과대학(Massachusetts Institute of Technology: MIT)에, 1958년에는 가나모리 히사오를 옥스퍼드 대학(University of Oxford)에 파견했다. 미야자키는 헤이건(Everett Hagen) 밑에서 케인스 경제이론을 배웠고, 가나모리는 해로드(Roy Harrod) 밑에서 국제경제를 배웠다. 전후 습득한 이러한 최신의 방법론적 프로그램들은 전후 선도기구의 정책들을 좀 더 정교하고 효과적으로 만들었다.

세 시기 선도기구들의 두 번째 유사점은 기업의 생산성 증대를 목표로 한 산업합리화정책을 들 수 있다. 필자는 사례 연구를 통해 만주국·전시 일본·전후 일본의 산업합리화정책들을 재검토했다. 실례로 만주국 정부는 운송 비용을 낮추기 위해 펄프 제조업체에 보조금을 지급했고, 전시 일본에서는 1941년에 「철강생산합리화정책」을 도입하며, 정부가 정한 최소 기준에 미달하는 생산력을 보인 21개 철강기업을 폐쇄시키기도 했다. 전후 정부에서는 산업의 연구·개발, 선진 기술 습득 및 설비 투자, 에너지 및 원료의 효율적 활용을 장려하기 위해 보조금 지급, 조세감면, 가속상각 등의 정책들을 시행했다.

그러나 전시의 산업합리화정책은 전후의 산업합리화정책과는 달랐다. 전시의 산업합리화정책들이 비효율적인 소규모 공장들의 통폐합을 통한 국내 기업들 간의 제휴 강화에 초점을 맞추었던 데 반해, 전후의 산업합리화정책들은 전시 정부에서 해외 기술의 도입 촉진이나 선진 기술에 대한 대규모 투자 장려가 이루어지지 않았다고 보고, 비효율적 기업의 통폐합보다는 기업들의 효율성 증진에 초점을 맞추었다. 물론 전시의 이러한 상황은 제2차 세계대전 발발로 서구 산업국가들과 일본 간의 경제 교류가 중단되어, 당시 일본이 기술 개발에 필요한 자본을 끌어오는 데 심각한 한계에 처했기 때문이다. 따라서 전시 정부가 선택할 수 있는 대안은 제한적이었다고 할 수 있다.

세 시기의 마지막 유사점으로는 선도기구들이 산업 국유화를 꺼려했다는 점을 들 수 있다. 이는 당시 선도기구들이 민간기업 경영자들의 경영 기술과 활력이 경제 성장의 원동력이라고 판단한 데 기인한 것이었다. 물론 선도기구들은 물가 통제를 통해 시장 기능을 일부 규제하고 민간기업들의 이윤 추구 활동을 제한했으며,[2] 행정지도를 통해 기업 활동에 개입한 것은 사실이었다. 그러나 선도기구들은 민간기업을 국유화하거나 사유재산권을 제한하지는 않았다. 실례로 만주국 정부도 산업들을 엄격하게 통제하기는 했지만 민간이 소유한 특수회사를 통해 국방이나 공익에 관련된 일부 중요산업들만 규제했다. 더불어 만주국 정부도 "나머지 산업들은 기업 경영자들의 자유 경영에 맡겨야 한다"는 점을 인정하고 있었다.[3]

그뿐만 아니라 전시 정부는 산업에 대한 국가 통제의 성격을 1941년에 전시경제체제를 도입하면서 구체적으로 명시했다. 정부의 문건에서는 "기업은 민영을 본위(本位)로 하고, 국영 및 국책회사의 경영은 특별히 필요한 경우에만 한정한다"라고 규정하고 있었다.[4] 다만 중요산업의 국영화는 당시 사회주의 국가들을 비롯해 (라틴아메리카의) 개발도상국가와 일부 산업국가들의 공통된 정책이었다.[5]

다만 국유화에 미온적이었던 일본 정부가 예외적으로 국유화를 추진했던

---

2 실례로 1939년의 「폭리행위단속규칙(暴利行爲など取締規則)」과 1946년의 「물가통제법(物價統制法)」을 들 수 있다.

3 滿洲國政府, 「滿洲國經濟建設要綱」(1933.2).

4 「經濟新體制確立要綱」(1940.12.7), 國立國會圖書館(http://rnavi.ndl.go.jp/politics/entry/bib00294.php).

5 예를 들어 프랑스의 사회당 정부와 영국의 노동당 정부는 상당수 핵심 산업들을 국영화했다.

사례로는 1947년 일본사회당이 정권을 장악했을 때 추진되었던 석탄 산업의 국가관리 정책을 들 수 있다. 애초 일본사회당은 석탄 산업의 국유화를 염두에 두고 있었지만, 그러한 정책을 보수 연정의 파트너들이 지지하지 않을 것이었기 때문에, 일본사회당은 타협책이자 대안적 계획으로 국가사업관리 프로그램을 제시했던 것이다. 이 계획은 광산의 민간 소유는 유지하되 정부가 광산 경영에서 주도적 역할을 하도록 규정하고 있었다. 이러한 일본사회당의 타협책은 1947년 의회에서 법률로 통과되었지만, 1948년 자유당이 정권을 탈환하자 곧 폐지되었다. 이후 일본 정부는 국가적 차원에서 산업의 국유화나 관리를 다시는 시도하지 않았다.

이러한 유사점들에도 불구하고 전후 선도기구들은 만주국과 전시 일본의 선도기구들과 두 가지 점에서 근본적 차이점을 보여주었다. 첫 번째 차이점은 전후 선도기구들이 시장안정화에 적극적 역할을 수행했다는 점이다. 전시에는 공업제품에 대한 수요가 끊임없이 확대되면서 산업들은 경기 불황의 문제를 고려할 필요가 없었다. 따라서 전시 선도기구들은 생산력 확대에만 집중하면서 기업 도산에 관해서는 우려하지 않았다. 그러나 전후 성장지향적 정책들이 추진되면서 일본 경제가 세계 경제와 다시 연결되었기 때문에 기업 도산의 방지, 특히 대기업 도산의 방지는 정부의 중요한 정책 과제가 되었다.

이는 제2차 세계대전 종전 이후 일본 경제가 세계 시장으로부터 고립되어 대동아공영권(大東亞共榮圈)이라는 자립경제의 틀 내로 한정되었던 만주국 경제나 전시 일본 경제와는 전혀 다른 상황에 직면했기 때문이다. 당시 경제안정본부의 문건에 따르면 전후 새로운 경제 환경에 대해 "우리나라의 경제는 국제경제와 떨어져서는 존재할 수 없기 때문에 그 재건도 국제경제의 기준에 따라 실시하지 않으면 안 된다"고 언급하고 있었다.[6] 특히 전후 일본 경제는 미국과 같은 대규모 해외 시장의 수출에 크게 의존하고 있었기 때문에 민간기업들은 불안정한 시장 상황에 취약할 수밖에 없었다.

더군다나 해외 무역 상대국들의 압력과 「관세 및 무역에 관한 일반 협정(General Agreement on Tariffs and Trade: GATT)」에 따른 무역자유화의 국제적 흐름은 일본 경제가 향후 시장자유화라는 대세를 따르지 않을 수 없도록 만들었다.[7] 그 결과 전후 선도기구들은 불안정한 세계 시장 속에서 국내 기업들이 살아남을 수 있도록 시장자유화 체제를 만드는 것이 무엇보다도 중요한 과제가 되었다. 한 예로 통상산업성과 철강업계에서는 1958년에 공개판매제도라고 불리는 국가 주도 카르텔을 만들었고, 여기서 통상산업성은 행정 권한을 사용하여 위반자를 처벌함으로써 카르텔 집행자로서 기능하기도 했다.

둘째, 제2차 세계대전 종전 이후 산업정책의 실질적 목표가 변화되었다는 점을 들 수 있다. 이 책에서 다룬 세 시기의 사례 모두 산업정책상의 공통된 목표는 생산력의 확대와 효율성의 개선에 있었지만, 만주국과 전시 일본의 선도기구들이 생산을 확대하고 산업을 합리화하고자 했던 실질적 목표는 전후 일본의 선도기구들과는 다소 달랐다. 만주국과 전시 일본의 선도기구들의 실질적 목표는 자급자족적 경제와 '국방경제'의 건설에 있었다.

실례로 생산력확충계획에 대한 전시 정부의 문건에서 "본 계획은 우리 세력권 내에서 중요 자원의 자급자족 확립에 두고 있으며, 유사시에라도 가급적 제3국에 의존하는 것을 피하는 것을 목표로 한다"라는 정책 목표를 분명하게 제시하고 있었다.[8] 이 정책이 채택될 수 있었던 이유는 이시하라를 비

---

6 經濟安定本部, 「今後採るべき經濟政策について」(1949.3.3), 總合硏究開發機構(1994: 38).

7 일본은 1955년에 GATT에 가입했고, 1956년에 제네바 라운드(Geneva Round), 1967년에 케네디 라운드(Kennedy Round) 등의 다자간 자유무역협정에 가입했다. 1979년에는 일본이 도쿄 라운드(Tokyo Round)의 의장국을 맡기도 했다.

롯한 정책결정자들이 총력전 시대에 국가 안보는 단순히 군사력에만 달려 있는 것이 아니라 경제력 또한 중요하다고 판단했기 때문이다. 따라서 전전(戰前) 산업정책의 주요 목표는 만주와 일본 산업에서 특히 국방 관련 분야의 생산력 증강에 맞춰졌다.

이와는 달리 전후 정부는 산업정책의 목표를 경제 재건과 시장 경쟁력 제고 및 무역 촉진에 두었다. 제2차 세계대전 종전 이후 일본은 동아시아에서 자급자족적 경제권 건설이라는 이전의 야심찬 계획을 버리고, 세계 경제의 일원이 되고자 노력했다. 따라서 일본은 우선적으로 국민경제의 재건에 초점을 맞추었고, 산업의 경쟁력 제고와 (특히 일본이 외환을 벌어올 수 있는 수출) 무역 촉진에 우선순위를 두었다. 실례로 외무성 특별조사위원회에서는 1946년 9월에 「일본경제재건의 기본문제」라는 문건을 작성했는데, 이 문건에서 위원회는 향후 경제정책의 방향으로, 경제민영화와 기술 고도화, 경제의 공업화와 무역의 진흥, 국토 개발과 소비의 합리화라는 3대 핵심 방향을 제시했다(外務省調査部特別調査委員會, 1946).

이와 동시에 1946년 「경제안정본부령」에서도 경제안정본부의 주요 목적을 확인할 수 있는데, 여기서 경제안정본부는 "물자의 생산, 배급과 소비, 무역, 노무, 물가, 재정, 금융, 수송, 건설 등에 관한 경제안정의 긴급 시책을 관장한다"라고 명시되었다.[9] 그 결과 종전 직후 선도기구들은 국민경제의 재건에 몰두하게 되었다. 일본 경제가 지속적인 성장세에 접어들면서 선도기구의 정책 초점도 산업 육성과 수출 촉진으로 이동하게 되었다. 1949년에 통상산업성을 설립한 정부는 통상산업성의 주요 임무를 통상의 진흥, 통상경제에 기반을 둔 국제협력의 추진, 공업품의 생산·유통·소비 증진, 상공업

8 企劃院, 「生産力擴充計劃要綱」(1939.1.14), 中村隆英·原朗(1970: 244) 재인용.

9 「經濟安定本部令」(1946.8.12) 제1조.

의 합리화로 설정했다.[10]

요약하면 전후 선도기구들은 만주국과 전시의 전임 선도기구로부터 진화되어 급속한 경제 성장의 지휘자로서 지속적으로 기능했다. 일본의 전후 선도기구들은 장기경제계획과 산업합리화정책과 같은 전임 선도기구들의 산업정책을 계승하면서, 자체적으로는 기업 국유화를 자제하는 한편 자신들이 추진한 산업정책과 규제의 틀 속에서 민간 기업가들이 자율적으로 기업을 경영하도록 유도했던 것이다.

이들 선도기구들의 세 사례에서 나타난 유사점에도 불구하고 선도기구들은 뚜렷한 차이점을 가지고 있었다. 이러한 차이점들은 전후 선도기구들이 제도적 구조를 발전시키면서 더욱 커지게 되었다. 첫째, 전후 선도기구들의 산업정책은 이전 선도기구들의 산업정책에 비해 학습효과와 지적 정교화를 통해 그 효과가 더욱 커졌다고 할 수 있다. 둘째, 만주국과 전시 일본 정부가 시장 수요의 급증에 따른 기업 도산의 문제에 신경 쓸 필요가 없었던 데 반해, 전후 일본 정부는 시장 경쟁을 규제하고 기업 도산을 최소화하는 시장안정화정책들을 추진했다. 마지막으로 일본의 제2차 세계대전 패전은 전후 선도기구들의 정책 목표를 자급자족과 국방경제의 건설에서 경제 재건과 시장 경쟁력의 향상 및 수출 촉진으로 변화하게 만들었다.

2) 업계단체

전시 일본과 만주국의 산업 구조를 비교해보았을 때, 몇 가지 중요한 유사점과 차이점을 발견할 수 있다. 전시 일본과 만주국의 산업 구조 모두, 산업 전반을 국가가 통제할 수 있는 수단을 갖도록 설계되었지만, 전시 일본의

10 「通商産業省設置法」(1949.5.24) 제3조.

통제회 제도와 만주국의 특수회사제도는 상당한 차이점도 가지고 있었다. 만주국 정부는 특수회사제도를 통해 일본의 업계단체제도에 비해 좀 더 직접적으로 기업 경영에 영향력을 행사할 수 있었는데, 이는 이시하라 간지와 미야자키 마사요시와 같은 만주국의 혁신가들이 특수회사제도를 장려했기 때문이기도 했지만, 한편으로 만주에는 강력한 재벌이 부재했기 때문에 가능한 일이기도 했다.

그러나 전시 일본에서 재벌 지도자들의 강력한 저항에 직면했던 상공성의 기시 노부스케와 요시노 신지는 상당히 다른 접근법을 취할 수밖에 없었다. 대신 그들은 정부 정책에 대한 자발적 순응에 의존하는 방법을 선택했는데, 이는 일종의 자치 메커니즘(mechanism of self-governance)을 통해 실행하는 것이었다. 그 결과 통제회 제도는 일종의 간접적 통제 수단으로 설계되었고, 이 제도는 정부와 산업계 간의 원활한 소통을 통해 산업 정보의 수집을 용이하게 했고, 정부 정책 및 행정지도에 대한 기업의 준수 여부 점검과 집행을 가능하게 함으로써 관료들로 하여금 국가에 대한 기업의 협력을 용이하게 만들었다. 전후 일본에서도 통제회 제도는 계승되어 간접적 통제 수단으로서 지속적으로 활용되었다.

그러나 전시 통제회와 전후 업계단체 간에는 유사점만큼이나 중요한 차이점도 존재한다. 첫째, 전후 업계단체의 정책 결정 과정은 최소한 주요 기업 구성원들 간에 상대적으로 동등한 권한이 부여됨으로써 좀 더 민주적이 되었다는 점을 들 수 있다. 이와는 달리 전전(戰前)의 통제회들은 회장에게 정책 결정과 인사 문제에 막강한 권한을 부여했다. 한 예로 1941년 「중요산업단체령」에서는 통제회 회장에게 이사진들의 임명·파면권과 일반 사무 관할권을 부여했다. 또한 회장들은 회원사 총회를 거치지 않고도 주요 결정을 내릴 수 있었고, 회원사들은 단지 회장에게 특정 사안에 대한 의견만을 제시할 수 있었다. 특히 회원사들이 법률이나 행정 지시를 따르지 않고 공익을 저해하거나 통제회 규정을 위반했을 경우, 회장은 회원사의 이사들을 파면할 수 있었다. 더욱이 「중요산업단체령」에서는 통제회가 관련 정부 부처 대신들에게 정책 제안을 제출할 수 있고, 통제회 규정을 위반한 회원사에게 자체적으로 벌금을 부과할 수 있는 권한도 부여하고 있었다(末川博, 1942: 42).

그러나 이러한 과도한 권한 집중은 전후 업계단체에서 개정되었다. 이러한 변화에 대해 일본철강동맹의 공식 역사서인 『전후철강사(戰後鐵鋼史)』에서는 다음과 같이 언급하고 있다. "일본철강협의회(이후 일본철강동맹으로 개칭)와 철강통제회 간의 차이점은 통제회가 지도자 원리에 따른 회장의 독재적 기구였던 데 반해, 철강협의회는 민주적·자율적 통제기구로서 주요 10개 철강회사의 임원들로 구성된 상무위원회가 최고결정기관이었다"(日本鐵鋼聯盟, 1959: 44).

또 다른 차이점으로는 전후 업계단체의 주요 임무가 시장안정화였던 데 반해 전시 통제회는 '공익'에 봉사하도록 민간기업을 강제하는 데 총력을 기울였다는 점이다. 실례로 전시 정부는 「경제신체제확립요강」이라는 문건에서 국가 통제의 주요 목적을 다음과 같이 설명했다.[11]

> ① 기업 체제를 확립하여 자본·경영·노무가 유기적으로 일체화된 기업을 국가 종합계획하의 국민경제의 구성부분으로 만들어 기업 담당자의 창의와 책임에 따른 자주적 경영을 통해 최고 능률을 발휘하여 생산력을 증강하게 함.
>
> ② 공익우선, 직분봉공(職分奉公)의 취지에 따라 국민경제를 지도함과 동시에 경제단체의 편성에 따른 국민경제와의 유기적 일체화를 통해 국가 총력을 발휘하여 고도국방(高度國防)이라는 국가 목적을 달성하도록 함.

---

11 「經濟新體制確立要綱」(1940.12.7), 國立國會圖書館(http://rnavi.ndl.go.jp/politics/entry/bib00294. php).

또한 "국민경제의 질서 보호와 유지에 장애가 되는 투기적 이윤 및 독점적 이윤의 발생을 방지함과 동시에 적정한 기업 이윤을 용인"한다고 언급함으로써 정부의 기업 경영에 대한 통제 근거를 만들기도 했다. 이러한 일들이 바로 통제회가 수행할 것으로 기대되었던 일들이었다. 더불어 통제회의 법적 근거가 된 1941년의 「중요산업단체령」에서는 통제회의 목적을 "국민경제의 총력을 가장 유효하게 발휘하도록 해당 산업의 종합적 통제 운영을 도모해 해당 산업의 국책 입안 및 수행에 협력하도록 하는 것"이라고 명시했다.[12]

더군다나 「중요산업단체령」에서는 통제회의 기능을 정부 계획의 입안과 수행에의 참여, 회원사들의 사업에 관한 통제지도, 해당 산업의 설비 확립, 해당 산업에 관한 산업 발전 시설의 확충, 해당 산업에 대한 조사 및 연구, 해당 산업의 사업 활동 점검 등으로 규정했다. 그 결과 전시 통제회의 주요 기능은 민간기업의 이윤 추구 활동을 제한하여 국익에 기여하도록 하는 것이었다. 따라서 시장안정화는 부차적인 문제에 지나지 않았다.

물론 전후 업계단체들도 국가 통제의 수단으로서 기능했던 것은 분명했다. 업계단체들도 개별 회원사들의 경영 상황, 사업 계획, 미래 잠재력 등에 관한 중요 정보를 정부에 제공했다. 이러한 정보들은 선도기구들이 장기경제계획을 입안할 때 반드시 필요한 것들이었다. 또한 업계단체들은 선도기구들의 정책 실행과 기업들의 정책 이행 여부 점검을 지원하기도 했다. 이러한 기능들 외에도 전후 업계단체들은 시장안정화에서 중요한 역할을 수행했다. 전시에 일본 경제는 세계 경제와 단절되어 있었지만, 전후 세계 시장에 통합되어 시장 변동에 민감하게 반응할 수밖에 없었기 때문이다.

따라서 업계단체들은 선도기구들과 긴밀히 협력하면서 시장을 안정화시키는 다양한 메커니즘을 구축하게 되었다. 시장안정화의 주요 목적은 경기

---

12 「重要産業團體令」(1940.8.29), 末川博(1942: 135) 재인용.

불황기에 기업들의 도산을 최소화하기 위해 기업들 간 경쟁을 제한하는 데 있었다. 기업들의 도산은 무엇보다 국가 전체의 생산력 하락과 기업들이 투자한 자원의 낭비, 실업의 증가를 가져오기 때문에 매우 중요한 문제였던 것이다(Calder, 1988: 72).[13]

요약하면, 업계단체들은 제2차 세계대전 종전 이후에도 일본 경제에서 지속적으로 활동했지만, 그들의 구조와 기능은 시기별로 진화했다. 전시 통제회의 운영이 포괄적인 정책 결정권을 가진 통제회 회장에 의해 장악되어 있었던 데 반해 전후 업계단체들은 소수의 대기업 회원사들이 정책 결정에 다소나마 동등한 목소리를 냄으로써 좀 더 민주적 구조로 발전되었다. 더욱이 전시 통제회는 공익우선을 민간기업들이 철저히 따르도록 하는 데 초점이 맞추어졌던 반면, 전후 업계단체의 기능들은 시장안정화에 초점을 맞추었다.

2. 함의

이제 필자는 이 연구의 몇 가지 중요한 함의를 강조하고자 한다. 첫째, 제도적 진화를 이해하기 위해 이 연구의 결과들이 지닌 함의를 논의하고자 한다. 합리주의 이론들은 필자가 앞서 논증했듯이 역사적 맥락과 제도적 경직성(the stickiness of institution)과 같은 제도의 진화와 관련된 상당수 중요 요인들을 간과했다. 여기서 필자는 이러한 요인들을 간과하는 것이 왜 문제가

13 컬더(Kent Calder)는 전후 일본의 정치가들과 재계지도자들이 가진 이러한 '특이한 성격(unusual character)'이 '정치적 모험과 불확실성을 용납하지 않는 비관용성'을 가져왔다고 주장한다.

되는지를 설명할 것이다. 둘째, 일본 경제에서 국가통제성(the nature of state control)이 가진 함의를 논의하고자 한다. 전후 일본의 정치경제에 관한 상당수 연구들은 정책 결정 과정에서 관료들이 가진 권력을 과대평가해왔다. 그러나 이 연구에서 보여주었듯이 이들 관료들은 행정지도와 연계해서 산업들을 규제하는 업계단체들의 지원이 없었다면, 산업정책을 입안하거나 실행에 옮길 수 없었다. 그러한 의미에서 일본에서 국가 통제는 관료들이 업계단체의 자율 규제적 메커니즘을 통해 산업을 통제하는 사실상의 간접적 통제였다고 할 수 있다.

1) 제도적 진화에서 역사적 요인의 중요성

이제까지 논증했던 것처럼, 제도적 진화 과정은 다양한 역사적 요인들을 반영한다. 따라서 이러한 요인들에 대한 면밀한 검토가 이루어지지 않는다면 복잡한 제도적 진화의 성격을 완전히 이해했다고 할 수 없다. 집합행위이론과 권력중심합리주의이론들은 역사적 요인들을 주목하지 않았다. 특히 집합행위이론은 심각한 실증적 문제들을 안고 있으며, 권력중심합리주의이론은 여전히 해결되지 못한 상당수 중요한 문제들을 가지고 있다.

첫째, 집합행위이론은 행위자들이 집합행위의 문제점을 해결하고 상호이익의 결과를 얻기 위해 제도를 만들었다고 주장한다. 그러나 제도들이 반드시 상호 이익의 결과를 가져오는 것은 아니었다. 물론 만주국과 전후 일본의 발전국가체제는 생산력 확대와 산업화의 가속화라는 목적에서는 매우 성공적이었다. 그러나 전시 발전국가체제의 경우에서는 그러한 목적 달성에 상대적으로 실패했다. 그럼에도 전시의 정책결정자들은 전시 발전국가체제를 다른 대안적 체제로 바꾸지 않았다. 더군다나 전후의 경책결정자들도 전시의 발전국가체제가 예상했던 만큼 제대로 기능하지 않았음에도 불구하고 전시 체제를 다시 구축했다.

더욱 주목해야 할 점은, 집합행위이론의 가장 큰 문제점으로 전시와 전후 일본에서 경제정책을 둘러싸고 행위자들 간에 격렬한 정치적 갈등이 존재했다는 점이다. 제도들이 상호 이익의 결과를 가져오는 것이라면, 모든 행위자들이 현재 상태로부터 이익을 얻을 수 있기 때문에 행위자들 간에 서로 갈등할 아무런 이유가 없었다. 이러한 점은 제도들이 상호 이익의 결과를 얻기 위해서가 아니라 이와는 다른 목표를 이루기 위해서 만들어졌다는 점을 보여준다. 더군다나 제도를 통해 행위자들이 집합행위의 문제점들을 해결하고 상호 이익의 결과를 얻었다고 할지라도 행위자들이 반드시 애초에 그러한 목적을 달성하기 위해 제도를 만들었다고 볼 수 있는 것은 아니다. 따라서 집합행위이론은 그 주장을 뒷받침할 실증적 근거가 부족하다고 할 수 있다.

둘째, 권력중심합리주의이론에서 주장하듯이, 권력 구조가 제도적 진화 과정에 어느 정도 영향을 미친 것은 분명하다. 그러나 권력 구조 요인은 일본 발전국가체제의 진화에 영향을 미친 여러 중요한 요인들 가운데 하나일 뿐이다. 전시 정부와 전후 정부 간의 인적 연계가 일본 발전국가체제의 제도적 연속성에 확실히 영향을 미쳤음은 분명하지만, 권력중심합리주의이론은 제도적 진화에 영향을 미친 다른 여러 핵심적 요인들을 간과했다. 예를 들어 권력중심합리주의이론은 현재의 정치적 요인들만을 고려했을 뿐, 역사적·아이디어적 요인들에 대해서는 적절한 분석을 내놓지 못했다. 심지어 권력 구조가 변화하지 않았음에도 불구하고 현 제도의 재구축이 반드시 이루어지는 것은 아니라는 점을 주목해야 한다. 개인 행위자들은 시기별로 자신들의 정책 입장을 바꿀 수 있는데, 특히 전쟁, 외국군의 점령, 경제위기와 같은 격변의 시기에 더욱 그렇다고 할 수 있다. 전후 일본에서, 전시 관료들 중 일부는 사회주의나 자본주의를 옹호하기도 했다. 따라서 전후에 전시 발전국가체제의 재등장은 동일한 개인 행위자들이 권력을 유지했기 때문이 아니라 전시와 전후에 동일한 아이디어적 지침을 개인 행위자들이 여전히 유지했기 때문이라고 할 수 있다.

이러한 아이디어적 연계는 전후 정책결정자들이 전시 발전국가체제가 자신들의 이익을 증진시키지 못했음에도 불구하고 발전국가체제를 재구축한 이유를 설명해준다. 전시 발전국가체제는 일본의 산업생산력을 확대하는 데도 실패했을 뿐만 아니라 관료들과 군 장교들의 정치적 이익을 보장하지도 못했다. 그러나 전후 정책결정자들은 자신들의 아이디어적 지침에 대한 신념을 계속 유지했고, 부분적으로는 만주국에서의 성공적인 경험에 기인해서 이 체제가 원활히 작동할 것이라고 확신했기 때문에 발전국가체제를 재구축했던 것이다. 더군다나 아이디어적 지침이 다음 세대의 관료들에게 전달되고, 정당정치가와 재계 지도자 등의 다른 행위자들에게도 확산되면서 강한 긍정적 환류 효과를 만들게 되었고, 행위자들이 이러한 아이디어를 옹호하게 됨에 따라 발전국가체제에 대한 저항은 약화되었다. 아이디어적 지침이 만든 이러한 긍정적 환류 효과는 발전국가체제의 재구축을 더욱 용이하게 만들었다.

제도의 진화 경로에는 과거에 서로 무관한 것처럼 보였던 여러 사건들을 비롯해 다양한 요인들이 영향을 미치게 된다. 언뜻 보기에 만주국과 전시 일본에서 수행된 정책들과 전후 일본 경제 간에는 거의 관계가 없어 보이지만, 그러나 양 시기 발전국가체제의 핵심 제도들은 전후 일본 경제에 상당부분 계승되었다. 이러한 제도들은 60년이 지난 오늘날의 일본에서도 여전히 존재하고 있다. 유사한 사례들은 상당수 다른 나라들에서도 볼 수 있다. 따라서 제도들이 형성된 각국의 독특한 역사에 대한 고려 없이 제도적 진화 경로를 설명하는 것은 불가능하다. 제도는 제도가 수립된 당시의 요인들만을 반영해서 등장하는 것은 아니다. 제도들도 먼 과거의 요인들에게서 상당한 영향을 받게 된다. 이 점이 바로 제도 연구에서 역사적 분석이 중요한 이유라고 할 수 있다.

2) 국가 통제

이 연구의 결과들은 일본 경제의 국가통제성에 대한 함의도 가지고 있다. 이 문제에 대해 일본 경제와 동아시아 경제를 연구한 기존 연구자들은 관료들의 권력을 지나치게 과대평가하는 경향이 있다. 많은 학자들은 전후 일본의 권력 구조를 자유민주당 지도부와 관료, 대기업 소유주들 간의 긴밀한 관계로 이루어진 '철의 삼각동맹(iron triangle)'으로 설명해왔다(Hayao, 1993; Johnson, 1982, 1995). 이러한 모델 속에서 관료들은 정책 입안에 필요한 정책 전문지식을 비롯해 여타 지적 자원을 독점하고 있었기 때문에 입법을 책임진 유일한 존재로서 이해되어왔다. 하야오 겐지(Hayao Kenji)는 철의 삼각동맹 내에서의 상호 의존 관계를 다음과 같이 설명한다.

> 자유민주당은 관료의 정책 전문지식에 의존했고, 관료들은 법안을 국회에서 통과시키는 데 자유민주당에 의존했다. 자유민주당은 대기업에 선거 자금을 기대했고, 그 대가로 대기업은 자유민주당에 자본주의에 대한 지지와 우호적인 기업 환경, 정치적 안정성을 의존했다. 최종적으로 관료들은 (일본의 관행으로 '하늘에서 내려온' 아마쿠다리로 일컬어지는) 퇴직 후 일자리를 기업들에 의존했고, 대기업들은 관료들에게 법안 입안과 실행에서 우호적 입장을 기대했다(Hayao, 1993: 8).

존슨 또한 삼각 권력 구조를 지적하며, 일본 국회는 입법기관으로서 기능하지 않은 채 입법권을 관료들에게 위임했다고 주장했다. 존슨은 "일본의 관료들이 압력단체들과 정치 상황에 따라 영향을 받기는 했지만, 핵심 관료들이 대다수 중요 결정을 내렸고, 실질적으로 모든 법안을 입안했으며, 국가 예산을 통제하는, 이 체제의 정책 혁신의 근원이었다"고 주장했다(Johnson, 1982: 20~21).

그러나 이러한 일본의 권력 구조에 대한 연구에서 간과한 것은 정책 결정 과정에서 관료들의 재계(즉 업계단체)에 대한 의존이었다. 당시 재계 지도자들은 정치가들에게는 정치자금을, 관료들에게는 퇴직 후 일자리만을 제공했던 것은 아니었다. 그들은 또한 정책 결정에 필요한 핵심 정보를 수집하고, 정책 실행을 지원했으며, 그 정책을 기업들이 준수하는지 여부를 점검하는 데 중요한 역할을 수행했다. 통상산업성에는 1960년 당시 1만 2,398명의 관료들이 일하고 있었지만,[14] 업계단체의 도움 없이 엄청난 수의 민간 기업들을 통제한다는 것은 현실적으로 불가능한 일이었다. 1960년 당시 통상산업성이 관할하는 기업들만 제조업 분야에 16만 5,896개, 유통·소매업 분야에 22만 6,110개, 광업 분야에 2,558개에 달했다(日本銀行統計局, 1966: 332~333).

특히 전체주의적 전시 정권하에서도 경제 관료들은 결코 산업을 직접적으로 통제하지 않았다. 업계단체를 통한 간접적 국가 통제는 관료들로 하여금 정책 입안과 정책 실행, 정책 이행 여부 점검 등에서 민간기업과 국가 간의 협력을 활성화하도록 만들었다. 사무엘스는 "일본의 정치경제에 대한 가장 일반적인 설명은 국가권력과 민간권력을 상호 배타적인 것처럼 인식하여 민간권력을 과소평가하고 국가권력을 과대평가하는 것"이라고 주장했다(Samuels, 1987: 21). 사무엘스는 일본 정치에서 재계의 중요성에 대해 "제한적인 전문지식과 인력들을 보유한 일본 의회의 위원회들과 여당인 자유민

14 「省廳別國家公務員數(昭和22年度~52年度)」, 總務省(http://www.stat.go.jp/data/chouki/27.htm).

주당이 자료 분석을 위해 관료들에게 의존하는 것은 불가피한 것이었지만, 그토록 유명한 일본의 관료들이 업계단체들 및 기업들과 긴밀히 협조하는 이러한 방식에 의존한다는 것은 용납될 수 없는 것이었다"라고 주장했다(Samuels, 1983: 499). 이 연구의 결과들은 사무엘스의 주장을 뒷받침한다. 관료들의 권력이 급속한 경제 성장(1955~1973) 이후 상당 부분 축소된 것은 사실이지만, 업계단체들은 오늘날에도 일본 경제에서도 여전히 중요한 역할을 담당하고 있기 때문이다(Schaede, 2000; Vogel, 2006). 따라서 업계단체와 간접적 국가 통제의 중요성을 절대로 가볍게 여겨서는 안 된다.

3. 향후 연구의 전망

마지막으로 필자는 향후 일본 경제와 제도 연구를 위한 몇 가지 전망을 제시하고자 한다. 첫째, 이 연구는 전후 일본 경제에서 중요한 두 가지 제도, 즉 선도기구와 업계단체의 기원과 진화과정을 탐구했다. 물론 전후 경제에서는 이 두 가지 제도뿐만 아니라 다른 중요한 제도들도 작동하고 있었다. 여기에는 은행 중심 금융체제와 계열체제 등이 대표적인데, 이들 제도들도 전후 일본의 급속한 경제 성장에 중요한 역할을 담당했다. 선도기구와 업계단체와 더불어 이들 제도들도 일본 전시경제체제의 한 부분으로 제2차 세계대전 시기에 등장해서(岡崎哲二·奥野正寛, 1993; 小林英夫 外, 1995; 野口悠紀雄, 1995), 산업 전반에 걸친 간접적 국가 통제의 수단으로 활용되었다.

전시 정부는 산업 간 자본 흐름의 통제를 통해 기업의 경영 활동에 간접적으로 영향을 미치기 위해서 은행 중심 금융체제를 만들었다. 은행 중심 금융체제는 은행과 기업들이 긴밀하고 장기적인 관계를 유지하는 공식 혹은 비공식 기업 네트워크와 관련이 있었다. 당시 일본 기업들은 경영 자금을 주식시장에서 직접적으로 조달하는 대신 은행 융자에 상당부분을 의존하고 있었고, 특히 많은 기업들이 한 은행에서 대부분의 자금을 조달하는 '주거래은행'을 두고 있었다. 이를 통해 은행들은 채무 기업들의 경영 활동에 영향력을 행사할 수 있었다. 한편 이들 은행들도 정부 당국, 특히 대장성에 의해 엄격하게 통제되고 있었다. 결과적으로 은행 중심 금융체제는 정부가 민간기업의 경영에 직접적으로 관여하지 않고도, 은행들에 대한 엄격한 통제를 통해 간접적으로 채무 기업들을 정부가 통제할 수 있는 길을 열어주었다. 이 체제를 통해 정부는 자본의 흐름을 통제하여 전략적 중요산업에 역점을 둘 수 있었고, 또한 언제, 어디에, 얼마를 투자할지에 대한 지침을 기업들에 제시함으로써 민간기업들의 경영 활동에 영향을 미칠 수 있었다.

계열체제의 제도적 기원 또한 전시경제체제에서 찾을 수 있다. 전시 선도기구의 관료들은 새로운 기업 네트워크 체제를 구축하여, 이를 통해 중소기업들을 간접적으로 통제할 수 있었다. 당시 관료들은 중소기업들과 대기업들을 상호 연계시켰는데, 이를 통해 중소기업들은 업계단체와 은행 중심 금융체제를 통해 정부의 간접적 통제를 받던 대기업의 영향력하에 놓이게 되었다. 이는 중소기업들에 대해서도 정부의 통제가 확대되었다는 것을 의미했다. 이렇듯 은행 중심 금융체제와 계열체제도 전후 일본 경제의 중요한 부분임에는 틀림없지만, 이들 제도들의 기원과 진화에 대해서는 현재까지 충분한 연구가 이루어지지 못했다. 필자는 이들 간접적 국가 통제 제도들에 대해서도 후속 연구가 이루어지기를 기대한다.

둘째, 전후 일본의 경제체제와 한국이나 타이완 등 인접 국가들의 경제체제 간에는 상당한 유사점이 있는 것으로 지적되어왔다(Wade, 1990; Gereffi and Wyman, 1990; Woo, 1991; Evans, 1995; Waldner, 1999). 일본의 경제적 성공, 일제하의 식민지 경험, 일본 재계 지도자들과의 긴밀한 상호작용 등이 이들 인접 국가들에서 일본과 유사한 경제체제를 발전시키도록 만든 것은 틀림없어 보인다. 특히 흥미로운 것은 전후 한국의 발전국가체제를 만든 박정희 대통령(1963~1979)이 만주국 관동군 장교로 근무했었다는 점이다. 그뿐만 아니라 박정희를 비롯한 당시 한국의 행정부 관료들은 만주국에서 근무했던 기시 노부스케와 시이나 에쓰사부로 등의 일본 정치가 및 관료들과 개인적으로 매우 친밀한 관계를 갖고 있었다. 따라서 만주에서의 박정희의 경험, 전직 만주국 관료들과 박정희의 개인적 인연 그리고(혹은) 전시 일본의 아이디어적 지침이 한국에서 발전국가체제를 수립하려는 박정희의 계획에 영향을 미쳤을 가능성이 높다고 할 수 있다. 만주국과 전시 일본에서 수립된 발전국가체제가 전후 다른 국가들로 어떻게 확산되었는지를 연구하는 것도 상당히 흥미로운 주제라고 할 수 있다.

물론 동아시아 국가들은 일본과 여러 중요한 공통점을 공유하고 있기도 했지만, 더불어 상당히 다른 점들도 동시에 갖고 있었다. 예를 들어 한국 정부는 1980년대까지 은행 및 기타 금융기관들을 국유화하고 있었기 때문에, 일본에 비해 금융기관에 대한 훨씬 더 엄격한 통제를 유지하고 있었고, (재벌로 알려져 있는) 한국의 대기업들은 전후 일본의 계열체제보다는 전전(戰前) 일본의 재벌들과 훨씬 유사한 기능을 행사하고 있었다(Woo, 1991 참조). 더군다나 일본 경제와 한국 경제가 대기업 중심이었던 데 반해 타이완 경제는 주로 중소기업들로 이루어져 있었다. 따라서 한국과 타이완의 발전국가체제가 일본과 다른 방향으로 진화되었던 이유를 분석하는 것 또한 흥미로운 주제라고 할 수 있다. 최근에 역사적 제도주의자들은 제도적 진화 문제에 초점을 맞추면서 경로의존에 대한 다국간교차분석(cross-national analyses)을 통해 여러 뛰어난 연구 성과들을 내놓았다(Pierson, 1994; Thelen and Kume, 1999; Mahoney, 2002; Thelen, 2004). 그러나 동아시아 발전국가체제의 제도적 진화에 대한 다국간교차분석은 아직까지 이루어지지 못하고 있다. 따라서 이 주제에 대한 연구는 동아시아 경제 간의 역사적 발전과정과 상호

작용에 대한 우리의 이해를 높이는 데 중요한 기여를 할 수 있을 것이다.

셋째, 최근 들어 일본 경제는 세계경제의 글로벌화와 1990년대의 장기 침체, 세계무역기구(World Trade Organization: WTO) 및 다른 국제기구들의 다국 간 협상 등의 여러 요인들로 인해 엄청난 변화를 겪고 있다(Anchordoguy, 2005; Vogel, 2006). 종전 직후 선도기구와 은행 중심 금융체제와 같은 일본 발전국가체제의 핵심적 제도들은 급격한 사회 변동 속에서도 일정 유지되기는 했지만, 동시에 상당한 변화를 겪기도 했다. 통상산업성(2001년 경제산업성으로 개칭) 및 재무성(2001년 대장성 폐지)과 같은 선도기구들의 권한과 기능은 1990년대 후반에 이루어진 행정 개혁으로 상당부분 축소되었다. 실례로 경제산업성은 더 이상 경제계획을 수립하고 있지 않으며, 민간기업들이 은행 융자에 대한 자금 의존을 줄이면서, 재무성의 기업들에 대한 간접적 통제도 더 이상 유효하지 못하게 되었다.

그러나 업계단체와 같은 발전국가체제의 일부 핵심 제도들은 일본 경제에서 여전히 중요한 역할을 계속해서 차지하고 있다. 업계단체들은 여전히 회원사 간 이해관계 조정, 정보 수집, 정부의 법령 실행 지원, 자율 규제 등과 같은 주요 기능들을 그대로 유지하고 있는 것이다(Schaede, 2000). 더군다나 경제의 글로벌화는 생산 시설의 해외 이전과 해외 소재 기업들의 계열 구조로의 편입을 통해 계열을 국제화하도록 만들고 있으며(Hatch and Yamamura, 1996), 계열구조 내에서 계열사들 간의 관계도 예전보다 훨씬 더 느슨해지고 있다. 따라서 연구자들은 이러한 최근의 제도적 진화와 연속을 밝혀야 하며, 특히나 최근까지의 제도적 진화와 전시와 종전 직후의 제도적 발전 과정을 비교하는 데 주목할 필요가 있다. 이러한 비교역사적 분석을 통해 제도적 진화와 일본 정치경제에 대한 이해가 더욱 심화될 수 있을 것이다.

옮긴이 후기

1. 들어가며

이 책은 사사다 히로노리(佐々田博教)의 *The Evolution of the Japanese Developmental State: Institutions locked in by ideas*를 번역한 것이다. 사사다 히로노리는 2008년 워싱턴대학에서 "Institutions, interests, and ideas: The evolution of developmental state systems in Manchuria, wartime Japan, and postwar Japan"으로 정치학 박사 학위를 받았고, 이 책은 그의 박사 학위 논문을 수정하여 2013년에 출판한 것이다. 현재 그는 홋카이도대학(北海道大學) 국제본부 유학생센터 준교수로 재직 중이다.

이 책은 일본 발전국가체제의 핵심 제도인 선도기구와 업계단체에 대한 비교역사적 분석을 통해 1930년대 만주국에서부터 1960년대 전후 일본에 이르기까지의 과정을 분석하고 있다. 이 분석 과정에서 드러난 저자의 문제의식은 단순하면서도 명료하다. 저자는 역사적 제도주의 입장에서 1930년대 일본의 정책결정자들이 자유경제와 계획경제를 융합한 통제경제를 만들었던 이유와 그러한 체제가 전시와 전후 일본에서 지속되었던 원인을 분석하고 있다. 특히 저자는 만주국을 일본 발전국가체제의 발원지로 보고 만주국에서의 경험들이 이후에 어떤 영향을 미쳤는지를 상세히 검토했다. 저자는 만주국에서 발전국가체제가 등장하고 전시와 전후 일본에서 지속된 이유에 대해 집합행위이론과 권력중심합리주의이론, 아이디어이론의 각 가설들을 검토하여, 이들의 문제점과 대안을 명료하게 제시하고 있다.

이 책의 번역 동기와 관련하여 무엇보다도 먼저 고백할 것은 번역자의 전공 분야가 일본 정치경제사가 아닌 한국정치사라는 점이다. 번역자는 기본적으로 1960년대 이후 나타난 한국의 발전국가체제가 박정희라는 개인에 의해서 '갑자기' 시작된 것이 아니라 제도와 아이디어의 측면에서 식민지 시기와 일정 연속성을 갖고 있다는 문제의식을 갖고 있다. 그러나 일본 정치경제사를 전공하지 않았고, 짧은 번역 실력으로 인해 이 번역서에서 나타날 혹은 출간 후 지적될 오류들에 대해 두려움과 걱정이 앞선다. 독자들의 질책과 가르침을 부탁드린다. 옮긴이 후기에서는 이 책에서 다루지 않은 제도와 아이디어, 발전국가론, 국내의 만주국 관련 연구들에 대해 간략하게 언급하여 독자의 이해를 돕고자 한다.

2. 제도와 아이디어

이 책에서 특히 주목할 부분은 일본의 정책결정자들이 1930년대 만주국에서부터 전후 1960년대에 이르기까지 공유했던 통제경제론이라는 아이디어에 관한 것이다. 최근 제도 연구에서 가장 주목받는 연구 주제 중 하나가 '아이디어'에 관한 것인데, 저자는 최근의 이러한 제도 연구의 경향을 적극적으로 수용해 '아이디어에 의해 고정된(locked) 제도'라는 새로운 주제를 제시하고 일본 정치경제의 발전 경로를 이해할 수 있는 새로운 길을 제시하고 있다. 저자 스스로가 밝혔듯이 이 책은 역사적 제도주의 이론을 바탕으로 아이디어이론을 일본 발전국가체제를 분석하는 데 최초로 적용한 연구라고 할 수 있다.

아이디어가 제도 연구에서 주목받게 된 이유는 기존의 여러 제도주의 관점들이 행위자의 선택과 행위에 대한 제도의 영향력을 제시하기는 했지만, 제도의 변화를 설명하는 데는 어려움을 겪고 있기 때문이다. 여러 제도주의 관점에서는 기본적으로 제도 변화의 동인으로 전쟁이나 경제위기 등의 외부적 충격을 강조해왔다. 그러나 외부적 충격만으로는 제도 변화를 설명하기에 한계가 있는 것도 사실이다. 즉 기존의 제도가 갖고 있는 여러 내재된 성격들로 인해 제도 변화를 설명하는 데 한계에 봉착했던 것이다. 이러한 점에서 아이디어는 기존의 제도 연구에서 미처 설명하지 못하는 정책의 구체적 선택과 내용을 설명할 수 있을 뿐만 아니라 불확실한 상황에 놓인 행위자들에게 일종의 선택을 위한 지침을 제공하는 기능을 수행함으로써 제도 연구를 한 단계 발전시켰다는 평가를 받고 있다. 이러한 아이디어에 대해서는 논자마다 다양하게 해석·정의되고 있지만, 크게 세 가지 의미로 구분할 수 있다(하연섭, 2011: 216~217).

첫째, 프로그램으로서의 아이디어(ideas as programs): 정책결정자들이 정책 문제에 대해 갖고 있는 구체적인 해결책

둘째, 패러다임으로서의 아이디어(ideas as paradigms): 정책결정자들이 문제를 어떻게 인식하며, 수용 가능한 해결책의 범위가 어느 정도인지를 판단케 하는 준거, 정책의 방향성을 제시하는 인지적·규범적 틀(cognitive and normative framework)

셋째, 공공적 정서로서의 아이디어(ideas as public sentiments): 일반 국민들이 지니고 있는 문제 해결책에 대한 가정

표 신제도주의의 관점

	합리적 선택 제도주의	역사적 제도주의	사회학적 제도주의	담론 제도주의
설명의 대상	합리적 행위자들의 행동	구조와 관습	사회적 대리인들의 규범과 문화	지각 있는 대리인들의 아이디어와 담론
설명의 논리	계산	경로의존	적절성	소통
제도의 정의	유인 구조	거시 역사적 구조와 규칙	문화적 규범과 틀	의미 구조와 구상
변화에 대한 접근	고정된 선호와 안정적 제도를 통한 정태적 지속	경로의존을 통한 정태적 지속이 중대국면에 의해 중단	문화적 규범과 규칙을 통해 정태적 지속	아이디어와 담론의 상호작용을 통한 동태적 변화
변화에 대한 설명	외부적 충격	외부적 충격	외부적 충격	후위의 아이디어적 능력과 전위의 담론적 능력을 통한 내부적 과정
변화를 설명하기 위한 최근의 혁신	합리적 선택 제도주의의 정치 연합이나 역사적 제도주의의 자기강화 혹은 자기훼손 과정을 통한 이익 변화의 내부적 귀속(ascription)	층화(layering), 표류(drift), 전환(conversion)을 통한 점진적 변화에 대한 내부적 기술	내부적 구성(담론 제도주의와의 결합)	재구성되어 변경된 집합 기억을 통한 내부적 구성과 인식공동체(epistemic communities), 지지연합, 의사소통 행위, 심의민주주의 (deliberative democracy)를 통한 서술

자료: Schmit(2010: 5).

이러한 아이디어의 세 가지 의미는 연구주제에 따라 각각의 의미를 가질 수도 있고, 포괄적으로 의미를 담기도 하는데, 이 책에서 아이디어의 의미는 세 가지 의미를 모두 담고 있다고 할 수 있다. 아이디어와 제도의 관계에 대해서는 제도 자체가 어떤 아이디어가 수용 가능하고 적절한 아이디어인지를 결정하는 요인, 즉 아이디어가 제도의 종속변수라는 입장과 아이디어가 제도를 구성한다고 보는 입장, 즉 아이디어를 통해 사회현상을 설명할 수 있기 때문에 아이디어를 독립변수로 인정해야 한다는 입장, 크게 두 가지로 구분할 수 있다(하연섭, 2011: 220). 이 책의 저자는 이 두 가지 입장 가운데 전자의 입장에 가깝다고 할 수 있다. 그 이유는 필자의 기본적 입장이 제도가 역사적 제도주의 입장에서 형성된다고 보고 있으며, 동시에 여러 아이디어도 제도의 영향을 받으며 경쟁하는 가운데, 기존 제도의 영향을 받는다고 보기 때문이다. 한편 후자의 입장을 가장 적극적으로 개진하고 있는 학자로는 슈미트(Vivian A. Schmidt)를 들 수 있다. 그는 아이디어 요인을 가장 적극적으로 주장하며 이를 신제도주의의 네 번째 분파인 '담론 제도주의(discursive institutionalism)'로 분류해야 한다고 주장한다. 그는 신제도주의를 〈표〉와 같이 구분한다(Schmidt, 2010: 5).

그러나 이러한 아이디어의 중요성에 대한 강조에도 불구하고, 아이디어 이론 또한 상당한 문제점을 갖고 있는 것은 분명하다. 무엇보다 아이디어의 영향력을 경험적으로 검증하기가 쉽지 않다는 점이다. 아이디어는 사회현상에 독자적으로 영향을 미치는 것이 아니라 이익, 권력, 제도 등과 같은 다른 요인들과 결합되어 영향을 미치게 되는데, 이때 사회 현상에 대한 아이디어의 영향력을 구분해내기가 쉽지 않다는 이른바 인과관계의 추론 문제가 나타나는 것이다(하연섭, 2011: 224). 이 책의 필자도 이러한 아이디어에 대해 제기되는 문제점을 충분히 인식하고 있다. 저자는 일본 발전국가체제의 제도적 진화 과정이 아이디어라는 단일인과관계에 의한 것이 아닌 권력 및 이익 등의 다른 요인들과 결합된 다중복합인과관계에 따른 것이라는 점을 분명히 하고 있기 때문이다. 따라서 이러한 아이디어의 약점을 보완한 필자의 문제의식은 국내의 제도 연구에 새로운 지평을 열 수 있는 열쇠가 될 것이라고 번역자는 믿어 의심치 않는다.

3. 발전국가론[1]과 그 이후

존슨(Johnson, 1982)이 일본의 경제발전을 설명하면서 제시한 발전국가 모델은 이후 많은 학자들의 개념 보완과 확장을 통해 한국과 타이완 등 동아시아 국가들은 물론 싱가포르 등의 동남아시아 국가와 더 나아가 중남미, 아프리카 지역에까지 개념의 확대가 이루어졌다.[2] 그러나 많은 학자들이 일본과 동아시아를 비롯한 여러 국가들의 경제 성장을 설명하는 데 발전국가론을 공유하고 적용했음에도 불구하고, 발전국가의 정의에 대한 명확한 합의가 이루어진 것은 아니었다. 이는 무엇보다 각국이 처한 역사적·상황적 맥락이 상이하기 때문이다. 이러한 상황은 범위를 좁혀 일본의 발전국가체제에 대한 정의도 마찬가지이다. 다만 기존 연구들에서 언급한 일본 발전국가

---

1 'developmental state'는 학계에서 일반적으로 '발전국가'로 번역되며 번역자도 이를 따랐다. 다만 저자인 사사다는 일본에서 출판한 책에서 'developmental state system'을 '開發型國家システム'으로 번역했다(佐々田博教, 2011). 국내에서도 이병천은 'developmental state'를 '개발국가'로 사용하는 것이 더 적절하다고 주장한다. 그는 'developmental state'는 국가의 강력한, 능동적 주도와 동원의 의미를 갖고 있는데, '발전'은 자동사가 되어 이 의미를 적절히 담아내지 못할 뿐만 아니라 '발전'이 '성장'과 대비하여 통상 규범적으로 좋은 질적 구조로의 변화라는 의미로 사용되기 때문에 문제가 있다고 지적한다(이병천, 2003: 103). 조희연은 더 나아가 독일이나 러시아의 후발자본주의 국가들뿐만 아니라 1960년대 이후 한국, 타이완을 비롯한 제3세계 후후발 자본주의 국가들을 '개발동원체제(developmental mobilization regime)'로 개념 짓기도 한다(조희연, 2010)

2 발전국가론의 개념 보완과 확장의 대표적 예로는 엠스덴(Alice Amsden, 1989)의 '규율된 시장(disciplined market)', 웨이드(Robert Wade, 1990)의 '지도된 시장(guided market)', 와이스(Linda Weiss, 1995)의 '통치된 상호의존(governed interdependence)', 에반스(Peter Evans, 1995)의 '배태된 자율성(embedded autonomy)' 등을 들 수 있다.

의 기본적 특징들을 정리하면 다음과 같다(Hiromi, 2012: 131).[3]

① 산업정책을 효율적으로 수행하고, 혁신의 위험을 감수하며, 경제 기반시설을 건설하기 위한 신용 기반 국가 재정 구조(credit-based national structure of finance)의 발전
② 정치 핵심부에서 엘리트들로 구성된 강력하면서도 유능하고 효과적인 관료들이 경제 정책 결정 영역을 주도
③ 국가가 자원 배분, 중요 산업 선택, 공적금융기구들에 대한 선별적 접근의 제공 등에서 강력한 주도권 행사
④ 국가가 자본재의 투자를 주도하고, 그 결과 국가 주도 고정 자본의 형성
⑤ 민간기업들에게 국가 계획을 따르도록 유인책을 제공하고, 이를 따르지 않는 행위자들을 처벌하는 등의 국가 개입을 통해 경제를 지도
⑥ 국가 목표의 달성을 위한 정부-재계-정치권 간의 협력적 관계의 형성

한편 1980년대 이후 발전국가에 대한 학계의 논의가 이루어졌음에도 발전국가에 대한 합의된 정의가 어려웠던 이유는 현실에서 발전국가의 지속, 전환, 소멸이 급격하게 진행되었기 때문이다. 1980년대 이후 전 세계적으로 확산된 신자유주의와 이의 정책적 실현 그리고 지구화는 발전국가들의 '탈발전국가'로의 전환을 가속화시켰다. 즉 발전국가의 논의가 심화되기 이전에 이미 발전국가는 탈발전국가로의 전환이 상당부분 이루어졌던 것이다. 게다가 발전국가에 주목한 제도주의 입장의 연구자들이 신자유주의에 대한

3 국내에서 한국 발전국가에 대한 정의로 폭넓게 받아들여지는 것은 "사유재산과 시장경제를 기본 원칙으로 하면서도 부국강병이란 목표를 위해 국가가 시장에 대해 장기적이면서도 전략적인 개입을 하는 국가"라는 것이다(김일영, 1996: 461~465, 495~496).

비판으로 제도 자체에 주목하면서, 발전국가의 역사성에 대한 연구는 상당 부분 미진한 영역으로 남게 되었다. 그러나 최근 일어난 2008년 미국발 금융위기는 자본주의의 위기 담론을 전 세계적으로 확산시키며, 발전국가에 대한 논의를 다시 촉발시키는 계기가 되고 있다. 이 지점에서 발전국가에 대한 정의 문제가 다시 떠오르는데, 이는 발전국가의 지속, 전환, 혹은 소멸에 관한 다양한 논의가 발전국가를 어떻게 정의하느냐에 따라 달라지기 때문이다. 스텁스(Richard Stubbs)는 다음과 같이 주장한다(류석진, 2012: 174 재인용).

> 좁게 정의할수록 발전국가의 '죽음'을 선고하기 쉽고, 넓게 정의할수록 발전국가적 요소의 편재성을 선언하기 쉽다. 분명한 것은 1980년대 이전의 발전국가는 전환되었다는 점이다. 그러나 이 전환의 정확한 성격과 정도는 개별국가의 국내적 정치·사회·경제가 어떻게 구성되어질 것인가와 지구적 차원의 변화에 개별국가가 어떤 영향을 받게 되는가에 따라 매우 다르게 나타난다.

오늘날 발전국가에 대한 논의가 다시 떠오른 것은 1930년대 세계대공황의 여파를 떠올리게 한다. 일본의 발전국가체제가 등장하게 된 이유는 다름 아닌 1929년 세계대공황이 일본에 끼친 파멸적 영향 때문이었다. 세계대공황은 일본에 수출 시장의 마비, 국민소득의 급격한 감소 그리고 실업의 폭증과 농어촌의 파멸을 가져왔고, 이는 일본의 정책결정자들이 발전국가체제를 구축하게 된 중요한 원인이었다. 물론 현재의 상황이 1930년대 세계대공황의 상황으로까지 갈 것으로는 예상되지는 않지만, 1930년대 일본이 미·영식 자유경제와 소련식 계획경제 사이에서 제3의 길로서 통제경제의 길에 들어섰던 것처럼, 우리도 1960~1970년대 발전국가체제와 현 신자유주의 경제 사이에서 새로운 활로를 개척해야 될 시점에 와 있다. '새로운 민주적 발전국가'(김윤태, 2012)도 그러한 대안들 중 하나가 될 수 있을 것이다.

4. 동아시아 발전국가의 기원 : 만주국

한·중·일 학계에서 만주국 연구가 갖는 의미는 한석정의 다음과 같은 글에 함축적으로 드러나 있다.

> 역사적 실체 만주국은 사라졌으나, 소멸을 거부하고 있다. 만주국은 오늘날에도 깊은 그림자를 드리우는 동북아시아 현대사의 블랙박스에 해당한다. 나아가 산업화, 도시화, 개발국가와 잔인한 폭력의 기록 등 근대의 기묘한 얼굴을 제시한다. 기존 학계의 변방이었던 만주는 특혜 받은 일체의 인식과 고정관념의 해체, 기존의 경계 허물기 등을 외치는 새로운 철학적 조류인 탈구조주의의 관점에서 절묘한 연구대상으로 등장한 역설의 장소가 되었다. …… 우선 만주국은 일본의 1930년대의 경제기적에 결정적인 실마리를 제공하는 곳이다. 일본은 이곳으로부터 원자재의 상당량을 얻고, 대규모 중화학단지를 건설, 후일 서양과 대결하는 거대한 경제적 자립체의 바탕을 마련했다. …… 만주는 또한 오랫동안의 중국 국공(國共) 내전 역사에 종지부를 찍은, 혹은 중국공산당의 '승리의 모루'가 된 것이다. …… 한국에게 만주는 착잡한 무대이다. 1920년대까지 중국인들의 질시 속에 살았던 재만 조선인들에게 만주국은 기회의 땅이 되었다. 그리고 한국 최초의 민족자본으로 칭송 받았던 경성방직회사도 조선인 노동력으로 이곳에 지사를 세웠다. 다수 조선인들은 만주국 정부를 위해 일하기도 했다. 또한 만주국은 남북한 영도세력을 잉태한 지평이기도 하다. 김일성 등 북한 권력의 핵심은 만주국체제의 마지막 추격에도 살아남은 게릴라부대 출신이다. 그리고 한국 근대화의 상징인 박정희 전 대통령은 일본 육사

를 우등으로 졸업하고 일본 패망 직전 만주국군 장교로서 그의 중요 경력을 시작했다. 그를 포함한 만주 인맥은 건국 이래 한국 군부에서 무시할 수 없는 세력이 되었다(한석정, 2008: 7~9).

그러나 동북아시아 현대사의 비밀을 간직한 '블랙박스'인 이 만주국에 대한 국내 연구는 일본이나 중국에 비해, 이 분야 국내의 주요 연구자들이 고백하는 것처럼, 아직까지 초보 단계에 있으며, 연구의 초창기를 벗어나지 못하고 있는 것도 사실이다(한석정, 2009: 18; 임성모, 2009: 86).

한편 이 책의 저자인 사사다는 일본 발전국가체제의 발원지로서 1930년대의 만주국을 주목하고 있다. 특히 1935년 만주국에 설치된 기획처를 선도기구의 제도적 기원으로 파악하고 있다. 이러한 주장은 기본적으로 1920년대 경제체제와의 단절을 상정한 것으로 상당한 타당성을 갖고 있음은 부인할 수 없다. 다만 번역자는 '경제참모본부'의 기원과 관련해서 저자와는 다른 생각을 갖고 있다. 즉 번역자는 일본에서 경제참모본부 아이디어가 제1차 세계대전을 전후해 세계 각국에 등장한 총력전 체제의 건설과 밀접한 관련을 맺고 있다고 생각한다. 총력전을 대비한 군수와 민수 동원 기구로서 군수국(1918), 국세원(1920), 자원국(1927) 등의 내각 직속 기구가 경제참모본부의 기원이라는 입장인 것이다.[4] 이러한 주장은 다음과 같은 인용문을 통해서도 확인할 수 있다.

① 전국동원계획 책정과 입안을 추진하는 현 단계에서 독일에서 이미 운용 중인 경제참모본부(經濟參謀本部)를 설립하는 것도 하나의 방안이 될 것이다(參謀本部, 1917.9: 213).

---

4 이에 대해서는 박성진(2013) 참조.

② 이러한 체제는 군대에서의 참모 제도와 동일한 것으로, 현대 사회의 조직화 경향에 근거한 정치경제의 측면에서도 동일한 체제가 요청된다고 할 수 있다(外務省特別調査委員會, 1946.9: 224, 초안은 1946년 3월 보고).

인용문 ①은 1917년 9월 일본 육군에서 발간한 「전국동원계획필요의 의(全國動員計劃必要ノ議)」 보고서에서 언급한 것으로, 당시 독일 육군 산하에 있던 전시국(*Oberstes Kriegsamt*)과 유사한 기구를 일본에서도 설립할 필요성이 있다는 문건이다. 이러한 인식에 근거해 일본에서 1918년 군수국 설치가 이루어질 수 있었다. 인용문 ②는 1946년 일본 정부가 SCAP과의 협의하에 강력한 경제참모본부의 설치를 추진하면서 그 근거로 삼았던 보고서이다. 이를 통해 1946년 8월 전후 경제부흥기구로 경제안정본부가 설치되었다. 1917년과 1946년이라는 시기상 약 30년의 차이에도 불구하고, 일본의 정책결정자들은 상당히 유사한 인식을 공유하고 있었고, 이는 1920년대부터 제도적으로도 실현되었던 것이다. 다만 경제계획이라는 측면에서 1920년대의 경제참모본부는 일정한 한계를 갖고 있음도 부인할 수 없다.

일본의 발전국가체제의 기원에 대한 이 책의 연구 성과와 비교해볼 때, 한국의 발전국가모델과 만주국의 연관성에 관한 국내 학계의 논의는 거의 이루어지지 않은 상태라고 할 수 있다. 국내 일부 연구들에서 만주국이 1960년대 이후 박정희가 주도한 한국 발전국가체제에 영향을 미쳤음을 지적하고 있으며(한홍구, 2001; 김일영, 2008; 한석정 2010), 한일 국교 수립 과정에서도 한국과 일본 양국의 '만주 인맥'이 비공식 창구로서 상당한 영향력을 발휘했음을 보여주기도 했다(박진희, 2002; 김웅기, 2008). 그러나 만주국 발전국가체제와 한국 발전국가체제의 제도 간의 연속성과 연관성에 대해서는 세밀한 연구를 내놓지 못하고 있는 실정이다.[5]

이 책의 저자인 사사다 히로노리도 박정희의 만주국 경험이 한국에서 발전국가체제를 수립하는 데 영향을 미쳤을 가능성이 높다는 데 동의한다. 그렇지만 만주국과 한국 사이에는 그 차이점 또한 분명히 존재한다고 지적하고 있다. 번역자 또한 저자의 이러한 지적에 동의한다. 다시 말해서 박정희의 만주국 경험은 1940년부터 1942년까지 약 2년간의 만주군관학교 시절과 1944년 3월 일본 육사를 졸업한 이후 만주국에서 장교로 근무한 약 1년간, 총 3년의 시기에 불과하기 때문이다. 20대 초중반 박정희의 만주국 경험이 1960년대 이후 한국의 발전국가 모델을 형성하는 데 어떠한 영향을 미쳤는지는 좀 더 세밀한 분석이 필요한 것이다. 이병천도 박정희의 만주국 체험이 경제개발계획에 대한 원초적 이미지로 작용했을 가능성이 있지만, 좀 더 시야를 넓히면 일제하에서 형성된 박정희의 사상은 만주국의 이미지보다 일본 '제국의 체험' 전체에 걸쳐 있다고 보는 것이 더 정확하다고 지적하고 있다(이병천, 2011: 371~372).

더불어 만주국과 1960년대 한국의 발전국가 사이에는 해방과 건국, 한국전쟁, 4·19혁명과 5·16군사쿠데타라는 약 20년간에 걸친 한국 사회의 역동성에 대한 분석이 공백으로 존재한다.[6] 이와는 달리 일본 발전국가체제의 진화 과정에 지속적으로 영향을 미친 대표적 인물인 기시 노부스케는 만주국(1936~1939)과 전시 일본(1939~1945) 그리고 전후 일본(1953~1979)에 이르

5 예외적인 연구로 김웅기(2006)를 들 수 있다. 김웅기는 박정희 정부와 만주국의 발전모델이 군부독재, 경제기반 부재, 반공과 민족주의, 병영국가, 테크노크라트와 과학기술의 강조라는 정치사회적 여건의 유사성을 가지고 있으며, 경제 운영에서 정부주도의 성장·대외·자립 지향성이라는 공통점을 가지고 있다고 분석하고 있다. 그러나 김웅기의 분석은 만주국과 한국의 제도 형성과 진화에 영향을 미친 요인들에 대한 분석보다는 모델의 유사성을 지적하는 한계를 가지고 있다.

6 이와 관련하여 김낙년은 식민지 경제의 유산은 제도적 측면에서 남한보다는 오히려 북한에 계승·강화되었다고 주장한다(김낙년, 2010).

기까지 일본의 정관계 핵심부에 있던 인물이었다. 기시를 위시로 만주국에서 전후 일본에 이르는 일본 정재계 인사들의 인적 연계가 일본 발전국가체제의 진화 과정을 분석하는 핵심 연결고리인 것이다. 그러나 이에 반해 1940년까지 만주국 중앙정부에서 그 내밀한 통치를 경험하거나 주도했던 한국인은 불과 10여 명에 지나지 않았다(윤휘탁, 2009). 따라서 만주국 모델을 한국의 발전국가체제에 연관시키는 것은 인적 연계의 차원에서는 파악하기 어렵다. 다만 아이디어라는 측면에서 만주국의 발전국가적 이미지가 박정희에게 영감을 주었을 개연성은 충분하다. 다만 그 개연성에 대한 분석이 현재까지 세밀하게 이루어지지 않았음은 물론이다. 더군다나 5·16군사쿠데타로 박정희가 집권해서 본격적인 경제개발에 나서기까지 약 20년의 기간은 일제 식민지 유산 혹은 만주국의 유산이 여러 다른 요인들에 의해 '잡종(hybridity)'이 되기에 충분한 시간이었다. 그 다른 요인들에는 1950~1970년대의 미국이라는 강력한 외부적 영향력과 그리고 외부적 영향력을 한국화하려는 한국 내부의 역동적이고 다양한 지역화(localization) 요인들이 존재했던 것이다(박태균, 2007).

역사에서 완벽한 단절이란 애당초 불가능하다. 역사적 제도주의에서 과거의 유산과 경로의존 등의 개념에서 상정하듯이 과거의 요인이 현재의 요인에 일정한 영향을 미치는 것은 부정할 수 없는 사실이다. 그러나 한편으로 현재가 과거의 맹목적인 답습이라고는 할 수는 없다. 이 책에서 다룬 일본 발전국가체제의 진화 과정에서도 나타난 '변용과 굴절'은, 한국의 경우에 그 진폭이 더욱 컸음은 분명하기 때문이다. 따라서 한국 발전국가체제의 기원을 연구하면서 만주국이라는 단순한 하나의 경로에 주목하기보다는 다양한 요인들의 결합을 통해 역사적 사건을 재구성하는 다중복합적인과관계 분석이 필요한 이유도 여기에 있다고 할 것이다.

개인적인 일이지만 이 번역서가 나오는 데 도움을 주신 분들께 감사하는 글로 마무리하고자 한다. 번역서 출간을 누구보다 기뻐하실 아버지, 고인이 되신 어머니, 형에게 미안함과 고마움을 전한다. 그리고 모자란 제자가 학문의 길에 들어설 수 있도록 인도해주신 신복룡 교수님, 늘 함께하는 한국학중앙연구원 교수님들과 동료들 그리고 한국어판 출판을 허락해준 사다다 교수와 도서출판 한울 관계자분들께도 감사함을 전한다. 마지막으로 내 삶의 원동력인 세현과 현호가 건강하게 자라길 바라며 아내 은영에게도 고마움을 전한다.

참고문헌

김낙년. 2010.「식민지 경제의 제도적 유산」. ≪정신문화연구≫, 121호.

김웅기. 2006.「일본의 '만주형' 발전모델이 박정희 정부 산업화에 미친 영향」. 한국학중앙연구원 한국학대학원 박사학위논문.

_____. 2008.「日本의 對韓 '賠償 비즈니스'를 둘러싼 韓日 '滿洲人脈'의 結合과 役割」. ≪정신문화연구≫, 112호.

김윤태. 2012.『한국의 재벌과 발전국가』. 서울: 한울아카데미

김일영. 1996.「한국의 정치·경제적 발전경험과 그 세계사적 위상」. 이우진·김성주 엮음.『현대한국정치론』. 서울: 사회비평사.

_____. 2008.「한국에서 '기획' 개념과 제도의 역사적 기원과 발전」. ≪한국동북아논총≫, 47집.

류석진. 2012.「세계경제위기와 한국형 자본주의 모델: 발전국가, 자본주의 모델 그리고 경로의존성을 중심으로」. ≪한국과 국제정치≫, 28권 1호.

박성진. 2010.「1950년대 한국 발전국가의 태동」. 건국대학교 박사학위논문.

_____. 2013.「1920년대 일본의 총력전 구상과 '경제참모본부'」. ≪군사≫, 89호.

박진희. 2002.「한일 국교 수립과정에서 한일 인맥의 형성과 역할」. ≪역사문제연구≫, 9호.

박태균. 2007.『원형과 변용: 한국 경제개발기획의 기원』. 서울: 서울대출판부.
윤휘탁. 2009.「'만주국'정부의 민족구성과 운영상의 특징」. ≪중국근현대사연구≫, 43집.
이병천. 2003.「개발국가론 딛고 넘어서기: 역사와 평가」. ≪경제와 사회≫, 57호.
_____. 2011.「권위주의적 근대화의 역사적 기원: 식민지 기원론의 비판적 검토」. ≪역사비평≫, 97호.
이정용. 2004.「군부대신현역관제와 우가키 가즈시게」. ≪日本硏究≫, 12집.
임성모. 2009.「만주국 정치사 연구의 기본·심화자료 및 국내자료」. 한석정 외.『근대 만주 자료의 탐색』. 서울: 동북아역사재단.
조희연. 2010.『동원된 근대화: 박정의 개발동원체제의 정치사회적 이중성』. 서울: 후마니타스.
하연섭. 2011.『제도분석: 이론과 쟁점』 제2판. 서울: 다산출판사.
한석정. 2008.「서문」. 한석정·노기식 엮음.『만주, 동아시아 융합의 공간』. 서울: 소명출판.
_____. 2009.「총론」. 한석정 외.『근대 만주 자료의 탐색』. 서울: 동북아역사재단.
_____. 2010.「박정희, 혹은 만주국판 하이 모더니즘의 확산」. ≪일본비평≫, 3호.
한홍구. 2001.「대한민국에 미친 만주국의 유산」. ≪중국사연구≫, 16집.

福井仁史. 2007.「日本にはいくつの審議會があったのか: 大正·昭和審議會史覺書」. ≪福岡大學法學論叢≫, 52卷 1號.
外務省特別調査委員會. 1946.『改正日本經濟再建の基本問題』. 中村隆英·大森とく子(編). 1990.『資料·戰後日本の經濟政策構想(1) 日本經濟再建の基本問題』. 東京: 東京大出版會.
佐々田博教. 2011.『制度發展と政策アイディア: 滿州國·戰時期日本·戰後日本にみる開發型國家システムの展開』. 東京: 木鐸社.
參謀本部. 1917.『全國動員計劃必要ノ議』(1917), 纐纈厚. 2010.『總力戰體制硏究: 日本陸軍の國家總動員構想』. 東京: 社會評論社.
村井哲也. 2003.「占領初期における經濟安定本部と政治統合問題」. ≪東京都立大學法學會雜誌≫, 44卷 1號.

Amsden, Alice H. 1989. *Asia's Next Giant: South Korea and Late Industrialization*. Oxford: Oxford University Press.

Evans, Peter. 1995. *Embedded Autonomy: States and Industrial Transformation*. Princeton: Princeton University Press.

Hiromi Murakami. 2012. "Emergence of the Japanese Developmental State: Japanese Management of 'Manchukuo' through Special Corporations." *Asian Journal of Political Science*, Vol.20, No.2

Schimidt, Vivien A. 2010. "Taking ideas and discourse seriously: explaining change through discoursive institutionalism as the fourth 'new institutionalism'." *European Political Science Review*, Vol.2 Issue 1.

Wade, Robert. 1990. *Governing the Market: Theory and the Role of Government in East Asian Industrialization*. Princeton: Princeton University Press.

Weiss, Linda. 1995. "Governed Interdependence: Rethinking the Government-Business relationship in East Asia." *The Pacific Asia*, Vol.8, No.4.

참고문헌

加藤俊彦. 1979.「軍部の經濟統制思想」. 東京大學社會科學研究所「ファシズムと民主主義」研究會.『ファシズム期の國家と社會(2) 戰時日本經濟』. 東京: 東京大學出版會.

角田順(編). 1967.『石原莞爾資料: 國防論策』. 東京: 原書房.

岡崎哲二·奧野正寬(編). 1993.『現代日本經濟システムの源流』. 東京: 日本經濟新聞社.

經濟企劃廳. 1988.『戰後經濟復興と經濟安定本部』. 東京: 大藏省印刷局.

______. 1997.『戰後日本經濟の軌跡: 經濟企劃廳50年史』. 東京: 大藏省印刷局.

經濟企劃廳調査局統計課. 1964.『日本の經濟統計』. 東京: 至誠堂.

高橋龜吉. 1930.『株式會社亡國論』. 東京: 萬里閣書房.

古田光(外編). 1971.『近代日本社會思想史(2)』. 東京: 有斐閣.

鍋山貞親. 1949.『私は共産黨をすてた: 自由と祖國を求めて』. 東京: 大東出版社.

關東局官房文書課(編). 1937.『關東局統計三十年誌』. 新京: 關東局官房文書課.

橋本壽朗·武田晴人(編). 1985.『兩大戰間期日本のカルテル』. 東京: 御茶の水書房.

菊池主計. 1939.『滿洲重要産業の構成: 滿洲特殊會社の硏究』. 東京: 東洋經濟出版部.

國策研究會(編). 1983.『戰時政治經濟資料(第2卷)』. 東京: 原書房.

宮崎勇. 2005.『證言前後日本經濟』. 東京: 岩波書店.

宮本吉夫. 1962.『新保守黨史』. 東京: 時事通信社.

今井賢一. 1976.『現代産業組織』. 東京: 岩波書店.

吉本重義. 1957.『岸信介傳』. 東京: 東洋書館.

金森久雄. 1985.『體驗戰後經濟』. 東京: 東洋經濟新報社.

內山融. 1998.『現代日本の國家と市場: 石油危機以降の市場の脫「公的領域」化』. 東京: 東京大學出版會.

大來佐武郞. 1963.『經濟計劃』. 東京: 至誠堂.

渡邊恆雄. 1959.『大臣』. 東京: 弘文堂.

稻山嘉寬. 1986.『私の鐵鋼昭和史』. 東京: 東洋經濟新報社.

東京大學社會科學研究所「ファシズムと民主主義」研究會. 1979.『ファシズム期の國家と社會(2) 戰時日本經濟』. 東京: 東京大學出版會.
藤田貞一郎. 1981.「近代日本同業組合史論序說」.『人間と社會の開發プログラム研究報告』. 東京: 國際連合大學.
笠信太郎. 1937.『準戰時體制經濟』. 笠信太郎. 1969.『笠信太郎全集(2): 戰時インフレーション』. 東京: 朝日新聞社.
_____. 1938.『日本經濟の再編成』. 笠信太郎. 1969.『笠信太郎全集(2): 戰時インフレーション』. 東京: 朝日新聞社.
滿洲國史編纂刊行會. 1970.『滿洲國史 總論』. 東京: 滿蒙同胞援護會.
末川博. 1942.『國防經濟法體制』. 東京: 有斐閣.
武藤富男. 1988.『私と滿洲國』. 東京: 文芸春秋.
米倉誠一郎. 1991.「鐵鋼: その連續性と非連續性」. 米川伸一(外編).『戰後日本經營史(1)』東京: 東洋經濟新報社.
_____. 1993.「業界團體の機能」. 岡崎哲二·奧野正寬(編).『現代日本經濟システムの源流』. 東京: 日本經濟新聞社.
帆足計. 1941.『統制會の理論と實際』. 東京: 新經濟社.
服部民夫·佐藤幸人(編). 1996.『韓國·臺灣の展メカニズム』. 東京: アジア經濟研究所.
北山俊哉. 1985a.「日本における產業政策の執行過程: 纖維產業と鐵鋼業(1)」. ≪法學論叢≫, 117卷 5號.
_____. 1985b.「日本における產業政策の執行過程: 纖維產業と鐵鋼業(2)」. ≪法學論叢≫, 118卷 2號.
北一輝. 1923.「日本改造法案大綱」. 北一輝. 1971.『日本改造法案』. 東京: 鱒書房.
杉原四郎(外). 1990.『日本の經濟思想四百年』. 東京: 日本經濟評論社.
森川英正. 1978.『日本財閥史』. 東京: 教育社.
三和良一. 2002.『日本占領の經濟政策史的研究』. 東京: 日本經濟評論社.
石原莞爾. 1986a.『石原莞爾選集(3): 最終戰爭論』. 東京: たまいらば.
_____. 1986b.『石原莞爾選集(4): 昭和維新論』. 東京: たまいらば.
星野直樹. 1963.『見果てぬ夢: 滿洲國外史』. 東京: ダイヤモンド社.

細川嘉六. 1941.『現代日本文明史(10): 植民史』. 東京: 東洋經濟新報社.
細川隆一郎. 1986.『日本宰相列傳(20): 岸信介』. 東京: 時事通信社.
小宮隆太郎(外). 1984.『日本の産業政策』. 東京: 東京大學出版會.
小島恒久. 1973.『日本經濟の流れ: 金解禁から円切上げまで』. 東京: 河出書房新社.
小林英夫(外). 1995.『「日本株式會社」の昭和史』. 大阪: 創元社.
小林英夫. 1983.『「大東亞共榮圈」の形成と崩壞』. 東京: 御茶の水書房.
______. 1995.『「日本株式會社」を創った男: 宮崎正義の生涯』. 東京: 小學館.
______. 2005a.『滿洲と自民黨』. 東京: 新潮社.
______. 2005b.『滿鐵調査部:「元祖シンクタンク」の誕生と崩壞』. 東京: 平凡社.
小林龍夫·島田俊彦(編). 1964.『現代史資料(7) 滿洲事變』. 東京: みすず書房.
安藤良雄. 1975.『大正時代』. 東京: 講談社.
______. 1990.『ブルジョワジーの群像』. 東京: 小學館.
岸信介(外). 1981.『岸信介の回想』. 東京: 文芸春秋.
岸信介. 1942.『日本政治經濟の進む途』. 東京: 研進社.
安原和雄. 1985.『經團連會長の戰後史』. 東京: ビジネス社.
野口悠紀雄. 1995.『1940年體制』. 東京: 東洋經濟新報社.
野村乙二郎. 1992.『石原莞爾：一軍事イデオロギストの功罪』. 東京: 同成社.
御園生等. 1987.『日本の独占禁止政策と産業組織』. 東京: 河出書房新社.
鈴木隆史. 1992.『日本帝國主義と滿洲, 1900~1945』(上·下). 東京: 塙書房.
外務省調査部特別調査委員會. 1946.『日本經濟再建の基本問題』. 東京: 外務省調査局.
原彬久(編). 2003.『岸信介證言錄』. 東京: 毎日新聞社.
有澤廣巳. 1989.『學問と思想と人間と』. 東京: 東京大學出版會.
伊藤隆. 1978.『大正期「革新」派の成立』. 東京: 塙書房.
______. 1983.『近衛新體制: 大政翼賛會への道』. 東京: 中央公論社.
日本銀行統計局(編). 1966.『明治以降本邦主要經濟統計』. 東京: 並木書房.
日本鐵鋼聯盟. 1959.『戰後鐵鋼史』. 東京: 日本鐵鋼連盟.
______. 1969.『鐵鋼十年史: 昭和33~42年』. 東京: 日本鐵鋼連盟.
日本統計研究所(編). 1958.『日本經濟統計集: 明治, 大正, 昭和』. 東京: 日本評論新社.

長幸男(外編). 1969.『近代日本經濟思想史(1)』. 東京: 有斐閣.
田村貞雄. 1977.『殖産興業』. 東京: 教育社.
鮎川義介. 1965.「私の履歷書」.『私の履歷書(24)』. 東京: 日本經濟新聞社.
早坂忠. 1984.「戰時期の經濟學」. 經濟史學會(編).『日本の經濟學: 日本人の經濟的思惟の軌跡』. 東京: 東洋經濟新報社.
佐野學. 1933.「獄中記」. 佐野學著作集刊行會(編). 1957.『佐野學著作集(1)』. 東京: 佐野學著作集刊行會.
佐々佐田博教. 2011.『制度發展と政策アイディア』. 東京: 木鐸社.
中野正剛. 1933.『國家改造計劃綱領』. 東京: 千倉書房.
中村隆英. 1978.『日本經濟: その成長と構造』. 東京: 東京大學出版會.
中村隆英·宮崎正康(編). 1990.『資料·戰後日本の經濟政策構想(2) 傾斜生産方式と石炭小委員會』. 東京: 東京大出版會.
中村隆英·宮崎正康. 2003.『岸信介政權と高度成長』. 東京: 東洋經濟新報社.
中村隆英·大森とく子(編). 1990.『資料·戰後日本の經濟政策構想(1) 日本經濟再建の基本問題』. 東京: 東京大出版會.
中村隆英·原朗(編). 1970『現代史資料(43): 國家總動員(1) 經濟』. 東京: みすず書房.
______(編). 1990.『資料·戰後日本の經濟政策構想(3) 經濟復興計劃』. 東京: 東京大出版會.
池田純久. 1968.『日本の曲り角: 軍閥の悲劇と最後の御前會議』. 東京: 千城出版.
秦郁彦. 1962.『軍ファシズム運動史』. 東京: 河出書房新社.
泉山三六. 1953.『トラ大臣になるまで: 余が半生の想ひ出』. 東京: 東方書院.
清水唯一朗. 2007.『政党と官僚の近代：日本における立憲統治構造の相克』. 東京: 藤原書店.
總合研究開發機構. 1994a.『經濟安定本部戰後經濟政策資料(1): 經濟一般·經濟政策(1)』. 東京: 日本經濟評論社.
______. 1994b.『經濟安定本部戰後經濟政策資料(2): 經濟一般·經濟政策(2)』. 東京: 日本經濟評論社.
萩原啓一. 1974.『自由經濟と統制經濟: 企業管理時代のはじまり』. 東京: 日本實業出

版社.
通商産業省. 1959.『通商白書: 總論』. 東京: 通商産業調査會.
_____. 1989.『通商産業政策史(1): 總論』. 東京: 通商産業調査會.
_____. 1991.『通商産業政策史(2): 第I期 戰後復興期(1)』. 東京: 通商産業調査會.
_____. 1992.『通商産業政策史(3): 第I期 戰後復興期(2)』. 東京: 通商産業調査會.
統制會年鑑刊行會(編). 1943.『統制會年鑑』. 東京: 伊藤書店.
鶴田俊正. 1982.『戰後日本の産業政策』. 東京: 日本經濟新聞社.
戸川猪佐武. 1985.『近衛文麿と重臣たち』. 東京: 講談社.

Allen, Franklin and Douglas Gale. 2000. *Comparing Financial System*. Cambridge, MA: MIT Press.
Anchordoguy, Marie. 1988. "Mastering the Market: Japanese Government Targeting of the Computer Industry." *International Organization*, Vol.42, No.3.
_____. 2005. *Reprogramming Japan: The High Tech Crisis Under Communitarian Capitalism*. Ithaca, NY: Cornell University Press.
Arthur, W. Brain. 1994. *Increasing Returns and Path Dependence in the Economy*. Ann Arbor: University of Michigan Press.
Baldwin, David. 1985. *Economic Statecraft*. Princeton, NJ: Princeton University Press.
Bates, Robert H. 1981. *Markets and States in Tropical Africa: The Political Basis of Agricultural Policies*. Berkeley: University of California Press.
Beland, Daniel and Robert Cox(eds.). 2011. *Ideas and Politics in Social Science Research*. New York: Oxford University Press.
Bianco, William T. and Robert H. Bates. 1990. "Cooperation by Design: Leadership, Structure, and Collective Dilemmas." *American Political Science Review*, Vol.84, No.1.
Calder, Kent. 1988. *Crisis and Compensation: Public Policy and Political Stability in Japan*. Princeton, NJ: Princeton University Press.

Collier, Ruth B. and David Collier. 1991. *Shaping the Political Arena: Critical Junctures, The Labor Movement, and Regime Dynamics in Latin America.* Princeton, NJ: Princeton University Press.

Dower, John. 1999. *Embracing Defeat: Japan in the Wake of World War II.* New York: Norton & Company Inc.

Evans, Peter. 1995. *Embedded Autonomy: States & Industrial Transformation.* Princeton, NJ: Princeton University Press.

Fiorina, Morris. 1995. "Rational choice and the New(?) Institutionalism." *Polity*, Vol.28, No.1.

Fulcher, James. 1988. "The Bureaucratization of the State and the Rise of Japan." *British Journal of Sociology*, Vol.39, No2.

Gao, Bai. 1997. *Economic Ideology and Japanese Industrial Policy: Developmentalism from 1931 to 1965.* New York: Cambridge University Press.

Gereffi, Gary and Donald Wyman(eds.). 1990. *Manufacturing Miracle: Path of Industrialization in Latin America and East Asia.* Princeton, NJ: Princeton University Press.

Gereffi, Gary. 1990. "Path of Industrialization: An Overview." Gereffi, Gary and Donald Wyman(eds.). *Manufacturing Miracle: Path of Industrialization in Latin America and East Asia.* Princeton, NJ: Princeton University Press.

Gerschenkron, Alxander. 1962. *Economic Backwardness in Historical Perspective.* Cambridge, MA: Harvard University Press.

Gilpin, Robert. 1971. "The Politics of Transnational Economics Relations." *International Organization*, Vol.25, No.3.

_____. 1987. *The Political Economy of International Relations.* Princeton, NJ: Princeton University Press.

Goldstein, Judith and Robert Keohane(eds.). 1993. *Ideas and Foreign Policy: Beliefs, Institutions, and Political Change.* Ithaca, NY: Cornell University Press.

Goldstein, Judith. 1993. *Ideas, Interest, and American Trade Policy.* Ithaca, NY:

Cornell University Press.

Hadley, Eleanor M. 1989. “The Diffusion of Keynesian Idea in Japan.” Peter A. Hall(ed.). *The Political Power of Economic Ideas*. Princeton, NJ: Princeton University Press.

Hadley, John O. 2001. *Antitrust in Germany and Japan: The First Fifty Years, 1947~1998*. Seattle: University of Washington Press.

Hall, John Whitnet 1991. *Japan: From Prehistory to Modern Times*. Ann Arbor: Center for Japanese Studies, The University of Michigan.

Hall, Peter A. 1992. “The Movement from Keynesianism to Monetarism: Institutional Analysis and. British Economic Policy in the 1970s.” Sven Steinmo, Kathleen Thelen, and Frank Longstreth(eds.). *Structuring Politics*. Cambridge: Cambridge University Press.

_____. 2009. “Path Dependence.” Gary King(et al. eds.). *The Future of Political Science: 100 Perspectives*. New York: Routledge.

Hall, Peter A.(ed.). 1989. *The Political Power of Economic Ideas: Keynesianism across Nations*. Princeton, NJ: Princeton University Press.

Halpern, Nina. 1993. “Creating Socialist Economies: Stalinist Political Economy and the Impact of Ideas.” Judith Goldstein and Robert O. Keohane(eds.). *Ideas and Foreign Policy: Beliefs, Institutions, and Political Change*. Ithaca: Cornell University Press.

Haas, Peter. 1992. “Introduction: Espistemic Communities and International Policy Coordination.” *International Organization*, Vol.46, No.1.

Hatch, Water and Kozo Yamamura. 1996. *Asia in Japan's Embrace: Building a Regional Production Alliance*. New York: Cambridge University Press.

Hayao, Kenji. 1993. *The Japanese Prime Minister and Public Policy*. Pittsburgh, PA: University of Pittsburgh Press.

Hayes, Louis. 2004. *Introduction to Japanese Politics*. Armonk, NY: M.E.Sharpe.

Hoshi, Takeo and Anil Kashyap. 2001. *Corporate Financing and Governance in*

Japan. Cambridge, MA: MIT Press.

Johnson, Chalmers. 1982. *MITI and the Japanese Miracle: The Growth of Industrial Policy, 1925~1975.* Stanford, CA: Stanford University Press.

_____. 1985. *Japan: Who Governs?.* New York: W.W.Norton.

Kato, Junko. 2003. *Regressive Taxation and the Welfare State: Path Dependence and Policy Diffusion.* Cambridge: Cambridge University Press.

Keck, Margaret and Kathryn Sikkink. 1998. *Activists beyond Borders: Advocacy Networks in International Politics.* Ithaca, NY: Cornell University Press.

Keohane, Robert. 1984. *After Hegemony: Cooperation and Discord in the World Political Economy.* Princeton, NJ: Princeton University Press.

Kier, Elizabeth. 1995. *Imaging War: French and British Military Doctrine Between the Wars.* Princeton, NJ: Princeton University Press.

Kindleberger, Charles. 1973. *The World in Depression 1929~1939.* London: Penguin Press.

Knight, Jack. 1992. *Institutions and Social Conflict: Political Economy of Institutions and Decisions.* Cambridge: Cambridge University Press.

_____. 1995. "Models, Interpretations and Theories: Constructing Explanation of Institutional Emergence and Change." Jack Knight and Itai Sened(eds.). *Explaining Social Institutions.* Ann Arbor: University of Michigan Press.

Krasner, Stephen. 1991. "Global Communications and National Power: Life on the Pareto Frontier." *World Politics*, Vol.43, No.3.

Krauss, Ellis and Robert Pekkanen. 2011. *The Rise and Fall of Japan's LDP: Political Party Organizations as Historical Institutions.* Ithaca, NY: Cornell University Press.

Kurzman, Dan. 1960. *Kishi and Japan: The Search for the Sun.* New York: I. Oblensky.

Lipset, Seymour M. and Rokkan Stein(eds.). 1967. *Party Systems and Voter Alignments: Cross-national Perspectives.* New York: Free Press.

Lu, David. 1997. *Japan: A Documentary History*. New York: M.E.Sharpe.

Lynn, Leonard H. and Timothy J. McKeown. 1988. *Organizing business: Trade associations in America and Japan*. Washington, DC: AEI.

Maki, John M. 1947. "The Role of the Bureaucracy in Japan." *Pacific Affairs*, Vol.20, No.4.

Mathoney, James and Dietrich Rueschemeyer(eds.). 2003. *Comparative Historical Analysis in the Social Science*. Cambridge: Cambridge University Press.

Mathoney, James and Kathleen Thelen(eds.). 2010. *Explaning Institutional Change: Ambiguity, Agency, and Power*. Cambridge: Cambridge University Press.

Mathoney, James. 2000a. "Strategies of Causal Inference in Small-N Analysis." *Sociological Method and Research*, Vol.28, No.4.

_____. 2000b. "Path Dependency in Historical Sociology." *Theory and Society*, Vol.29, No.4.

_____. 2002. *The Legacies of Liberalism: Path Dependency and Political Regimes in Central America*. Baltimore, MD: Johns Hopkins University Press.

Matsusaka, Yoshihisa T. 2001. *The Making of Japanese Manchuria, 1904~1932*. Cambridge, MA: Harvard University Asia Center.

Matthews, Herbert L. 1943. *The Fruit of Fascism*. New York: Harcourt, Brace and Co.

McNamara, Kathleen. 1998. *The Currency of Ideas: Monetary Politics in the European Union*. Ithaca, NY: Cornell University Press.

Merrill, Dennis(ed.). 1996. *Documentary History of the Truman Presidency*, Vol.5. Rrederick, MD: University Publication of America.

Miwa, Yoshiro and J. Mark Ramseyer. 2002. "Banks and Economic Growth: Implications from Japanese History." *The Journal of Law and Economics*, Vol.45.

Moe, Terry. 1990. "Political Institutions: The Heglected Side of the Story." *Journal of Law, Economics, and Organization*, Vol.6.

MOFA(Ministry of Foreign Affairs). 1946. "Post-War Reconstruction of the Japanese

Economy"; Okita Saburo(et al.). 1992. *Post-War Reconstruction of the Japanese Economy*. Tokyo: University of Tokyo Press.

North Douglass and Barry Weingast. 1989. "Constitutions and Commitment: The Evolution of Institutional Governing Public Choice in Seventeenth Century England." *The Journal of Economic History*, Vol.49, No.4.

North Douglass. 1981. *Structure and Change in Economic History*. New York: Norton.

_____. 1990. *Institutions, Institutional Change, and Economic Performance*. Cambridge: Cambridge University Press.

Okazaki, Tetsuji and Masahiro Okuno. 1999. *Japanese Economic System and its Historical Origins*. Oxford: Oxford University Press.

Okimoto, Daniel. 1989. *Between MITI and the Market: Japanese Industrial Policy for High Technology*. Stanford, CA: Stanford University Press.

Okita Saburo(et al., eds.). 1992. *Post-War Reconstruction of the Japanese Economy*. Tokyo: University of Tokyo Press.

Olson, Mancur. 1965. *The Logic of Collective Action: Public Goods and the Theory of Groups*. Boston, MA: Harvard University Press.

Peattie, Mark R. 1975. *Ishiwara Kanji and Japan's Confrontation with the West*. Princeton, NJ: Princeton University Press.

Pekkanen, Robert. 2006. *Japan's Dual Civil Society: Members Without Advocates*. Stanford, CA: Stanford University Press.

Pekkanen, Saadia. 2003. *Picking Winners? From Technology Catch-up to the Space Race in Japan*. Stanford, CA: Stanford University Press.

Pempel. T. J. 1992. "The Bureaucratization of Policymaking in Postwar Economy." *American Journal of Political Science*, Vol.18, No.4.

_____. 1998. *Regime Shift: Comparative Dynamics of the Japanese Political Economy*. Ithaca, NY: Cornell University Press.

Peters, B. Guy. 1999. *Institutional Theory on Political Science: The 'New*

Institutionalism'. New York: Continuum.

Pierson, Paul and Theda Skocopol. 2002. "Historical Institutionalism in Contemporary Political Science." Ira Katznelson and Helen V. Milner(eds.). *Political Science: State of the Discipline*. New York: W. W. Norton & Co.

Pierson, Paul. 1994. *Dismantling The Welfare State? Reagan, Thatcher, and the Politics of Retrenchment*. New York: Cambridge University Press.

_____. 2004. *Politics in Time: History, Institutions, and Social Analysis*. Princeton, NJ: Princeton University Press.

Pyle, Kenneth. 1996. *The Japanese Question: Power and Purpose in A New Era*. Washington, DC: The AEI Press.

Ramseyer, J. Mark and Frances M. Rosenbluth. 1993. *Japan's Political Marketplace*. Boston, MA: Harvard University Press.

_____. 1995. *The Politics of Oligarchy: Institutional Choice in Imperial Japan*. New York: Cambridge University Press.

Rosovsky, Henry. 1961. *Capital Formation in Japan 1868~1940*. New York: Free Press of Glencoe.

Samuels, Richard. 1983. "The Industrial Destructuring of the Japanese Aluminum Industry." *Pacific Affairs*, Vol.56, No.3.

_____. 1987. *The Business of the Japanese State: Energy Markets in Comparative and Historical Perspective*. Ithaca, NY: Cornell University Press.

_____. 1994. *Rich Nation, Strong Army: National Security and Technological Transformation in Japan*. Ithaca, NY: Cornell University Press.

SCAP(the Supreme Commander for the Allied Powers). 1952. *Supreme Commander for the Allied Powers' Instructions to the Japanese Government(SCAP-INs) from 4 September 1945 to 8 March 1952*. Tokyo: General Headquarters Supreme Commander for the Allied Powers.

Schaede, Ulrike. 2000. *Cooperative Capitalism*. New York: Oxford University Press.

Schmidt, Vivian A. 2011. "Reconciling Ideas and Institutions through Discursive

Institutionalism." Beland, Daniel and Robert Cox(eds.). *Ideas and Politics in Social Science Research*. New York: Oxford University Press.

Schonberger, Howard B. 1989. *Aftermath of War: Americans and the Rethinking of Japan, 1945~1952*. Ohio: The Kent University Press.

Sikkink, Kathryn. 1991. *Ideas and Institutions: Developmentalism in Brazil and Argentina*. Ithaca, NY: Cornell University Press.

_____. 1993. "The Power of Principled Ideas: Human Rights Policies in the United States and Western Europe." Goldstein, Judith and Robert Keohane(eds.). *Ideas and Foreign Policy: Beliefs, Institutions, and Political Change*. Ithaca, NY: Cornell University Press.

Silberman, Bernard S. 1965. "The Bureaucracy and Economic Development in Japan." *Asia Survey*, Vol.5, No.11.

_____. 1993. *Cages of Reason: The Rise of the Rational State in France, Japan, the Unites States, and Great Britain*. Chicago, IL: University of Chicago Press.

Skocpol, Theda. 1985. "Bringing the State Back In: Strategies of Analysis in Current Research," Peter B. Evans, Dietrich Rueschmeyer, and Theda Skocpol(eds.). *Bringing the State Back In*. Cambridge: Cambridge University Press.

Steinmo, Sven, Kathleen Thelen, and Frank Longstreth(eds.). 1992. *Structuring Politics: Historical Institutionalism in Comparative Analysis*. New York: Cambridge University Press.

Stincombe, Arthur L. 1968. *Constructing Social Theories*. New York: Harcout, Brace & World, Inc.

Streeck, Wolfgang and Kathleen Thelen(eds.). 2005. *Beyond Continuity: Institutional Change in Advanced Political Economics*. Oxford: Oxford University Press.

Streeck, Wolfgang and Kozo Yamamura(eds.). 2001. *The Origin of Nonliberal Capitalism: Germany and Japan in Comparison*. Ithaca, NY: Cornell University Press.

_____(eds.). 2003. *The End of Diversity?: Prospects for German and Japanese Capitalism*. Ithaca, NY: Cornell University Press.

Takemae, Eiji. 2002. *Indise GHQ: The Allied Occupation of Japan and its Legacy*. New York: Continuum.

Thelen, Kathleen and Ikuo Kume. 1999. "The Rise of Nonmarket Training Regimes: Germany and Japan Compared." *Journal of Japanese Studies*, Vol.25, No.1.

Thelen, Kathleen. 1999. "Historical Institutionalism and Comparative Politics." *Annual Review of Political Science*, Vol.2.

_____. 2003. "How Institute Evolve." James Mathoney and Dietrich Rueschemeyer(eds.). *Comparative Historical Analysis in the Social Science*. Cambridge: Cambridge University Press.

_____. 2004. *How Institutions Evolve: The Political Economy of Skills in Germany, Britain, The United States, and Japan*. Cambridge: Cambridge University Press.

Tilton, Mark. 1996. *Restrained Trade: Cartels in Japan's Basic Materials Industries*. Ithaca, NY: Cornell University Press.

Uriu, Robert M. 1996. *Troubled Industries: Confronting Economic Change in Japan*. Ithaca, NY: Cornell University Press.

Vogel, Steven. 2006. *Japan Remodeled: How Government and Industry are Reforming Japanese Capitalism*. Ithaca, NY: Cornell University Press.

Wade, Robert. 1990. *Governing the Market: Economic Theory and the Role of Government in East Asian Industrialization*. Princeton, NJ: Princeton University Press.

Waldner, David. 1990. *State Building and Late Development*. Ithaca, NY: Cornell University Press.

Weingast, Barry R. 2002. "Rational Choice Institutionalism." Ira Katznelson and Helen V. Milner(eds.). *Political Science: State of the Discipline*. New York: W. W. Norton & Co.

Weir, Margaret. 1989. "Ideas and Politics: The Acceptance of Keynesianism in

Britain and the United States." Hall, Peter A.(ed.). *The Political Power of Economic Ideas: Keynesianism across Nations*. Princeton, NJ: Princeton University Press.

Weir, Margaret. 1992. "Ideas and the Politics of Bounded Innovation." Sven Steinmo, Kathleen Thelen, and Frank Longstreth(eds.). *Structuring Politics*. Cambridge: Cambridge University Press.

Werner, Richard, 吉田利子(譯). 2001. 『円の支配者: 誰が日本經濟を崩壞させたのか』. 東京: 草思社.

Woo, Jung-en, 1991. *Race to the Swift: State and Finance in Korean Industrialization*. New York: Columbia University Press.

Woo-Cumings, Meredith(ed.). 1999. *The Developmental State*. New York: Cornell University Press.

Yamazaki, Hiroki(et al., eds.). 1987. *Trade Association in Business History*. Tokyo: University of Tokyo Press.

United States Department of State. 1974. *Foreign Relations of the United States, 1948,* Vol. VI, *The Far East and Australasia*. Washington D.C.: United States Government Printing Office.

_____. 1977. *Foreign Relations of the United States, 1951,* Vol. VI, *Asia and the Pacific,* Part 1. Washington D.C.: United States Government Printing Office.

찾아보기

※ 인명과 지명만 원어 병기함

가

나

다

라

마

바

사

아

자

차

카

타

파

하

기 타

지은이 사사다 히로노리(佐々田博教)

2008년 워싱턴대학(University of Washington)에서 정치학 박사학위를 받고 현재 홋카이도 대학(北海道大學) 국제본부 유학생센터에서 준교수로 재직 중이다. 동아시아 정치경제사에 관한 다수의 논문과 글을 발표했다.

옮긴이 박성진

한국학중앙연구원 선임연구원으로 재직 중이며, 건국대학교에서 박사학위를 받았다. 주요 연구 관심 분야는 동아시아 정치경제이며, 번역서로 『권위주의적 지배와 인터넷 그리고 민주주의』(2009), 논문으로 「대한민국 국가정보기구의 탄생과 이승만」(2012), 「1920년대 일본의 총력전 구상과 '경제참모본부'」(2013) 등이 있다.

한울아카데미 1699

일본 발전국가의 기원과 진화: 아이디어와 제도

지은이 | 사사다 히로노리
옮긴이 | 박성진
펴낸이 | 김종수
펴낸곳 | 도서출판 한울
편 집 | 김현대

초판 1쇄 인쇄 | 2014년 6월 10일
초판 1쇄 발행 | 2014년 6월 20일

주소 | 413-756 경기도 파주시 광인사길 153 한울시소빌딩 3층
전화 | 031-955-0655
팩스 | 031-955-0656
홈페이지 | www.hanulbooks.co.kr
등록번호 | 제406-2003-000051호

Printed in Korea.
ISBN 978-89-460-5699-2 93300

* 책값은 겉표지에 표시되어 있습니다.